A Conspiração da Pólvora

ANTONIA FRASER

A CONSPIRAÇÃO DA PÓLVORA

Tradução de
ALDA PORTO

EDITORA RECORD
RIO DE JANEIRO • SAO PAULO
2000

CIP-Brasil. Catalogação-na-fonte
Sindicato Nacional dos Editores de Livros, RJ.

F92c
Fraser, Antonia, 1932-
A conspiração da pólvora: terror e fé na revolução inglesa / Antonia Fraser; tradução de Alda Porto. – Rio de Janeiro: Record, 2000.

Tradução de: The gunpowder plot: terror & faith in 1605
Inclui bibliografia
ISBN 85-01-05196-9

1. Conspiração da pólvora, 1605. 2. Grã-Bretanha – História – James I, 1603-1625. 3. Fawbes, Guy, 1570-1606. I. Título.

00-0562
CDD – 942.061
CDU – 942

Título original em inglês
THE GUNPOWDER PLOT
Terror & Faith in 1605

Direitos exclusivos de publicação em língua portuguesa para o Brasil adquiridos pela
DISTRIBUIDORA RECORD DE SERVIÇOS DE IMPRENSA S.A.
Rua Argentina 171 – Rio de Janeiro, RJ – 20921-380 – Tel.: 585-2000
que se reserva a propriedade literária desta tradução

Impresso no Brasil

ISBN 85-01-05196-9

PEDIDOS PELO REEMBOLSO POSTAL
Caixa Postal 23.052
Rio de Janeiro, RJ – 20922-970

PARA

Edward, que os teria defendido
Lucy, que os teria escondido
Paloma, que os teria socorrido no exílio

SUMÁRIO

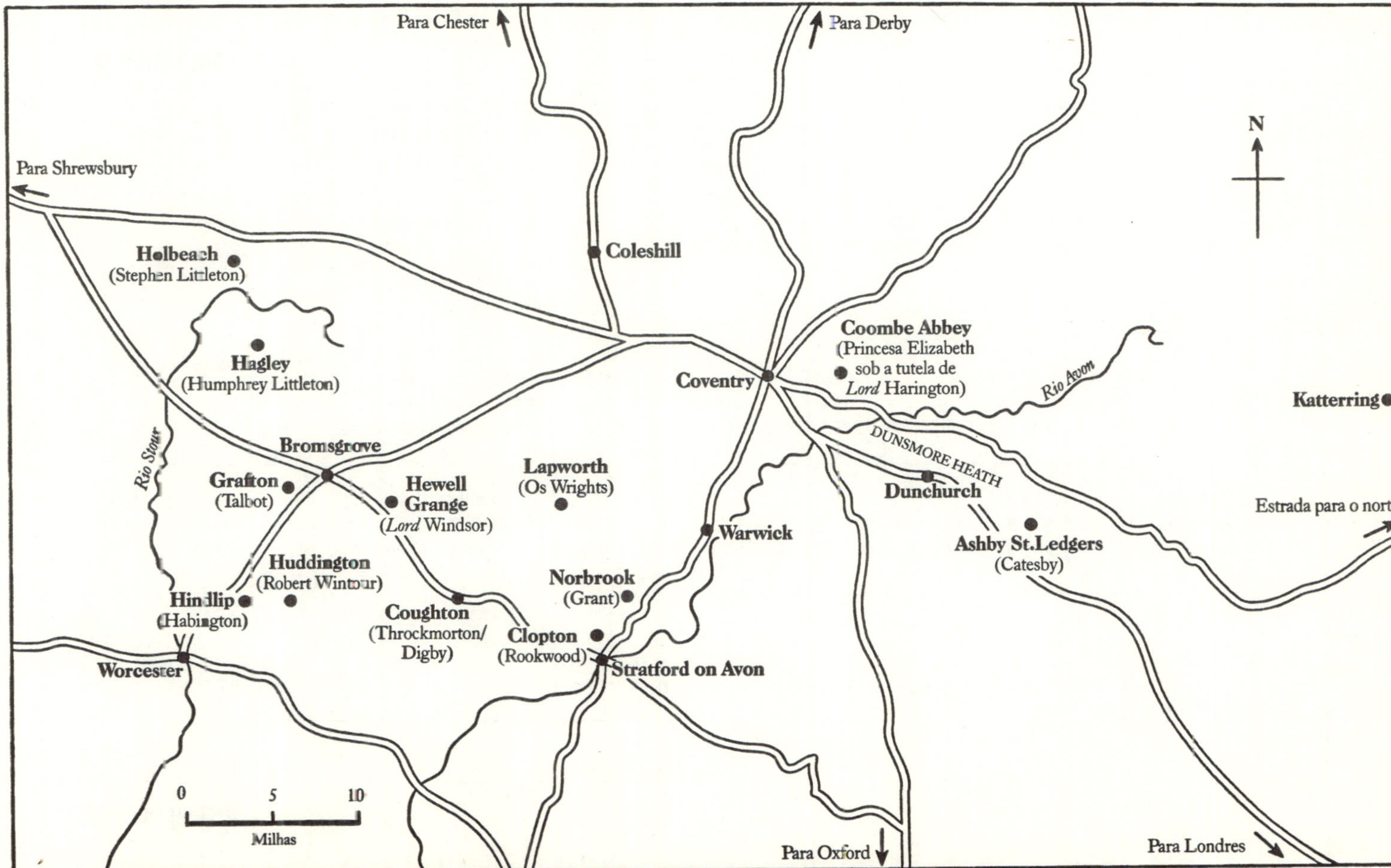

Os conspiradores nos condados do interior da Inglaterra: novembro de 1605

A sucessão inglesa

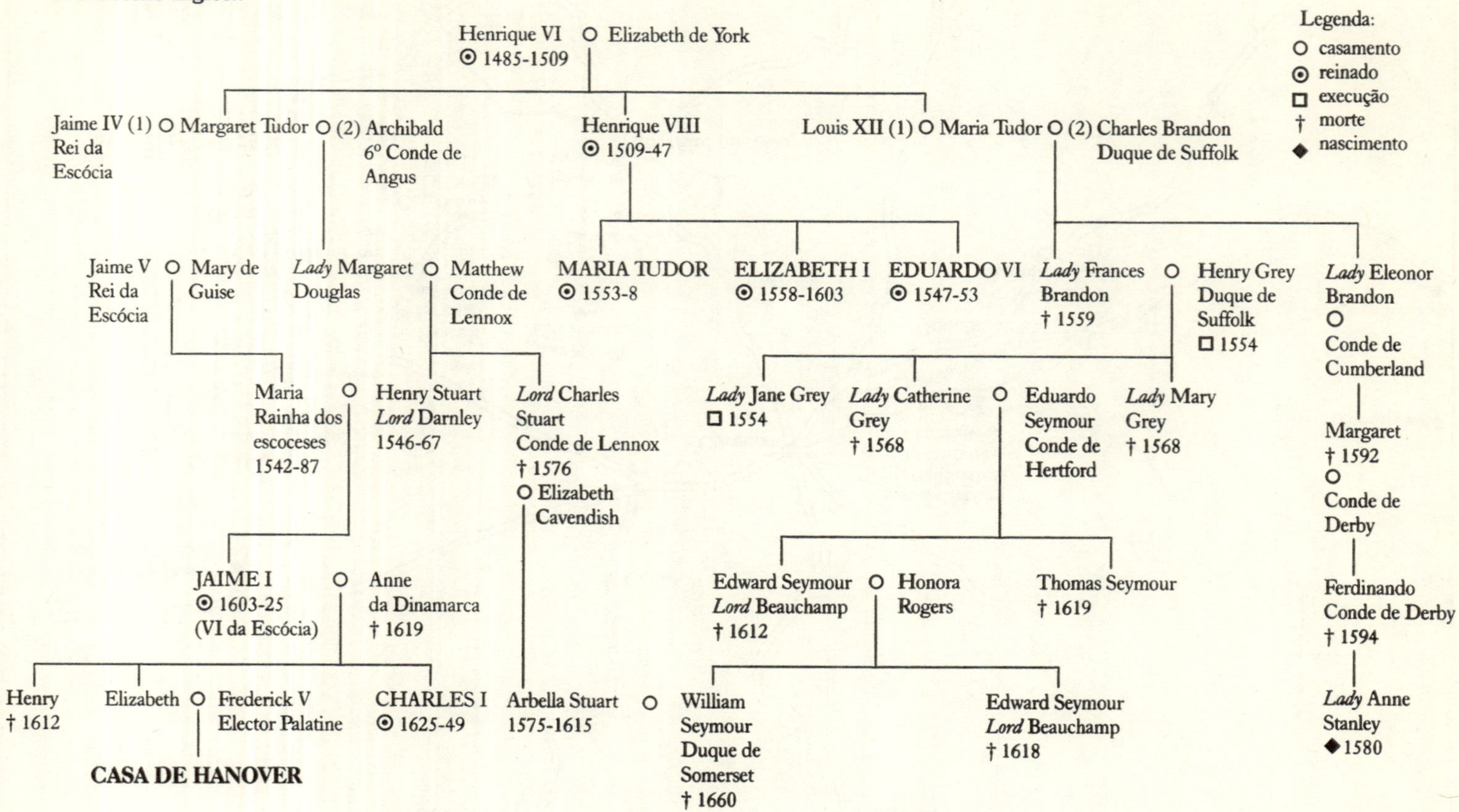

AS RELAÇÕES DOS CONSPIRADORES

Conspirador

Personagens da narrativa

<u>1 Conexão Tresham, Catesby, Wintour, Vaux</u>

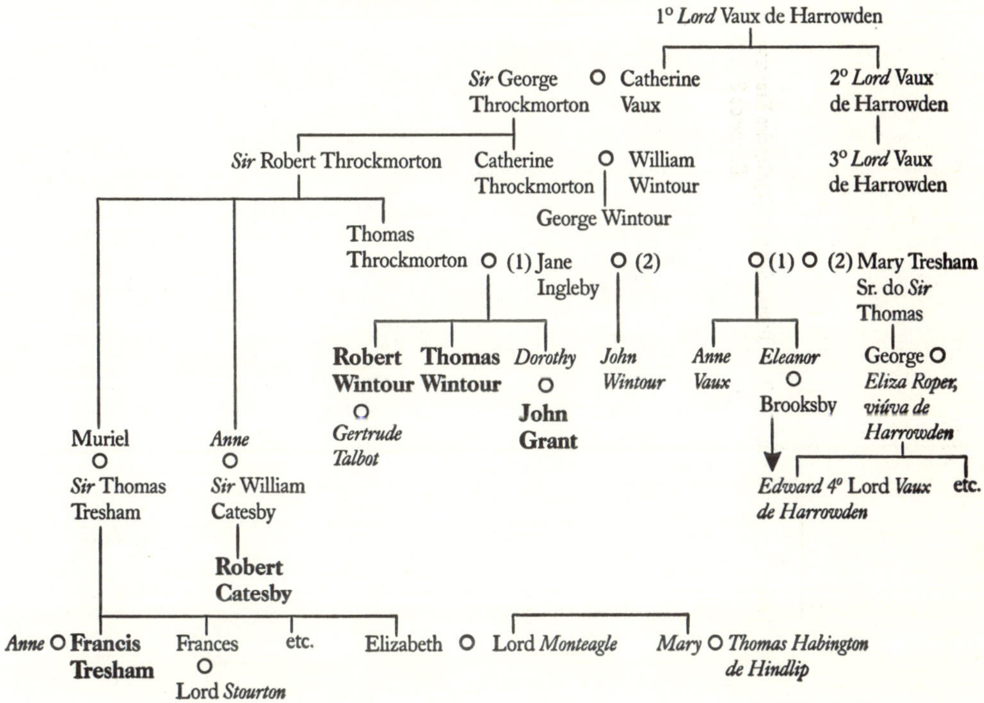

<u>2 Conexão Wright, Ward, Percy</u>

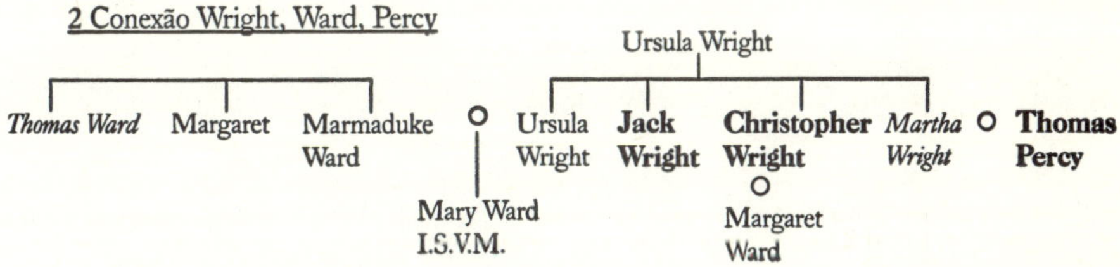

<u>3 Conexão Rookwood, Keyes, Tyrrwhitt</u>

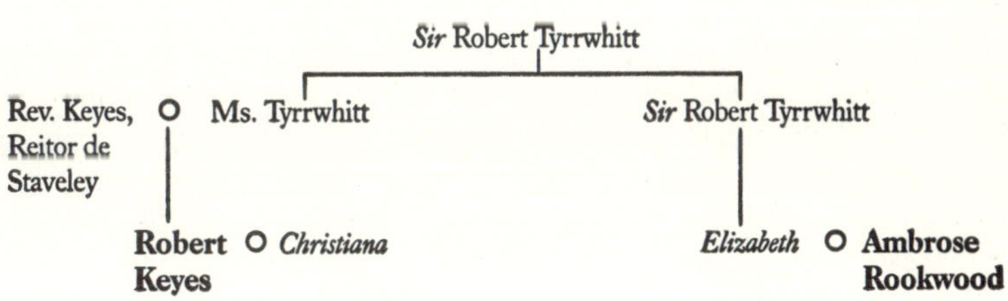

NOTA DA AUTORA

"Essa grave e lamentável tragédia em geral chamada de Traição da Pólvora": assim *sir* Edward Coke, como o promotor público, descreveu a Conspiração da Pólvora de 1605. É uma descrição idônea de um dos mais memoráveis acontecimentos da história inglesa, celebrado anualmente na cantilena "Lembrem-se, lembrem-se do 5 de novembro". Mas para quem a Conspiração da Pólvora foi uma tragédia? O rei e a família real, o Parlamento, com todos ameaçados de extinção pela explosão terrorista? Ou para os precipitados conspiradores e toda a comunidade de católicos, incluindo os padres, cuja sorte estava ligada à deles? Este livro tenta em parte responder a essa questão.

Seu primeiro objetivo, contudo, é explicar, na medida do possível, em vista dos relatos e depoimentos imperfeitos, arrancados sob tortura, por que houve uma Conspiração da Pólvora. Os enredados detalhes desse extraordinário episódio assemelham-se aos de uma história policial (entre eles uma carta anônima enviada sob o manto das trevas), e, como em todos os mistérios, no âmago da questão está a motivação por trás.

É óbvio que falar em oferecer uma explicação suscita sem dúvida o problema de saber se houve na verdade uma conspiração. Ao longo dos anos — séculos — dedicados estudiosos e historiadores do assunto dividiram-se em duas categorias sobre o tema. Designei-os, um tanto levianamente, de "pró-conspiradores" — os que realmente acreditam na existência da conjura — e "não-conspiradores" — os que defendem com igual e firme convicção que a conspiração foi uma fabricação do governo. Minha própria posição, como se verá, não se encaixa precisamente em nenhuma dessas categorias. Creio que houve de fato uma Conspiração da Pólvora: mas foi uma "Traição da Pólvora", muito diferente da conspiração resumida por *sir* Edward Coke.

Ao aceitar a existência de uma conspiração, também aceitei que os conspiradores eram o que hoje denominamos de terroristas. Sem dúvida, a questionável base moral do terrorismo — pode-se, em alguma circunstância, justificar a violência, qualquer que seja a acusação ou provocação? — é um tema que percorre toda a minha narrativa. E há mais um problema: só se justifica o terrorismo quando bem-sucedido? São perguntas incômodas, mas por esse motivo mesmo, aliás, e não outro, vale perguntar.

Os que escreveram sobre o tema da conspiração tenderam, o que é bastante natural, a fazer suas próprias comparações contemporâneas. Um estudioso da história da família Catesby, em 1909, referiu-se a "esses dias de conspirações anarquistas [russas]" como proporcionando um pano de fundo referencial adequado às atividades conspiratórias do próprio Catesby. Donald Carswell, um advogado que editou *The Trial of Guy Fawkes* em 1934, traçou paralelos entre a Conspiração da Pólvora e o incêndio do Reichstag em fevereiro de 1933: "Revelou-se uma excelente propaganda do governo", permitindo aos nazistas reprimir os comunistas, como se haviam reprimido os católicos em 1605.

Em 1968, Graham Greene, ao apresentar uma introdução às memórias de Kim Philby, o britânico que espionava para a Rússia de Stalin, comparou a fé comunista de Philby — "sua impávida certeza na perspicácia de seu julgamento" — à dos católicos ingleses não-conformistas ao apoiarem a Espanha e a Inquisição. Elliot Rose, em *Cases of Conscience*, publicado em 1975, ano em que terminou a Guerra do Vietnã, traçou um paralelo entre os católicos que se recusavam a acomodar-se no reinado de Elizabeth e Jaime I e as pessoas que protestavam contra a guerra no Sudeste Asiático. Mais recentemente Gary Wills, em *Witches and Jesuits: Shakespeare's Macbeth* (1995), evocou a turbulenta atmosfera conspiracional nos Estados Unidos após o assassinato do presidente Kennedy para explicar o mundo em que a peça estreou. (Apresentado pela primeira vez em 1606, o texto de *Macbeth* é obscurecido pela sombra da Conspiração da Pólvora.) Sem dúvida, os acontecimentos de 5 de novembro de 1605 têm muito em comum com o assassinato do presidente Kennedy, como um tópico que é, em termos conspiracionais, eternamente discutível.

Em meu caso, portanto, convém que um livro escrito tão próximo ao fim do século XX se preocupe com o terrorismo. Trata-se de uma questão, para melhor ou pior, que é preciso levar em consideração para compreender as histórias manifestas da Irlanda do Norte e de Israel/Palestina — tomando apenas dois exemplos possíveis. Enquanto isso, temos um fenômeno no qual muitos dos líderes mundiais de hoje se envolveram confessadamente em atividades terroristas e as justificaram moralmente com motivos de interesse nacional ou religioso. Por essa razão é que dei ao meu livro o subtítulo de *Terror e fé na Revolução Inglesa*.

Deve-se, contudo, ter em mente que a palavra "terror" pode referir-se a dois tipos diferentes. Há o terror de partidários, de combatentes pela liberdade ou de qualquer outro grupo de guerrilha empreendido em favor do bem mais elevado de seus objetivos. E o terror dos governos, dirigido contra as minorias dissidentes. O problema dos indivíduos que divergem de seus governantes quanto à religião (têm eles o direito moral de divergir?) é um problema presente em todo este livro.

Há uma relevância contemporânea semelhante, de um tipo muito diferente, na história das várias católicas que se viram atuando com destaque no mundo clandestino da Conspiração da Pólvora. Numa época em que se discute o papel das mulheres nas igrejas cristãs, sobretudo na Igreja Católica, interessou-me e atraiu-me o papel desempenhado por essas damas fortes, dedicadas e corajosas. Naquela época os padres as compararam às mulheres sagradas da Bíblia que seguiram Jesus Cristo. Umas se achavam vinculadas, num período temerário, às responsabilidades da família; outras optavam com igual bravura pelo caminho individual. De maneira bastante irônica, foi a percepção incutida da fraqueza das mulheres que lhes permitiu proteger os padres proibidos quando outros não podiam fazê-lo. As circunstâncias deram-lhe poder; e elas o usaram bem.

Acima de tudo, em toda a minha narrativa, preocupei-me com a transmissão da realidade atual: isto é, o senso da extraordinária dramaticidade que foi essa história, com todos os seus elementos de tragédia, brutalidade, heroísmo — e mesmo, às vezes e inesperadamente, com seus momentos mais descontraídos, que muitas vezes ocorriam após buscas malogradas de sacerdotes católicos em seus esconderijos. Por essa razão dediquei especial atenção à topografia da conspiração, incluindo os detalhes desses refúgios secretos, muitos dos quais ainda existentes hoje para visitação. Claro, jamais se pode evitar inteiramente a percepção tardia do significado e da natureza dos fatos, sobretudo ao destrinçar uma história tão emaranhada como a da Conspiração da Pólvora: mas tentei pelo menos escrever como se o que aconteceu em 5 de novembro de 1605 não tivesse uma conclusão prejulgada.

Para contar com a maior clareza possível uma história tão enredada, empreguei os expedientes habituais. Modernizei a ortografia quando necessário e datei cartas e documentos, como se o ano no calendário da época começasse a 1º de janeiro, como hoje, e não a 25 de março, início do ano naquele tempo. Também tentei solucionar o problema dos indivíduos cujos nomes mudavam (com o recebimento de títulos), preferindo a simplicidade à estrita exatidão cronológica: assim, Robert Cecil, primeiro conde de Salisbury, é apresentado e chamado primeiro Cecil e depois Salisbury, desaparecendo seu título intermediário de visconde de Cranborne.

Na composição do livro devo muito às diversas obras dos vários estudiosos citados em Referências. Por outras ajudas que me prestaram, gostaria de destacar e agradecer a: Sr. Felipe Fernández-Armesto, pelas correções e sugestões históricas (os erros remanescentes são de minha responsabilidade); Dr. S. Bull, dos Museus do Condado de Lancashire, pela permissão de ler sua tese "Furie of the Ordnance"; frei Michael Campbell Johnston, da Companhia de Jesus, por deixar-me ver o Manuscrito da Conspiração da Pólvora do falecido frei William Webb, S. J.; Dr. Angus Constam, da Royal Armouries; *sir* Francis Edwards, S. J., cuja amizade e apoio muito valorizo, apesar de nossas conclusões diferentes sobre a questão da Conspiração da Pólvora; Sr. D. L. Jones, bibliotecário da Câmara dos Lordes; Sr. John V. Mitchell, arquivista, e o Sr. R. N. Pittman, então diretor da St Peter's School, em York; o secretário honorário da Real Sociedade Histórica, Sr. Roland Quinault, pela permissão de consultar sua tese "Proprietários de Terras de Warwickshire e Política Parlamentar, 1841-1923"; Sr. Richard Rose, editor do diário inédito de Joan Courthope; Sr. M. N. Webb, bibliotecário assistente, Biblioteca Bodleian; Sr. Erick Wright, diretor assistente da biblioteca e da escola de Biblioteconomia do Northamptonshire; por último, o sempre útil, gentil e prestativo pessoal da Biblioteca Central Católica, da Biblioteca de Londres, do Escritório de Registro Público e do Salão Oval de Leitura da Biblioteca Britânica.

Como sempre, foi ao mesmo tempo um prazer e um privilégio fazer toda a minha própria pesquisa, além da ajuda dos que, com toda a gratidão, aqui citei. A reconstituição da história da Conspiração da Pólvora, em particular, envolveu-me numa série de visitas e viagens históricas. Quanto a isso, gostaria de agradecer ao conde de Airlie, *lord* Chamberlain, general *sir* Edward Jones, Cavalheiro Batedor de Black Rod, e ao Sr. Bryan Sewell, subdiretor de Fortificações, por me tornar possível uma visita à Câmara dos Lordes na véspera da Abertura do Parlamento; ao Sr. R. Catesby, por nossa excursão a Ashby St Ledgers e sua igreja; ao professor Hugh e Sra. Eileen Edmondson, de Huddington Court, por sua hospitalidade; Sr. e Sra. Jens Pilo, por me receberem em Coldham Hall, e Sr. Tony Garrett, que me acompanhou na viagem; Sr. Roy Tomlin, secretário honorário do Clube de Golfe de Wellingborough, Harrowden Hall; Sra. Juliana Way, do Hengrave Hall Centre; Sr. Dave Wood, coordenador de serviços, e Sr. David Hussey, diretor do RNIB — Forest House Assessment Centre, Rushton.

Outros que me ajudaram de várias maneiras incluem a Sra. K. H. Atkins, arquivista das Bibliotecas Dudley; o professor Karl Bottigheimer; Sr. Robert Bearman, arquivista sênior da Fundação do Local de Nascimento de Shakespeare; Sr. Roy Bernard, do Asilo Holbeche House; frei Andrew Beer, da Igreja St Pancras, em Lewes; frei M. Bossy, S. J., pela fotografia da veste eclesiástica feita por Helena Wintour, em Stonyhurst; Sr. Conall Boyle; Sra. Kathryn Christenson, Minnesota; Sr. Donald K. Clark, diretor do Centro Histórico de Hyde Park; Sra. Sarah Costley, então arquivista, Mosteiro de York, e o Sr. John Tilsley, arquivista assistente; Sra. Caroline Dalton, arquivista, Biblioteca do New College; Sr. Charles Enderby; Sr. Dudley Fishburn, membro do Parlamento; o general-de-divisão G. W. Field, a governadora residente, Catherine Campbell, o membro da Guarda Real Brian A. Harrison, arquivista honorário, Torre de Londres; Sra. Joanna Grindle, responsável pelo Serviço de Informações, Conselho do Condado de Warwickshire; o padre D. B. Lordan, Igreja de St Winifred, e o irmão Stephen de Kerdrel, capelão do Mosteiro Franciscano, O.P.M, Pantasaph, Holywell; o reverendíssimo Michael Mayne, deão de Westminster; Sr. Jonathan Marsden, representante dos Prédios Históricos, Escritório Regional do Tâmisa e Chiltern, Fundação Nacional; professor Maurice Lee, Jr; Sr. Stephen Logan, Selwyn College, Cambridge; Srta. K. M. Longley, ex-arquivista, Mosteiro de York; Sr. Roger Longrigg, por responder a um questionário sobre cavalos de fins do século XVI; madre John Baptist, da Ordem de São Bento, Convento Tyburn; Sr. Simon O'Halloran, em Queensland, Austrália; *sir* Roy Strong; Sr. Barry T. Turner, Casa de Guy Fawkes, em Dunchurch; Sra. Clare Throckmorton, em Coughton Court; Sr. Richard Thurlow, Serviço Nacional Bibliográfico, Biblioteca Britânica, Spa de Boston; Sr. J. M. Waterson, diretor regional, Escritório Regional de East Anglia, Fundação Nacional; Sr. Ralph B. Weller.

Do início ao fim deste livro, tive grande apoio dos meus assistentes editoriais dos dois lados do Atlântico: Nan Talese nos Estados Unidos, quem pela primeira vez partilhou de minha idéia sobre como devia ser o livro; na Inglaterra, Anthony Cheetham, Ion Trewin e Rebecca Wilson. Linda Peskin datilografou e redatilografou o manuscrito com exemplar habilidade, comparável apenas à sua paciência. Meu agente literário, Michael Shaw, que me aconselhou a ter calma nos momentos certos; Douglas Matthews, conselheiro extraordinário da feitura do Índice, que não apenas desempenhou sua tarefa com a destreza habitual, mas também contribuiu com informações sobre as "celebrações" de Guy Fawkes em Lewes; Robert Gottlieb e Rana Kabbani, que, assim como minha mãe, Elizabeth Longford, ofereceram sugestões editoriais. Outras ajudas familiares incluíram conselhos sobre a Prevenção contra o Decreto sobre Terrorismo, do meu enteado Edward Fitzgerald, advogado conselheiro da rainha, e do meu filho Orlando Fraser. Por último, meu marido, Harold Pinter, que leu uma história, em parte, sobre perseguição, com sua característica simpatia generosa pelos oprimidos.

Antonia Fraser

Dia de São Nicolau, 1994 — Festa dos Mártires Ingleses, 1995

PRÓLOGO

Primórdios venturosos

Esses primórdios venturosos a tal ponto elevam os espíritos de todos os homens, enchendo-os de grandes esperanças, que não apenas os próprios protestantes, mas ainda os papistas, os puritanos e até os poetas (...) prometem enorme participação em seu favor [de Jaime I].

JOHN CHAMBERLAIN
A Dudley Carleton, 12 de abril de 1603

EM 21 DE MARÇO DE 1603 O PADRE WILLIAM WESTON, sacerdote católico encarcerado na Torre de Londres, deu-se conta de que um "estranho silêncio" caíra sobre toda a cidade. "Nem um sino tocou. Nem um clarim soou", embora todos os dias, em geral, se ouvisse muitas vezes o som de sinos e clarins, mesmo na minúscula cela onde havia mais de cinco anos o tinham confinado, sem ar puro nem exercícios.

A explicação para esse silêncio era impressionante. No Palácio de Richmond, a velha rainha que governara a Inglaterra durante mais de quarenta anos "jaz, agonizante, sem qualquer esperança de cura". Como tantos dos católicos perseguidos, homens e mulheres, leigos e sacerdotes, nobreza e criadagem, o padre Weston imaginava se um novo reinado poderia trazer algum alívio.[1]

Elizabeth Tudor, filha de Henrique VIII e de sua desventurosa segunda mulher, Ana Bolena, tinha setenta anos, idade surpreendente para a época em que viveu. Reinara sozinha, sem consorte ou filho, desde a morte de sua meia-irmã Maria Tudor em 1558 — tempo tão longo que uma pessoa precisava estar na casa dos cinqüenta para ter alguma reminiscência correta do período anterior a Elizabeth.

Sobrevivera não apenas à rainha católica Maria Tudor, mas ainda ao primeiro marido desta, o arquiinimigo da Inglaterra Filipe II da Espanha, que morrera em 1598. Os pálidos reis Valois da França, de sua juventude (entre eles o primeiro marido da rainha Maria dos Escoceses, que morrera jovem), haviam desaparecido como sombras sem deixar nenhum herdeiro. O enérgico Henrique IV de Navarra, casado com Marguerite de Valois e agora ocupando o trono de França, era vinte anos mais moço que ela. A rainha Elizabeth governara, na verdade, durante mais tempo que qualquer adulto sucessor ao trono antes.* Por um lado, o bom senso tornava sem dúvida a morte iminente da rainha previsível; por outro, sua morte, para a maioria das pessoas, era inimaginável.

Esse elemento de descrença devia alguma coisa ao fato de que há muito fora proibido, como em certas ditaduras do século XX, discutir a identidade do novo governante. Por ter feito isso na Câmara dos Comuns em 1593, o puritano Peter Wentworth foi encarcerado na Torre de Londres até a morte. Dez anos depois, Elizabeth ainda não indicara seu sucessor (como veremos, havia problemas para uma sucessão apenas hereditária). Psicologicamente, esse vazio público fazia a perspectiva de seu falecimento parecer improvável, embora fosse quase impossível que a rainha deixasse a vida sem antes tomar as providências necessárias para quem devia sucedê-la. Era uma questão que a própria rainha entendera inteiramente com o transcorrer dos anos, ao observar com aspereza que não ia permitir discussões sobre a sucessão, pois os homens sempre preferiram adorar mais o sol nascente que o poente.

A surpreendente saúde de ferro da rainha nos últimos anos também estimulara tolas fantasias sobre sua imortalidade. Ela talvez revelasse algum cansaço em cerimônias oficiais — como, por exemplo, na Abertura do Parlamento em 1601 — ou após cavalgar no parque. Olhos críticos podiam até reparar que o desfigurado rosto branco e pergamináceo da rainha, em seus sessenta e tantos anos, agora inchara com "visíveis panos" nas maçãs do rosto. Mas ainda em março de 1602 a descreviam "sempre, graças a Deus, alegre e jovial", apesar de todos os sinais de decadência no rosto. Continuava a impressionar os estranhos com sua presença de puro esplendor. Seu ar majestoso arrancou dos lábios de um emissário da Holanda espanhola a exclamação: "Oh, *che grandezza*!" Apenas três meses antes Elizabeth dançara um coranto na corte, uma contradança que exigia uma grande dose de energia.[2]

Seu principal inimigo parecia ser a melancolia, junto com a famosa indecisão que antes a rainha usava com tanto brilhantismo para conduzir (e também enlou-

*Henrique III, cujo reinado durou 56 anos, 1216-72, subira ao trono aos nove anos de idade.

quecer) seus conselheiros, mas que agora, de vez em quando, era bastante paralisante.[3] Grande parte dessa "enraizada e inextirpável" melancolia originava-se da imutável tragédia da velhice, a morte de velhos amigos. William Cecil, *lord* Burghley, seu leal servidor político, morrera em 1598, deixando em seu lugar o brilhante e incansável filho Robert. Mas muitos que conheciam bem Elizabeth achavam que a morte recente de uma grande amiga íntima, a condessa de Nottingham (que, como a filha de Maria Bolena, era prima da rainha), precipitara seu declínio.

A deflagração do que seria a doença final da rainha deu-se no início de março. A primeira alusão a isso pelo seu ministro chefe, Robert Cecil, foi feita nove dias depois a George Nicolson, seu agente na Escócia, numa carta altamente secreta. Escreveu-lhe que sua soberana "nos últimos dias passara a quase não dormir", o que, como de praxe, a vinha deixando impaciente. Cecil examina em seguida, numa linguagem cautelosa mas inconfundível, a sombria possibilidade de ela não se recuperar. "Como toda carne está sujeita à mortalidade", a delicada frase que usou, Cecil tinha de confessar que a rainha ficara tão "indisposta" que ele temia que uma "futura debilitação" levasse ao perigo daquela ocorrência do que "espero que meus olhos jamais vejam".[4]

Na verdade, a insônia não melhorou, e a fraqueza aumentou. Numa era anterior aos jornais, cabia ao mexerico popular um papel especial: alguns anos antes Shakespeare caracterizara o rumor como uma personagem vestindo uma fantasia "toda pintada com línguas".[5] Como as histórias do que se passava começaram a espalhar-se, os sinos silenciaram e os clarins emudeceram, mesmo os prisioneiros na Torre de Londres tomaram conhecimento da crise. Os conselheiros de Estado por ora se achavam reunidos no Palácio de Richmond, em Surrey; dando-se a entender que ali permaneceriam até que o acontecimento tão temido por Cecil realmente ocorresse.

O ânimo da velha rainha descambou ainda mais para uma extraordinária depressão que nada parecia abalar. Por algum tempo, ela recusou-se a ir para a cama, deitando-se sem comer em almofadas, como se a natureza pudesse de algum modo ser derrotada por uma vontade férrea. Robert Carey, neto de Maria Bolena e, como a condessa de Nottingham, um cortesão privilegiado, veio visitá-la do norte da Inglaterra, onde há cinco anos era o principal comandante da Guarda Real da Fronteira Central. Foi recebido por uma rainha "sentada em almofadas, prostrada". Quando ele lhe disse que ficara contente por vê-la bem, a rainha pegou-lhe a mão e "apertou-a com muita força".

"Não, Robin, não estou bem", disse, e falou-lhe de seu coração "triste e pesado", com não menos que quarenta ou cinqüenta "pesados suspiros". Carey só vira uma vez antes a rainha assim, após a decapitação de rainha Maria dos Escoceses. Era um precedente agourento. Por fim, *lord* Nottingham, viúvo da velha amiga da rainha, a condessa, conseguiu levá-la para a cama "quer por meios lícitos ou mediante a força".[6] Era hora de se voltarem os olhos para o sol nascente.

Para Robert Cecil e seus colegas membros do Conselho que rodeavam a rainha agonizante, esse sol era agora representado por um homem cuja bisavó fora uma princesa Tudor: o rei Jaime da Escócia (embora a decisão tivesse sido relativamente recente). O agente Nicolson, em Edimburgo, usou sua discrição para manter o rei Jaime informado da progressão da doença da rainha. Em 19 de março, por exemplo, o rei decidira adiar a visita à distante região montanhosa da Escócia, e só viajou até Stirling para ver o filho primogênito, o príncipe Henry. A visita teve alguma importância dinástica, pois muito em breve o belo garoto de nove anos se veria como o seguinte na linha de sucessão tanto ao trono inglês quanto ao escocês.

Surgiu então, de repente, um tráfego de extraordinária intensidade entre as cortes inglesa e escocesa, enquanto os bem-sucedidos cortesãos elisabetanos buscavam conceber métodos de tornar-se bem-sucedidos jacobitas, assim chamados os relacionados com a época e o reinado de Jaime I. Quem tomou a providência mais prática foi Robert Carey. Mandando avisar em Edimburgo que o esperassem sem demora assim que a rainha morresse, tratou de ordenar que se postassem cavalos ligeiros ao longo de toda a estrada principal para a Escócia. Carey pretendia ser o primeiro a divulgar a notícia de sua adesão ao rei escocês. Afinal, raciocinava consigo mesmo, Deus ajudava aqueles que se ajudavam. Considerando que até então Jaime nunca lhe demonstrara nenhum favor particular, essa precaução não era "injusta nem desonesta".[7]

Na manhã de quarta-feira, 23 de março, a rainha perdera a fala e só conseguia comunicar-se com o seu Conselho por sinais; pouco depois, apenas pelo movimento dos olhos. Ao cair da noite, Elizabeth entrara em coma, deslizando em silêncio para o outro mundo, onde, como lhe dissera com toda a franqueza o arcebispo de Canterbury, "embora tivesse sido uma grande rainha aqui na terra (...) logo teria de prestar contas de sua administração ao Rei dos Reis". Em algum momento, quando a rainha ainda conseguia fazer um sinal, dizem ter ela indicado que Jaime da Escócia devia ser seu sucessor, pondo a mão acima da cabeça ao mencionarem o nome dele.[8] A história, depois propagada, foi uma explicação conveniente para superar o inconveniente fato de que, apesar do longo tempo em que Elizabeth fora na verdade uma "grande rainha aqui na terra", nas palavras do arcebispo, mantivera até o fim seu obstinado silêncio sobre a questão da sucessão. Nessas circunstâncias, o Conselho não corria quaisquer riscos.

Pairava dentro do palácio uma atmosfera carregada, e os porteiros receberam ordem especial de não deixar ninguém sair, para que o rumor, em sua fantasia "pintada com línguas", não escapasse. Fora, tomavam-se precauções extraordinárias para assegurar uma sucessão sem incidentes. Por exemplo, o Conselho ordenou que trouxessem de Hardwick, Derbyshire, para o sul a instável *lady* Arbella Stuart, prima de Elizabeth e possível pretendente ao trono. Ali, longe de Londres, os papistas poderiam seqüestrá-la e usá-la como foco de algum tipo de golpe, pois acreditava-se que Arbella tinha simpatias pelos católicos. Em outros lugares, "os principais papistas" eram detidos à medida que a saúde da rainha piorava. O irmão mais velho de Cecil, *lord* Burghley, em sua função administrativa de Lorde Presidente do Norte, tinha um papel vital a desempenhar na manutenção da paz naquela conturbada região entre a Inglaterra e a Escócia; ele escreveu que "estava pronto para defender a autoridade legítima".[9]

O fim para a rainha Elizabeth chegou nas primeiras horas da manhã de 24 de março. No último momento, só suas damas se achavam junto dela. Os membros do Conselho retiraram-se de Richmond para o Palácio de Whitehall,* a fim de redigir o documento vital que mais tarde, naquela manhã, iria proclamar Jaime rei da Inglaterra. Muito antes desse momento, contudo, o empreendedor Robert Carey partira a toda para o norte, no primeiro de seus cavalos velozes. O irmão mais velho, George Carey, *lord* Hunsdon, que como Lorde Tesoureiro era uma "grande autoridade" da corte, protegeu Carey do indignado porteiro de Richmond com as tranqüilizadoras palavras: "Deixe-o passar, responderei por ele." (No caso, mais por interesse pessoal do que lealdade familiar, pois todos os irmãos Carey esperavam aproveitar-se da ousadia de Robert.) Houve algum movimento do Conselho para deter Carey, mas uma advertência amistosa de outro funcionário, o Cavaleiro Mestre-de-Cerimônias, permitiu que ele partisse desimpedido de Londres logo depois das nove.

Carey rumou primeiro para Doncaster e ao cair da noite de sexta-feira estava em sua própria casa, em Widdrington, Northumberland. Agora a 156 quilômetros de Edimburgo, teria lá chegado por volta da hora da ceia, partindo "muito cedo" no sábado, não tivesse sofrido "uma grande queda durante a viagem", sendo em seguida escoiceado pelo cavalo. Assim, debilitado pela perda de sangue, Robert acabou entrando a cambalear no palácio real, em Holyrood, saudando Jaime Stuart pelo seu novo título quádruplo: rei da Inglaterra, Irlanda, Escócia — e França (a pretensão medieval dos Plantagenetas jamais fora formalmente abandonada).

*A sede principal da Corte de Londres (1529-1698). Hoje importante rua que corta Londres de norte a sul, entre a Trafalgar Square e as Câmaras do Parlamento, onde se localizam as principais repartições do governo. (*N. da T.*)

Como prova da morte da velha rainha, Carey disse ao rei que lhe trouxera "um anel azul de uma senhora loura". Entregou-lhe em seguida um anel de safira, que Jaime enviara ao sul com ordens específicas de que o devolvessem no momento em que Elizabeth estivesse de fato morta.*

"Isto basta", dissera o rei. "Sei por estas palavras que você é um mensageiro verdadeiro. "Já muito avançada a noite, o soberano da Inglaterra continuou a fazer perguntas a Carey sobre seu novo reinado (tendo primeiro, atenciosamente, chamado um cirurgião para cuidar dos ferimentos do mensageiro).[10]

A primeira proclamação do novo soberano foi feita em Londres no dia 24 de março, às dez horas da manhã — umas oito, nove horas após a morte da rainha. A reunião para tomarem as providências no Palácio de Whitehall, realizada, de modo bastante conveniente, quando despontava o sol, foi inesperadamente facilitada pelo fato de Robert Cecil apresentar um texto pronto. À sua maneira prudente, não hesitaria em trazê-lo consigo durante todas as últimas angustiantes semanas.** Essa proclamação, referindo-se com firmeza "ao direito indubitável" de Jaime ascender ao trono, foi lida pela primeira vez às dez horas nos portões do Whitehall e uma hora depois perto de High Cross, em Cheapside, local do mercado central na época, onde se observou que Cecil discursou de forma "— muitíssimo distinta e audível". Por fim, leram-na na Torre de Londres, onde os prisioneiros do Estado, entre eles os padres, se regozijaram junto com os outros. O padre Weston pôde ver a cerimônia de sua janela, ouvindo "a choradeira" e percebendo a pompa com que se apresentava o evento. Compreendeu que o Conselho calculara cada detalhe "com precisão e meticulosidade".[11]

Ao cair da noite, as chamas de fogueiras ardiam luminosas em toda a capital. Embora o embaixador francês ficasse chocado com o comportamento ingrato dos londrinos, que acendiam fogueiras para comemorar a morte de sua soberana, não há a menor dúvida de que essas eram chamas de regozijo, não de lamentação. Como escreveu ao pai o estudante de direito John Isham, de Northamptonshire: o povo saudava "um príncipe de grande esperança". E em todos os cantos do país, não apenas em Londres, o som de clarins e outras músicas era ouvido no mercado central. Espectadores fendiam o ar com vivas, seus gritos fundindo-se com o repicar dos sinos, e em volta de cada fogueira consumia-se uma enorme

---

*Segundo a tradição da família, preservada pela bisneta de Carey, esse precioso anel não podia ser entregue a Carey enquanto ele ainda estivesse no Palácio de Richmond, mas teve de ser-lhe jogado pela janela por sua irmã, *lady* Scrope (*Carey*, nota, p. 63).

**Esse texto, com a caligrafia de Cecil, ainda existe nos documentos de sua família (H. M. C. Salisbury, xv, p. 1).

quantidade de bebida alcoólica. No norte, em York e Kingston-upon-Hull, no leste, em Norwich, no oeste, em Bristol, onde os xerifes vestidos de escarlate erguiam o retrato do novo rei bem alto acima da cabeça, e no sul, em Winchester, o rei Jaime foi proclamado como "majestático e na linha direta das Casas de York e de Lancaster".[12]

É significativo o fato de que o homem que constatou a proclamação em Winchester e ali chegou às pressas com uma velocidade digna de Robert Carey, antes mesmo da notificação oficial do Conselho, fosse um católico, *sir* Robert Tichborne. Longe de causarem problemas, como se previra, os líderes "papistas" apressaram-se a demonstrar seu entusiasmo em público, vendo nesse momento uma excelente oportunidade de inaugurar o reinado como pretendiam continuar sendo, súditos leais do novo rei, apesar de todas as opiniões religiosas dissidentes. Mesmo os jesuítas, cuja simples presença na Inglaterra era ilegal e punível com a morte, fizeram questão de demonstrar seu patriotismo. O padre Henry Garnet, superior dos jesuítas na Inglaterra, enviou uma carta a um ilustre cortesão, esperando que fosse mostrada a Jaime, onde manifestava o desejo dos seus de serem "súditos bem-amados e não desnaturados da coroa".[13]

Os católicos incluíam-se ostensivamente entre os que providenciaram barris de vinho para os lugares públicos e lançaram das janelas moedas para as multidões. E nenhuma atitude foi mais pressagiosa que a do magnata católico *sir* Thomas Tresham, que proclamou Jaime rei em Northampton apenas um dia após a morte da rainha. Nascido no fim do reinado de Henrique VIII, e há muito reverenciado como um líder na comunidade católica, que contava com ele para "conselho, orientação", Tresham passara mais de vinte anos na prisão, além de sofrer vultosas multas, pela recusa em conformar-se à religião protestante.[14]

Casado com uma filha de outra ilustre família católica, uma Throckmorton, *sir* Thomas e a mulher tinham uma enorme prole. Um dos filhos, Francis Tresham, seu herdeiro, era um indivíduo imprestável que se metera na conspiração antigovernamental de Essex em 1601. O carismático Robert Catesby, primo em primeiro grau de Francis por parte de mãe, também se envolvera. Francis Tresham custara ao querido pai uma grande soma para livrá-lo do apuro, e *sir* Thomas ajudara também pagando parte da fiança de Catesby. Os outros filhos do magnata eram mais satisfatórios e haviam feito uma infinidade de casamentos entre a alta nobreza e a fidalguia de orientação católica. Quando ele se ergueu junto à cruz de Northampton para proclamar o rei Jaime, protegido pelos puritanos mas não pelos protestantes locais, e contidas suas tendências rebeldes familiares, *sir* Thomas tinha motivo para esperar que gozaria de uma velhice serena.

Parte daquele espírito inglês geral de euforia que chocara o embaixador francês devia-se ao fato de que a coroa passara para um homem adulto. Jaime I, na época com 36 anos, reinara desde a infância, quando a mãe, a rainha Maria dos Escoceses, fora obrigada a abdicar, e ele governara desde sua maioridade. Não se via um comando do leme — masculino — assim tão experiente desde a morte de Henrique VIII, mais de meio século antes. Não havia a menor dúvida de que, apesar de todo o brilhante mito de glória, apesar de toda a genialidade que Elizabeth exibira na propaganda para transformar em força sua fraqueza de sexo inata, um governante homem era encarado como a ordem natural das coisas.

Além disso, esse próprio mito brilhante começara a empanar-se nos últimos anos do reinado de Elizabeth. E agora, que ela não mais vivia para deslumbrar os súditos com seu esplendor, ficava mais fácil perceber que a rainha terminara a vida como uma velha extremamente ranzinza. As baladas populares sobre sua morte tendiam a chamar a atenção para seu sexo:

> Ó, ela tinha o comando de todas as questões
> E no entanto, era uma mulher

ou:

> Jamais se veria mais sábia rainha
> Como mulher, nem mais brava.[15]

A clara indicação era que um sucessor homem representava o retorno à normalidade.

Deve-se ver em retrospecto ao julgar-se a relativa popularidade de Elizabeth I e a de Jaime I, nos primeiros anos do reinado dele. Apenas porque o julgamento da história cobriu mais de louvores a rainha que o rei, é importante compreender como era diferente o ponto de vista na época da sucessão de Jaime. Agora um grande contingente de ingleses chegava ao sul, vindo às pressas do norte: "boas notícias fazem bons cavaleiros" ou, como disse mais tarde o próprio Jaime, o povo corria, "não, melhor, voava ao meu encontro". Gostavam do que viam. Ali estava um homem que, como em geral concordavam todos, tinha uma "presença nobre". Afável e gentil, rápido no entender o ponto principal de um assunto. Para os ingleses patriotas, ainda mais importante era o fato de que ele falava sua língua à perfeição (embora com forte sotaque escocês). Também sabia latim, francês e italiano.[16] Ao seu lado estava a esposa dinamarquesa, a rainha Anne, uma graciosa beldade loura de vinte e tantos anos que já lhe dera cinco filhos, três dos quais haviam sobrevivido, e achava-se mais uma vez grávida. Que diferença da vida familiar da falecida rainha solteirona!

O que os cortesãos ingleses não compreenderam de imediato foi que uma criação severa, sem amor, envolta em incidentes violentos e brigas aristocráticas, fizera do arguto rei dos escoceses um consumado político; e talvez o único que a dinastia Stuart produzira (ou produziria) em todos os tempos. Nada revelava melhor essa argúcia política do que o rei apresentando-se a si mesmo como "o filho da rainha Maria dos Escoceses". Filho único da elegante rainha condenada, cuja cabeça rolara em Fotheringway, e do encantador perdulário Henry *lord* Darnley, morto na explosão do castelo em Kirk o'Field, Jaime em quase nada se parecia com os glamourosos pais. Mas para muitos católicos a dimensão espiritual era uma das que contavam. A primeira súplica dos católicos ingleses ao rei Jaime, em 1603, julgou sobretudo perspicaz introduzir por escrito uma impertinente referência à mãe "sem igual (...) martirizada de Vossa Majestade".[17]

Talvez ainda mais bizarra era a crença católica, sinceramente continuada, de que "os méritos da mãe" — isto é, os méritos espirituais conquistados pelo martírio da rainha Maria dos Escoceses — em breve alcançariam de Deus a graça da conversão do rei ao catolicismo.[18] Essa crença, que não tinha qualquer base na realidade, foi estimulada pela sutil diplomacia do próprio rei. Era uma opinião defendida de maneira generalizada não apenas entre os católicos modestos e talvez leigos, mas também nos conselhos dos católicos poderosos. Estes incluíam um augusto casal de regentes de Habsburgo, o arquiduque Alberto e sua mulher, a arquiduquesa Isabel, irmã de Filipe III de Espanha, que governavam a chamada Holanda espanhola.* Ali os rebeldes protestantes haviam travado uma guerra de trinta anos contra o domínio espanhol. Apesar do apoio inglês (por motivos religiosos), esses rebeldes não conseguiram livrar-se do jugo colonial. Quanto a isso, nem a Espanha os sufocara. O principal resultado dessa disputa inconclusa foi a exaustão financeira de todas as partes envolvidas.

No entanto, o rei Jaime recebeu, em sua ascensão, uma saudação amistosa do arquiduque católico de Bruxelas. Este também informou a Filipe III que resolvera mandar um enviado especial a Jaime, sem consultar seu cunhado, devido à sua grande ansiedade em fazer amizade com a Inglaterra (Alberto já soltara prisioneiros ingleses após a morte de Elizabeth).[19]

*A Holanda espanhola do século XVI deve ser entendida, *grosso modo*, como a Bélgica; os Países Baixos (holandeses) eram então conhecidos como Províncias Unidas ou Holanda, nome da principal província.

Uma das mais importantes províncias da Holanda espanhola era Flandres, que tinha uma extensa fronteira marítima, incluindo a cidade costeira de Ostend, não muitos quilômetros distante de Dover e da costa sudeste da Inglaterra, do outro lado das águas. Essa posição geográfica fazia de Flandres uma espécie de terra disputada nas lutas religiosas da época. Da perspectiva de Flandres, a Espanha poderia pensar na invasão da Inglaterra; do mesmo modo, a Inglaterra poderia despachar seus soldados pela estreita passagem em apoio aos protestantes flamengos.

Além disso, os católicos ingleses podiam refugiar-se em Flandres da opressão em sua pátria. Deste modo, muitos jovens ingleses, motivados por ambição pessoal e idealismo religioso, tornavam-se mercenários nos exércitos espanhóis dos Países Baixos. Para eles, era libertador buscar progredir num ambiente em que o catolicismo não era um obstáculo para o sucesso, e sempre havia a questão de restaurar a verdadeira religião (católica) na Inglaterra. Um dia o todo-poderoso rei da Espanha poderia usar a força de seus exércitos para realizar essa restauração. Apesar de a Armada espanhola não ter conseguido assegurar a invasão da Inglaterra em 1588, os soldados católicos expatriados continuavam a pensar nessa possibilidade.

Um típico aventureiro desses, ao mesmo tempo devoto e agressivo, era Guy Fawkes. Nativo de York, que vinha lutando em Flandres durante os últimos dez anos e fora pelo menos uma vez à Espanha como parte de uma trama com o objetivo de levantar ajuda militar para os católicos ingleses. Mas na festiva atmosfera do reinado do novo monarca, em meio a essas róseas esperanças de sua conversão, e com o papa Clemente VIII amante da paz, que adorava mediar entre grandes potências tomando iniciativas amistosas, talvez houvessem passado aqueles anos de conspiração letal.

Ademais, sem que o soubesse Guy Fawkes, o vagaroso conselho bizantino de Filipe III chegara a uma importante decisão, ainda quando a rainha Elizabeth jazia em seu leito de morte. Não deveria haver nenhuma invasão, nenhuma imposição de um soberano católico estrangeiro à Inglaterra: os católicos ingleses encontrariam sua própria solução para o problema da sucessão. Por isso Filipe III aprovou instruções para que o experiente emissário Don Juan de Tassis fosse parabenizar Jaime, embora a Espanha e a Inglaterra ainda estivessem tecnicamente em guerra.[20] A tranqüilidade na Holanda e um tratado com a Inglaterra, que por tanto tempo apoiara os enfurecidos rebeldes protestantes holandeses, eram os novos objetivos do alto comando espanhol. Objetivos que dificilmente combinavam com qualquer tipo de conspiração violenta contra o novo monarca inglês.

Nessa atmosfera de benevolência geral, nacional e internacional, o rei escocês partiu a 5 de abril numa viagem rumo ao sul, para a posse de seu novo reinado. Ele era, escreveu o teatrólogo Thomas Dekker, "nossa *omne bonum* [bondade total] do saudável norte, nosso pródigo Soberano Jaime". Num outro vôo de imaginação, Dekker descreveu o rei como acompanhado por "nuvens prateadas de anjos venturosos".[21] Teria sido mais correto descrever o séquito do rei como uma gananciosa multidão de escoceses ávidos — pelo menos do ponto de vista inglês. Mas a xenófoba zanga inglesa contra os favoritos escoceses de Jaime ainda não encontrara expressão. Por ora era mais importante que a hoste de nobres ingleses que afluíra às pressas do norte conseguisse juntar-se mais uma vez à procissão triunfante rumo ao sul.

Sir Robert Carey, com seu feito heróico realçado pelo fato de ainda continuar "pálido e com equimoses", era um dos presentes. Foi recompensado com a nomeação de Cavalheiro Camareiro do rei. Era, contudo, uma colocação um tanto acima de sua verdadeira importância, e ele na verdade seria rebaixado no clima menos sentimental do sul, provando, pobre coitado, que a corrida não fora afinal tão veloz. E não havia só ingleses lá: o embaixador francês partiu de Edimburgo para o sul, como um símbolo da amizade francesa. Contudo isso deve ter parecido um trunfo dúbio, pois sua mulher teve de ser carregada até Londres "numa cadeira com tipóias" por turnos de suados transportadores.[22]

No importante baluarte de Berwick, a saudação foi sobretudo jubilosa. "Dia feliz", segundo uma versão contemporânea, "em que tantos cavalheiros ingleses seguiam, em paz, apresentando um rei inglês e escocês, os dois numa única pessoa." Apresentavam-no a uma cidade que "por muitos anos" fora "uma Cidade do Inimigo" ou pelo menos ocupada por uma ou outra nação. Disparou-se tanta artilharia que se estendia sobre toda Berwick um manto de fumaça, como se tivesse havido "um terremoto". A cidade abrigava soldados anciões — "os antigos mocinhos do rei Harry" — que deviam estar beirando os oitenta anos. Estes guerreiros aposentados juraram jamais ter visto uma demonstração comparável àquela.

E assim seguiram todos para Newcastle (onde o rei admirou a beleza da Ponte do Tyne), Durham (após a qual, de uma elevação nos arredores de Haughtonle, ele apreciou um "belo panorama" do território que agora era seu), e York, onde Jaime foi recebido por *lord* Burghley, o Lorde Presidente do Conselho do Norte. Ali o rei insistiu em ir a pé até a igreja: "Não quero coche para mim; pois o povo deseja ver um rei, e portanto assim será, vão ver seu corpo e também seu rosto."

A alegria era universal — na forma de vinho tinto e branco oferecido ao populacho durante o dia todo.

O rei Jaime rumou em seguida para os suntuosos palácios dos condados do interior, prósperos símbolos de uma nobreza poderosa e estabelecida. Os lordes ingleses exibiam, como achava o soberano, um acentuado contraste em relação aos rudes escoceses, que, com seus seqüestros, assassinatos e ameaças à pessoa do rei, fizeram de partes de sua vida uma desgraça. O fato embaraçoso de que ainda não se havia enterrado formalmente a rainha, na Abadia de Westminster (o costume real era fazer isso um mês após a morte), significou a obrigação do rei de protelar esse trecho da viagem. Não ficaria bem sua chegada coincidir, muito constrangedoramente, com as exéquias da antecessora.

Jaime passou quatro ou cinco dias divertindo-se em Burghley, Northamptonshire. Esse grande prédio do Renascimento fora construído por um funcionário de Elizabeth, o primeiro *lord* Burghley, e passara para seu primogênito. Portanto Robert Cecil podia usá-lo para simbolizar as recompensas ao serviço leal na Inglaterra, pois as origens de sua família não eram ricas nem aristocráticas. Para o rei do norte, contudo, o exterior monumental e o interior ricamente mobiliado, "como o de um imperador", com seus tapetes turcos, longas galerias, imensos retratos do chão ao teto, significavam opulência e lazer. Ao contrário dos castelos escoceses da época, Burghley não tinha fortificações contra ataques.[23] Não eram necessárias.

A felicidade do rei intensificou-se ainda mais com a descoberta de que podia se entregar ao seu obsessivo amor pela caça nas redondezas. Essa paixão por um esporte em que o monarca tentava esquivar-se aos cuidados do Estado, enquanto os veados tentavam esquivar-se a *ele*, em pouco tempo se tornou uma característica da vida dos cortesãos ingleses. Foi-lhes apresentada pela primeira vez na viagem real. Jaime avistara de repente alguns cervos nos arredores de Widdrington e, correndo para lá, matara dois deles. Voltara para casa "com bom apetite". Este não foi o único portento que poderia ter oferecido uma orientação útil para o futuro. O outro foi a soltura de prisioneiros ordenada pelo comando real *en route*.

A libertação de prisioneiros para comemorar uma ocasião auspiciosa tinha uma longa tradição não apenas na história inglesa, mas também na antigüidade, e a do ladrão Barrabás, para Pôncio Pilatos festejar a Páscoa judaica, é um exemplo óbvio. Em Newcastle, o rei ordenara que se libertassem todos os prisioneiros e chegou a pagar por aqueles que se achavam trancafiados por causa de dívidas. As únicas exceções eram os detidos por traição ou assassinato — e por "papismo". Em York, todos os prisioneiso foram libertados, "com exceção dos papistas e assassinos inveterados".[24]

Foi a 17 de abril, em York, que "um cavalheiro" apresentou uma petição em nome dos católicos ingleses. Na verdade, esse pretenso cavalheiro era um sacerdote católico disfarçado, o padre Hill. Lamentavelmente, sua petição, que solicitava a revogação total das leis penais contra os seus correligionários, continha uma referência bíblica nada diplomática. Lembrava ao rei Jaime que, quando os israelitas pediram clemência ao rei Jeroboão e não foram atendidos, aproveitaram "a ocasião justa" para recusar-se a obedecer-lhe no futuro.

Era exatamente esse tipo de ameaça que o rei não queria ouvir. A identidade de Hill foi descoberta e ele foi preso. O gosto de Jaime pela discussão teológica, outro fenômeno a que seus súditos ingleses teriam de acostumar-se, obrigou-o a "uma pequena conferência" com o padre, após a qual Hill foi firmemente posto na prisão.[25]

Contudo a comunidade católica sentia-se inteiramente justificada em ignorar esses desagrados menores, que podiam ser vistos como remanescentes do reinado anterior. Hill não era uma personalidade de moral muito respeitável, pois levara uma vida dissoluta em Roma durante alguns anos, antes de retornar sem permissão à Inglaterra. Além disso, muito mais importante para o rei era o fato de que fora em York que ele conheceu Robert Cecil. O rei Jaime escolheu para festejar o encontro dos dois um dito espirituoso, que provavelmente achou mais divertido que Cecil: "Embora não passes de um pequeno homem, em breve carregaremos teus ombros com negócios." A aparência de Cecil sem dúvida não depunha a seu favor. Numa época em que as pernas masculinas, mostradas em calções de talhe muito justo, eram o árbitro da elegância, ele as tinha excepcionalmente curtas. Também tinha "o pescoço torto, as costas curvas e os pés chatos", nas palavras depreciativas de um de seus inimigos.[26]

O rei continuou montado a cavalo em sua divertida modalidade de esporte pelo menos até que um braço luxado, conseqüência de uma queda durante a caçada, o condenou a um coche. Com a aproximação de Londres, ruidosos eram os hurras das multidões reunidas, que lançavam ao ar os chapéus à visão de seu novo soberano (muitos desses chapéus, infelizmente, desapareceram para sempre numa aglomeração que se revelou leal mas de mãos leves). Havia espectadores "nas estradas, campos, prados, becos e árvores", tão numerosos que "cobriram a beleza dos campos". Essa curiosidade — entre outros tipos mais intelectuais —

teve o agradável resultado de fazer do rei Jaime um *best-seller*. Venderam-se nas primeiras semanas de sua chegada milhares de exemplares de *Basilikon Doron*, um tratado erudito que o monarca escrevera vários anos antes, sobre a arte de governar.[27]

No sábado, 7 de maio, o Lorde Prefeito de Londres, acompanhado por vereadores enfatiotados de veludo e correntes de ouro, presentearam o rei com as chaves da cidade, a uns dois quilômetros e meio de suas divisas. Quatro dias depois Jaime chegava à Torre de Londres numa barcaça, o método tradicional de acesso para os monarcas. Ali admirou atrações como o poderoso armorial real, a casa da moeda e o pequeno zoológico de leões nos recintos da Torre. Em todo o itinerário desde Berwick, o rei vinha criando novos cavalheiros — pelo menos 230. Enquanto permaneceu na Torre, Jaime criou novos lordes, o principal deles Robert Cecil, que se tornou barão Cecil de Essendon.*

John Chamberlain, um intuitivo comentador, escreveu a Dudley: "Esses primórdios venturosos a tal ponto elevam os espíritos de todos os homens, enchendo-os de grandes esperanças, que não apenas os próprios protestantes, mas ainda os papistas, os puritanos e até os poetas (...) prometem enorme participação em seu favor [de Jaime I]." Quanto aos poetas — ou melhor, teatrólogos —, o favor viria bem depressa. Logo após a chegada de Jaime a Londres, concedia-se uma licença a uma companhia recém-batizada de os Servidores do Rei. Isso lhes permitia apresentar "comédias, tragédias, histórias, interlúdios, fábulas, pastorais, peças teatrais e semelhantes" em "sua então casa habitual", o Teatro Globe.[28] Essa companhia incluía entre outros Richard Burbage e um ator-teatrólogo chamado William Shakespeare.

Em relação aos papistas, o próprio padre Henry Garnet, superior dos jesuítas da Inglaterra, atestou o clima de otimismo, ao escrever em meados de abril: "Um tempo dourado, em que temos inesperada liberdade (...) e a grande esperança é de tolerância."[29] Até então os padres proscritos dependiam crucialmente do apoio e da hospitalidade de heróicas católicas que os escondiam em seus lares, correndo elas mesmas grandes riscos. Garnet desfrutava do apoio especial de duas corajosas irmãs, membros da família Vaux: Anne Vaux, solteira, e Eleanor Brooksby, uma viúva com filhos. Outro jesuíta, o entusiasmado padre John Gerard, foi protegido durante muitos anos pela cunhada delas, outra viúva com filhos pequenos, Eliza Vaux de Harrowden. Em todos esses refúgios na primavera de 1603 a expectativa

*A rápida progressão de títulos de Robert Cecil de 1603 em diante cria um certo problema de clareza no período coberto por este livro. Tornou-se visconde Cranborne em agosto de 1604, e conde de Salisbury em maio de 1605. Para evitar confusão, será descrito como Cecil até tornar-se Salisbury.

era de que o pesado jugo das penalidades impostas aos católicos sob Elizabeth logo seria revogado.

O padre Gerard, por exemplo, vinha de uma ilustre família de Lancashire, que se destacara no passado por sua ajuda à rainha Maria dos Escoceses. Desde então, encarceramento e fianças eram a única recompensa dos Gerard. Em 1594 o próprio padre Gerard não apenas fora preso, mas também duramente torturado. Agora era evidente que as coisas haviam mudado. Seu irmão Thomas estava entre os novos cavaleiros criados por Jaime I em York.

O rei — não pela primeira nem pela última vez — decidiu mencionar o relacionamento da família de Lancashire com a rainha Maria dos Escoceses, identificando a si mesmo com os defensores dela. "Meu destino obriga-me particularmente a amar vosso sangue", disse o rei a Thomas Gerard, "em consideração à perseguição que suportastes por mim." A notícia de tamanha gentileza — sem dúvida profética de mais favores futuros —espalhou-se. Ainda mais admirável, até mais jubilosa, foi a soltura em 14 de maio do padre William Weston de seu cárcere na Torre de Londres. O padre, que se impressionara com o silêncio que assinalara o falecimento da velha rainha, logo após a ascensão fora informado de que seu caso se tornara "obsoleto com a passagem do tempo". Contudo o carcereiro insistiu num mandato de soltura por escrito, e portanto só em 14 de maio, data em que o rei chegara em pessoa à Torre, Weston conquistou afinal sua liberdade, com a condição de que fosse para o exterior. O carcereiro compensou as semanas extras de prisão oferecendo ao padre um magnífico jantar em seus próprios alojamentos.[30]

Quando Weston saiu impetuoso, livre após cinco anos na Torre e dezessete ao todo na prisão, encontrou uma multidão reunida para vê-lo surgir. Vários católicos enfileirados ajoelharam-se aos seus pés e pediram-lhe a bênção. Ninguém os impediu. Mas, transcorridos menos de três anos desses "primórdios venturosos", todo o mundo católico inglês voaria pelos ares por causa da trama conhecida na história como a Conspiração da Pólvora, e muitos católicos morreriam ensangüentados nas mãos do Estado.

PARTE UM

Antes que o fruto amadurecesse

Foi muito pouco sábia (...) a colheita do fruto verde
com o risco de quebrar meu pescoço...

REI JAIME
ao conde de Northumberland

I

Qual cabeça para a coroa?

Vedes, portanto, essa coroa [da Inglaterra] não deve tombar por terra por falta de cabeças que reivindicam usá-la, mas na cabeça de quem cairá é por muitos tido como incerto.

THOMAS WILSON
O Estado da Inglaterra, 1600

RECUAMOS AGORA DA luz do novo reinado para as sombras da década de 1590: pois é aí que começa a história da Conspiração da Pólvora. É necessário fazer isso para explicar como essas importantes expectativas católicas — a jubilosa acolhida "papista" a Jaime I — começaram a ser despertadas.

O final do século XVI foi uma época agitada na Inglaterra. Colheitas ruins, preços altos. À medida que a rainha envelhecia, homens em toda parte eram tomados de pressentimentos em relação ao futuro. A execução da rainha Maria dos Escoceses em 1587 extirpara um foco da conspiração católica; mas a sua eliminação como candidata ao trono em nada contribuiu para a complicada questão da sucessão inglesa. Essa questão, que a rainha Elizabeth jamais discutiria em público, era no entanto debatida por grandes e pequenos na Inglaterra, Escócia e em toda parte na Europa ao longo dc todos os últimos quinze anos de seu reinado.

Além disso, o lançamento ao mar da Armada espanhola contra a Inglaterra no ano anterior à morte da rainha Maria, com outras investidas armadas espanholas naquela década, provocaram uma compreensível paranóia sobre o assunto da Espanha e seu monarca católico Filipe II. Em 1602, uma peça chamada *Alarum for London* [Alerta a Londres] lembrava ao público o saque de Antuérpia 25 anos antes. Duas crianças pequenas corriam para o palco, em estado de terror, perseguidas por "espanhóis" de espadas desembainhadas que gritavam: "Matem, matem, matem!"[1] Do ponto de vista da Espanha, o apoio dado pelo governo elisabetano aos protestantes rebeldes nas regiões controladas pelos espanhóis nos Países Baixos era intoleravelmente subversivo, pois em termos geográficos a Inglaterra estava em excelente localização para fazer ameaças. Mas na visão inglesa os estreitos mares que dividiam a Inglaterra dos Países Baixos podiam com igual facilidade ser navegados na direção oposta pelos mesmos espanhóis audazes gritando: "Matem, matem, matem!" Esses mesmos espanhóis poderiam trazer consigo um monarca católico para suceder ou mesmo substituir a rainha Elizabeth.

A reação do protestante inglês comum à Espanha foi bem resumida por um dos agentes de Cecil que morava lá. Era, escreveu ele, um "país desagradável, onde o espírito virtuoso pouco usufrui, aprendendo a detestar o vício, por ver continuamente a sua face odiosa".[2] Claro, os comerciantes ingleses continuavam a negociar satisfeitos com a Espanha, assim como todos os mercadores de todos os países e todos os períodos da história desafiaram fronteiras ideológicas em favor da animadora causa comercial. Contudo estremeceram, e com certa razão, ao verem o abutre da Inquisição pairando acima, com suas garras cruéis prontas a dilacerar os corretos protestantes ingleses amantes da liberdade.

Nesse contexto, o assunto não resolvido da sucessão real inglesa e a possibilidade de um monarca papista revelaram-se um campo fértil para a ansiedade, a especulação e a intriga. Quatrocentos anos depois, é muito fácil supor que a ascensão de Jaime VI da Escócia, que se transformaria em Jaime I da Inglaterra, não apenas era inevitável, mas ainda reconhecida por todos como inevitável, após a morte de sua mãe.*[3] A verdade é muito diferente. A sábia máxima do historiador F. W. Maitland — de que devemos sempre ter consciência de que o que hoje é passado ontem foi futuro — jamais foi tão importante.

Uma rápida olhada na árvore genealógica da família Tudor (ver p. 10) pareceria indicar que após a morte de Elizabeth — o último dos rebentos de Henrique VIII, todos sem filhos — a coroa iria passar diretamente para os descendentes das irmãs de Henrique, Margaret e Maria, com os descendentes de Margaret (a irmã mais velha de Jaime) tendo a primazia na reivindicação ao trono. Lamentavelmente, nada era assim tão simples.

*Jaime era o sexto monarca desse nome na Escócia (onde reinou de 1567 em diante) e o primeiro na Inglaterra. Após 1603, era portanto tecnicamente rei Jaime VI e I; mas, como isso cria confusão, ele será descrito, quando possível, como rei Jaime ou Jaime I.

A primeira complicação foi causada pelo testamento de Henrique VIII, que barrava do trono, em termos específicos, os descendentes de Margaret, que se casara com Jaime V da Escócia, pelo motivo de serem estrangeiros (isto é, escoceses). Isso queria dizer que na década de 1590 os dois netos da rainha Margaret, Jaime da Escócia e *lady* Arbella Stuart, descendentes do segundo casamento dela com o conde de Angus, não tinham nenhum direito legítimo ao trono. Era verdade que Arbella nascera de fato na Inglaterra e fora criada por sua formidável avó materna, Bess de Hardwicke, o que talvez anulasse sua descendência "estrangeira". Infelizmente, a validade do casamento da rainha Margaret com Angus, ainda no tempo de vida de sua primeira esposa, era muitíssimo duvidosa.

E quanto aos descendentes da outra irmã de Henrique VIII, Maria? Esses eram numerosos, em comparação com os não prolíferos Tudor, todos nascidos e vivendo na Inglaterra. Lamentável é o fato de que os casamentos duvidosos também ali campeavam, a começar pelo da própria Maria e o duque de Suffolk. E depois a rainha Elizabeth sentia férvida antipatia pelos muitos descendentes de Suffolk. Talvez isso em si não fosse um obstáculo fatal (simpatia por um suposto sucessor não era um traço marcante do estilo da rainha — ela detestava Arbella Stuart e certa vez descreveu Jaime como "aquele falso rapazola dos escoceses").[4] É preciso dizer, contudo, que nesse caso os netos mais velhos da encantadora Maria e do viril duque de Suffolk eram uma deplorável decepção.

Deveria a desagradável e autoritária *lady* Catherine Grey ou a anã *lady* Mary Grey — tinha um metro e vinte e dois de altura — sentar-se no trono da "Formidável filha de Harry", como Elizabeth constantemente se descrevera, até o fim da vida? Também fora o trono de Astréia, Cíntia, a Rainha Virgem, para citar outros títulos divinos que a rainha colecionara para si. Felizmente, do seu ponto de vista, *lady* Catherine morreu em 1560, e *lady* Mary dez anos depois. A última se casara com alguém de nível bem mais inferior ao seu, um certo sargento Porter, e não tivera filhos. Mas *lady* Catherine deixara atrás um legado de problemas, com o casamento secreto com Edward Seymour, *lord* Hertford, provavelmente não válido, e um casal de filhos de legitimidade duvidosa.

O continuado ressentimento da rainha com esse ramo da família foi demonstrado de forma total quando ela mandou para a Torre, em 1595, o filho de Catherine Grey, Edward Seymour, *lord* Beauchamp, cuja personalidade não era muito marcante. Já Ferdinando, quinto conde de Derby, que descendia pelo lado materno do ramo Suffolk mais moço, era, porém, um grande magnata proprietário de terras, de estatura e sangue nobres. Talvez houvesse o que dizer de *lord* Derby como competidor. Mas o próprio Derby não mostrou qualquer interesse em impor seu direito ao trono; fazer isso, achava, seria "traiçoeiro".[5] Morreu em 1594, deixando apenas filhas. Seus direitos reais, se assim se pode chamá-los, passaram para a primogênita, *lady* Anne Stanley, nascida em 1580, e portanto uma jovem em idade casadoura, imagina-se, em meados da década de 1590.

Tudo isso significava que nenhuma das irmãs de Henrique VIII — a linha Tudor direta de Henrique VII — oferecia sucessores potenciais com um direito imaculado ao trono. Mas se o ramo inglês se havia esvaído, havia, claro, inúmeras famílias nobres em cujas veias corria uma gota de sangue azul de dinastias anteriores, não menos importante a de Eduardo III. Entre elas, incluíam-se as famílias de Huntingdon, Barrington e Rutland, via o quarto filho de Eduardo, Edmund de York, assim como os Stafford, e os condes de Essex e Northumberland, via um filho mais jovem, Thomas de Woodstock. Esses direitos ao trono podiam parecer remotos: mas a história inglesa vira antes alguns direitos remotos ao trono vingarem, sobretudo os de Henrique IV e Henrique VII, e talvez viesse a vê-los de novo.

Igualmente complicado era o ponto de vista católico sobre a sucessão, embora do outro lado do espelho. Para começar, a própria Elizabeth era considerada bastarda pelos católicos estrangeiros. (Nem o divórcio de Henrique VIII da rainha Catarina de Aragão, nem seu casamento posterior com "La Concubina" Ana Bolena foram reconhecidos pelo papa.) A rainha Elizabeth era compreensiva e extremamente sensível a esse problema, que para ela suscitava questões de segurança — e lealdade dos católicos ingleses. Como ela mesma observou, referindo-se ao "principal pastor deles", o papa "proferira a sentença contra mim quando eu ainda estava no útero da minha mãe".[6]

Isso já era bastante ruim. Mas em 1570 o papa Pio V fora ainda mais longe. Numa bula, *Regnans in Excelsis*, que iria ter um efeito catastrófico nos destinos dos católicos ingleses, ele excomungou em termos oficiais a rainha inglesa e liberou seus súditos da fidelidade a ela. Contudo as notícias da bula propagaram-se muito devagar, se é que chegaram a tanto, entre os súditos mais humildes de Elizabeth, cujos problemas para preservar sua religião eram de qualquer modo de natureza diferente.[7] Mas se os mandamentos da bula fossem obedecidos Elizabeth poderia na verdade ter sido deposta por ordem do papa. Até mesmo, pode dizer-se — e de fato foram muitos os argumentos sobre o assunto —, assassinada como uma espécie de vingança santificada. Em suma, a excomunhão era uma arma temida, mas também de dois gumes. Podia ameaçar Elizabeth com a deposição e mesmo a morte. Do mesmo modo, contudo, também incutia a mensagem de que todos os católicos ingleses, por mais humildes e obedientes que fossem, eram traidores potenciais de seu país, sob as ordens do "principal pastor deles".

Na década de 1590, quando malograram os esforços para destituir Elizabeth com a invasão espanhola, o papa e outras potências católicas começaram a pensar no período posterior ao da vida da rainha, exatamente como o faziam sub-repticiamente os próprios ingleses. Um sucessor católico para substituir a rainha Maria dos Escoceses como figura de proa da Verdadeira Religião tornara-se então o objetivo desejado. Nesse aspecto, a rede genealógica era a tal ponto extensa que talvez pareça extraordinária para a mente moderna, porém era muito mais plausível em fins do século XVI. O conceito de um soberano era, em essência, de um ser humano com a *grandezza* — majestade — adequada, que a rainha Elizabeth sabia muito bem ostentar. Dessa maneira, a pujança do comando real podia afinal valer mais que a proximidade com o sangue real. De qualquer modo, foi isso que os católicos em seu arrastão à procura de candidatos se viram discutindo.

Nessa conjunção, *The Book of Succession*, publicado em 1595, foi uma obra proveitosa.[8] Embora da suposta autoria de um certo R. Doleman, seu verdadeiro autor fora um dos líderes jesuítas ingleses (residente em Roma), o padre Robert Persons. O livro teve a conseqüência de enfurecer o rei Jaime da Escócia, que também ficou genuinamente assustado. O prefácio declarava, "com muitas provas e argumentos", que a posição de um candidato (homem ou mulher) como sucessor mais próximo "por linhagem sangüínea" ainda não bastava para garantir-lhe a coroa. Exigiam-se "outras condições e circunstâncias" em favor da sucessão dele (ou dela): estas indicavam a suprema necessidade de um forte candidato a monarca católico. O protestante Jaime, claro, não satisfazia essas condições.

Em seu livro o jesuíta pôs em pauta dignitários como os duques de Parma e Savóia. Estes dois príncipes eram, claro, católicos, descendiam na linha lancastriana de John de Gaunt, ainda outro filho de Eduardo III. À maneira da época, subentendia-se que o direito um tanto remoto deles poderia ser reforçado com casamentos convenientes. Em certo sentido, o duque de Savóia já fizera isso, casando-se com uma filha de Filipe II que compartilhava com ele a descendência de John de Gaunt. Quando sua mulher morreu, em 1597, o duque mais uma vez tornou-se, em termos da realeza, um solteiro qualificado, e houve sugestões de que poderia casar-se com uma candidata à coroa real, como *lady* Arbella Stuart, ou mesmo a filha de *lord* Derby, Anne Stanley. Esses nomes também foram mencionados em relação ao duque de Parma.

Contudo, segundo *The Book of Succession*, a candidata mais desejável era a filha favorita de Filipe II, a arquiduquesa Isabel. Primeiro, ela compartilhava o onipresente sangue lancastriano de John de Gaunt. Segundo, pelo lado da mãe, uma princesa francesa descendente dos duques da Bretanha podia apresentar um direito ao trono ainda mais antigo, que se baseava no penhor de aliança feudal feito quinhentos anos antes por Guilherme o Conquistador da Inglaterra aos duques da Bretanha. Essas ousadas incursões nas distantes brumas da história real eram, contudo, muito menos importantes que o fato de Isabel ser uma poderosa princesa espanhola, casada com outro Habsburgo, o arquiduque Alberto da Áustria.

Reivindicar os direitos de Isabel significava, claro, promover a causa da Espanha. Mas os meios católicos em Roma e outras partes, mais favoráveis à França que à Espanha, de modo algum estavam satisfeitos com esse desenrolar dos acontecimentos; preocupava-os uma dimensão extra para o império dos Habsburgo. Chegou-se mesmo a apresentar o nome do rei francês, Henrique IV, como um possível concorrente ao trono inglês, mais pelo fato de os franceses viverem em constante temor de um cerco pela Espanha que por acreditarem no sangue inglês dele.[9]

Apesar de todas essas ameaças, a arquiduquesa Isabel tinha a maior parte do verdadeiro apoio católico para suceder à rainha. Essa mulher notável vinha de uma longa tradição de princesas capazes e admiráveis dos Habsburgo, que agiam como representantes dos homens, às vezes menos tarimbados que elas. Isabel Clara Eugênia nasceu a 12 de agosto de 1566 (era dois anos mais velha que o rei Jaime). Batizada pela mãe em homenagem a Santa Eugênia, para quem a rainha rezara; a Santa Clara, festejada naquele dia; e a sua formidável antepassada, Isabel de Castela.[10] Talvez a última fosse a maior influência, pois Isabel exibia muitos traços semelhantes aos dela.

Tinha vinte e poucos anos, ainda solteira, quando chegou ao seminário católico inglês em Valladolid com o pai, Filipe II, e o meio-irmão, o futuro Filipe III. O padre Robert Persons elogiou toda a família. Comparou o rei espanhol a Constantino o Grande, e os filhos à prole deste, Constâncio e Constança, mas Isabel em particular arrebatou a fantasia do sacerdote: "Além disso, a infanta parecia assemelhar-se não apenas à religiosidade de Constança, mas também ao mesmo zelo, sabedoria, força e outras virtudes de nossa conterrânea, a própria Santa Helena."* Dizem que Filipe II amava Isabel com ternura especial, em memória da mãe dela, a esposa que ele adorava, e que morreu jovem. Mas, mesmo sem a

*Acreditava-se que Helena, mulher do imperador Constantino, do século IV, e mãe de Constantino o Grande, descobridor da Grande Cruz, nascera como uma princesa britânica (celta).

ajuda da reminiscência sentimental, Isabel tinha todos os requisitos para ser a favorita do pai, pois era não apenas linda (na juventude), mas também inteligente o bastante para ser sua companhia intelectual.

A famosa religiosidade de Isabel não a impediu de ter uma veia prática que fizera dela a generosa protetora de religiosas, fundando conventos com mão pródiga. Tornou-se nos Países Baixos uma caridosa assistente de jovens católicas em fuga das duras leis religiosas de sua própria terra. "Serei uma mãe para vocês", dizia, preparando um lauto banquete em homenagem a elas. Mas a arquiduquesa também sabia como aproveitar a vida de uma nobre. Popularizou-se comparecendo a festividades nacionais e chegou a confessar insinuante que tinha uma queda pelo vinho. "Sou uma bebedora inveterada", observou certa ocasião na Basiléia, aceitando um cálice. E era uma excelente amazona, não apenas concedendo prêmios, mas participando de competições.[11]

Sua energia revelou-se quando o pai decidiu, pouco antes de morrer, designá-la co-regente da Holanda espanhola, com o marido (e primo em primeiro grau), o arquiduque Alberto. A própria Isabel já passava dos trinta quando se casou, enquanto Alberto beirava os quarenta e teve de ser liberado dos votos religiosos que fizera antes para realizar esse casamento de Estado e conveniência. Era um homem sério, estudioso, que, ao contrário de Isabel, não ria nem relaxava com facilidade; mas a máscara formal de Habsburgo ocultava um coração bondoso e instintos decentes.

Alberto e Isabel empreenderam sua tarefa com entusiasmo: na verdade, pode dizer-se que "os arquiduques", como eram em geral conhecidos nos Países Baixos (do mesmo modo que Fernando e Isabel eram conhecidos como "os reis católicos"), haviam nascido em Flandres. Logo se solidarizaram mais com os problemas da população livre-pensadora dali que com os da Mãe Espanha, criando com isso o que se descreveu como uma "identidade nacional embrionária" que ressurgiria na Bélgica moderna.[12] Isabel era generosa, graciosa e boa. Sua beleza juvenil, que fora o orgulho da corte espanhola, desaparecera e ela se tornara mais corpulenta. No entanto conduzia-se com grande dignidade. Em suma, ali estava uma princesa que, em sua pessoa e qualidade, era, ao contrário dos débeis Grey ingleses, bem talhada para ocupar o trono do "Grande Harry".

Contudo havia muitos problemas. Um dos óbvios era o fato de Isabel Clara Eugênia ser estrangeira, membro da raça espanhola, tão detestada por muitos ingleses honrados. Embora fosse verdade, como observou o arquiduque Alberto, que havia um "desejo universal, de todos os homens, de terem um rei de sua própria nação", nem sempre esse desejo era realizado.[13] Mais uma vez precisamos ter o cuidado de nos distanciarmos e não julgar da perspectiva de hoje. E nos lembrarmos de que as realezas européias muitas vezes vieram a ocupar tronos estrangeiros.* Além disso, o próprio Jaime, como escocês, também era considerado estrangeiro. O preconceito contra os escoceses, embora mais eivado de desprezo que de medo, era igualmente vituperante (pode-se argumentar que o desprezo por um monarca em potencial era mais impeditivo que o medo).

Contudo, como uma rainha da Inglaterra em potencial, Isabel sofria de duas diferentes desvantagens. Primeira, a questão do sexo, em vista do desencanto com o governo feminino que se intensificou próximo ao fim da vida de Elizabeth. Segunda, como Elizabeth, ela não tinha filhos. Parece que se sabia ou se desconfiava, já antes do casamento com Alberto, da impossibilidade de Isabel engravidar.[14] As minuciosas medidas estipuladas para o governo "dos arquiduques" na Holanda espanhola — pelas quais eles não eram exatamente independentes da Espanha, mas também não de todo dependentes — decretavam que Flandres devia retornar à coroa espanhola se os arquiduques não gerassem nenhum descendente (e, se houvesse um filho, este deveria comprometer-se a casar-se com um membro da família real espanhola, o que vinha a dar no mesmo). Sem dúvida, em 1603, era do conhecimento generalizado entre as realezas européias que "uma dama tão ilustre" tinha de suportar a dor de "não desfrutar do doce nome de mãe". A perspectiva de outra sucessão controvertida com a morte de Isabel — ou, pior ainda, a dominação direta da coroa espanhola — era um pesadelo. Em resumo, Isabel jamais deixaria de ser apenas "uma solução temporária".[15]

A terceira e talvez mais poderosa desvantagem era a atitude ambivalente dos próprios Habsburgo espanhóis. Já em 1587, Filipe II renunciara aos seus chamados direitos ao trono inglês em favor da filha (imaginava que esses direitos lhe haviam sido concedidos no último testamento da rainha Maria dos Escoceses). No período que culminou na morte de Elizabeth, o indeciso filho de Filipe II, Filipe III, jamais decidiu que atitude adotar na questão nem seu Conselho. Mas era preciso adotar alguma atitude oficial e receber o apoio oficial das forças armadas, quando se desejava impor um tão vago direito em termos genealógicos.

O arrebatamento do padre Robert Persons com a possível sucessão de Isabel, em *The Book of Succession* — "uma princesa de regiões raras" —, era em tudo excelente. O Conselho espanhol e o rei Filipe vibraram. Às vezes entregavam-se

*Não apenas nesse período. Menos de cem anos depois, um holandês passou a governar a Inglaterra, o rei Guilherme III, alguns anos depois da chegada de um alemão que mal falava inglês, o rei Jorge I, que estabeleceu a dinastia hanoveriana no trono inglês, embora não fosse em absoluto o parente mais próximo em termos sangüíneos.

a sonhos irreais, imaginando que assim que Isabel fosse rainha da Inglaterra cederia a ilha de Wight ao irmão para que ali ancorasse sua frota e "impusesse a sujeição da Inglaterra (e mesmo da França)". Outras vezes, o Conselho espanhol, como o francês, reconhecia o perigo — no futuro — de Flandres ficar unida à Inglaterra — em vez de à Espanha. Em 1601, o Conselho sugeriu que Isabel devia devolver Flandres à Espanha quando ascendesse ao trono inglês.[16]

Mas foi a própria Isabel, apoiada por Alberto, quem demonstrou o mais acentuado desinteresse por interromper sua vida próspera e interessante como soberana de Flandres. Julgava toda a questão em termos da independência flamenga, não inglesa: estaria Filipe III tentando assegurar em outra parte o retorno da Holanda espanhola, com esse complicado ritual de reivindicação ao trono? Os católicos ingleses fantasiavam, além das casas religiosas, sobre o que essa princesa, "forte e poderosa, e também pródiga em riqueza e opulência", iria restaurar no seu território cercado de trevas.[17] Contudo Isabel nutria a ambição mais realista de uma Flandres praticamente livre da Espanha, onde houvesse paz e prosperidade.

Apesar de toda a relutância da dama real, sua simples presença entre os adversários — uma presença católica, defendida por um grande exército — teve uma profunda influência sobre os planos de ação e iniciativas do rei Jaime. Na verdade, é impossível entender seu sutil estratagema para a questão católica quando o monarca ainda se achava na Escócia, o tratamento diplomático dispensado ao papa, sem ter em mente a ameaça que a arquiduquesa Isabel representava para ele.

Na análise final, será que se pensou em todos os aspectos dessa ameaça? As especulações sobre o que poderia ter sido — que hoje se chama de história contrafactual — são notoriamente deliciosas. Talvez se possa até conjeturar que a rainha Isabel da Inglaterra, embora católica, pudesse ter sido uma excelente soberana, se se houvesse livrado da influência espanhola. Como outra grande rainha inglesa — Vitória — séculos depois, talvez encontrasse um assíduo consorte no trabalhador incansável e compreensivo Alberto.

Voltando a fins da década de 1590, a reação da corte inglesa precisava ser introduzida na equação. Nesse período, Robert Cecil e o conde de Essex lutavam por posição. O pai de Cecil instruiu-o: "Procure não ser E (Essex) e evite ser R" (simbolizando a outra figura carismática da corte elisabetana, *sir* Walter Ralegh), mas o filho na verdade não tinha muita opção.[18] As respectivas armas à sua disposição e as de Essex eram muito diferentes: a astúcia da classe média, de um lado, e o glamour aristocrático, do outro. Essex era o favorito da rainha, Cecil seu servidor; Essex a encantava, Cecil trabalhava para ela. Durante o reinado de Elizabeth, não se sabia ao certo qual dos dois ia prevalecer, e menos ainda quem iria prevalecer com o monarca que estava para chegar, quem quer que fosse ele ou ela.

Muito antes Essex começara a determinar o rumo das coisas com o rei Jaime. Correspondia-se com ele desde pelo menos 1598, despejando-lhe sentimentos calculadíssimos para agradar o rei escocês. Nessas circunstâncias, parece provável que Cecil não se tenha permitido pensar nos direitos rivais da arquiduquesa Isabel. O rápido revisionismo de Cecil, após a queda de Essex em 1601, significa que o assunto se encontra inevitavelmente oculto em mistério. (Ninguém melhor que Cecil sabia como cobrir seus rastos, quando era necessária uma mudança de direção.) Mas o caso dos retratos reais dá uma interessante indicação de onde estavam os interesses de Cecil no outono de 1599: o que ele não conseguiu suprimir depois.

Em 3 de setembro de 1599, Robert Cecil partiu à procura de retratos de Isabel e Alberto, com a ajuda de Filippo Corsini, um agente estrangeiro. Corsini prometeu não apenas satisfazer logo que possível o desejo de Cecil, mas também respeitar seu pedido de "total sigilo e velocidade". Em 19 de outubro as pinturas já estavam em bom andamento, e por volta de meados de novembro Corsini pôde dizer a Cecil que se executara a tarefa sem o conhecimento de ninguém.*[19]

Claro que Essex, em sua guerra diplomática com Cecil, cuidou para que os rumores de que este favorecia Isabel chegassem à Escócia. Ainda em 1601 tratou de mandar seu aliado escocês, o conde de Mar, informar a Jaime que Cecil andava recomendando com persistência a Elizabeth as admiráveis qualidades de Isabel, a fim de influenciar a rainha inglesa em favor dela.

Em fevereiro, contudo, Essex tentou montar um golpe armado contra os perniciosos conselheiros da rainha — como os encarava —, visando a impor sua própria autoridade. Reuniu um bando de espadachins, entre eles alguns jovens católicos, que viram nessa rebelião uma abertura para conquistar a tolerância religiosa.[20] A revolta malogrou quase antes de começar, encontrando pouco ou nenhum apoio popular; a força certamente não era a melhor maneira de lidar com a rainha Elizabeth I. É impossível negar que o sensato e racional Cecil sempre ganharia a melhor com sua soberana. Apesar de alguns dos cúmplices católicos de Essex — entre eles *lord* Monteagle, Robert Catesby e Francis Tresham —

*J. H. Hurstfield sugeriu que os retratos talvez se destinassem mais à rainha Elizabeth que ao próprio Cecil (caso em que é difícil ver o motivo da necessidade de grande sigilo dos dois lados); mesmo assim, Hurstfield admitia que a encomenda dos retratos era um sinal de que o governo inglês levava a sério as reivindicações apresentadas em nome da infanta (Hurstfield, "Succession", p. 376).

terem sido poupados com a suspensão da sentença, o próprio ex-favorito da rainha foi julgado e executado em 25 de fevereiro de 1601.

É significativo que Essex continuasse achando que valia a pena tentar, no seu julgamento, denegrir o nome de Cecil na questão da arquiduquesa Isabel. Acusou-o de dizer a um colega conselheiro que o direito dela como sucessora "era tão bom quanto o de qualquer outra pessoa". Essas seriam sem dúvida notícias vexatórias para o rei da Escócia, pois Jaime acreditava que seu próprio direito ao trono era claramente o melhor. Essex não percebera que Cecil na verdade espionava, de um lugar escondido, os trâmites do julgamento. Ao ouvir essa acusação com toda probabilidade prejudicial, Cecil entrou no tribunal propriamente dito. Ajoelhando-se, pediu permissão para corrigir o relato e em seguida desafiou Essex a fornecer a identidade desse conselheiro:

— Diga o nome dele, se ousar![21]

Essex consultou *lord* Southampton e, "após uma pequena hesitação", deu o nome de *sir* William Knollys. O drama ainda não terminara. Mandaram buscar Knollys, e este, por seu lado, declarou que jamais ouvira de Cecil "quaisquer palavras com referência a isso". Mas confirmou que houvera uma discussão sobre o livro de Doleman — na verdade um pseudônimo do padre Persons — sobre a questão da sucessão. Cecil, disse Knollys, descrevera como uma "estranha imprudência" de Doleman atribuir "um direito igual na sucessão para a Coroa" a Isabel ou a qualquer outro. Em suma, a reação de Cecil a Doleman fora o exato oposto. Assim, supondo que Knollys (e Cecil) dizia a verdade, coisa que jamais se poderia refutar, em vista da nova ascendência de Cecil, o problema foi resolvido.

Em resumo, a queda de Essex deu a Robert Cecil sua grande oportunidade. Não se devia mais pensar na arquiduquesa. Jaime tinha de ser o homem, caso se pudesse pôr o plano em execução. Na Escócia, o conde de Mar, que se preparava para uma missão na embaixada no sul, com instruções de Essex, logo voltou atrás. Em vez disso, Robert Cecil iniciou o que se revelariam dois anos fatigantes de delicada correspondência com o rei escocês. Suas condições eram que se mantivesse o "maior sigilo" (para poupar os sentimentos de Elizabeth) e que não se fizesse mais nenhuma outra barganha pelo título real.[22] Nessas circunstâncias, os dois homens, cautelosamente, vieram a conhecer-se e respeitar-se um ao outro — pelo correio.*

*Em fins do século XVI, isto se fazia através de uma secreta forma de correio diplomático — mensageiros de confiança cavalgando entre a Inglaterra e a Escócia.

"Organize uma festa na Inglaterra para favorecer suas chances lá, e acima de tudo busque o favor do papa." Este conselho, com palavras incisivas, foi dado ao rei Jaime em 1600 pelo seu parente, duque Ferdinando da Toscana, que ao contrário de Jaime era católico.[23] A relação dos dois não era particularmente íntima — as respectivas mães descendiam dos duques de Lorena — mas convinha-lhes tratar um ao outro como "primo". Embora Cecil esperasse com o tempo consolidar o apoio do Conselho inglês e formar um partido para o rei Jaime na Inglaterra, como destacado protestante, não podia resolver o problema católico para ele. Mas o rei escocês precisava fazê-lo, se quisesse assegurar o grande prêmio da Inglaterra por meios pacíficos.

Uma ascensão tranqüila era seu desejo mais fervoroso. Por temperamento e experiência, Jaime detestava a ação violenta. Por que roubar por cima do muro um pomar antes que o fruto amadurecesse? Isso era perigoso. "Com um pouco de paciência, e esperando a estação", disse o rei ao conde de Northumberland, "posso com muito mais facilidade e segurança entrar no jardim pelo portão e gozar dos frutos a meu bel-prazer."[24]

A primeira abertura diplomática secreta do rei escocês ao papado ocorrera, na verdade, vários anos antes do bom conselho do duque Ferdinando. À parte as viagens diplomáticas ao exterior, na própria Escócia Jaime já mostrava favores pessoais aos católicos. Via isso como um meio de equilibrar a forma mais extrema do calvinismo representada pela Kirk Scottish (como é conhecida a Igreja Nacional reformada da Escócia). O conde de Huntly e sua mulher Henrietta Stuart, ambos católicos, eram membros do círculo íntimo real. *Lady* Huntly tinha um lugar especial no coração de Jaime, pois o pai dela, Esmé Stuart, fora seu primeiro amor, quando o futuro monarca ainda era um menino abandonado e carente de afeto. Quanto ao marido de Henrietta, Jaime tendia a tratá-lo como seu "bom filho". Esses louvores, comunicados a Roma e no mínimo exagerados, não podiam deixar de criar uma boa impressão lá.

Talvez tenha sido a paixonite juvenil de Jaime pelo bem-apessoado Esmé Stuart que lhe incutira uma preferência pelo próprio sexo no que se referia a relacionamentos íntimos; é possível que a homossexualidade fosse natural para ele. De qualquer modo, Jaime também achava inteiramente possível representar o papel de marido e pai amoroso como se esperava que fizesse. Na verdade, o rei Jaime na Escócia desfrutava de um inegável casamento feliz com sua rainha, Anne da Dinamarca; pelos padrões reais daquela época, em que os casamentos arranjados com estrangeiros desconhecidos eram muitas vezes ressentidamente infelizes, a união dos dois revelou-se um milagre de contrato. Já se mencionou que a rainha estava grávida do sexto filho por ocasião da morte de Elizabeth. Ao todo, o rei geraria oito filhos num período de onze anos — prova inegável de assiduidade marital.

Observadores contemporâneos também confirmam a afeição do rei fora dos aposentos reais pela "nossa Aninha", como ele chamava a mulher. (Em termos mais formais, num poema de boas-vindas a ela à Escócia, Jaime tratou-a como a "nossa Juno terrena (...) a doce médica" que podia salvar-lhe o coração.) O excelente comportamento monárquico de Anne da Dinamarca e sua "atitude amável para com o povo" faziam dela, além de uma consorte satisfatória em público, uma agradável companheira na intimidade.[25] Uma certa leviandade de personalidade não era uma grande desvantagem, pois Jaime tinha na maioria das vezes uma opinião depreciativa sobre as mulheres em geral, e de modo algum esperava da sua esposa a estabilidade de um homem.

Em vista de tamanha amabilidade pública, não se pôde deixar de interpretar a conversão de Anne ao catolicismo, aos vinte e poucos anos, como outro sinal favorável à causa papal, sobretudo em Roma. Anne fora criada como luterana e jamais se filiara à religião oficial do país do marido. Com o tempo tornou-se "muito decididamente contrária a ela" e achava o catolicismo em tudo mais simpático. Segundo seu confessor, o padre jesuíta Robert Abercromby, ela fora, quando menina, à missa na casa de uma certa "grande princesa", anônima. É possível que esse desejo de converter-se tenha sido concebido na infância, mas também fosse em parte uma reação ao severo calvinismo escocês. De qualquer modo, em algum momento após 1600, mas muito antes de março de 1603, a rainha Anne foi recebida na Igreja Católica, numa câmara secreta no palácio real. Em meados do verão de 1601, escrevia ao papa Clemente VIII assegurando-lhe sua fidelidade à Igreja.[26]

O rei Jaime revelou-se tolerante com o que pareceu julgar uma aberração feminina. Segundo a explicação muito posterior do padre Abercromby, o casal real discutiu o assunto "uma noite, quando se achavam na cama". Primeiro o rei Jaime comentou que sua mulher, que tendia a ser frívola, se mostrava recentemente "muito mais séria, controlada e religiosa". Quando a rainha revelou o motivo, o monarca na verdade a abençoou com estas sábias palavras conjugais: "Bem, esposa, se a senhora não pode viver sem isso, faça o melhor para mantê-lo da forma mais discreta possível, se não quiser pôr nossa coroa em perigo."[27]

Verdadeira tolerância, quando sua própria segurança não estava em jogo, era uma das virtudes do rei Jaime. Após ter sido criado para aderir às rigorosíssimas doutrinas calvinistas na infância, passou a vê-las como ameaçando a posição de um soberano. Os dignitários desse tipo de igreja não lhe atribuíam qualquer autoridade nem "direito divino". Por outro lado, uma igreja com uma hierarquia própria de bispos e clérigos tinha o monarca como seu ápice, devidamente apoiado por toda a estrutura.

É verdade que Jaime lembrava com ressentimento que a Igreja Católica defendera a primazia dos direitos de sua mãe ao trono escocês contra os dele, durante o longo cativeiro inglês de Maria Tudor. Mas pessoalmente o monarca era pragmático. Além disso, em termos históricos, tendia a ver Roma como a Madre Igreja, embora muito corrompida desde então. Não apenas os católicos eram os queridinhos dos Huntly, mas os próprios padres católicos, como o padre Abercromby, eram permitidos em sua corte se convenientemente disfarçados de guardiães de falcões ou alguma coisa absurda, que não ameaçasse a Igreja Nacional da Escócia. O rei Jaime até se divertia discutindo com eles. Sem dúvida, não ia querer criar um caso com uma simples mulher que buscava conforto nas práticas papistas.

A conversão da rainha Anne, cujos detalhes inevitavelmente vazaram para os círculos católicos, ofereceu ao rei outra excelente oportunidade para aquela ambivalência diplomática na qual ele se sobressaía. A carta de 1601 da rainha para Roma foi uma ostensiva resposta à comunicação do papa ao seu marido protestante. O rei não podia responder em seu próprio nome, explicou Anne, pois tinha de ser circunspecto. O papa precisava não apenas ter certeza da devoção da própria rainha e do seu cuidado de educar os filhos na fé católica, como Anne sugeria em seguida que o rei Jaime poderia em breve conceder liberdade de consciência aos católicos. Quanto a si mesma, embora tivesse de assistir em público "aos ritos dos hereges", pedia antecipadamente a absolvição e a bênção do papa. Essa obrigação não era de modo algum seu desejo, mas devia-se apenas "aos tempos hostis que temos de suportar".[28]

Essa carta foi com quase toda certeza escrita com o conhecimento de Jaime, o que tornava a referência aos filhos reais sobretudo cínica. Anne já entrara em conflito com o marido sobre a retirada do primogênito de seu próprio cuidado para a tutela do duque de Mar, segundo a tradição real escocesa que a rainha dinamarquesa detestava muitíssimo. Naquele momento, estava fora de questão a possibilidade de os príncipes e princesas escoceses receberem instrução católica, da maneira como a rainha gostaria. Mas ela escrevera mais motivada por desejo do que pela realidade, um otimismo muito fantasioso que passou a ser compartilhado por Roma.

Em julho de 1602, o papa Clemente, já satisfeito com as notícias sobre a rainha Anne, insistia na conversão de seu marido. Circulara de fato um rumor sobre essa conversão — que deve ter parecido um acontecimento miraculoso — no continente desde 1599. Um visitante escocês na corte espanhola levou a auspiciosa notícia. Na Espanha, em julho de 1600, dizia-se que o rei Jaime ia em breve submeter-se à autoridade religiosa do papa, para ter confirmado seu direito inglês. Em novembro, mesmo o padre Robert Persons considerava uma séria possibilidade a conversão do monarca escocês. No verão de 1601, Henrique IV da França entrou com sua participação. Era, afinal, um especialista em questões de conversão real, pois se tornara católico especificamente para ascender ao trono da França. Como disse com seu habitual tom brincalhão: "Paris vale uma missa." Henrique IV assegurou ao seu novo pastor, o papa, que faria tudo ao seu alcance para ajudar na conversão do colega monarca.[29]

O papa propunha agora, em particular, defender o rei Jaime contra todos que tentassem negar-lhe o trono inglês. Clemente VIII, eleito papa em 1592, era por temperamento, ao contrário de Pio V, um conciliador. Orgulhava-se de ter mediado entre a França e a Espanha para originar a paz. Talvez conseguisse repetir esse triunfo, assegurando a paz entre a Espanha e a Inglaterra, se pudesse ao menos socorrer os perseguidos católicos ingleses.

A manobra diplomática do rei Jaime em relação ao papado foi sem dúvida bem-sucedida. Por um lado, os católicos passaram a acreditar que a rainha Anne — com o uso constante do "nós" majestático — falava pelo marido; pelo outro, o rei podia negar aos adversários que partilhava das opiniões dela.

Os agentes de Jaime em Roma faziam delicadas manobras com coordenadas semelhantes. Incentivavam os mexericos, um dos quais chegou até o rei Filipe III. Aparentemente, não apenas Jaime estava se tornando católico, mas ainda seu filho e herdeiro seria educado em Roma. Quando uma determinada carta surgiu depois, com a assinatura do próprio Jaime, dirigindo-se ao papa como "Santíssimo Padre" e assinada "seu mui obediente filho", o rei mostrou-se mais do que competente em lidar com o desafio. Anunciou delicadamente que devia ter assinado o documento às pressas, de saída para caçar, sem examiná-lo com a devida atenção.[30]

Do ponto de vista de Jaime, não havia necessidade alguma de emular Henrique IV e mudar de religião. Era muito melhor rumar esperançoso para a conversão — ou parecer fazer isso — do que na verdade chegar lá. E, como veremos, rumores dessa famosa conversão continuavam a circular em toda parte ainda em 1605, ano da Conspiração da Pólvora.

Em 1600, Thomas Wilson escreveu a respeito da sucessão, em *O Estado da Inglaterra*: "Vedes, portanto, essa coroa [da Inglaterra] não deve tombar por terra por falta de cabeças que reivindicam usá-la, mas na cabeça de quem cairá é por muitos tido como incerto." Relacionava a seguir doze possíveis competidores.* Mas em 1602 o quadro já mudara inteiramente. Na Holanda espanhola, os arquiduques Alberto e Isabel articulavam meios para ajudar Jaime que o deixariam com uma obrigação para com eles quando chegasse ao sul. Como escreveu em fins de julho *don* Baltasar de Zuñiga, o embaixador espanhol em Bruxelas: "Sua [de Jaime] caça à coroa da Inglaterra já está quase ganha."[31] Portanto, era essencial apoiar o monarca que "iria afinal dar liberdade aos católicos".

Essa surpreendente reviravolta permitiria à arquiduquesa Isabel soltar exclamações arrebatadas sobre a ascensão do rei Jaime, numa carta de abril de 1603, ao favorito de seu irmão, o duque de Lerma. Certamente o sangue da martirizada rainha Maria dos Escoceses deve ter "implorado a Nosso Senhor" no momento da proclamação do filho! A lembrança da morte da rainha Maria iria sem dúvida estimular a conversão de Jaime ao catolicismo, em relação à qual Isabel já sentia "fortes sinais" se anunciando. Um escocês, residente em Londres, expôs todo o problema em termos mais pragmáticos, num relato a Jaime, ao voltar à Escócia no inverno de 1602: "Em todos os lugares por onde passei e me alojei, chamavam Sua Majestade de seu jovem soberano, o que alguns anos [antes] ninguém ousava falar."[32]

Assim, a coroa caiu afinal sobre a cabeça do escocês Jaime. Essa pacífica ascensão foi um triunfo político para o próprio rei em termos de relações exteriores, como o foi para Robert Cecil em termos da política inglesa. Mas esses triunfos nem sempre são conquistados sem deixar reféns à sorte. No caso do rei Jaime, ele teria de lidar com homens e mulheres, os católicos da Inglaterra, que agora esperavam, passado quase meio século, aquela "liberdade" sobre a qual escrevera Zuñiga.

---

*Wilson, como autor, tinha sua importância, pois também era (como alguns outros) empregado de vez em quando por Cecil como agente de relações exteriores.

II

Os papistas honestos

Os papistas poderiam ser pessoas honestas e bons amigos dele, pois sua mãe era católica e ainda cumpria ao filho declará-la uma mulher honesta.

Rei Jaime
na Escócia

CHEGOU O MOMENTO DE EXAMINAR o mundo estranho e oculto da Inglaterra elisabetana católica para entender as expectativas dos papistas em relação ao rei Jaime. "Os católicos agora viam o próprio país, o país de seu nascimento, transformado numa terra rude e indigna de ser amada", escreveu o padre Weston sobre as perseguições que sofriam. Era aos católicos que todos os homens impunham seu ódio: "Armavam-lhes emboscadas, traíam-nos à noite, confiscavam seus bens, afugentavam para longe seus rebanhos, roubavam seu gado." Leigos católicos e padres enchiam todas as prisões, "não importa a sordidez ou escuridão destas". O padre Weston lembrou uma profecia de total desolação feita na Bíblia: "Todo aquele que vos mata pensa que presta um serviço a Deus."[1] Seu lamento é o de toda minoria proscrita, em toda a história, que descobre uma crueldade especial em ser perseguida em sua terra natal.

É fácil entender o desespero do padre Weston, se analisarmos o que era — em termos apenas legais — ser católico na Inglaterra na época da morte da rainha Elizabeth. Em seu longo reinado, as penalidades haviam aumentado, num ritmo às vezes lento, às vezes violentamente acelerado, sempre com a intenção de tornar a vida dos católicos ainda mais dolorosa, impotente e assolada pela pobreza.

Comecemos com o dogma fundamental da vida devota católica. O popular *Catecismo da doutrina católica necessária às crianças e às pessoas ignorantes*, de Laurence Vaux, mestre-escola de Lancashire que se tornou monge, definia os dez mandamentos da Igreja.[2] O primeiro e mais importante era ir à missa todos os domingos, e além disso nos dias santos, festividades oficiais da Igreja. Mas não na Inglaterra em março de 1603. Lá não se podia em lugar nenhum celebrar legalmente a missa, nem em público nem em privado; tampouco nas grandes catedrais que outrora faziam parte do contexto católico, ou nas capelas reclusas em distantes casas de campo, ou em cima das tabernas, ou em câmaras secretas ocultas por trás da fachada de uma chaminé. Assistir à missa era para o leigo um crime punível com pesadas multas e prisão.

Para os padres, as penalidades eram mais rígidas. Quando se descobria um padre católico no ato de rezar a missa ou de outro modo comprometedor — na posse de "batinas (vestes) de missa" ou receptáculos para a cerimônia — levavam-no imediatamente para a prisão. Se a acusação fosse de traição, a sentença final era a morte: mas não necessariamente a morte direta. Podiam sentenciá-lo a ser enforcado, arrastado e esquartejado, o que envolvia dilacerar o corpo vivo, emasculá-lo, extrair a faca o coração e por fim separar — "esquartejar" — os membros. Mesmo antes, podia-se torturá-lo para obter a confissão de que ele era na verdade um padre católico. Em conseqüência, os padres muitas vezes viviam sob codinomes perpétuos não apenas para proteger suas pegadas, mas também suas famílias.

Lady Arundell era uma viúva católica que abrigava em segredo o padre John Cornelius, famoso pela "língua bondosa e ajuizada", no seu solar de Chideock, em Dorset. No domingo de Páscoa de 1594, ele foi capturado, em conseqüência da denúncia de um criado traidor. O padre Cornelius foi torturado perante o Conselho até acabar admitindo ser jesuíta. Morreu com palavras de invocação à Santa Cruz nos lábios. Após o ritual do esquartejamento, seus membros foram colocados nos quatro portões da cidade de Dorchester, até *lady* Arundell corajosamente recuperá-los e enterrá-los.[3]

Os católicos não podiam batizar legalmente os filhos no rito católico com um sacerdote ou mesmo com uma parteira católica, como ocorria às vezes ilegalmente. Essas mesmas crianças, quando adultas, não podiam ser casadas segundo o rito católico. Na hora da morte, era-lhes negado o sacramento conhecido como a extrema-unção. Com a intensificação da perversidade, os católicos eram explicitamente proibidos de não apenas manter empregados católicos, mas também mestres-escolas católicos: pois todo professor precisava ter uma licença para ensinar. Além disso, era proibido mandar os filhos ao exterior para estudar, por exemplo, em conventos dos Países Baixos, como os patrocinados pela arquiduquesa Isabel, ou em novas escolas como a de Douai, fundadas ali para atender à necessidade geral.

Foi uma pequena misericórdia, mas de qualquer forma uma misericórdia, a rejeição de uma proposta apresentada pelo pai de Cecil, *lord* Burghley, num panfleto de 1583: retirar os filhos do convívio de pais católicos conhecidos ao completarem sete anos. Mesmo assim, os pais católicos muitas vezes despachavam os filhos aos dezesseis para uma localidade distante; era a idade em que esses filhos ficavam sujeitos a penalidades próprias por não ir à igreja, aumentando assim o ônus familiar. Os funcionários leigos da diocese local ficavam de sobreaviso para o décimo sexto aniversário dos paroquianos, mas os funcionários estranhos podiam ser enganados por um ou dois anos. Para manter os católicos sob controle total, aprovou-se uma Lei contra Recusantes Papistas em 1593 proibindo que os membros condenados da pequena nobreza viajassem para mais de oito quilômetros de suas propriedades. As classes católicas serviçais e trabalhadoras já eram policiadas pelas severas leis contemporâneas contra a vida errante e as viagens não licenciadas em geral.[4]

Todas essas eram as coisas negativas que a lei proibia os católicos de fazer. Mas havia também as positivas: aquelas que a lei obrigava os católicos a fazer, se quisessem ficar fora da prisão ou poupar-se das penas pecuniárias. Os bebês tinham de ser batizados na Igreja Protestante antes de completar um mês de vida, assim como os adultos tinham de casar-se em sua igreja protestante. Pela Lei de Uniformidade, aprovada no início do reinado de Elizabeth, toda pessoa com mais de dezesseis anos era obrigada a ir à igreja local (protestante) aos domingos e dias santos. A comunhão protestante também tinha de ser recebida no mínimo duas vezes por ano. O não-cumprimento disso envolvia penas de um xelim por semana em 1559, soma não irrisória quando a definição legal de pequeno proprietário rural era alguém que dispunha de quarenta xelins anuais provenientes de sua terra. A ausência continuada por um mês ou mais levava a multas mais pesadas e por fim à apropriação de produtos para pagar as despesas dos tribunais. Esses ausentes eram classificados como não-conformistas ou "recusantes" — literalmente, aqueles que se recusavam (a comparecer aos serviços religiosos protestantes), e hoje se poderia chamá-los de *refuseniks*.

Nessas circunstâncias, talvez pareça surpreendente a simples sobrevivência da comunidade católica. A decisão de Francis Swetnam, padeiro de Eliza Vaux e um bom homem de família, é sem dúvida compreensível. Durante dois anos, como confessou, fora um não-conformista, mas depois retornara à Igreja Protestante, apesar de suas convicções pessoais: "Pois preferia arriscar a própria alma a perder os cinco filhos." Havia muitos mais exaltados que o padeiro Swetnam que preferiam sua própria melhoria de vida e a de sua família à prática da fé em que foram criados. As multas, à medida que se acumulavam, pesavam como chumbo. Só os ricos podiam fazer-lhes face, e mesmo assim as fortunas começaram a afundar, pois eles eram, claro, mais perseguidos que os pobres. Como escreveu A. L. Rowse, uma família como os Arundell da Cornualha pagava uma enorme soma pelo "luxo de ir à igreja".[5] Enquanto isso, numa sinistra evolução, o Tesouro Público passou a ver os recusantes não tanto como hereges a ser convertidos, mas como uma excelente fonte de renda a ser explorada.

Mas nada era exatamente o que parecia. Do ponto de vista de muitos católicos, havia dois mundos na Inglaterra. Um, o galante mundo da corte e daqueles que governavam o país: um mundo de honra magistral, resplandecente, onde se conquistavam prêmios e se estabeleciam fortunas. Era, em essência, o mundo da Igreja Protestante, desde que, pela Lei da Supremacia do início do reinado de Elizabeth, endurecida em 1563, se tornou obrigatório o juramento de fidelidade ao soberano como chefe da Igreja para todos os funcionários públicos e clérigos. O Juramento da Supremacia, em que se reconhecia especificamente que a coroa se investia da autoridade espiritual (suprema), era um juramento que os católicos, que reconheciam a autoridade espiritual do papa, não podiam prestar. E havia também o mundo espectral de sua religião proibida.

Os católicos — religiosos — muitas vezes se moviam discretamente entre esses dois mundos. Eram como fantasmas, livres à noite para fazer seu culto como quisessem, mas obrigados a tornar-se protestantes conformistas ao primeiro cantar do galo. Hipócritas? Não necessariamente. Sobreviventes? Com certeza. Esses eram os homens e mulheres de quem o rei Jaime falara com admiração quando ainda na Escócia — com a obrigatória referência à rainha Maria dos Escoceses. "Os papistas", disse ele, "poderiam ser pessoas honestas e bons amigos dele, pois sua mãe era católica e ainda cumpria ao filho declará-la uma mulher honesta."[6]

Essas "pessoas honestas" incluíam algumas ligadas aos principais astros da corte elisabetana, muitos dos quais suspeitos eles mesmos, não sem motivo, de simpatias papistas. Ajudava o fato de a própria rainha fazer da lealdade pessoal mais uma pedra de toque que a ortodoxia doutrinária. Além disso, ela "nunca tinha pressa em condenar sem boas provas qualquer homem, fosse quem fosse".[7] Elizabeth vinha de uma geração que compreendia como o coração pode permanecer católico, embora a mente seja politicamente correta — e protestante. Não apenas ela própria nascera católica (embora denunciada no útero pelo papa), como vivera alguns períodos de mudanças religiosas extremamente astuciosas. Muitas de suas preferências religiosas eram em essência católicas, e desgostavam-na os clérigos casados, embora esses casamentos fossem oficialmente permitidos pela Igreja Anglicana. A rainha estava sempre disposta a sorrir graciosamente para os papistas ou colegas viajantes a quem considerava seus súditos leais.[8]

A posição respeitada e aparentemente inviolável de Magdalen, viscondessa de Montague, era um exemplo de como um católico religiosíssimo podia sobreviver se não ameaçasse a ordem vigente. Essa notável e resoluta dama católica em menina entrara no desfile matrimonial da rainha Maria Tudor quando ela se casara com Filipe II da Espanha na Catedral de Winchester. O marido morrera em 1592, mas como viúva Magdalen Montague não fazia quaisquer concessões relacionadas com a prática da religião que abraçara. Sua mansão perto de Battle, em East Sussex, era tão cheia de padres, capelas e câmaras secretas que a chamavam de "Pequena Roma". E mais, *lady* Montague, uma figura alta e impressionante, tinha o hábito de andar em público, "o porte mui majestoso", na visível posse de rosários e crucifixos, embora estes fossem estritamente proibidos. A maioria de sua "grande família" de oito pessoas — isto é, sua casa — era católica, segundo seu capelão, Richard Smith, que a comparava à viúva Santa Paula, do século IV, amiga e defensora de São Jerônimo. Em Southwark havia outra importante família, com outra grande casa semelhante, que também abrigava uma colmeia de papistas, entre eles padres.[9]

Nenhuma das duas era desconhecida das autoridades. A rainha Elizabeth, no entanto, decidiu fazer uma visita cerimonial em 1591 a Magdalen Montague, em sua casa de Battle. Depois enviou-lhe uma graciosa mensagem, por uma dama da corte, dizendo-se convencida de ter "viajado muito melhor com vossas orações, e por isso desejo que de agora em diante zeleis por mim nelas".[10]

Assim, a augusta matriarca (tinha oito filhos) conseguia combinar religiosidade e lealdade — ajudada por aquela famosa obstinação que se podia ver, segundo escreveu seu capelão, em seu próprio rosto: o nariz pequeno pronunciado e bem arrebitado, e o queixo muito forte. Mas, ao mesmo tempo que Magdalen Montague desfiava seu rosário em público, o porte desses símbolos ocos, quanto mais sua exibição em público, era um crime previsto nos estatutos do *praemunire*, publicados no século XV para evitar a intromissão da autoridade eclesiástica no poder civil, e punível com prisão perpétua e confisco de bens. Para o governo oficial, aquilo não passava de "quinquilharia papista inútil". Um empregado descoberto na posse de um crucifixo de metal tornava-se (ao contrário de *lady*

Montague) objeto de imediata suspeita; era obrigado a reconhecer a supremacia da rainha e declarar que detestava "todas as ninharias papistas".[11] Assim, tamanha era a abominação governamental pelas "quinquilharias" que durante as buscas senhoras eram retiradas de suas camas no meio da noite, para o caso de alguma coisa de natureza subversiva estar escondida nas roupas de cama.

Quando em 1577 se prendeu um padre chamado Cuthbert Mayne em Golden, na Cornualha, ele tinha um Agnus Dei em torno do pescoço. Era um objeto oval de cera, feito dos restos de uma vela de Páscoa benzida pelo papa na catedral de São Pedro. No julgamento de Mayne, o Agnus Dei foi uma das provas de peso contra ele.[12] O corpo do padre Cuthbert Mayne, ainda com vida, foi esquartejado a machadadas como mandava a sentença por traição. Pois o governo postulava que todos os padres católicos eram agentes de uma potência estrangeira, ou espiritual, como o papa (que publicou aquela bula contra sua soberana), ou temporal, como o rei da Espanha (que tentou várias invasões em seu país).

Com essa ênfase no patriotismo, muitos papistas tentaram garantir a sobrevivência esforçando-se em particular por demonstrar sua lealdade à rainha. Um certo Arundell da Cornualha, na prisão por causa de sua fé, anunciou bravamente na época da Armada que apoiaria a rainha, não o papa. Dois nobres católicos, *lord* Montague (marido de Magdalen) e *lord* Dacre (irmão dela), tentaram fazer uma distinção sutil e que os preservava. Declararam que tinham o dever de apoiar o papa se ele viesse em paz, mas agiriam contra ele no campo de batalha se entrasse em guerra. Portanto, a divisão entre os poderes espiritual e temporal do papa talvez não fosse boa teologia em Roma, mas a Cidade Santa e o Santíssimo Padre estavam muito distantes. *Sir* Thomas Tresham era outro dos líderes católicos ansiosos por se mostrarem como as "pessoas honestas" mencionadas pelo rei. Esse magnata de Northamptonshire passou vários anos na prisão pelo seu não-conformismo. Mas, como escreveu numa petição de 1581, da prisão de Fleet, não desejava "viver uma vida sem a graça e o favor de Sua Majestade". Nada tinha "contra a pessoa e dignidade de Sua Majestade" — isto é, seu direito à coroa e, acima de tudo, nada contra a "minha querida terra natal".[13]

Com que seriedade Henry Howard, que se tornaria conhecido na história como o conde de Northampton, desejava ser visto apenas como um desses patriotas! Era verdade que a árvore genealógica Howard/Norfolk tinha algumas máculas assustadoras em relação à lealdade. Seu pai, o poeta Surrey, fora executado a mando de Henrique VIII, por supostas pretensões reais, quando Howard tinha apenas seis anos; o avô só fora poupado da decapitação pela morte do rei; o irmão Thomas, duque de Norfolk, fora executado 25 anos depois pela rainha

Elizabeth por tramar a fuga da rainha Maria dos Escoceses. Na opinião de Howard, ele fora injustamente rebaixado não uma, mas duas vezes, daquela elevada posição, "meu direito de nascença", por culpa dos erros de outros. Isso o tornou um homem escorregadio, ambicioso e obcecado com a herança familiar. Mas embora católico por predileção — achava a religião natural para um cavalheiro — preparara-se inteiramente para ajustar-se ostensiva mente à religião anglicana, se pudesse rastejar para reconquistar o favor real.[14]

Howard não gozava de confiança generalizada na corte, e por bom motivo, pois bajulava a rainha e dizia manter ligações com o embaixador espanhol para o caso de o vento soprar naquela direção. (Mesmo os espanhóis, que pagavam a Howard um salário secreto, não confiavam exatamente nele: o embaixador espanhol descreveu-o como "não tão correto quanto parecia em seu discurso".) Conta-se uma história da presença constante de Howard na capela da rainha que resume, embora em nível mais pomposo, a atitude de alguns católicos ambivalentes. Ele não podia, na verdade, participar dos serviços ali, a não ser que a rainha comparecesse. Neste caso, Howard apressava-se para estar lá e ostensivamente "continuava as orações".[15]

Um exemplo mais edificante de um católico elisabetano que habitava os mundo do sol e das sombras é oferecido por William Byrd, descrito pelo padre William Weston como "o famosíssimo organista e músico inglês". Os patronos de Byrd eram Henry Howard, conde de Worcester, católico, e outro nobre importante com simpatias católicas, o oitavo conde de Northumberland (Byrd dava aulas de música à filha dele). Byrd provavelmente era católico de alma, e sua mulher Juliana foi indiciada como não-conformista já em 1577.[16] Mas devido ao seu belo talento de músico — organista — e compositor ele conseguiu manter sua posição na corte com um adequado conformismo público.

Contudo Byrd levava simultaneamente outra vida de músico secreto entre os amigos não-conformistas, que incluíam o vizinho, *sir* John Petre, de Ingatestone Hall, perto de Chelmsford (uma casa descrita por ele numa dedicatória como "sinceramente muitíssimo amistosa para comigo e os meus"). Ali e em outros centros de recusantes cantavam-se as missas de Byrd. Em vista da natureza fechada dessas cerimônias, não era coincidência alguma comporem-se trios de música sacra para números modestos, missas para apenas quatro ou cinco vozes.

Um jovem francês viu-se por acaso em uma dessas celebrações musicais de casa de campo, uma reunião à qual numerosos papistas da fidalguia, homens e mulheres, chegavam em seus coches. Byrd tocava o órgão (como também fazia na capela da rainha). O padre Henry Garnet, que tinha uma "rara e deliciosa" voz canora, às vezes incluía-se entre os participantes. Contudo o francês ignorava o significado da ocasião, "não sabendo que se tratava de jesuítas, por causa dos disfarces".[17]

Howard e Byrd eram à sua diferente maneira papistas de igreja, termo conveniente para indicar aqueles que freqüentavam os serviços da Igreja da Inglaterra, como exigia o Estado, mas secretamente se consideravam católicos. (Uma definição de 1582 descreveu-os como "papistas que podem manter sua consciência para si mesmos".)[18] Alguns papistas de igreja também iam à missa em particular. Outros pretendiam reconciliar-se com a Igreja Católica no leito de morte, quando as considerações espirituais iam enfim predominar sobre as mundanas. Não poucos papistas de igreja eram chefes de família que faziam um trato com as esposas, pelo qual elas podiam manter-se fiéis à fé católica em privado, e até educar os filhos nela, com a possível exceção do primogênito.

Dorothy Wiseman, de Yorkshire, um baluarte da fé, era um ilustre exemplo de esposa católica que continuou casada com um protestante.[19] Vinha de uma formação católica devota, pois a mãe foi presa como não-conformista. Contudo Roger Lawson, com quem Dorothy se casou em 1598 aos dezessete anos, era o herdeiro protestante de grandes propriedades. Dorothy não se deixou deter pela religião do marido: logo tratou de instalar um padre clandestinamente em casa, para que se celebrasse a missa ali pelo menos uma vez por mês. O marido era advogado de profissão, e, quando ele não estava em casa, Dorothy recebia inúmeros padres refugiados para passar a noite. "Com habilidade", conseguira empregar criados católicos.

Também teve filhos, dando à luz a pelo menos quinze. Um se tornou jesuíta, outro monge beneditino, e quatro seguiram a nova ordem do Instituto da Santíssima Virgem Maria. Com uma família tão enorme, é confortante ler que seu bom estado de espírito permaneceu constante e ela converteu para Roma alguns, que nem os eruditos conseguiam convencer, "com sutileza e sábio argumento". Mas o próprio Roger Lawson só se converteu ao catolicismo no leito da morte. Isso, em vista da natureza devota dos filhos, foi sem dúvida uma libertação de última hora de um conformismo certamente praticado por motivos mundanos (entre eles a carreira de advogado).

É impossível saber ao certo o número de casamentos semelhantes existentes. Mas o conformismo simulado — e havia outros artifícios — chama a atenção para um aspecto do catolicismo inglês que foi de crucial importância logo após a ascensão de Jaime I: a percepção irreal do número dos católicos nas mentes governamentais. Como podia o governo saber exatamente quem era e quem não era papista no íntimo? Uma religião proibida, como uma minoria étnica cuja existência e linguagem são varridas por decreto governamental, não apregoa seus números. Em suma, todos os não-conformistas eram católicos, mas nem todos os católicos se expunham, ou eram obrigados a expor-se, como não-conformistas.

Em contraste com os vagos números dos católicos, os nomes dos verdadeiros recusantes apareciam, por definição, nos registros governamentais.[20] Cerca de cinco mil nomes, por exemplo, são relacionados como tendo pago multas entre 1593 e 1600, o maior volume em Yorkshire e Lancashire, mas com outras concentrações nos condados centrais ingleses e nas fronteiras de Gales. Quando o rei Jaime chegou à Inglaterra, os bispos protestantes informaram-no satisfeitos que, para os mais de dois milhões de adeptos da Igreja da Inglaterra, havia apenas uns 8.500 recusantes adultos.[21] Esse quadro de uma comunidade pequena, abatida, em declínio, não incluía, claro, a multidão de pessoas — papistas de igreja — que freqüentariam à missa se pudessem, no momento em que as condições se tornassem mais propícias. Nisso estavam as sementes de um perigoso erro de compreensão governamental.

O estilo de vida respeitável — embora católico — de Dorothy Wiseman chama a atenção para outro aspecto do catolicismo inglês que influía em todo o seu tecido e com toda a certeza frustrava as autoridades. Era a posição relativamente privilegiada de uma não-conformista segundo a lei. De modo bastante irônico, esse privilégio se originava da ausência de direitos legais para a mulher, com base na teoria de que ela era inferior. O "vaso mais fraco", como descrevera São Paulo a mulher em termos memoráveis (traduzido na Bíblia de Tyndale), não tinha direito algum na lei comum. Quaisquer direitos que pudesse ter eram admitidos pelo pai antes e pelo marido depois do casamento. Outras categorias — mulheres descasadas adultas e viúvas — de algum modo burlavam a rede dessa teoria: "todas eram consideradas casadas ou a serem casadas" (como veremos, as católicas inteligentes também se aproveitavam bastante disso).[22] Mas essa falta de direitos, e portanto de propriedade, significava que era extremamente difícil impor uma fiança a uma recusante — a não ser, claro, que obrigassem o marido a pagá-la.

Mas, por motivos muito estranhos, essa solução óbvia não era julgada exatamente correta pelos padrões de fins do século XVI. E quanto ao que devia acontecer à mulher sem propriedade? Uma mulher velhíssima foi condenada a ser posta no tronco, no dia da feira, para ser exibida como "um monstro ou uma coruja de dia". Os garotos locais a rodeavam, vaiando: "Papista, papista." Dificilmente terá sido uma experiência agradável, contudo pouparam a pobre velha "coruja de dia" de multas e prisão, as duas práticas sendo evidentemente inúteis. No outro extremo da escala social, a rainha Elizabeth tinha uma opinião depreciativa do sexo feminino em geral, considerando-se um "príncipe" ou o que se podia descrever como um homem honorário. Por isso achava que as mulheres não deviam ser material de martírio. Na época de Elizabeth, o próprio Parlamento vivia às voltas com esse problema embaraçoso, sem jamais chegar de fato a uma decisão dura e rápida.[23]

Em conseqüência disso, a imposição de multas, do mesmo modo que quase tudo relacionado com o não-conformismo, dependia em grande parte da administração local. Aí, as vinganças pessoais podiam às vezes desempenhar seu papel, estabelecendo multas pesadas, mas também as lealdades locais podiam fazer com que as suspendessem. O marido da mulher "custosa" recusante que deduzia a multa da pensão dela pode ter sido emulado em outra parte. Outros maridos, sábios em sua geração, às vezes fingiam-se dominados pelas esposas não-conformistas para preservar suas propriedades, mesmo que a realidade fosse meio diferente.

Havia as esposas que passavam algum tempo na prisão pela recusa a comparecer à igreja. Ofereceu-se a algumas senhoras católicas corajosas de Yorkshire a opção de sermões duas vezes por semana em casa ou a prisão: elas escolheram a prisão.[24] Mas mesmo a detenção não era necessariamente para as mulheres o purgatório que podia ter sido sob o rigor total da lei. Às vezes, confinavam-se mulheres de alta posição social em casas de vereadores, uma forma de prisão domiciliar. Em outros casos, a católica devota confinada no mesmo lugar de muitos padres podia ver-se assistindo a celebrações da missa com muito mais facilidade que em casa.

A própria casa não era excluída de todo de uma recusante durante o período de sua condenação. A opinião da época sobre o papel da mulher na sociedade exigia que as esposas fossem livres para cumprir as obrigações conjugais, como fazer a ceia de Natal ou dar à luz. O marido tinha direito à companhia da esposa — recusante ou conformista. A medida como as mulheres se aproveitavam de sua suposta fraqueza é demonstrada pela irada exclamação do irmão mais velho de Robert Cecil, *lord* Burghley. Como as recusantes ficaram "perniciosas", ele reclamou furioso em 1593.[25]

Esse senso de imunidade feminina, devido à essencial irresponsabilidade da mulher, significava que as católicas que administravam grandes famílias tinham um papel fundamental para o sacerdócio.[26] Nesses lares, os padres podiam residir escondidos como servidores inócuos mas necessários, como tutores, porém sua segurança definitiva dependia da dona da casa. Era uma interessante inversão de papéis. Em todas as questões da alma, essas senhoras submissas dependiam inteiramente de seus pastores espirituais, mas quando se tratava do corpo eram os pastores que dependiam inteiramente das senhoras submissas.

Além disso, a idéia de que essas senhoras podiam — se absolutamente necessário — desafiar os próprios maridos pela causa da religião era extremamente subversiva. As devoções católicas convencionais da época continuavam a martelar em casa o conhecido tema da fraqueza da mulher, sugerindo — muito contra os fatos — que as mulheres eram especialmente dadas à heresia. Mas os textos religiosos e a realidade católica, em tempos de perigo, eram duas coisas bastante distintas. O padre Henry Garnet, em *A Treatise of Christian Renunciation* [Tratado sobre a renúncia cristã], pregava uma mensagem muito diferente sobre as esposas não-conformistas em luta com maridos protestantes. Era na verdade uma doutrina revolucionária: "Seus maridos não têm autoridade alguma sobre sua alma, e sobre o corpo apenas um poder limitado", escreveu ele. O trabalho do padre Garnet oferecia muitos exemplos de famílias, nos primórdios da igreja cristã, separadas por diferenças religiosas.[27]

Esta foi uma das questões que o astuto rei Jaime resumiu. Ele observou que, em relação à maioria das mulheres, seus votos eram "sempre sujeitos ao controle dos maridos". As católicas, contudo, eram potencialmente diferentes: "A consciência delas deve ser sempre comandada e dominada por seu deus romano do jeito que lhe apraz."[28] Para usar um termo moderno, as recusantes eram investidas de poder pelos perigos que todos os católicos enfrentavam. (Assim como as mulheres em toda a história foram investidas de poder em tempos de guerra, quando seus serviços eram considerados vitais para a sobrevivência, apenas para perdê-lo todo quando o perigo nacional tivesse passado.)

Era verdade que havia mulheres, como homens, que morriam por sua fé: três leigas e 58 leigos foram condenados à morte antes de 1603. Em 1586, Margaret Clitheroe* suportou o tormento vil conhecido como *peine forte et dure*. Esta punição (legal) acarretava ser despida antes de ser, literalmente, esmagada até a morte com pesos entre 350 a quatrocentos quilos, por não se declarar culpada nem inocente: "Não tendo cometido nenhum delito, não precisei de julgamento." Margaret Clitheroe bem pode ter tomado esse rumo extremo para evitar trair o paradeiro de padres, mas com a recusa a optar pelo julgamento com

*Canonizada pela Igreja Católica em 1970, junto com outros mártires ingleses, entre eles Anne Line, executada em Londres em 1601 por abrigar padres.

júri também poupou os filhos e os criados da necessidade de testemunhar, o que levaria à prisão (ou falso testemunho) deles próprios. Suas propriedades não foram confiscadas, pois ela não foi condenada por traição.[29]

Mas, para a vasta maioria das católicas, seu papel era ao mesmo tempo crucial e corajoso — embora não tão exatamente extremado quanto o martírio. Eram as mulheres que ensinavam o catecismo católico aos criados e aos filhos: tarefas mundanas mas essenciais que preservavam a fé. E à medida que os zelosos missionários jesuítas começaram a chegar do exterior, na década de 1580 — para horror do governo, que os denunciava a todos como espiões espanhóis e que reagiu com uma lei especial contra eles — o papel da mulher como nutriz e protetora tornou-se importantíssimo.

Duas mulheres destacam-se entre as que desafiaram o governo em defesa de seus padres. Ambas desempenharam um papel importantíssimo nos fatos que cercam a Traição da Pólvora (como era conhecida a Conspiração da Pólvora pelos contemporâneos). Eliza Vaux era a única chefe de uma grande casa católica, Harrowden Hall, em Northamptonshire, perto de Wellingborough. Estava entre aquelas categorias em que se permitia uma certa independência de ação às mulheres, pois Eliza era viúva com uma grande família para organizar e uma propriedade a defender, para o filho mais velho, Edward. O marido, George Vaux, herdeiro de *lord* Vaux de Harrowden, morreu em 1594, quando ela beirava os trinta anos. Mas mesmo antes do casamento, como Eliza Roper, filha de *sir* John Roper, ela demonstrava sua vitalidade.*

O casamento não agradara a *lord* Vaux, pai de George. Acima de tudo, não agradava ao poderoso patriarca católico *sir* Thomas Tresham, um homem que tentava dominar todos em seu imenso círculo familiar. Ele sem dúvida dominava o pobre *lord* Vaux, amigo íntimo e cunhado.

Sir Thomas, apesar dos nobres sofrimentos pela fé católica, era um homem descomedido no que se referia aos inferiores, entre eles as mulheres. Desgostou-se ao descobrir que o sobrinho George Vaux estava prestes a cometer o clássico engano (em termos de fins do século XVI) de casar-se por amor. *Sir* Thomas decidira arrancar a "enganosa máscara da afeição carnal cega" e pôr fim ao que chamou de "uma união insensata" com "uma moça sem crédito".[30] A ira avuncular perdeu para a afeição carnal. George casou-se com Eliza. Foi, claro,

*Os Roper eram ligados a *sir* Thomas More: descendiam de William Roper, cujo irmão se casou com a filha de More, Margaret.

como o são muitas vezes essas uniões contestadas com paixão, uma união extremamente feliz, com seis filhos nascidos em nove anos, antes da morte prematura de George Vaux.

Daí em diante, Eliza Vaux mergulhou num abismo de dor. Permaneceu em seus aposentos durante um ano, e para o resto da vida não entraria no quarto em que o marido morrera. Quase não surpreende que fizesse um juramento de jamais voltar a casar-se: "Como não podia dar a Deus sua virgindade, ia oferecer-lhe uma vida casta." Também passou por uma mudança radical de meta. Acompanhar os interesses do primogênito e dos outros filhos não era suficiente para ela, como era para muitas mulheres. Sentia uma vocação para proteger e sustentar o sacerdócio católico. Como escreveu o padre John Gerard em sua autobiografia: "Vi que estava decidida a desempenhar o mais próximo possível o papel de Marta, e de outras mulheres santas que seguiram Cristo e prestavam assistência a Ele e Seus Apóstolos."[31]

Contudo, Eliza Vaux não perdeu a independência e menos ainda a vitalidade. (Afinal, não há motivo algum para supor que a Marta da Bíblia era particularmente submissa, em vista de sua queixa sem rodeios sobre a irmã contemplativa, Maria.) Pensando na grande família, e sem a menor dúvida também nos interesses dos padres escondidos, Eliza fez uma bem-sucedida campanha para conseguir que o velho sogro se mudasse para uma propriedade menor dos Vaux, no último ano da vida dele, deixando-a com a grandiosa Harrowden. De modo algum esse bem-sucedido domínio de mulheres agradava *sir* Thomas na vizinha Rushton. No pós-escrito de uma carta de negócios a um amigo, ele fez uma ressentida piada astrológica, culpando Eliza pelo fato do velho amigo não visitá-lo: "Minhas recomendações ao lorde cativo, que não ousa, enquanto o signo se acha no dominador Virago, olhar para a pobre Rushton."[32]

Era muito vantajoso para os planos de Eliza que a extensiva reforma em Harrowden, para o jovem Edward, que sucedeu ao avô como *lord* Vaux em 1595, ocorresse nessa época.* Mulher "de talentos de elevada ordem", como a descreveu o padre Gerard, ela conseguiu construir uma espécie de refúgio feito sob medida, pois era infinitamente mais fácil camuflar esconderijos nesse ponto da obra que inseri-

*Harrowden Hall foi mais uma vez reconstruída no início do século XVIII. Prédio programado para uma Escola Primária, hoje é a sede do Clube de Golfe de Wellingborough; no entanto no interior de suas paredes resta pelo menos um dos numerosos esconderijos de fins do século XVI. Fica no antigo bloco do estábulo, agora apartamento dos fornecedores, em algum ponto atrás de uma grossa parede no alto de uma escada. Se ainda existem esconderijos na casa principal, que sofreu uma grande reforma na década de 1970, a localização não está registrada.

los depois. Assim, Eliza Vaux, como a "Viúva de Harrowden",* conseguiu manter o que foi descrito como "um colégio jesuíta no coração da Inglaterra".[33]

Infelizmente, mesmo a casa mais segura podia ser penetrada por traidores. Harrowden, como outros baluartes papistas suspeitos, estava sujeita a constantes buscas. Numa ocasião, Frances Burrows, de dez anos, sobrinha de Eliza pelo casamento, mostrou que a sagacidade feminina podia começar cedo, desafiando os perseguidores (como eram chamados os que faziam as buscas). O sacerdote estava na verdade na missa num quarto mais alto, quando se ouviu um grande barulho na casa. Por negligência, concreta ou simulada, do vigia, os perseguidores e os policiais já haviam entrado de espadas desembainhadas. Frances desceu correndo.

— Oh, guardem suas espadas — gritou a menina — ou então minha mãe morrerá, pois não suporta ver uma espada nua.

Frances, fingindo dar um gole de vinho para a mãe recobrar os sentidos, deu-lhe na verdade o aviso. Em outra ocasião, puseram um punhal no peito da intrépida Frances para fazê-la revelar os esconderijos secretos. Quando ela se recusou, o perseguidor achou muito engraçada aquela pessoa tão pequena e tão resoluta — além de delicada era menor que os da sua idade —, oferecendo cem libras esterlinas para comprá-la e presenteá-la ao bispo de Londres: "Uma virgem com tamanha coragem não deve ser estragada por esse papismo." A oferta foi recusada. Frances acabou sendo enviada na clandestinidade ao exterior, onde encontrou, espera-se, maior tranqüilidade como freira em Louvain.[34]

Padre John Gerard, o audacioso e exuberante sacerdote jesuíta confessor de Eliza Vaux, foi um dos que escapou por um triz em Harrowden. O jeito desembaraçado de Gerard, o gosto pela caça e a falcoaria, a perícia como espadachim — atividades tradicionais de um cavalheiro — eram todos patrimônios inestimáveis no disfarce de sua profissão de padre. Também faziam dele um convertedor atraente e convincente. Mesmo o gosto "pelos trajes (...) muito elegantes" era uma vantagem, pois a roupa oficialmente indicava o nível social do homem. Os criminosos, por exemplo, costumavam disfarçar-se como cavalheiros para ter a mesma liberdade de movimento que a classe superior — e, claro, os padres eram criminosos segundo o governo. Nada disso impediu Gerard de ser capturado em 1594 e preso na Torre de Londres, depois seriamente torturado. Mas uma fuga espetacular da Torre levou-o de volta à comunidade católica clandestina a tempo de ali exercer uma importante presença na ascensão de Jaime I.

---

*Eliza Vaux era conhecida como a "Viúva de Harrowden" ou a "Viúva *lady* Vaux", pois era a mãe do *lord* Vaux da época, embora jamais usasse o título de *lady* Vaux de Harrowden, pois o marido morrera antes do pai.

A irmã solteira de George Vaux, Anne,* foi outro membro da família que desempenhou um papel crucial nas circunstâncias envolvendo a Traição da Pólvora. A Sra. Anne Vaux era uma "virgem", no jargão da época, mas hoje seria o que chamaríamos de uma solteirona. Nasceu em 1562, portanto tinha mais de quarenta anos por ocasião da ascensão de Jaime: essa condição de solteirona era com quase toda certeza uma escolha deliberada, pois Anne Vaux se apresentava como dedicada ao serviço de Deus. Da década de 1590 em diante, julgava esse serviço mais bem executado com a proteção e a administração dos afazeres do padre Henry Garnet, o superior dos jesuítas. As irmãs do próprio Garnet haviam viajado para o exterior e se tornado freiras em Louvain: isso possibilitava à Anne Vaux posar de irmã dele, "Sra. Perkins", para evitar interrogatórios embaraçosos sobre o preciso *status* do padre. Na intimidade, Garnet chamava Anne de sua "irmã em Cristo".

O padre Henry Garnet nascera em 1555, cerca de sete anos antes de Anne, em Heanor, leste de Derbyshire. Seus antecedentes familiares não eram exatamente tão glamourosos quanto os do padre Gerard, mas ele tinha notável pendor para a erudição. Era um brilhante lingüista, especialista em hebraico, grego e latim. Educado em Winchester, trabalhou como revisor na imprensa legal e depois foi para o exterior, tornando-se durante algum tempo professor de hebraico em Roma. Como padre, sua tendência erudita tornou-o um devoto espontâneo da teologia e do debate teológico. Também era apaixonado por música: tinha uma voz "rara e deliciosa", já mencionada em relação a Byrd, um talento para compor melodias de improviso, e era um virtuoso em instrumentos, sobretudo o alaúde.[35]

Sem a menor dúvida, Garnet era o oposto do homem dado à violência, acreditando com "sua modesta animação", segundo as palavras de alguém que o conhecia bem, que as coisas se resolviam melhor pela submissão à vontade de Deus. Isto se aplicava à reconversão da Inglaterra à fé católica: as manobras políticas e as rebeliões armadas tinham muito menos probabilidade de ser eficazes que as orações, a perseverança dos rituais católicos e as celebrações de missas. Os contemporâneos também atestavam a bondade e compaixão de Garnet. Ele achava que era sua obrigação assistir (disfarçado) às hediondas execuções públicas de seus sacerdotes para prestar-lhes os últimos sacramentos se pudesse. Essas pro-

*Anne Vaux era na verdade meia-irmã de George Vaux, pois sua mãe morrera de parto, após o que *lord* Vaux casou-se com a irmã de *sir* Thomas Tresham, Mary; mas jamais se usava esses indicativos de parentesco por casamento nesse período, nem se fazia a distinção, numa época em que muitas mulheres morriam de parto jovens e deixavam os bebês para serem criados pela mulher seguinte do marido como "mãe" deles.

vações enchiam de apreensão o homem sensível e escrupuloso que ele era: conseguiria agir com tanta bravura se e quando chegasse sua vez?

Lord Vaux, pai de Anne, certa vez refletiu tristonho: "São Paulo advertia às mulheres que aprendessem em silêncio e sujeição: em suas casas, elas mesmas deviam estudar por exigência dos maridos; que não devem permitir-lhes ensinar na presença deles, mas ficarem em silêncio." Contudo Anne Vaux (como sua cunhada, a viúva Eliza) não tinha um marido para ensiná-la. Salva pela fé, nas palavras do padre Garnet, "essa brava virgem tornou-se um verdadeiro virago".[36]

O padre Garnet, ao contrário de *sir* Thomas Tresham, usava a palavra "virago" como um elogio. Contudo, apesar de toda a sua religiosidade, Anne, como Eliza, enfrentou o próprio *sir* Thomas, processando-o no Tribunal de Tutela e Sucessões como depositário da parte devida de seu dote matrimonial. Como ela não se casara nem tinha a menor intenção de fazê-lo, foi um gesto audacioso, sem dúvida provocado por sua desesperada necessidade de verba para ajudar aos padres. Mais uma vez *sir* Thomas enfureceu-se e desta conseguiu revidar, obrigando Anne ir a Rushton pedir-lhe o dinheiro em pessoa. Embora lá aparecesse "com estômago" (arrogância) para o desafio, não levaria consigo o dinheiro. Anne, por sua vez, ficou extremamente zangada. Puxando a reboque a irmã Eleanor Brooksby (tão religiosa quanto ela, porém muito mais tímida), Anne Vaux entrou em "combate verbal" com *sir* Thomas na própria casa dele, do meio-dia até as quatro da tarde, impedindo-o de comer seu jantar. Conseguiu o dinheiro.[37]

Como uma solteira de posse de uma bela fortuna e uma conveniente irmã viúva para proporcionar-lhe respeitabilidade, Anne pôde desempenhar um papel crucial alugando casas onde os jesuítas podiam reunir-se em segurança. A norma jesuíta exigia que os padres se reunissem uma vez por ano — com esperança duas — para prestar contas de sua consciência a seu superior e renovar os votos. Era inevitável que essa reunião de jesuítas apresentasse perigos que os padres individuais, operando sozinhos, não enfrentavam. Para esse fim, Anne Vaux alugou Baddesley Clinton, em Warwickshire, do antiquário Henry Ferrers.

Baddesley Clinton era uma antiga mansão Tudor, isolada, com um fosso, localizada em meio a bosques, a uns mil quilômetros de Londres. A situação era perfeita para os objetivos de um refúgio, e Anne logo tratou de arranjar um talentoso irmão leigo chamado Nicholas Owen (que desempenhará um importante papel nesta história) para projetar bastantes esconderijos que abrigassem vinte ou mais padres.* Usando o fosso e os níveis de um esgoto, junto com alçapões e escadas de torreões, Owen conseguiu que o padre Garnet e outros sobrevivessem a uma célebre busca em 1591. Ficaram ali quatro horas, imersos na água até a metade do corpo. Mas não foram capturados.

Nem todas as casas que Anne Vaux e Eleanor Brooksby ocupavam se localizavam nos condados centrais, nas *midlands*, da Inglaterra. White Webbs, alugada em 1600 para o padre Garnet, ficava no extremo de Enfield Chase, nas divisas de Hertfordshire e Essex. Era outra "casa espaçosa" — só que mais perto de Londres —, o que permitia ser crivada em toda parte por rotas de fuga e refúgios. E, claro, nem todo visitante de White Webbs era na verdade um padre. Também apareciam membros da enorme parentela católica à qual Anne Vaux pertencia por nascimento.

Nesse pequeno mundo, que por segurança perpetuava a si mesmo com casamentos dentro da família, talvez seja mais simples afirmar que quase todos eram parentes de todos os demais. Isso sem dúvida se aplicava a Anne Vaux, com uma avó Throckmorton e uma madrasta Tresham. Assim, os visitantes de White Webbs, parentes dela, incluíam os dois primos-irmãos, filhos das irmãs Throckmorton, Robert Catesby e Francis Tresham. Eram respectivamente dez e seis anos mais jovens que Anne, e a encaravam com aquela afeição que as figuras bondosas das tias solteironas tendem a inspirar nos mais moços.

Ainda se passariam alguns anos para que o entrelaçamento no tempo e lugar desses imprudentes cavalheiros elisabetanos com os jesuítas ingleses clandestinos acabasse tendo terríveis conseqüências para os últimos. Nesse meio tempo, era compreensível que, com mulheres como Eliza e Anne Vaux em ação, o padre Robert Persons concluísse que a continuação da fé na Inglaterra se devia à coragem de suas mulheres.

Portanto, o sombrio quadro de perseguição implacável pintado pelo padre Weston não era, na verdade, de todo desassistido pela luz. Primeiro havia a maneira como os católicos conseguiam sobreviver, com a fé mais ou menos intata, levando uma espécie de vida esquizofrênica. Segundo, embora houvesse papistas "honestos", na frase do rei Jaime, também havia bravos padres e seus corajosos colaboradores, muitas vezes mulheres.

A esperança para o futuro estava no ar, não apenas esperança prática, mas também espiritual, a que Robert Southwell, levado à morte (depois da tortura) em 1595, descreveu em seu poema *The Burning Babe* [A criança em chamas]:[38]

*Baddesley Clinton, hoje propriedade do Patrimônio Nacional, ainda conserva sua atmosfera de romântico mistério; e os esconderijos construídos com tanta habilidade por Nicholas Owen ainda podem ser examinados.

Quando numa branca noite de terrível inverno eu tremia de pé
na neve
Surpreendido fui por um repentino calor que fez
fulgir meu coração.

No último ano da vida da rainha Elizabeth começou-se a sussurrar entre os católicos ingleses que o rei Jaime já lhes fizera promessas de verdadeira tolerância, a serem cumpridas quando e se ele chegasse ao trono.

III

Diversidade de opiniões

Jamais admitirei em minha consciência que o sangue de qualquer homem seja derramado por diversidade de opiniões sobre religião (...)

REI JAIME VI
a Robert Cecil

QUE PROMETEU, SE É QUE O FEZ, O REI JAIME, quando na Escócia, aos católicos da Inglaterra? A questão é de crucial importância para a compreensão da Traição da Pólvora. E há uma questão complementar: se essas promessas foram feitas, foram verbais ou escritas? Infelizmente, as várias personalidades envolvidas complicam, em vez de simplificar, o assunto: nenhuma delas é particularmente satisfatória do ponto de vista do registro idôneo.

Havia o jeito pessoal do rei Jaime de fazer sugestões, declarações solenes, e assim por diante — a excelente capacidade diplomática com a qual ele despertou mas não satisfez as esperanças religiosas. Suas negociações com o papado não eram certamente sinceras, pois, quaisquer que fossem seus sentimentos em relação a Roma como a histórica Madre Igreja, ele jamais teve quaisquer planos de tornar-se católico. A garantia de tolerância para outros católicos era um tanto diferente e faz da avaliação da sinceridade do monarca um problema muito mais sutil.

Ao longo de sua correspondência secreta com Robert Cecil, iniciada na primavera de 1601, o rei Jaime expressou muitas opiniões sobre o assunto, embora devamos ter em mente que essas cartas, escritas e recebidas sem o conhecimento da rainha, eram enfaticamente não destinadas à publicação e tampouco eram datadas. Por exemplo, numa ocasião, Jaime achara conveniente advertir o "meu caríssimo e fidedigno 10", como Cecil era chamado no código particular deles, "sobre o aumento diário que eu soube do papismo na Inglaterra". O monarca, que gostava de fazer uma boa preleção, terminava a advertência num tom delicado embora condescendente. Admitia que se poderia dizer que Cecil (de fato na Inglaterra) sabia de tudo isso muito melhor que ele (na Escócia): "Contudo diz um velho ditado que uma pessoa de fora pode ver melhor o jogo do que o próprio jogador."[1]

Cecil respondeu com uma interessante explicação de seu credo pessoal. Por mais que detestasse os padres católicos e o perigo que eles representavam — "Condeno a doutrina deles, odeio a conversa deles" —, admitia que o constrangia vê-los "morrer às dezenas", quando "no último suspiro" chegavam "tão próximo da lealdade". (A compaixão de Cecil, contudo, excluía especificamente os jesuítas, a quem designava de "essa geração de víboras", barganhando "o sangue e as coroas de príncipes".) Em outra ocasião Jaime se dissociou de modo semelhante do derramamento de sangue. E, quanto aos padres, achava que o exílio era uma solução melhor que a execução: "Em vez de ter as cabeças deles separadas dos corpos, muito me alegraria ter as cabeças e os corpos separados de toda a ilha e transportados para o além-mar."[2]

Provavelmente, esta carta do rei Jaime chega perto de expressar o que ele sentia na verdade sobre o assunto: "Jamais admitirei em minha consciência que o sangue de qualquer homem seja derramado por diversidade de opiniões sobre religião, mas também muito me deplora a idéia de que os católicos se multipliquem e possam impor-nos seus velhos princípios." Embora jamais aceitasse que homens morressem por "erros de fé", o aumento acentuado do número de católicos já era outro problema. Esse aumento católico teria sérias conseqüências, "pois, pela contínua multiplicação, eles [os católicos] podem vir a tornar-se afinal senhores".[3]

Quando o rei Jaime escreveu essas palavras, sugeria no mínimo que os católicos ingleses poderiam um dia desfrutar do *status* da tolerada minoria de protestantes huguenotes na França. Mas há uma falha óbvia nesse argumento, pelo menos do ponto de vista católico. O rei dizia que se podia tolerar os católicos desde que não proliferassem. Mas a tolerância católica com quase toda certeza *originaria* um aumento do número deles. O clima religioso se amenizaria e os papistas de igreja se aventurariam mais uma vez a sair em público sob suas verdadeiras bandeiras.

Eram mais idéias no ar do que planos em elaboração. Mas a certa altura, em 1602, Henry Percy, nono conde de Northumberland, iniciou com o rei uma correspondência mais realista sobre o assunto. Ele vinha de uma família (como os Howard) que sofrera muito pela desafortunada mãe de Jaime. O pai de Cecil talvez tenha sido o responsável pela decapitação da rainha Maria dos Escoceses (como alguns rumores fizeram Jaime acreditar), mas o tio de Northumberland perdera *a* cabeça em 1572 pela participação na Rebelião do Norte em favor da rainha Maria. Nascido em 1564, o nono conde era dois anos mais velho que Jaime VI e um grandioso nobre, com substanciais propriedades no norte da Inglaterra, e também no sul, onde ele tinha um estabelecimento em Petworth, Sussex. Muitíssimo talentoso, suas experiências científicas e sua admirável biblioteca lhe renderiam posteriormente o apelido de "Conde Mago". Mas Northumberland também tinha alguma coisa de arredio (para o que contribuía a sua surdez) e sua linguagem tendia a ser lenta. Às vezes tímido — "um tipo de homem retraído, reservado" —, outras um jogador maníaco com um temperamento que se inflamava, era um enigma para os contemporâneos.[4] Sua posição de destaque despertava nos demais não apenas respeito, mas ciúmes.

O *status* de Northumberland na corte de Elizabeth ficou mais complicado com um casamento conturbado. Sua mulher, Dorothy, era a irmã do favorito da rainha, Essex, e por isso, e pela doçura de caráter de Dorothy, Elizabeth tinha uma grande afeição pessoal por ela. A rainha tomou o partido de Dorothy quando o casal se separou. Uma breve reconciliação resultou no nascimento, em 1602, de um herdeiro há muito desejado, porém logo depois o casamento desfez-se mais uma vez. Em geral, Northumberland não parece ter exercido um bom julgamento em sua várias relações. Nada tornou isso mais visível que a contratação de um certo Thomas Percy, um daqueles ociosos que gravitavam em torno dos grandes homens pleiteando uma nomeação. A ligação era na verdade bastante remota: Thomas Percy era neto do quarto conde, portanto primo em segundo grau muito distante (não um meio-irmão ilegítimo de Northumberland, como às vezes se sugere).[5] Mas existia uma espécie de sistema de clã, pelo qual um parente meio distante como Percy procuraria o proverbialmente generoso Northumberland como protetor. Em 1596, Percy foi nomeado Guardião do Castelo de Alnwick, a grande fortaleza dos Percy na fronteira com a Escócia, e com isso o representante da família para as propriedades no norte. Northumberland recusou um posto de embaixador oferecido por Elizabeth (sua surdez o fez recuar), mas assumiu de 1600 a 1601 um comando nos Países Baixos, onde Thomas Percy se juntou a ele antes da morte da rainha Elizabeth. Num determinado momento, a energia pessoal de Percy convenceu Northumberland de que ele era o homem indicado para a delicadíssima missão escocesa.

É provável que a religião de Percy fosse o fator decisivo. O próprio Northumberland foi definido por um embaixador francês como um daqueles que tinham "a alma católica". Northumberland explicou isso de modo um tanto diferente ao escrever a Jaime dizendo que, embora ele próprio não fosse católico, diversas pessoas em seu *entourage* "remavam a favor dessa maré".[6] Referia-se com isso a alguns velhos criados não-conformistas que continuavam morando em sua casa: o tipo de gente que não ameaçava ninguém. Mas Percy era diferente. Um animal muito mais político, com um catolicismo mais decididamente ativo.

Percy era uma figura polêmica mesmo em sua época — "um velhaco sutil, bajulador e perigoso", segundo o veredicto de alguém. Tinha quarenta e poucos anos na época da morte de Elizabeth (embora os cabelos brancos o fizessem parecer mais velho) e uma figura impressionante, com sua altura excepcional e excelente compleição. Também tinha um certo encanto, apesar da seriedade geral dos modos, e grande energia. Esta era física e mental, e em conseqüência ele tinha uma tendência a suar e trocava de camisa duas vezes ao dia, dando "muito trabalho à sua lavadeira".[7]

A personalidade de Thomas Percy ainda exerce, nas mentes dos historiadores, uma influência maléfica sobre os acontecimentos que envolvem a Conspiração da Pólvora, como exerceu, se poderia dizer, sobre o insensatamente generoso Northumberland. Segundo uma fonte católica, Percy teve uma juventude violenta, em que "confiava muito na espada e na coragem pessoal", e em que lhe agradava incluir-se entre as pessoas "desbocadas, promíscuas". Sua conversão ao catolicismo — ou de qualquer modo sua mudança de uma forma de papismo de igreja para uma crença mais fervorosa — acalmou-o.[8] Contudo algum desatino parece ter permanecido, pois abandonou a mulher por outra. Numa época anterior ao registro oficial de casamento, ou a qualquer possibilidade de divórcio legal, aliás, os homens resolviam o problema simplesmente casando-se de novo em outra parte do território, o que parece ter feito Percy. A primeira mulher, nascida Martha Wright, com quem ele se casara em 1591, foi abandonada em Holborn, Londres, "envergonhada e pobre", para sustentar-se da melhor maneira possível, dando aulas a filhas de não-conformistas. A outra estava em Warwickshire.[9]

O primeiro casamento, embora um fracasso em termos pessoais, teve importantes conseqüências para Percy. Martha Wright vinha de uma daquelas famílias de obstinado não-conformismo de Yorkshire, em que o sexo feminino era aplaudido pela constância. Sua mãe, Ursula Wright — "uma grande oradora" — passou muitos anos na prisão por recusar-se a comparecer aos ofícios protestantes. Outra das filhas de Ursula, que se casou com um membro da família não-conformista

Ward, também de Yorkshire, tornou-se mãe da ilustre defensora da educação feminina e fundadora do Instituto da Santíssima Virgem Maria, Mary Ward, nascida em 1586. Após a morte prematura da mãe, a jovem Mary Ward passou cinco anos sob os cuidados da avó Ursula.[10]

Martha era, na tradição familiar, "uma senhora honrada e boa", e seus ensinamentos ainda eram lembrados com gratidão mais de quarenta anos depois "pelas que foram suas alunas". À parte o trabalho como professora, Martha vivia "muito isolada", devido ao fato de muitas vezes abrigar padres.[11]

O próprio Thomas Percy era claramente um homem inteligente. Se não o fosse, não faria sentido a continuada confiança de Northumberland em sua capacidade administrativa no norte. Ao mesmo tempo, era em certos aspectos inescrupuloso. Não era o único administrador injusto, que buscava se aproveitar dos lucros de um patrão imensuravelmente mais rico que ele. Contudo era difícil atribuir-lhe as acusações de desonestidade referentes à direção das propriedades de Percy que num determinado momento foram feitas contra ele, e provadas. Mas sem a menor dúvida Percy tinha a confiança de Northumberland. Foi Percy o enviado em missão confidencial à Escócia, antes da morte da rainha Elizabeth, para os católicos ingleses. Northumberland pretendia "despachar" os católicos ingleses para o rei Jaime, e o rei parecia pronto para "recebê-los" — em seus termos.

O plano de Northumberland era formar uma base de poder no novo reinado e com o novo soberano, para compensar a desgraça da família no período elisabetano. Também havia a necessidade de contrapor-se à influência cada vez mais ascendente de Cecil, naquela perpétua dança conforme a música de ciúmes que mantivera ocupados os cortesãos do século XVI. Quanto à facção católica inglesa, sua qualidade flutuante, salientada no capítulo anterior, facilitava aos estrangeiros superestimar sua importância. Mais tarde, quando todos se atarefavam reescrevendo a história para afirmar a própria inocência (ou a culpa dos outros), Northumberland asseguraria que a missão tinha sido idéia de Percy.[12] Por mais que Percy pudesse manipular seu patrão, isso não soa como verdade. Northumberland tinha um claro programa em que pretendia aproveitar-se dos católicos em vantagem própria.

Parece que Percy fez ao todo três viagens à Escócia antes de 1603, levando a correspondência secreta de Northumberland. Foi simpaticamente recebido pelo rei Jaime. O padre Oswald Tesimond, muitas vezes conhecido pela alcunha de Greenway, escreveu uma história desse encontro em sua *Narrative*, uma das importantes fontes para os acontecimentos em torno da Traição da Pólvora.

Tesimond, padre jesuíta do norte, conhecia bem vários participantes e foi testemunha direta de inúmeras das ocorrências. Assim, na versão de Tesimond, temos o rei Jaime ativamente a fazer "promessas muito generosas em favor dos católicos, e não apenas de libertá-los da servidão e perseguição em que viviam então". Melhor ainda: "Na verdade, o rei iria admiti-los em todos os tipos de honrarias e cargos no Estado, sem fazer qualquer discriminação entre eles e os protestantes." E ainda: "Finalmente, ia tomá-los sob sua total proteção." Empenhando sua palavra de príncipe, o rei pegou Percy pela mão e "jurou cumprir tudo que prometera". Esta era a emocionante história do régio encontro que Thomas Percy agora tratava de espalhar por toda parte entre os católicos.[13]

Se tudo isso foi verdade, é fácil imaginar a exaltação com que Percy retornou à Inglaterra, apressando-se a transmitir as boas novas a seus correligionários. De modo semelhante, pode-se entender muito facilmente o entusiasmo cada vez maior deles. Como explicou o padre Tesimond, o relato, enquanto circulou em segredo, fez um enorme bem ao rei, "conquistando em toda a parte a aliança dos católicos e enchendo-os das mais altas esperanças". Mas era verdade?

O consenso de opiniões entre os historiadores é que o rei Jaime deu de fato algumas garantias, mas apenas palavras. Ao cultivar a amizade dos católicos, sua visível intenção era exatamente fomentar essas "mais altas esperanças" a que se referia Tesimond. Esta era a maneira de agir do rei Jaime. (Deve-se salientar que ele fazia circular rumores igualmente encorajadores, nessa mesma época, entre os puritanos ingleses, que teriam se ofendido mortalmente à mais simples alusão de tolerância para com os católicos.) O que ele sem dúvida tinha em mente era permitir o que Northumberland chamou de "uma missa num canto", isto é, numa casa particular, não se cometendo nenhuma ofensa pública. Na correspondência com Northumberland, o rei Jaime frisou contínuas vezes seus sentimentos não agressivos pelos católicos não "turbulentos".[14]

Mas uma enorme distância separava tudo isso da alucinante mensagem de futura "proteção" real aos católicos difundida por Percy. Este também, desejoso de estabelecer sua própria importância, conseguira uma oportunidade perfeita, com essas promessas não escritas, de impressionar o patrão Northumberland e os amigos católicos. Não há a menor dúvida de que a versão apresentada por Tesimond revela certo exagero da parte de Percy. Ao mesmo tempo, e igualmente fatal, o rei prometera muito mais do que admitiria depois.

A correspondência ainda sobrevivente do rei Jaime com Northumberland tem um tom muito diferente. No início, Northumberland soube exatamente que palavras dizer para não destoar: "Minha consciência informou-me do seu direito à sucessão." A mensagem de Northumberland era a seguinte: "É lamentável perder um reinado tão bom" por não tolerar missas privadas, desde que os católicos "não sejam perturbadores demasiado ruidosos do governo ou Estado, nem procurem tornar-nos contribuintes do padre [isto é, católico] Pedro". A resposta escrita do rei Jaime a Northumberland seguiu as mesmas linhas de raciocínio. Quanto aos católicos, não iria perseguir "ninguém que for discreto" e preste obediência externa à lei, nem deixar de promover qualquer um deles que genuinamente o mereça por seu "bom serviço".[15]

Entre essa conversa sóbria, sensata, e a versão exagerada de um futuro glorioso divulgada por Percy, abria-se um abismo enorme e potencialmente letal.

Nem todos os católicos ingleses, contudo, estavam dispostos a conduzir-se com tanta discrição assim. O interesse da antiga religião em nada se beneficiou — como poderia? — de uma furiosa cisão que se exacerbou, em fins da década de 1590, entre os jesuítas e outro grupo de padres, os chamados apelantes.[16] A disputa veio a público na prisão do Castelo de Wisbech, em Lincolnshire, onde muitos padres se achavam presos. Era imensamente desagregadora no estreito confinamento da prisão, e fora, no mundo maior, mais ainda. Da perspectiva do futuro, o mais importante foi que essa briga encorajou os apelantes a pintar os jesuítas para o governo como traiçoeiros emissários do papa, a quem deviam sua primeira lealdade. Essa, claro, era quase exatamente a posição declarada do próprio governo em relação aos "cães do inferno", os jesuítas.

Todos os padres envolvidos eram ingleses de nascimento e a maioria passara temporadas intermitentes de educação e formação no exterior, pois essa preparação profissional era, claro, proibida na Inglaterra. Mas entre os jesuítas e os apelantes havia uma diferença básica de visão sobre a restauração do catolicismo em seu país. Não era a atitude correta manter-se fiel aos dogmas sagrados do catolicismo, disseminá-los quando possível, morrer tentando se não o fosse? Essa, em termos simples, era a missão jesuítica como eles a viam. De sua parte, os apelantes acreditavam no estabelecimento de algum tipo de acordo com o Estado e no empenho de sua fervorosa lealdade ao governo (mesmo a ponto de denunciar os jesuítas como desordeiros com sede no estrangeiro). Desse modo, podiam estabelecer uma forma de catolicismo como uma religião minoritária inofensiva que fosse oficialmente tolerada. Na verdade, é uma disputa cujo exemplo tem-se repetido desde então, em regimes totalitários nos quais o cristianismo (e outras doutrinas) é proscrito.

É possível simpatizar com os dois pontos de vista; infelizmente, a situação agravou-se com choques de personalidades e rivalidades pessoais. Os brilhantes e intelectuais jesuítas — padres Garnet e Gerard — eram invejados pelos apelantes pela vida civilizada que levavam nas suntuosas mansões que os sustentavam. Isso era mesquinho e, considerando-se as hediondas mortes dos padres jesuítas quando capturados, também injusto. Os apelantes tinham boas razões quando falavam com insistência na agitação causada pelos jesuítas. Suas justificativas — embora necessárias entre os correligionários — se fortaleceram ainda mais quando eles acusaram os jesuítas de apoiar o poder papal para destituir um determinado soberano.

Era a acusação mais prejudicial que se podia fazer perante o governo inglês, e ela era consubstanciada, como se observou, pela desastrosa bula papal de 1570 excomungando Elizabeth. Jesuítas como o padre Garnet e o padre Gerard, ocupados tentando preservar a vida e escondidos, atarefados tentando trazer de volta os católicos à sua fé igualmente oculta, nada tinham a ver com atividades para depor qualquer soberano legítimo. Mas alguns jesuítas de uma geração mais antiga adotaram uma visão diferente. Vivendo em exílio no exterior, não viram nenhum motivo para não apoiar, de vez em quando, os planos de invasão do rei espanhol Filipe II.

O padre Robert Persons era um desses. Nascera em Nether Stowey, Somerset, um de onze filhos, em 1544, três anos antes da morte de Henrique VIII. (Portanto, era 11 anos mais velho que o padre Garnet e 22 mais que o padre Gerard.) Sua brilhante inteligência destacava-o dos demais, e acredita-se que tinha a melhor cabeça de todos os ingleses católicos. Também era inabalável em sua lealdade à causa, e intransigente a tal extremo em certas questões que os que vieram depois dele já não eram. Por exemplo, Persons apoiava francamente o poder papal de destituir soberanos.[17] Ao partir da Inglaterra na década de 1580, passou algum tempo na Espanha — daí sua vigorosa defesa da arquiduquesa Isabel — antes de chegar a Roma em 1597.

Apresentava-se um notório desafio aos padres na Inglaterra quando eram capturados pelas autoridades: a chamada "Pergunta Sangrenta". Dizia o seguinte: "De que lado o senhor ficaria se o bispo de Roma [o papa] ou outro príncipe por ele autorizado invadisse o reino com um exército (...)?" A maioria dos padres tentava esquivar-se do problema, refugiando-se no silêncio ou na prevaricação: a saída mais sensata.[18] Mas se houvessem feito a Pergunta Sangrenta ao padre Persons, e ele respondesse sinceramente, teria apoiado o "bispo de Roma".

À parte ser uma figura odiada pelo governo inglês, Persons era um alvo particular da antipatia dos apelantes. Acusavam-no de tentar dirigir toda a organização (clandestina) católica inglesa como uma espécie de feudo jesuítico. A questão mesma dessa organização provocava a indignação dos apelantes. Eles propuseram uma forma de episcopado em que os bispos católicos ingleses teriam os poderes tradicionais de consagração e confirmação. (O que, claro, na prática iria distanciá-los do controle romano e ajudar a promover seu conceito de uma religião minoritária com a aprovação tácita do governo.) Em vez disso, em 1598, arranjaram um suserano conhecido como arquipadre na figura do padre George Blackwell. Este, embora homem decente, apreciado, não era a personalidade vigorosa necessária naquelas difíceis circunstâncias para unir (ou trabalhar com afinco) em prol da união dos católicos ingleses. Embora não-jesuíta, aos apelantes o padre Blackwell dava a clara impressão de estar inteiramente sob o domínio dos jesuítas.

O padre William Watson era um apelante com todas as piores qualidades de ressentimento e autopiedade da facção, mais algumas péssimas qualidades pessoais. Além de vaidoso, tinha muitos maus modos. (É uma triste verdade que aqueles que são capazes de abraçar uma causa — ou, como diriam seus inimigos, colaborar — nem sempre são em pessoa as personalidades mais edificantes.) O padre jesuíta Persons, referindo-se simbolicamente ao acentuado estrabismo de Watson, descreveu-o: "Tão malformado e com um aspecto tão ruim e deficiente que enxergava nove caminhos ao mesmo tempo." O pior em Watson era a maníaca autoconfiança em sua própria capacidade, o que o levaria, como veremos, a intrigas meio loucas e inteiramente perigosas. Watson condenaria o controle jesuíta, querendo fazer um acréscimo à ladainha em latim que em inglês diria o seguinte: "Ó Senhor, livrai-nos das maquinações de Persons."[19]

O padre John Mush era outro apelante que detestava Persons com um vigor que teria feito Robert Cecil orgulhar-se dele. Mush, que provinha de Yorkshire, era um homem devoto (fora o confessor de Margaret Clitheroe), mas também um célebre irascível. Descreveu Persons como "estacionário em seu conforto" em Roma, enquanto os apelantes na Inglaterra, "inocentes de qualquer crime e desconhecedores de suas perigosas maquinações", sofriam a punição que só a imprudência e a audácia de Persons mereciam.[20]

Ironicamente, os esforços dos apelantes para chegar a um meio-termo oficial com o governo elisabetano não tiveram êxito, apesar de algumas insistentes tentativas nos últimos meses de vida da rainha. O embaixador francês tentou desempenhar um papel útil, em vista do tipo de tolerância que os huguenotes tinham na França, mas disseram-lhe que pelo menos na Inglaterra só deveria existir uma religião única num país único.[21]

Uma proclamação de novembro de 1602 foi mais estimulante, pois estabelecia oficialmente uma distinção entre os "jesuítas traidores" e os apelantes. A estes deram três meses para declarar sua lealdade à rainha Elizabeth e entregar-se à misericórdia do governo. Contudo a posição dos apelantes não era tão segura quanto esperavam os padres. Um "Protesto" dos apelantes de janeiro de 1603 defendia longamente o desdém pelos direitos temporais do papa. Mas o Conselho inglês recusou-o, pois não se estendia o bastante. O Conselho adotou uma linha dura: os padres só seriam salvos se realmente não celebrassem mais a missa. Abandonar a missa não era, sem dúvida, o que os apelantes, sacerdotes dedicados como o padre Mush, tinham em mente, apesar de todos os seus desacertos.

A disputa entre jesuítas e apelantes, entre integridade e concessão, cada plano de ação com o objetivo de preservar o catolicismo inglês, era como um tumor devorando o coração do mundo não-conformista. Contudo, se o novo monarca tolerava de fato a "diversidade de opiniões" na religião, era possível que essa dolorosa desavença começasse a desaparecer.

Nem todos os papistas agitados na Inglaterra eram padres. Thomas Percy tinha dois cunhados, John (sempre chamado de Jack) e Christopher (Kit) Wright, que, ao contrário das parentas femininas, não acreditavam em resistência heróica mas pacífica. Eram uma dupla de físico impressionante, fortes e muito acima da altura mediana. Jamais seriam descritos como bonitões, porém Jack tinha "feições agradáveis" e Kit um rosto saudável, corado. Em geral, portavam-se como uma dupla típica de Yorkshire, fortes e caladões. Essa taciturnidade, associada a uma reputação de lealdade, tornava os irmãos associados ideais para todo tipo de aventura que exigisse mais ação (com a espada) que discussão. E além disso os dois eram católicos devotos.[22]

Jack Wright era um dos jovens que, com o grande amigo Catesby, fizera parte do círculo do conde de Essex. Estivera no auge da acirrada batalha, embora de curta duração, da Ascensão de Essex em 1601; depois isso, descansara durante algum tempo da atividade em confinamento solitário voluntário. Jack transferiu a família de Yorkshire para Twigmoor Hall, norte de Lincolnshire, que, mesmo antes da Ascensão de Essex, era conhecida como "refúgio de padres para seu conforto espiritual e físico [de Wright]". Um relatório do governo diz isso em termos menos lisonjeiros: "Este lugar é um dos piores dos domínios de Sua Majestade, e usado como colégio papista para traidores" nas regiões ao norte.*[23]

*Twigmoor Hall ainda conserva vestígios de numerosas passagens subterrâneas; numa ocasião, em 1940, um rendeiro, Percy Chappel, descobriu no subterrâneo um alojamento completo até com estábulo para um cavalo, quando a perna do piano de cauda de sua mulher atravessou o chão.

Os Wright representavam o que era, de fato, uma geração mais jovem de católicos ingleses. Jack e Kit Wright nasceram em 1568 e 1570, respectivamente. Guy Fawkes, cujo nome acabaria se tornando sinônimo da Conspiração da Pólvora, era como os Wright discípulo da St Peter School, em York; também nascera em 1570. Robert Catesby, nascido em 1573, era um pouco mais moço: seu primo em primeiro grau, Francis Tresham, nascera em 1568. Outra dupla de irmãos católicos com quem Catesby e Tresham se relacionavam era Robert e Thomas Wintour de Huddington Court, Worcestershire. Os Wintour, que tinham tanto sangue de Throckmorton quanto de Vaux, nasceram em 1568 e 1571, respectivamente. Dorothy, irmã dos Wintour, era casada com um vizinho recusante, John Grant, quase da mesma idade.

Três ramos de descendentes jovens de famílias não-conformistas, ou simpatizantes, atingiram a maioridade na década de 1590. Talvez se possa fazer uma comparação com os jovens nascidos após a Segunda Guerra Mundial, que se tornaram adultos na década de 1960, com resultados revolucionários. Contudo, nos anos 1960, os jovens, sobre os ombros de uma geração exausta pela guerra, conquistaram para si um novo tipo de liberdade pessoal. Nos anos 1590, os objetivos da juventude descontente eram, na superfície, muito mais idealistas: a liberdade religiosa. Ao mesmo tempo, impulsionava-os de seu íntimo uma capacidade especial para a violência, devido à repressão em que haviam sido criados, o que os filhos dos anos 1960, ocupados em fazer amor e não a guerra, em geral não sentiam.

Não pode ser uma total coincidência o fato de tantos rapazes ligados à Conspiração da Pólvora serem admirados na época como exímios combatentes e sobretudo espadachins — a arte galante que significava cavalheirismo. Era como se extravasassem seu descontentamento na esfera viril do combate: com a possibilidade à espreita de um dia desembainhar a espada em favor da fé católica. Jack Wright, por exemplo, era em especial reconhecido pela coragem, e popularmente considerado um dos melhores espadachins da época. O irmão Kit também era admirado por sua perícia. Robert Catesby era muito respeitado "em todos os grupos que levavam em conta o homem de açao", pela elegância com o cavalo e a espada. "Grande bravura" e "coragem intrépida" eram qualidades associadas aos irmãos Wintour. Guy Fawkes, homem das forças armadas, tinha "fama e nome consideráveis entre os soldados".[24]

Não existia a menor possibilidade de um grau universitário para esses homens na Inglaterra, a não ser que transigissem com a fé e passassem por protestantes, nem a possibilidade de progredir nos infindáveis limites do serviço público (as duas coisas exigiam o Juramento da Supremacia). Qualquer tipo de educação ou carreira tinha de ser buscada no exterior, com mais conveniência na Holanda espanhola, por motivos geográficos, ou na própria Espanha. Esses jovens sofriam em conseqüência disso frustrações ignoradas pela geração anterior.

É verdade que em muitos casos os pais foram presos e pagaram fiança — vêm à mente *sir* Thomas Tresham e Ursula Wright —, mas esses mesmos pais, após terem vivido todos os cinco anos católicos do reinado da rainha Maria Tudor, tinham outras expectativas. O que acontecera antes — a restauração da Inglaterra católica por um soberano católico — podia acontecer de novo. Praticavam a resignação e a submissão, cumprindo a vontade de Deus. Os jovens, magoados com as circunstâncias sofridas pelos pais e a família, estavam muito mais dispostos a procurar remédio na ação positiva.

A Rebelião de Essex foi um caso pertinente. Embora o principal motivo dessa conspiração fosse promover as ambições do próprio Essex, os católicos jovens como Catesby, Tresham e Jack Wright tinham coisas diferentes a fazer. O padre Henry Garnet (que reprovava sobremaneira um envolvimento que tão mal se refletia sobre a lealdade dos recusantes) disse que esses jovens se uniram na vã esperança de que, se Essex algum dia chegasse a vencer, "acabariam os estatutos legais contra os católicos". O abrupto malogro do levante significou que esse caminho fora bloqueado. Contudo ainda havia a possibilidade de que a Espanha ajudasse mais uma vez a reerguer a facção deles a uma posição de força. Com isso em mente, Thomas (Tom) Wintour fez uma expedição à Espanha, partindo de Flandres em 1601, embarcando sob a alcunha de Timothy Browne.[25]

O nome Wintour vinha originalmente da Gwyn Tour galesa, que significa White Tour, Torre Branca — e sempre fora soletrado pela família apenas com um "u", *Wintur*, comemorando assim suas origens. "Wintour" era uma variante nas assinaturas, mas não "Winter" (fato que se revelará de alguma importância nesta narrativa). A mãe dos Wintour era Jane Ingleby, filha de *sir* William Ingleby, de Ripley Castle, perto de Knaresborough. Seu irmão Francis Ingleby era padre: fora enforcado, arrastado e esquartejado em 1586. Essa tragédia, com seus detalhes hediondos, dificilmente passaria sem deixar uma dura impressão na família Wintour.[26]

Robert Wintour, como primogênito, herdou Huddington Court, perto de Worcester, e uma considerável fortuna. Huddington era uma daquelas mansões Tudor sazonadas pelo tempo, linda, cercada por um fosso, e que, como Baddesley Clinton, fica num local essencialmente privado, oculto por bosques. Robert Wintour usou a grande fortuna com bons resultados e tinha uma atraente reputação por sua generosidade. Em geral, consideravam-no um companheiro confiável e decente, embora um sujeito um tanto mais apagado que o brilhante irmão Tom. Em conseqüência, era crença generalizada que o caçula, o irmão mais inteligente, influenciava mais o primogênito dócil que o contrário.

Robert era conhecido como católico devoto. Também fizera um grande casamento, com Gertrude Talbot, parente do conde de Shrewsbury, que o aprofundou no mundo católico. A família da mulher sofrera muito por causa do não-conformismo: o pai, John Talbot, de Grafton Manor, perto de Bromsgrove, passara quase vinte anos na prisão, e a mãe, uma Petre, era filha do secretário de Estado da rainha Maria Tudor e irmã do hospitalário John Petre, patrono de William Byrd.[27] Talvez fosse a influência de Gertrude Wintour que tenha tornado Robert tão profundo em sua fé, ou talvez ele tivesse procurado deliberadamente uma noiva católica devota. Seja como for, Huddington Court, sob o domínio de Robert Wintour, era um famoso refúgio de padres, onde missas podiam ser e eram celebradas.*

Tom Wintour, inteligente, dono de uma personalidade forte, sem o fardo nem a vantagem de uma grande propriedade, tornou-se mais um homem de ação que um benfeitor. Era o oposto de Jack Wright: não um homem forte e silencioso da espada, mas propenso a discussões, com a fama de ser afiado no debate e ter o prazer em levar a melhor sobre os adversários. Era baixo, atarracado e, como Robert, em ótima forma física. A falta de estatura não impedia que o achassem um homem bonito, de olhos brilhantes e com um rosto "redondo, mas harmonioso". Após estudar advocacia — talvez a profissão natural para alguém com sua disposição — caiu numa vida de "dissipação", nas palavras do padre Tesimond, pelo menos durante algum tempo.[28]

Tom, como tantos outros de sua classe e formação, cruzou o mar para Flandres, na Holanda espanhola. A princípio, contudo, alistou-se no exército inglês, combatendo a Espanha nos Países Baixos, em favor dos rebeldes protestantes: libertinagem não combinava com entusiasmo religioso. Tom sempre se interessara por história, e então adquiriu interesse especial pela história militar, além da experiência como soldado. Naturalmente, passou a conhecer o cenário de Flandres: expatriados, alcoviteiros e combatentes, e muitos que eram todas essas coisas. Também lutou na França, e talvez na Europa Central, contra os turcos. Certamente aprendeu espanhol — o que iria ser importante —, assim como francês e latim.

*Huddington Court, ainda propriedade privada e em mãos católicas, é uma casa que continua sendo um eloqüente memorial dos fatos de 1605; ainda se vêem dois esconderijos, provavelmente construídos por Nicholas Owen. Um é parte de um sótão que era usado, por razões de segurança, como capela; também tem um covil interno, fechado por uma porta extremamente pesada, que poderia não ser vista se os perseguidores se satisfizessem com a primeira descoberta. O outro esconderijo fica no quarto do sótão defronte.

Então, alguma coisa mudou Tom Wintour. Em 1600, tornou-se um católico tão fervoroso quanto o irmão mais ajuizado, que recorria muitas vezes aos sacramentos. Tom alegou como motivo o fato de que passara a ver a injustiça da guerra inglesa em Flandres, apoiando a causa dos rebeldes protestantes contra o *imperium* da Espanha católica. Mas também deve ter-se convencido da verdade preeminente do catolicismo. Por isso, parece mais provável que Tom Wintour, em seus vinte e tantos anos, tenha retornado a princípio às tradições em que fora educado, uma viagem não particularmente incomum, e depois lançado sua sorte com a Espanha.

Talvez se possa acrescentar entre parênteses que conversões desse tipo, uma rejeição das más ações juvenis, um retorno à religiosidade fervorosa, foram o sinal de muitos fanáticos, nem todos maus, e alguns até santificados (como Santo Agostinho). Trata-se de outro fator comum entre os chamados conspiradores que sem a menor dúvida não é inteiramente uma coincidência: pelo menos quatro deles — como sempre ocorre, as principais figuras — passaram por esse mesmo processo.

De qualquer maneira, Tom virou casaca. Em fins de 1601 chegou à Espanha com o objetivo de entrar em contato com o Conselho em nome de vários dissidentes católicos que deixara na Inglaterra abandonados, desorientados, após a execução de seu patrono Essex. A primeira meta de Tom parece ter sido obter dinheiro espanhol para fornecer uma modesta ajuda aos católicos ingleses como e quando ocorresse uma invasão espanhola. Nesse meio tempo, a facção católica na Inglaterra não apenas se fortaleceria, mas o rei espanhol "os teria em sua devoção". A esperança de Wintour era de uma facção bastante forte para pressionar em favor da tolerância aos católicos.[29]

Quase cinco anos depois, essa missão, junto com uma segunda missão de 1603, foi batizada de a "Traição Espanhola". Seria objeto de temerosa denúncia por parte do governo inglês. Os detalhes foram alterados (inclusive o pessoal envolvido) para adaptar-se aos objetivos governamentais. *Sir* Edward Coke, pelo governo, iria declarar enfurecido que Wintour prometera "dois mil cavalos" dos católicos ingleses para ajudar os espanhóis em sua chegada à Inglaterra: cavalos, treinados para serviço militar, a serem mantidos em prontidão permanente para esse feliz acontecimento.[30]

Se Wintour fez de fato essas promessas, acreditando ele mesmo nelas, vivia sem dúvida no reino da fantasia, pois era inteiramente inconcebível a existência mesma desses cavalos. Além disso, a questão dos cavalos específicos para serviço militar é importante: num período dedicado ao cavalo como meio de transporte, uma montaria não era em hipótese alguma igual a outra. Os católicos ingleses podiam quando muito possuir, entre eles, dois mil cavalos de diferentes tipos em todo o país. Mas os que os espanhóis tinham em mente eram animais excepcionalmente fortes, pesados, com grande capacidade de resistência — cavalos de batalha, em outras palavras, animais que, se de fato fossem mantidos de prontidão, seriam alvos óbvios de estreita inspeção governamental. Também seriam excessivamente caros, tanto para comprar quanto para manter.

Wintour não era fantasista. Era ao mesmo tempo advogado natural e dos experientes — sabia exatamente que quadro queria pintar para a corte espanhola. Pretendia retratar uma disposição dos católicos ingleses que inspirasse devidamente o subsídio financeiro espanhol. Portanto, embora sem dúvida não fizesse as promessas nos termos exatos descritos por Coke, pode muito bem ter pincelado o quadro com cores um tanto mais vívidas do que a situação de fato justificava. Deve ter julgado do interesse de seus correligionários exagerar os números e a força para atrair a ajuda espanhola.

Outras pistas falsas surgiram em versões posteriores do caso. A visita do padre Oswald Tesimond à Espanha, na primavera de 1602, em algum tipo de missão relacionada com a polêmica dos apelantes, foi uma delas. A apresentação de Wintour pelo padre Henry Garnet aos jesuítas ingleses na Espanha, e ao seu superior padre Joseph Cresswell, foi outra. Essa apresentação não fora de modo algum um fato isolado: Garnet sempre proporcionava essas relações a Cresswell. Neste caso, parece provável que acreditava que a missão de Wintour era conseguir uma pensão espanhola para os católicos destituídos (outro objetivo que era relativamente comum) do que alguma coisa mais militarista.[31] Mas todas essas ligações iam, muito depois, ser arrastadas numa rede bastante prejudicial.

Wintour, com a provável ajuda de outro inglês na Espanha, chamado Thomas James, viu-se às voltas com o Conselho espanhol num momento desfavorável. As invasões não eram mais projetos populares. O ataque a Kinsale de 1601, quando tropas espanholas desembarcaram no sul da Irlanda em apoio aos rebeldes irlandeses, fora um malogro desastroso. Contudo era verdade que Wintour encontrou um aliado no padre Cresswell, cuja posição lhe proporcionou acesso ao Conselho espanhol e a Filipe III. Uma ligação que o padre Cresswell há muito utilizava para fazer um vigoroso *lobby* em favor de uma invasão armada à Inglaterra.

Talvez fosse a insistência de Cresswell, talvez fosse a eloqüência de Wintour. Pois os indícios apontam de fato para algum tipo de promessa de dinheiro espanhol, feita no verão de 1602, como um prelúdio de ajuda armada espanhola não específica. Certamente, não se incluíram detalhes práticos, o nome do comandante, por exemplo, nem o número de soldados envolvidos.[32]

Essas vagas garantias da Espanha, que podiam se necessário ser negadas depois, eram as habilidades da diplomacia (como demonstrava o rei Jaime mais ou menos na mesma época na Escócia). De qualquer modo, no outono de 1602, a atenção da Espanha voltava-se ponderadamente para a paz com a Inglaterra. Em suma, o dinheiro jamais seria pago. Mas Wintour e outros de seu círculo continuavam convencidos de que a Espanha lhes ofereceria uma solução.

O rei Jaime, na Escócia, declarara que não ia derramar sangue por "diversidade de opiniões" sobre religião, desde que os católicos continuassem quietos. Dificilmente se poderia dizer que Tom Wintour e seus associados se encaixavam num esquema pacífico. Era desastroso que às vésperas da chegada do rei à Inglaterra os próprios católicos exibissem uma diversidade de opiniões em relação à maneira como deviam proceder. Em alguns níveis, sofriam tristes divisões internas, e em outros estavam agourentamente agitados. Contudo, o clima era de otimismo em ambos os lados.

Dez anos antes, numa época de grande perseguição no norte da Inglaterra, o padre Henry Garnet se convencera de que a fé ainda florescia apesar dessas privações: na verdade brilhava a cada dia com mais intensidade, "como ouro na fornalha". Embora em alguns anos sombrios sua confiança fosse posta à prova, ele achava que com o tempo todos observariam "a conduta religiosa dos católicos". No verão de 1603, o padre William Wright, recém-chegado do exílio no exterior, profetizou: "Sucederá que nós na Inglaterra teremos uma tolerância como têm os huguenotes na França."[33]

Quanto ao rei Jaime, um homem de trinta e poucos anos ao chegar à terra prometida, mostrava uma alegria quase infantil, como o eram suas expectativas em relação aos ingleses. Sentia-se bastante confiante em que estes se revelariam muito mais fáceis de lidar que os escoceses: "Ai de mim, é um povo muito mais bárbaro e obstinado este que eu governo." A Escócia era um "ingovernável potro selvagem", escreveu o rei apaixonado por esportes eqüestres, ao passo que na Inglaterra "São Jorge certamente cavalga um cavalo de passeio promissor [e dócil]".[34]

Restava ver qual dessas contrastantes expectativas era — se alguma era — fundamentada. Para os católicos, pelo menos, havia alguns sinais animadores. Um antigo merecedor do favor real era o criptocatólico Henry Howard, cuja família antes em grande desgraça, o rei agora abraçava: "Gosto de toda a casa deles." Howard recebeu a precedência devido a ser filho de um duque, e foi nomeado conselheiro particular por um rei "que não desconhecia as cruzes que ele carregou"; em março seguinte, foi instituído conde de Northampton.*[35] No início de julho, o recusante *sir* John Petre, de Ingatestone Hall, tio de Gertrude Wintour, era agraciado com o título de barão Petre de Writtle: a missa de William Byrd, composta para as Festas de São Pedro e São Paulo (29 de junho), talvez tenha sido feita como uma peça encomendada para seu patrono, em homenagem à cerimônia.[36]

Contudo a mais importante nomeação real, pelo menos do ponto de vista católico, foi a de Northumberland. Ele continuava a desempenhar sua função não-oficial de emissário católico no primeiro encontro com o rei Jaime, no início de maio, antes do rei chegar a Londres. Northumberland apresentou uma petição em nome dos católicos, embora tomasse o cuidado de não assiná-la ele mesmo (afinal, não era na verdade papista, embora muitos de seus melhores amigos fossem). Northumberland passou então a ocupar o cargo de Capitão dos Cavalheiros Pensionistas, os guarda-costas reais, uma colocação tão importante quanto prestigiosa. Mantinha-o não apenas em estreito contato com o rei, mas proporcionava-lhe oportunidades de apadrinhamento pessoal, pela nomeação de outros guarda-costas monárquicos, como o ambicioso e inescrupuloso Thomas Percy. Esta foi uma nomeação que, nos anos seguintes, ia alterar todo o rumo da vida de Northumberland.

---

*Mas por simplificação será descrito agora no texto como Northampton, antecipando a criação do título.

PARTE DOIS

O cavalo de São Jorge

São Jorge certamente cavalga um dócil cavalo de passeio.

REI JAIME VI
a Robert Cecil

IV

Um rei e suas crias

Essa justa herança dos descendentes de nossos antigos reis (...) vossa prole principesca.

DISCURSO DE BOAS-VINDAS DOS XERIFES DE LONDRES E MIDDLESEX
a Jaime I

"ACHA BONITA A APARÊNCIA DA MINHA ANNIE?", perguntou o rei Jaime, em 30 de junho de 1603, a uma cortesã em Windsor. Após esse convite informal para comentar a beleza da rainha, o rei tomou a filha Elizabeth nos braços e deu-lhe um beijo. "Minha Bessie também não é uma menina desfavorecida", acrescentou o amoroso pai. "E talvez um dia desses venha a ofuscar a mãe."[1]

Não foi o estilo descontraído de Jaime I que fez essa cena causar tamanha surpresa aos ingleses. Embora viessem depois a sentir saudades de sua graciosa e majestática rainha, esse ainda era o período da lua-de-mel de Jaime, o robusto monarca que viera para fazer o trabalho no qual seu sexo se enquadrava melhor, após anos de governo feminino "não natural". O clima expresso com tanto fervor (embora não com igual talento) pelo irmão de Cecil, Burghley, numa ode de aclamação, foi o seguinte:

Por todo o caminho de Jaime ele alto cantava
E por todo o caminho a planície
respondia de novo "Jaime".[2]

Para a Inglaterra, "o cavalo de São Jorge", era esse fenômeno de uma família real — em oposição ao indivíduo solitário no trono — que causava tanto assombro, por ser tão inédito.

A rainha Anne levara consigo o príncipe Henry e a princesa Elizabeth para o sul, na marcha triunfal de perpétuas diversões que ocuparam a maior parte do mês de junho. As grandes famílias sentiam-se quase tão ansiosas por dar as boas-vindas ao lado materno da nova dinastia quanto se sentiam por curvar-se diante de seu soberano. Quanto às damas importantes, prevendo avidamente ricas fisgadas na nova corte paralela da rainha consorte, disputavam entre si na corrida para o norte, tão logo os maridos partissem. A competição foi ganha pela empreendedora Lucy, condessa de Bedford, que se tornou uma das melhores amigas da rainha.

Não havia uma família de rainha consorte — uma sofisticada estrutura doméstica que perdia apenas para a do rei — desde os dias da rainha Catarina Parr, a última mulher de Henrique VIII. Mas Catarina era plebéia de nascimento, enquanto Anne da Dinamarca era filha de um rei. Por isso achava-se que a verdadeira comparação devia ser com a família muito mais majestática da primeira mulher de Henrique, a princesa espanhola Catarina de Aragão. Isso também se aplicava aos arranjos financeiros da rainha Anne: as anotações de Robert Cecil sobre os bens doados em vida a ela por Jaime referem-se especificamente àquele período, quase um século antes, de inocência real doméstica, quando Henrique VIII fez seu primeiro casamento.[3]

No sul, o rei Jaime irritou-se com algumas das nomeações feitas por sua "Aninha", ameaçando "reduzir seus camareiros" a um único homem. Também se incumbiu pessoalmente, à sua maneira pedante, de dar ordens sobre as jóias e os vestidos com incrustações pesadíssimas da velha rainha (considerados por si só, e com razão, tesouros do Estado). Por costume, eles iam para a nova titular, mas Jaime julgara necessário enviar para o norte só aquelas coisas que considerava próprias "ao vestuário e ornamentos comuns" de sua mulher.[4] Nada disso diminuiu o simples prazer da rainha Anne com a nova vida. Ela prometia amar a rédea do cavalo de São Jorge tanto quanto o marido, embora por diferentes motivos.

A rainha Anne adorava o prazer e logo descobriu que na Inglaterra havia mais prazeres a desfrutar que na Escócia calvinista. Mas não era nenhuma tola, nem sem dúvida uma farisaica. Sua família tinha uma tradição de patrocínio literário, sobretudo a mãe Sophia de Mecklenburg, que apadrinhara o filósofo Tycho Brahe. A nova melhor amiga, condessa de Bedford — "a brilhante Lucy", como a chamava Ben Jonson —, foi uma das mulheres mais cultas de sua época. Quando Emilia Lanier, a Dama Negra, de Shakespeare, imaginou a rainha Anne como protetora do talento feminino, numa petição no início do reinado de Jaime, suas palavras não tinham, como tantas outras petições à realeza, um toque totalmente burlesco:

> Dignai-vos ver o que raras vezes se vê
> A literatura da mulher sobre as mais divinas coisas (...)[5]

A idéia de prazer da própria rainha Anne era dançar em composições musicais de temas alegóricos de Ben Jonson, com cenários e trajes desenhados por Inigo Jones (ou ter um palácio construído para ela em Greenwich, também por Inigo Jones). Eram gostos monárquicos pelos quais os ingleses devem ser convenientemente gratos, em vista da rica herança que legaram à posteridade. Tudo isso, claro, era extremamente dispendioso, como em geral são os prazeres. Os resmungos do rei (e os gemidos mais discretos de Cecil) se tornariam temerosos. Contudo, na viagem da rainha para o sul, como em tantos começos da realeza, o estado de espírito era alciônico.

A mais deslumbrante de todas as diversões foi a montagem do espetáculo alegórico de Ben Jonson, *O sátiro*, em Althorp, Northamptonshire, no dia 25 de junho. O anfitrião era *sir* Robert Spencer (feito *lord* Spencer, como recompensa, em julho).[6] Esse foi o primeiro contato da rainha com a obra de Jonson, mas de modo algum ela deixaria de ficar emocionada com versos ao mesmo tempo floreados e simpáticos. Quando as fadas se puseram a saltitar em toda a volta, e um sátiro epônimo surgiu do poço para fazer exortações aos visitantes, o tom geral dos rapapés era o que Disraeli recomendaria dois séculos depois quando instruía a rainha Vitória: "Todos gostam de aclamação; e quando se trata da Realeza deve-se concedê-la numa colher de pedreiro." Dois dias depois o rei reunia-se mais uma vez com a família que não via desde abril, em Easton Neston, perto de Towcester.

Em 2 de julho, o príncipe Henry foi condecorado Cavaleiro da Jarreteira em Windsor. Aos nove anos, era um garoto alto, bonito, cheio de autoconfiança. O desejo expresso em *O sátiro* — "Ó, crescei rápido em espírito como em anos" — parecia possível de realizar-se. O príncipe Henry causou uma excelente impressão durante a cerimônia, assim como na viagem para o sul, com a habilidade de dançarino. Não apenas foi admirado o seu "porte principesco", mas também a maneira inteligente, brilhante, como ele respondeu às perguntas do ritual. No altar, fez sua mesura com graça. Como a mãe, mas ao contrário do pai Jaime, o príncipe Henry já possuía aqueles modos majestáticos naturais que cortejavam a popularidade. Na primavera seguinte, no desfile que antecedeu a Abertura do

Parlamento, mostrou-se "sorridente e muito alegre" ao agradecer as leais saudações, curvando-se aqui e ali. Tudo isso foi descrito como sendo para o "eterno bem-estar" do povo.[7]

E mais bem-estar ainda viria no futuro, além do dedicado príncipe e da bonita princesa. Pois Jaime não se iludia com a filha Bessie, que com apenas sete anos era na verdade uma criança excepcionalmente atraente, uma sedutora natural como a avó, a rainha Maria dos Escoceses. Sabia-se da existência de um outro principezinho ainda na Escócia, o príncipe Charles, que faria quatro anos em novembro. Na verdade, a rainha Anne abortara, em maio, o filho que esperava por ocasião da morte da rainha Elizabeth, e um outro filho, o príncipe Robert, morrera recentemente com quatro meses de vida. Mas permanecia a grande esperança de que ela ainda justificaria a reputação de "vinhedo muitíssimo frutífero e abençoado".[8] Afinal, só tinha 28 anos.

Era surpreendente como os votos de felicitações ao rei Jaime à sua chegada enfatizavam a importância de sua família. Um discurso, feito em nome dos xerifes de Londres e Middlesex, por um certo mestre Richard Martin do Middle Temple,* referindo-se a "essa justa herança dos descendentes de nossos antigos Reis (...) vossa prole principesca", aclamava "o sagrado sangue real" que fora emprestado durante cem anos para adorno do norte.[9] E essa era a questão. Na verdade, cem anos haviam-se passado desde a última vez que a Inglaterra apreciara o espetáculo de um rei e de uma rainha vivendo em harmonia pública, com uma numerosa família de filhos pequenos: pois o mestre Martin referia-se aos tataravós do rei Jaime, Henrique VII e Elizabeth de York.

Tanto a retórica dos discursos reais quanto a investidura cerimonial do jovem príncipe Henry se destinavam a concentrar o pensamento nacional no fato impressionante de que após quase um século de incerteza sobre essa vital questão da sucessão real, havia agora dois herdeiros e uma herdeira em linha direta ao trono, com a possibilidade de outros. Era uma mudança radical, e uma mudança importante em termos políticos, e inteiramente à parte das alegrias sentimentais de uma jovem família real como espetáculo público. Uma mudança significando que não se podiam esperar mais mudanças ou, se as houvesse, que não originariam nenhuma mudança de dinastia.

Esse era um aspecto do novo reinado muito apreciado, para melhor ou pior, pelos católicos. Longe iam os dias de ávida especulação sobre a questão da

*Nome de uma de duas escolas de direito (Inner Temple e Middle Temple), localizadas no antigo convento dos templários, em Londres. (*N. da T.*)

arquiduquesa Isabel ou mesmo da célebre simpatizante papista, *lady* Arbella Stuart. Como descreveu de forma sucinta o padre Tesimond, a sucessão agora estava assegurada pela "numerosa progênie" do rei. E deveria ser uma sucessão protestante: pois eram filhos "criados e inteiramente instruídos segundo as doutrinas e opiniões do pai". Nas palavras do padre Garnet, não apenas o rei, "mas também o filho que o acompanha" tinham de ajustar contas quanto aos sofrimentos católicos. O padre John Gerard também identificou entre os católicos um novo sentimento de que as coisas agora se estabeleciam num padrão inalterado, considerando-se "a probabilidade de continuação daquela prole florescente" com a qual Deus abençoara o rei.[10]

Esse poder de "continuação" instantânea era (e é) uma das forças teóricas da monarquia hereditária como sistema de governo. Um sistema que Gibbon descreveria admiravelmente, duzentos anos depois, como apresentando à primeira vista "o escopo mais eqüitativo para o ridículo", mas estabelecendo apesar disso um notável governo de sucessão "independente da paixão da humanidade".*[11] Sem dúvida, a presença de um jovem príncipe, um herdeiro direto, concentrava a atenção de todos.

O final do século XVI, como o nosso, foi um período em que o assassinato de líderes representava um fenômeno muito temível (essas mortes incluíam a de Henrique III, rei da França, assassinado por um fanático em 1589; Elizabeth I fora considerada pelo governo como o alvo de uma série de tentativas de assassinato). Durante muitos anos, a Inglaterra não desfrutava da força particular de uma monarquia hereditária, a possibilidade de "continuidade" instantânea. Mas a partir de 1603, se Jaime partisse, seria mais uma vez um caso de: "O rei morreu, viva o rei."

Essa visão de uma infindável sucessão de monarcas Stuart protestantes podia provocar entusiasmo entre os súditos leais. (*Macbeth*, com sua espectral procissão de descendentes de Banquo, que terminava com o rei Jaime, foi escrita nos primeiros anos do novo reinado.) Mas em alguns católicos provocava melancolia.

Num aspecto ainda mais impressionante da questão, qualquer tentativa de mudar o governo da Inglaterra pela força teria de contar com essa materialização da "prole principesca". Por exemplo, não seria muito viável (mesmo que desejável) destruir toda a família. Muito em breve, segundo o costume, o príncipe Henry e a princesa Elizabeth receberiam suas próprias mansões imperiais, proporcio-

*Gibbon comentou: "Aceitaremos com júbilo qualquer expediente que negue à turba o perigoso (...) poder de dar a si mesma um soberano."

nando novos empregos para muitos cortesãos radiantes. Para a princesa Elizabeth, designaram *lord* Harrington (irmão de Lucy Bedford) e sua mulher como seus tutores e responsáveis, e instalaram o governo em Coombe Abbey, no interior, perto de Rugby.

Trouxeram da Escócia o príncipe Charles em fins de 1604, e a rainha deu à luz outra princesa Mary, em abril de 1605.* A essa altura, pode-se dizer que para os inimigos a família real se tornara aquela fera mítica, a hidra com quem Hércules lutou, gerando uma nova cabeça para cada uma cortada. Havia um modo de pensar alternativo. A multiplicidade de herdeiros também significava que um ou outro poderia ser adotado para servir de fachada a um novo regime. Mas, claro, no alto verão de 1603, época de promover as expectativas católicas, os filhos reais não eram tão cabeças de hidra quanto "jovens e promissoras oliveiras".[12] (A alusão, do mesmo modo que a descrição da rainha como um vinhedo, era ao Salmo 128: "Tua mulher será como um vinhedo frutífero pelos lados da casa pobre: teus filhos como oliveiras rodearão tua mesa.")

Nesse período inicial, ainda havia muita confiança católica na constância da religiosidade da rainha. Mas essa confiança, como tantos outros sonhos católicos, foi aos poucos desaparecendo. Talvez se devesse ter deduzido mais coisas do tratamento dispensado pela rainha Anne a algumas senhoras católicas de Lancashire, que foram a York "apresentar súplicas" a fim de obter "por meio dela" tolerância com a sua religião. A resposta da soberana foi, do ponto de vista protestante, "bastante sábia": isto é, graciosa mas não comprometedora.[13] O irmão notoriamente anticatólico de Cecil, *lord* Burghley, deu um longo suspiro de alívio.

Na Espanha, contudo, referiam-se abertamente à rainha Anne como a "esposa católica", uma descrição que ela mesma parece não ter feito nada para desestimular, pelo menos no que dizia respeito aos dignitários católicos no exterior. O emissário do grão-duque da Toscana recebeu de Anne sua garantia de que gostaria de viver e morrer católica. O embaixador da França, conde de Beaumont, acreditava que a rainha vinha falando "com muita freqüência" ao rei sobre a questão dos católicos. O núncio papal em Bruxelas, Ottavio Frangipani, estava muito entusiasmado. Chegou a sugerir que se trouxesse a anciã duquesa de Feria, que, como a jovem Jane Dormer, fora companheira de folguedos de Eduardo VI, de volta da Espanha ao seu país natal, para trabalhar como uma irrepreensível dama da corte no séquito da nova soberana. Era um plano irrealista, não apenas devido aos avançados anos

*A princesa Mary, nascida a 9 de abril de 1605, foi o primeiro rebento real a nascer de fato na Inglaterra desde o futuro Eduardo VI, filho de Henrique VIII e Jane Seymour, em outubro de 1537. Pelo menos em teoria, esse nascimento inglês a separava — favoravelmente — dos irmãos, nascidos na Escócia.

e à saúde debilitada da boa senhora, mas porque Roma, sempre ambivalente em relação à influência política espanhola, deu à idéia uma fria acolhida.[14]

A coroação do rei Jaime e da rainha Anne realizou-se em 25 de julho, num daqueles dias responsáveis pelo xingamento que se faz aos verões ingleses. Chovia torrencialmente em todos os lugares. Somava-se à depressão geral o medo de que a praga levasse ao cancelamento de alguma pompa supérflua. Os espectadores comuns, vistos como portadores da praga para os poderosos, eram tidos como pertencentes a essa categoria de pompa dispensável, e assim se abandonou a construção de arquibancadas para alojá-los em Westminster. O dilúvio caiu sobre uma enorme quantidade de andaimes semi-acabados.

Mas os católicos rejubilaram-se quando souberam que a rainha se recusara a receber a comunhão protestante durante a cerimônia. Como observou o embaixador veneziano, ali estava uma pessoa de que se poderiam esperar serviços em público, como parte de suas obrigações régias, mas que assistia agradecida à missa em privado.[15]

A tranqüilidade otimista dos católicos ingleses em geral contrastou de forma acentuada com o surgimento, nesse primeiro verão, de uma conspiração entre alguns "padres e leigos descontentes", desesperados e enlouquecidos. O padre Watson, o ensandecido sacerdote apelante, estava envolvido, assim como outro representante católico, o padre William Clarke. Os leigos incluíam George Brooke, irmão de *lord* Cobham, e *sir* Griffin Markham. O padre Watson era um dos que haviam sido recebidos por Jaime na Escócia, antes de sua ascensão, e ouvido aquela "resposta graciosa e confortável" sobre a questão da tolerância aos católicos em que se especializara o rei. Contudo a resposta que trouxe para Londres foi ainda mais graciosa e confortável, como admitiu mais tarde ao Conselho inglês. Para vangloriar-se de sua própria importância entre os católicos ingleses, o padre falou de tolerância instantânea, exagerando demais, como fizera Thomas Percy.[16] Em 1603, Watson sentiu-se pessoalmente humilhado pelo fato de essa tolerância instantânea não ter-se realizado e voltou-se para a conspiração.

O plano, aparentemente, era manter o rei prisioneiro na Torre de Londres até ele garantir aos católicos uma longa série de exigências. Entre elas, claro, tolerância total. Os conselheiros do rei associados em particular à perseguição dos católicos — sobretudo Cecil — deviam ser afastados. Essa conspiração tornou-se conhecida como "a Traição dos Secundários", para distingui-la de outra conspiração do mesmo período, que também envolveu George Brooke, dignificada como "a Traição dos Principais".

A Conspiração Principal, que incluiu *lord* Cobham, o puritano *lord* Grey de Wilton, e também, de certa maneira, *sir* Walter Ralegh, tinha como objetivo a eliminação muito mais drástica "do rei e suas crias". No lugar da família real, *lady* Arbella Stuart seria elevada ao trono, pois agora que se estabelecera a sucessão em favor da linhagem Stuart, Arbella, como prima em primeiro grau do rei Jaime, era a quarta na fila para a coroa, depois das três "crias" existentes. Contudo, *lady* Arbella apreciava muito sua nova precedência gloriosa como a primeira dama (adulta) da corte na terra após a rainha Anne, e tornara-se, segundo um malévolo, "uma verdadeira desordeira" na questão.[17] Ela achava toda a situação muito mais satisfatória que o mesquinho tratamento que recebera da velha rainha Elizabeth e foi bastante sensata para recusar todas as propostas de *lord* Cobham.

Todos os envolvidos nas Conspirações Principal e Secundária foram detidos em julho, mantidos prisioneiros e julgados no outono. *Lord* Cobham e *sir* Walter Ralegh foram condenados à morte, mas posteriormente tiveram a pena comutada (o primeiro quando já estava no cadafalso). De qualquer modo, Cobham continuou preso na Torre de Londres. *Sir* Walter Ralegh também ficou preso. *Sir* Griffin Markham, como Cobham, recebeu já no cadafalso a suspensão da pena no último minuto, mas George Brooke foi executado. Naturalmente, os dois padres, Watson e Clarke, foram condenados à morte da habitual maneira sinistra.

A comunidade católica inglesa como um todo, incluindo os padres, reagiu a tudo isso com absoluto horror. Poderia alguma coisa ser mais criminosamente agitadora — e mais inoportuna? Foi, escreveu o padre Garnet a Roma sobre a Conspiração Secundária, "um exemplo de loucura imprudente, pois sabemos que é por meios pacíficos que Sua Santidade [o papa] e outros príncipes estão dispostos a ajudar-nos". Esse veredicto de "loucura imprudente" foi na certa bem recebido em Roma. Ali, Claudio Aquaviva, geral dos jesuítas, defendia ele mesmo prudência: não devia haver qualquer intromissão de padres em "nada que não se relacionasse com o seu apostolado". Quanto ao papado, ainda sobreviviam sonhos felizes de conversão do rei Jaime: acabavam de celebrar uma missa para assinalar seu "feliz ingresso" na Inglaterra.[18]

Outros comunicados sobre a mesma questão chegaram de Garnet em julho e agosto. A mensagem era a mesma. O papa instruía os católicos ingleses a comportar-se pacificamente: "discretos e tranqüilos." (Essas cartas eram sempre em latim, a língua internacional da Igreja Católica.) Enquanto isso, o arcebispo, padre George Blackwell, dirigia-se com igual veemência ao seu rebanho. Como principal pastor católico na Inglaterra, proibiu os padres sob sua autoridade de participar de tais empreendimentos no futuro.

Argumentos e proibições após o fato caíam todos muito bem. Ainda assim, a reputação católica de lealdade teria inevitavelmente sofrido, não fosse pela corajosa atuação de dois padres, um dos quais o jesuíta John Gerard. Foram esses padres que, ao ouvirem alguma coisa sobre a planejada Conspiração Secundária, através da rede de informações católica, apressaram-se a prevenir secretamente o Conselho Privado. Essa medida para dissociar os católicos dos conspiradores foi aprovada pelo arcebispo e pelo padre Garnet. Pode-se conjeturar que a aversão do jesuíta pelo apelante desempenhou seu papel neste caso: mas também a Conspiração Secundária mostrou além disso como os apelantes podiam ser perigosos ... De qualquer modo, não se questionou em absoluto o fato de que essa denúncia foi a decisão correta, na verdade vital, a tomar do ponto de vista do futuro dos católicos. Gerard agira "com consideração e fidelidade" para salvar o rei, como escreveu um companheiro católico.[19] De um só golpe — ou assim pareceu — a situação fora salva.

O rei Jaime ficou grato. Além disso, deu expressão prática à sua gratidão. Como parte das festividades de sua coroação, concedeu perdão aos recusantes que o requereram judicialmente. Num gesto que de modo algum agradou ao Tesouro Público, mas aliviou e deliciou os onerados não-conformistas, o monarca suspendeu suas multas por um ano. As conseqüências dessa generosidade são corroboradas pelos números respectivos. As receitas correspondentes a essas multas no ano anterior totalizaram algo superior a sete mil libras esterlinas, enquanto em 1604 foram inferiores a 1.500 libras esterlinas: uma queda prodigiosa.[20]

Um protesto de lealdade em nome dos líderes católicos e encabeçado por *sir* Thomas Tresham foi recebido pelo rei Jaime em Hampton Court. Em 1602, *sir* Thomas fora saudado por sua liderança como "outro Moisés" por um padre católico na véspera da execução: "Se não tivesses suportado o ataque dos inimigos violadores da fé católica, muitos (...) não teriam batalhado com tanta determinação pelo Nosso Senhor."[21] Agora o Moisés católico, que sofrera um longo cativeiro e vultosas multas no reinado anterior, ia chefiar seu povo, segundo esperava, na marcha para um futuro mais tranqüilo, menos financeiramente restrito — embora não ainda para a terra prometida.

O ponto financeiro foi sobretudo importante para *sir* Thomas Tresham, pois sua fortuna — a que Francis Tresham herdaria com a morte dele — não fora dilapidada apenas pelas multas. Pois *sir* Thomas era aquele componente fatalmente dispendioso de qualquer história familiar: um anfitrião perdulário, como vimos, mas também um vigoroso construtor. Rushton Hall, em Northamptonshire, era um imenso monumento a essa energia, e havia outros projetos, entre eles o Pavilhão

Triangular, construído segundo princípios arquitetônicos para comemorar a Santíssima Trindade.* Ele também era um grande litigioso (outro gosto caro). De modo mais atraente e igualmente extravagante, *sir* Thomas deu generosos dotes às filhas ao se casarem, muito acima da norma de sua geração.

O instinto predominante de *sir* Thomas Tresham era ter o controle benigno, como o via, de seus companheiros homens e mulheres, fosse como anfitrião, construtor, litigante ou líder dos católicos ingleses. Isso se aplicava em particular ao seu enorme círculo familiar: oito filhos (três outros morreram na infância), e também o parentesco com os Vaux, entre as numerosas ligações com outras famílias não-conformistas. Nem todos aceitavam a liderança do patriarca com a suficiente submissão que *sir* Thomas julgava que lhe fosse devida. A formidável dupla, Anne Vaux e a cunhada Eliza Vaux, a "Viúva de Harrowden", o enfrentavam à altura, como vimos, e Francis Tresham, o filho mais velho, não era fácil de lidar.

Um psicólogo moderno não teria a menor dificuldade para explicar por que Francis Tresham amadureceu ao mesmo tempo ressentido da autoridade e dissipador do dinheiro do pai. Ainda muito jovem, causou brutais lesões corporais num homem e em sua mulher grávida, porque a família devia dinheiro ao pai. Por isso passou algum tempo na prisão. Depois envolveu-se no imbróglio de Essex, pelo qual o pai teve de comprar sua liberdade. Mas *sir* Thomas, a quem faltavam tais percepções psicológicas, simplesmente esperava que o filho, como os outros católicos, seguisse seu exemplo pacífico no novo reinado. Esse seria — para a família Tresham como um todo — mais um dispendioso erro de julgamento.

Um psicólogo também teria compreendido alguma coisa de uma nova e solene ação de graças pública, realizada a 5 de agosto de 1603, na qual os ingleses foram apresentados ao rei Jaime. Festejava-se a libertação do rei três anos antes — ainda na Escócia — de uma situação de sério perigo. A sacra pessoa real fora mantida em cativeiro num quarto trancado pelo conde Gowrie e seu irmão, apenas para ser salvo na hora H. Seja qual for a verdade final da Conspiração de Gowrie, como era conhecida essa trama obscura, a sensação de uma libertação miraculosa do perigo físico era tão importante para o rei Jaime que ele insistia em sua lembrança anual.

*O Pavilhão Triangular ainda sobrevive, assim como "New Bield", perto de Oundle, um arcabouço inacabado e iniciado na década de 1590, em forma de cruz grega. Rushton Hall (hoje uma escola da R.N.I.B. para cegos) preserva muito da imponente atmosfera criada por *sir* Thomas. Uma abertura no celeiro leva a um esconderijo, usando o sistema de drenagem da casa, que fica em linha reta sob o que teria sido a capela no andar de cima. Foi descoberto em 1979 por um arqueólogo local: dentro da cavidade descobriram-se ainda um pequeno sino *Sanctus* datado de 1580 e outros objetos correspondentes à prática recusante.

Como os irmãos Gowrie eram criadores de caso, e ambos haviam sido mortos durante o resgate do rei, alguns críticos escoceses sugeriram que a Conspiração de Gowrie fora uma armação, um meio de livrar-se da família. O próprio rei Jaime refutou essa acusação. Disse a um ministro escocês que atacasse o problema afirmando que ele não era um homem sedento de sangue, e de qualquer modo tinha motivos de sobra para mandar outros matarem os irmãos Gowrie sem ter de arriscar sua segurança pessoal: "Eu não precisava correr esse risco."[22] As duas partes da resposta eram verdadeiras: o rei Jaime não gostava de violência e era, num aspecto crucial — sua obsessão por assassinato —, um covarde físico.

Talvez não devamos julgar o monarca com muita dureza por sua covardia, se tivermos em mente sua história inicial. Mesmo as influências pré-natais sobre ele foram violentas: quando a rainha Maria dos Escoceses estava grávida de Jaime há seis meses, os líderes nobres apontaram punhais para seu útero e, após ameaçar o filho em gestação, assassinaram em seguida o secretário de Maria, Riccio. Aos cinco anos, Jaime viu o corpo agonizante do avô, o regente, coberto de sangue, ser carregado e passar por ele no Castelo de Stirling. O novo regente Morton, um velho rufião, aterrorizava o pequeno rei. Aos onze anos, Jaime foi seqüestrado em conseqüência de uma rixa entre bandos rivais de nobres, e descrito — não admira — pelo embaixador inglês como tomado "de grande medo".[23] Houve golpes e contragolpes em toda a adolescência do rei, para capturá-lo ou salvá-lo, pois num país sem lei a posse da pessoa real era considerada como pelo menos nove décimos da lei, se não toda ela. Pior que tudo foi a campanha de ameaça física empreendida contra o monarca por Francis, conde de Bothwell (sobrinho do nobre que fora o nêmese de Maria). Certa vez Francis ateou fogo na porta de Jaime, depois de persegui-lo por todo o castelo, forçando-o a correr para um quarto distante, e deixando-o, já que não podia se dar o luxo de guardas armados, encolhido de pavor lá dentro.

Claro, o rei Jaime esperava que o cavalo de São Jorge fosse infinitamente mais tratável que o potro selvagem e indomável que era a Escócia.* Mas essas experiências escocesas haviam-lhe deixado uma impressão indelével. O enviado espanhol observou que o rei era uma "personalidade medrosa". A peste — "o anjo devorador de Deus", como a denominou Jaime — era outro medo mórbido: outro assassino silencioso que poderia aproximar-se dele surgindo da multidão.[24] Era irônico o fato de que o rei, no campo de caça, não temesse a

*Deve-se apenas lembrar que Essex cometeu um crime capital ao interromper a rainha Elizabeth em sua *toilette* (quando do retorno desautorizado da Irlanda, antes de rebelar-se), para entender as imensas diferenças de atitude para com o crime de *lèse-majesté* entre os dois países.

perseguição, se descuidasse da própria segurança. Os cortesãos talvez preferissem que seu soberano se soltasse menos no campo de caça e fizesse uma figura mais marcial em público.

Não se deve subestimar a profundidade do trauma que a Conspiração Secundária causou no rei, apesar de toda a natureza irrealista da própria trama. Apesar das palavras justas que o rei Jaime disse aos recusantes liderados por *sir* Thomas Tresham em Hampton Court, dos esforços dos jesuítas e outros para conter seus correligionários explosivos, permanecia o fato de que as primeiras ameaças à segurança do monarca — e à "das crias" — viera dos católicos. Era essa associação do catolicismo com a ameaça que um rei, obcecado por tantos medos por sua segurança pessoal, provavelmente não iria esquecer.

V

Caridade espanhola

O atual caso dos católicos da Inglaterra é um caso de caridade, e não de justiça.

CARDEAL DE ROJAS Y SANDOVAL
Primaz da Espanha, 1603

EM MEADOS DE JULHO DE 1603, GUY FAWKES partiu de Flandres para a Espanha. Foi por volta dessa época que *sir* Thomas Tresham apresentou sua leal petição em Hampton Court. Mas o objetivo de Fawkes não era leal ao rei Jaime nem pacífico. Ele pretendia prosseguir com o plano que há muito obcecava alguns católicos ativistas: atiçar a Espanha para que assumisse um compromisso genuíno de invadir a Inglaterra. Apesar da calma ascensão de Jaime ao trono, Fawkes ainda acreditava que a época era oportuna.

Guy Fawkes era na época um homem de 33 anos. Sua vida às vezes é descrita como um enigma: embora alguns detalhes tenham sido obscurecidos pelas nuvens tempestuosas da mitologia que envolve seu nome, os fatos essenciais são conhecidos. Talvez haja personagens ambíguas, ou pelo menos intrigantes, no longo elenco do drama chamado a Conspiração da Pólvora, como *lord* Monteagle, por exemplo. Mas Guy Fawkes não é um deles. Longe de ser enigmático, era um soldado fácil de compreender — ou talvez se possa dizer mercenário, pois se alistou no exército espanhol nos Países Baixos, e não no de seu país natal.

Fawkes tinha uma aparência impressionante. Alto, compleição fortíssima, bastos cabelos castanhos avermelhados, um copioso bigode na tradição da época e uma espessa barba também castanha avermelhada. A coragem física também era um importante elemento em sua constituição, e ele além disso era firme. Na crise de sua vida, mostrou-se dono de extraordinária fortitude. Não era fraco, nem estúpido. Embora fosse um homem de ação (daí a referência de Tesimond à sua "considerável fama entre os soldados"), era capaz de argumentar com visível inteligência e possuía grande resistência física, um tanto para surpresa de seus inimigos.[1]

Guy Fawkes nasceu no ano de 1570, em York, numa casa em Sonegate que pertencia aos pais, Edward Fawkes e a ex-Edith Jackson.[2] Embora se desconheça a data exata de seu nascimento, é provável que tenha sido 13 de abril, pois ele foi incontestavelmente batizado na igreja vizinha de St Michael-le-Belfry três dias depois, em geral o espaço de tempo habitual.* A família de Guy Fawkes não era externamente católica. Edward Fawkes era um protestante convencional, tendo seguido a carreira paterna de notário público, e acabou sucedendo o pai como Arquivista do Tribunal do Tesouro Público. Isso, claro, significava que Edward Fawkes prestou o Juramento da Supremacia para ocupar o cargo. A avó paterna de Guy, nascida Ellen Harrington, com quem ele passou algum tempo na primeira infância, vinha de um ramo de servidores públicos: lordes prefeitos e xerifes. Contudo sua descendência pelo lado materno era diferente. Os Jackson incluíam-se na lista dos não-conformistas de West Yorkshire, e o filho da irmã de Edith (primo em primeiro grau de Guy), Richard Cowling, tornou-se padre jesuíta.

Quando Guy tinha oito anos, o pai morreu. Dois ou três anos depois, a mãe casou-se com um recusante, Denis Bainbridge. A vida deles em Scotton, perto de Knaresborough, introduziu Guy formalmente na órbita católica de Yorkshire. No entanto o segundo casamento de Ellen Jackson Fawkes sugere que ela perdera as simpatias não-conformistas em que fora educada.

A primeira influência católica forte sobre Guy Fawkes foi, contudo, exercida pela St Peter's School, em York.**Entre seus colegas estavam os taciturnos espadachins Jack e Kit Wright (o último era contemporâneo exato de Guy) e pelo menos três homens que se tornaram padres, Oswald Tesimond, Edward Oldcorne

---

*Seu lugar de batismo é também a chave para o nascimento de Guy Fawkes na casa dos pais. O lugar é hoje ocupado pelos números de Stonegate 32-34, ao lado da estalagem Star (então, como agora, um conhecido ponto de referência). O Patrimônio Civil de York colocou uma placa na extremidade esquerda da fachada da livraria de Blackwell: "Por aqui viveram os pais de Guy Fawkes, da célebre Conspiração da Pólvora, que foi batizado na igreja St Michael-le-Belfrey, em 1570." Também se indicou uma casa em Petergate, mas não fica na paróquia de St Michael; ainda se pode ver o registro do batismo de Fawkes nos Arquivos Ministeriais de York (S/2).

**A St Peter's School, em York, ainda existe. Embora tenha mudado de local desde a época de Guy Fawkes, a instituição conserva uma forte tradição de interesse e mesmo afeto por seu mais famoso ex-aluno. Contudo um jovem diretor recente descreveu com muito tato Guy Fawkes como "não exatamente um modelo de atuação" (*The Times*, 5 de novembro de 1992).

e Robert Middleton, condenado à morte em Lancaster, em 1601. É evidente que essa escola de fachada conformista era na verdade uma coisa muito diferente por trás. O diretor anterior passara vinte anos na prisão por ser um recusante. O atual, John Pulleine, declarava-se protestante porque do contrário teria perdido o emprego, mas os Pulleine, como um todo, eram célebres não-conformistas.

O próprio Pulleine cooperava com as autoridades, e numa ocasião denunciou-lhes um padre: mais uma prova de sua lealdade, necessária ao membro de um clã de recusantes. Mas sem a menor dúvida muitos outros mestres, menos visíveis que o diretor, contribuíram para o clima dessa "Pequena Roma" (adaptando o termo usado para a casa da viscondessa Magdalen Montague em Sussex). De qualquer modo, Guy Fawkes, no início da vida, era conhecido como um católico devoto, como Tom Wintour após a conversão, assíduo no recebimento dos sacramentos e comungando. O padre Tesimond comentou ainda que o tipo de "vida exemplar" de Fawkes era raro entre os soldados.[3]

Guy Fawkes partiu para o exterior no início da década de 1590, a fim de servir num exército em que podia exercer seu talento e praticar sua fé com liberdade. Antes disso trabalhara como lacaio para o primeiro visconde de Montague, o marido de Magdalen, em Cowdray, Sussex. (Era uma boa colocação, não servil, um jovem trabalhar na casa de um grande lorde.) Parece que Fawkes foi demitido pelo velho e venerável nobre "por causa de certa antipatia que sentia por ele". Mas foi posteriormente reempregado pelo neto de Montague, Anthony, que o sucedeu aos dezoito anos como o segundo visconde de Montague. Segundo o jovem lorde, isso ocorreu por sugestão de seu administrador, Spencer, aparentado de Fawkes. Spencer pleiteou que se permitisse a Fawkes servir-se à mesa e Montague consentiu, embora segundo sua própria explicação ele "raras vezes tivesse pensado" no assunto.[4] Contudo bem poderia ter ocorrido que Montague, por herança um dos líderes da comunidade católica, fosse além. Talvez tenha na verdade ajudado Fawkes em sua carreira no exército, proporcionando-lhe uma apresentação junto à rede católica, pois essa era a prática comum. Mas Montague, que em 1605 julgava a simples contratação de Guy Fawkes bastante embaraçosa, dificilmente admitiria alguma coisa que já não fosse de aceitação pública.

Há outro ponto de interrogação sobre o início da vida de Guy Fawkes. Segundo uma versão, ele casou-se com Maria Pulleine quando ainda morava em Yorkshire e ela lhe deu um filho, Thomas Fawkes, em 1591.[5] Uma noiva Pulleine seria plausível para Guy Fawkes, pois ele já era ligado à família pelo segundo casamento da mãe. Contudo nenhuma versão contemporânea da época da notória fama — ou infâmia — de Guy Fawkes se refere a ele como um homem casado, nem há qualquer referência à sua mulher ou filho, na Inglaterra, nem nos Países Baixos.* Se o casamento realmente ocorreu, talvez tenha sido muito breve, com a mulher e o filho morrendo quase ao mesmo tempo, quando Guy ainda estava em Yorkshire. Essas tragédias eram muito comuns e isso talvez tenha precipitado a viagem dele, primeiro para o sul, depois para o exterior. O que se sabe é que Guy Fawkes, o bem-sucedido e admirado soldado, também levava uma vida pura, coisa rara nessa profissão. Sejam quais forem os antecedentes de seu comportamento "exemplar", o quadro que se criou dele é de uma espécie de soldado-monge, um homem com uma missão que não incluía família nem filhos.

A carreira de Guy Fawkes no exército, na Holanda espanhola, prosperou. Flandres era naquela época "a mãe da invenção militar", como a descreveu o padre Tesimond. Fawkes recebeu um posto e tornou-se *alferez* ou porta-bandeira e, no verão de 1603, era recomendado para uma capitania.[6] Seu comandante ali, a serviço da Espanha, era *sir* William Stanley, um soldado veterano, na faixa dos cinqüenta anos.

Provavelmente Stanley sempre fora um católico de alma, embora sua interessante carreira militar sob Elizabeth ilustrasse como era difícil para o governo decidir quem era e quem não era papista, desde que a pessoa em questão não impusesse suas opiniões. Stanley fora instituído cavaleiro pelos serviços prestados à causa inglesa na Irlanda em 1569, e nos Países Baixos serviu sob o comando do favorito de Elizabeth, Leicester, que louvou sua coragem no cerco de Zutphen em 1586, chamando-o de "um raro capitão" e que "vale seu peso em pérolas".[7] Infelizmente, no ano seguinte mesmo, o raro capitão de Leicester, então governador de Deventer, entregou sua fortaleza aos espanhóis e anunciou formalmente sua mudança de lado (e religião). Foi, em certo sentido, uma boa guinada na carreira e uma satisfatória realização pessoal para alguém como Stanley, que, além de encontrar-se nos Países Baixos, sempre nutrira simpatias católicas. Mas os ingleses ficaram, com toda a razão, revoltados. A partir daí o traidor Stanley passou a constar no alto da lista de ódio do governo inglês.

Hugh Owen, outro veterano, embora mais espião que soldado, também constava dessa lista. O "agente de informações galês" como era às vezes chamado (ele nascera em Caernarvonshire), tinha 65 anos na época da morte da rainha Elizabeth. Nos últimos trinta anos, desde que fugira da Inglaterra, Owen dera um jeito de ter um dedo na maioria das tortas conspiradoras na Holanda, pois

*Não se encontrou nenhuma anotação referente a casamento ou batismo no registro da Igreja de Farnham, perto de Scotton, embora os casamentos das irmãs de Fawkes, Elizabeth e Anne, estejam registrados, respectivamente, em 1594 e 1599.

sua natural capacidade de intriga era muitíssimo acentuada pelo talento de poder comunicar-se em latim, francês, espanhol, italiano, e também em inglês, e, talvez com menos utilidade, galês. Owen, como Stanley, apoiara os direitos da arquiduquesa Isabel ao trono. Por antipatia galesa ou não, sentia uma fervorosa aversão pelo rei Jaime, a quem chamava de "esse nosso rei fedorento" e "um escocês miserável".[8] Os dois, Owen e Stanley, haviam visitado a Espanha juntos e durante muito tempo compartilharam a crença no futuro da intervenção militar espanhola como um meio de resolver o problema católico. O próprio Stanley no passado fora responsável por várias pilhagens contra as costas inglesa e irlandesa.

Mas várias placas tectônicas vinham-se movendo lentamente sob a superfície do mundo diplomático. Com toda certeza, esse movimento um dia ia produzir seu visível terremoto. As hostilidades antediluvianas entre a Inglaterra protestante e a Espanha católica chegariam ao fim e se negociaria um tratado entre os dois países. Já na época da missão não-oficial de Guy Fawkes em nome dos católicos ingleses, homens sensíveis, próximos dos conselhos de notáveis, começavam a perceber que passara a hora das soluções violentas.

Guy Fawkes, mais soldado que diplomata, e sem dúvida não próximo dos conselhos de notáveis, ignorava essa elevação em potencial da superfície terrestre quando partira para a Espanha. As placas moviam-se, mas o terremoto ainda estava muito distante. Só as pesquisas recentes da correspondência secreta espanhola do período revelaram como desde o início o plano de Fawkes era fatídico. Na época, o Conselho espanhol e Filipe III continuavam a dar respostas impressionantemente amistosas a Fawkes e a seu colega Anthony Dutton, que chegara da Inglaterra e viajara para a Espanha via Flandres.[9] Eles sentiram muita civilidade, exatamente como Tom Wintour um ano antes. Não era do interesse espanhol transmitir incerteza, quando sofisticadas cortesias serviam melhor a seu propósito de mascarar as mudanças políticas que vinham ocorrendo. Contudo a pessoa da política internacional que não percebe uma sutil mudança de direção tende a sofrer um destino ignóbil, ou pior, como mostra a história de Guy Fawkes.

Quanto a Dutton, desde sua chegada a Valladolid, em maio, já se exibia como um otimista incorrigível (ou outro advogado ardoroso como Tom Wintour). Afirmava categórico que os católicos ingleses estavam prontos e à espera de rebelar-se, e nem seria preciso muito tempo para alcançar a vitória. "Com trabalho, sigilo e bom tempo", ele declarou, "ganharemos o jogo em seis dias."[10] Como tudo isso se distanciava tanto da realidade! Era mais ou menos o mesmo período em que o Moisés católico, *sir* Thomas Tresham, estava às voltas com sua declaração de fidelidade à coroa, os padres católicos denunciavam a fanática Conspiração

Secundária e eram premiados por sua lealdade, e os católicos em geral aguardavam aquela tolerância que acreditavam ter-lhes sido prometida ainda na Escócia por seu novo monarca.

O memorando de Fawkes (em sua caligrafia, preservado nos arquivos espanhóis) tinha um sabor ainda mais bizarro, considerando-se que em julho de 1603 o rei Jaime já era há mais de dois meses um feliz residente da Inglaterra e recentemente suspendera multas de recusantes. Fawkes escreveu que o direito do rei como herdeiro era refutado em toda a Inglaterra como ilegítimo. Jaime também era descrito repetidas vezes como um "herege", alguém que pretendia "em breve espaço de tempo escorraçar da Inglaterra todos da seita papista". Dizia-se que a conversa do monarca à mesa era igualmente rude: "Muitos o ouviram afirmar à mesa que o papa é o anticristo, o que desejava provar a qualquer um que acreditasse o contrário." Quaisquer iniciativas de paz com a Espanha, declarava Fawkes, deviam ser tratadas como subterfúgios dos mais ordinários do monarca. A verdadeira intenção de Jaime era enriquecer-se com a propriedade e bens dos católicos e, assim que ficasse poderoso em conseqüência dessa espoliação, juntar-se a outros protestantes "para combater o resto dos príncipes cristãos" que não eram hereges.[11]

Tão extremado, tão passional e, em vista do genuíno desejo de paz internacional do rei, tão cabeçudo. Mas há outro aspecto do memorando, que é sua ferrenha tendência antiescocesa. Fawkes concluía o memorando com a seguinte profecia: "Há uma hostilidade natural entre os ingleses e os escoceses. Sempre houve, e no presente continua se intensificando [devido às profundas mágoas dos ingleses com a sistemática promoção pelo rei de seus favoritos escoceses]. Mesmo que houvesse apenas uma religião na Inglaterra", prosseguia Guy Fawkes, "ainda assim não seria possível reconciliar essas duas nações, da forma como são, por muito tempo."

Contudo é necessário dizer que a raiva de Guy Fawkes contra os onipresentes escoceses era o único aspecto de seu memorando que seria em si elogiável pela maioria de seus companheiros ingleses. Isso sem dúvida transmitia um sentimento inédito, potencialmente revoltoso, entre os ingleses: o profundo ressentimento por serem preteridos em favor dos cobiçosos novos homens vindos do norte.

Embora o Conselho espanhol debatesse solenemente as propostas de Dutton e Guy Fawkes, uma questão perceptível foi levantada durante a discussão pelo duque de Olivares, o principal ministro do rei. "Qualquer aumento de homens numa facção católica é composto dos descontentes", observou ele.[12] E o debate acabou não sendo favorável à causa do cidadão inglês.

Nesse meio tempo, o padre Cresswell, superior do Colégio Inglês, que um ano antes encorajara a ação, junto com Tom Wintour, agora mudara de tática. Pediu ao Conselho que mandassem Dutton e Guy Fawkes embora, porque punham em perigo a negociação de uma paz diplomática. Em Roma, o papa mostrava-se igualmente resoluto ao afirmar que "o caminho das armas", na frase de Filipe III, resultaria apenas na destruição dos católicos ingleses restantes.[13]

A única verdadeira lembrança que Guy Fawkes guardou dessa não promissora missão foi uma mudança de nome: dali em diante seria conhecido por todos como Guido, nome que também usava como sua assinatura oficial. Era um nome que seria invocado pelos inimigos para tornar claras as suas alianças estrangeiras. Mas não era assim que Guido Fawkes via o problema. Para si mesmo, ele era ao mesmo tempo um cidadão inglês católico sincero e patriota, um inglês por enquanto no exterior, mas com os verdadeiros interesses de seu país no coração.

Do ponto de vista da liberdade de consciência dos católicos ingleses, uma viagem crucial para a Inglaterra ocorreu no verão de 1603: não a expedição do diplomata amador Guy — agora Guido — Fawkes, mas a importante missão de Don Juan de Tassis, da Espanha. (O fato de Tassis poder partir, viajando via Bruxelas, embora os espanhóis ainda não tivessem oficialmente excluído a possibilidade de ajuda armada, é característico da ambigüidade com que eles operavam.) A síntese da missão de Tassis era pavimentar o caminho para um tratado anglo-espanhol e, fazendo isso, examinar toda a questão de liberdade de consciência para os católicos ingleses.[14]

Por exemplo, devia a tolerância ser uma condição para qualquer tratado? Devia o rei espanhol insistir a todo custo nisso? De qualquer modo, qual era a natureza da comunidade católica inglesa? Forte, armada, amotinada? Ou esmagada, fraca e desorganizada? Houvera muitos relatos recentes de visitantes, entre eles Wintour e Fawkes, e Tassis ia testar a veracidade dessas afirmações.

Uma onda pacífica fluía por toda a Europa, e o rei Jaime era por temperamento o homem certo para acompanhá-la. A denúncia dele feita por Guido como militante estava extremamente longe da verdade. O lema pessoal de que se orgulhava o rei Jaime, *Beati Pacifici* (Abençoados sejam os pacificadores), é que expressava a verdade do momento. Embora a Espanha e a Inglaterra continuassem tecnicamente em guerra, o imediato cessar-fogo anglo-espanhol que Jaime ordenara na ascensão proporcionara o pretexto diplomático para a viagem de Tassis. Agora era uma questão de protocolo o ato de transmitir as congratulações reais espanholas a Jaime em sua ascensão. Enquanto isso, o arquiduque Alberto e a arquiduquesa Isabel estavam tão enamorados das possibilidades do novo reinado que despacharam seu próprio enviado para dar as boas-vindas ao monarca sem consultar a pátria mãe Espanha. A amizade do novo rei era preciosa, escrevera Isabel em abril, "como uma chance de paz".[15]

A presença de uma embaixada de uma potência católica estrangeira tinha um importante efeito colateral para os católicos da Inglaterra. Tradicionalmente, o governo não interferia com a celebração particular da missa na capela de uma embaixada, nem procurava questionar com muita meticulosidade o *status* das autoridades do corpo diplomático, algumas das quais às vezes eram padres: as embaixadas, em teoria, estavam em solo estrangeiro. Por isso os ingleses podiam entrar furtivamente nos prédios muito movimentados que abrigavam essas embaixadas não apenas para assistir à missa, mas também para aproveitar o contato com outros católicos. Faziam isso se estivessem dispostos a suportar a penosa experiência de encontrar os espiões de Cecil, loucos para denunciar quem fazia esse tipo de visita suspeita, como um método de descobrir papistas secretos. Todas essas atividades eram parte do jogo mortal de que participavam os papistas e seus padres, oscilando entre a missa e a prisão.

A chegada de um enviado da mais poderosa das potências católicas, a Espanha, causou grande comoção. Um dos acompanhantes oficiais de Don Juan de Tassis, *sir* Lewis Lewkenor, achou de sua obrigação avisar a Cecil que "uns cavalheiros conhecidos como recusantes" se haviam apressado a dar-lhe as boas-vindas, e alguns deles, ansiosos, chegaram até a ir recebê-lo em seu desembarque, em 31 de agosto, no porto de Dover.[16]

Tassis vinha de uma família que (sob a outra versão do nome, Taxis) servira durante quase um século aos Habsburgo. Ele próprio trabalhava como Camareiro da Corte para Filipe III desde 1599. Embora o enviado tivesse claramente toda a confiança do monarca espanhol, não era diplomata de formação, mas um funcionário da Corte. Além disso, suas instruções traíam uma ingenuidade gritante em relação ao cenário inglês. Ele levava consigo cartas de saudações a muitos membros da nobreza inglesa, entre eles dez duques — mas não havia em absoluto duques na Inglaterra naquele determinado momento.* Tassis também fora incumbido de cumprimentar dez marquesas, o que era ligeiramente mais fácil, pois havia de fato um marquesado na Inglaterra, o de Winchester.

*O ducado de Norfolk continuava no ostracismo [proibido de uso], em conseqüência à execução do quarto duque em 1572, e só foi restaurado em 1660; o príncipe Charles, filho mais moço do rei, só foi feito duque de York em janeiro de 1605.

A estada de Tassis em Bruxelas, *en route*, não fora nada proveitosa no sentido de prepará-lo realisticamente para o que ia encontrar na Inglaterra. Realizaram-se conferências secretas "de última hora, para proteger-nos de espiões [ingleses]", com homens como *sir* William Stanley, Hugh Owen e um jesuíta, padre William Baldwin, que fazia parte dos conselheiros deles. Falou-se ainda muito sobre tropas católicas à espera — mencionou-se o número de doze mil homens. E a orientação de Tassis era explorar a situação da melhor maneira possível junto aos nobres ingleses que ele encontrasse e a amizade que demonstrassem pela causa espanhola (católica). Mesmo aí soava a conhecida nota antiescocesa. Dizia-se que os novos favoritos escoceses na corte inglesa, como *sir* George Home, não morriam de entusiasmo pela Espanha — mas acreditava-se que mudariam a opinião se devidamente subornados.[17]

Tassis, embora não fosse um diplomata tarimbado, era astuto e prático. Credita-se a ele o fato de que, tão logo chegou à Inglaterra, compreendeu bem depressa como era falso o quadro que lhe haviam descrito. Suas cartas para a Espanha refletem uma total mudança de visão do altivo militarismo do alto verão. Lewkenor queixou-se de que os recusantes continuaram abordando o enviado espanhol no percurso de sua "lenta viagem" a Oxford, que ia ser o primeiro lugar de descanso oficial. Alguns espanhóis da comitiva aproveitaram a oportunidade para entrar furtivamente nas prisões e visitar "o viveiro de padres (...) prisioneiros detidos".[18] Lewkenor, porém — e Cecil —, ficariam mais agradecidos do que furiosos se lhes fosse dada a oportunidade de ler os relatórios despachados por Tassis para a Espanha. Pois este não se impressionara com o que encontrara.[19]

Os recusantes "circulam com tanto receio e timidez uns dos outros", escreveu, "que eu duvidaria seriamente que se arriscassem a pegar em armas", a não ser que houvesse uma oportunidade clara e definida. Um mês após sua chegada manifestava profunda decepção. Os números de católicos ativos haviam sido grosseiramente inflados. Em suma, não tinha a menor expectativa de alguma "agitação" católica (palavra de uso comum para rebelião).

Um dos militantes políticos que Tassis conheceu foi Tom Wintour. Em sua opinião particular, Wintour era jesuíta, embora se apresentasse simplesmente como alguém que beijara as mãos do rei da Espanha "menos de dois anos antes", no decorrer das negociações com membros do Conselho espanhol. O fluente espanhol de Wintour foi mais uma vez útil nessa ocasião, pois Tassis não falava uma palavra de inglês. Ainda assim, não conseguiu convencê-lo de que "3.000 católicos" estavam prontos, só precisando do dinheiro prometido da Espanha para ir em frente.

Tassis foi afinal recebido pelo rei Jaime em 8 de outubro, numa série de cerimônias que duraram três dias. (O rei não apenas estivera fora caçando desde a chegada dele, mas continuava com o medo persistente da peste que o levara a esquivar-se das obrigações oficiais.) Tassis presenteou o rei com alguns excelentes cavalos espanhóis — nas circunstâncias, um presente conveniente — e para a rainha Anne trouxera jóias deslumbrantes. Contudo houve um contratempo. O rei ficou desconcertado ao descobrir que Tassis não tinha poderes plenipotenciários para assinar o tratado promissor. Tais poderes haviam sido concedidos a um membro do Conselho espanhol conhecido como o condestável de Castela, que ainda se encontrava na Espanha.

Tassis também teve de fazer uma retificação. Ao escrever para a Espanha, jogou água fria naqueles rumores sobre a conversão do rei Jaime ao catolicismo. O monarca era protestante e provavelmente continuaria sendo, apesar das sugestões insinuadas com tanta leviandade por seus emissários na década de 1590. Mais importante ainda, a atual atitude de Jaime para com as cerimônias católicas não era de modo algum o que o haviam levado a esperar. Tomava-se um grande cuidado para assegurar que o monarca não tivesse conhecimento oficial de que se rezava alguma missa: tratava-se de uma discreta "missa num canto" aqui e ali, em privado (as palavras de Northumberland a Jaime na Escócia), mas nada em público. Imperava a dúvida geral se o rei Jaime algum dia chegaria a "permitir" a prática da religião católica, mas também se encarava como fatal a possibilidade de julgar-se que o rei espanhol tentava estabelecer sua própria religião "neste país". Em 12 de outubro, um dia depois de despedir-se do rei Jaime, Tassis escreveu com bastante franqueza a Filipe III, dizendo que "se devia deixar de lado, até que a paz fosse negociada", a questão do "livre exercício da religião católica".[20]

Decepcionado com a qualidade do apoio católico local, Tassis agora achava que os católicos ingleses deviam continuar a desempenhar aquele papel passivo para o qual pareciam mais talhados. Afinal, não eram súditos espanhóis. Se fossem, o rei Filipe seria obrigado a ajudá-los como uma questão de justiça, mas, como expressou em termos sucintos o primaz da Espanha, cardeal de Rojas y Sandoval, o atual caso dos católicos da Inglaterra é "um caso de caridade" do rei da Espanha, "e não de justiça".[21]

Essa foi uma mensagem apreciada por Filipe III, que finalmente desistiu de brincar com a idéia de uma "agitação". Numa carta em fevereiro seguinte, ele resumiu a nova linha oficial: era essencial que "esses católicos" (os ingleses) evitassem despertar a suspeita de seu soberano naquele momento crucial, em que havia a perspectiva concreta de um tratado.[22] Em suma, devia predominar a solução diplomática.

Houve, contudo, um certo questionamento sobre *a compra* da liberdade de consciência para os católicos. Para alguns, entre eles o papa, essa era uma idéia abominável: Clemente VIII denunciou-a como "indigna e escandalosa", pois significaria usar dinheiro sujo para interferir na escala de tempo divinamente ordenada para essas coisas. O Conselho espanhol também estava preocupado com o assunto, não por motivos morais, porém em termos mais pragmáticos, porque outras minorias religiosas também poderiam solicitar o mesmo tratamento pródigo.[23]

Na Inglaterra, porém, Tassis viu-se penetrando na doce corrupção do mundo da corte jacobita, onde, mais que indigno, o suborno era um meio de vida inteiramente digno. A promessa de pensões — pagas em sigilo pela Espanha — tornou-se uma arma na manutenção de um partido pró-espanhol na corte. Claro que os registros do dinheiro prometido não confirmam necessariamente que ele tenha sido de fato recebido. (Afinal, Tom Wintour continuava esperando aquele subsídio espanhol.) Tenha todo o dinheiro prometido sido pago ou não, deve-se dizer que pouquíssimos nomes dos ilustres cortesãos não constam dos registros de pensão espanhola na primeira década do reinado de Jaime. Em geral, o desejo de acumular dinheiro representava uma intensa cobiça universal no período jacobita. (Tanto Cecil quanto Henry, conde de Northamptonshire, haviam adquirido imensas fortunas e grandes propriedades na época em que morreram, apesar de terem começado, por diferentes motivos, como homens pobres.) A maioria dos cortesãos de Jaime, como descobriu Tassis, concordaria com o aforismo de Francis Bacon, o advogado e político recém-condecorado cavaleiro por sua lealdade à coroa: "Dinheiro é como esterco, só serve quando espalhado."

Famosa pela avareza, era a bela e obstinada Catherine, condessa de Suffolk. O marido, antes conhecido como *lord* Thomas Howard, filho do executado duque de Norfolk, recebera o título em julho, como parte da reabilitação da família de Howard, que ele amava. O novo conde de Suffolk era portanto sobrinho de Northampton e, como o tio, provara na juventude a amargura da desgraça familiar. Como *lord* Howard, contudo, Thomas conquistara o favor da rainha, por sua destacada carreira de comandante naval, tanto na época da Armada quanto depois. Em conseqüência, para a rainha Elizabeth, era o seu "bom Thomas".

Agora, aos quarenta e poucos anos, o bom Thomas resolvera ser o bom Suffolk do rei, mas os dias de glória da guerra naval haviam terminado para ele, e era como importante cortesão que Thomas pretendia brilhar — cortesão e, esperava, um homem rico. Recebeu o posto de *lord* Camareiro da família real, e Catherine foi nomeada Guardiã das Jóias da rainha Anne.

A coisa mais gentil que se pode dizer sobre os Suffolk, como casal, é que eles tinham uma imensa família para sustentar: Catherine Suffolk teve pelo menos dez filhos, sete dos quais homens. Mas, mesmo como pais, não se pode dizer que brilharam. Uma das filhas dos Suffolk, *lady* Frances Howard, seria um dia, junto com o marido, o conde de Somerset, acusada de conspiração para matar *sir* Thomas Overbury; ela passou alguns anos na Torre. É uma história fora da escala de tempo desta narrativa, assim como a queda final em desgraça dos Suffolk, graças aos seus impressionantes peculatos. Nem a tão célebre beleza de Catherine Suffolk escapou ilesa. Como num drama alegórico de fundo moral, "aquele seu rosto admirável", que tanta desgraça trouxera a outros "e grandeza a si mesma", foi arruinado pela varíola em 1619.[24]

No início do reinado de Jaime, contudo, a condessa de Suffolk estava na flor da vida, e Tassis ficou fascinado por ela, que já demonstrara simpatias católicas e sentimentos pró-espanhóis ao emissário dos arquiduques de Flandres, que chegara à Inglaterra antes do enviado da Espanha; Catherine enfatizara a suprema importância das pensões e presentes na delicada questão do estabelecimento de liberdade de consciência para os católicos. Ele se deixou convencer de que a chave para "todas as questões de subornos" estava ao belo alcance dela, e a condessa era uma aliada essencial nas preliminares das negociações anglo-hispânicas.

Ali estava, na opinião de Tassis, "uma pessoa de grande discernimento". Catherine Suffolk também era católica, embora não em público, e planejava morrer "na fé católica". Além disso, defendia um casamento espanhol entre o filho Henry do rei Jaime e uma das filhas de Filipe III, que, claro, era católica. Talvez a falta de experiência diplomática o tenha cegado e impedido de ver os defeitos nessa encantadora harpia. Encanto, sem a menor dúvida Catherine o tinha: os mexericos ligavam seu nome ao de Robert Cecil, que ao morrer lhe teria deixado uma jóia no valor de mil libras esterlinas, embora o suposto amante dificilmente compartilhasse as simpatias espanholas dela. Contudo, quando o condestável de Castela chegou finalmente à Inglaterra para negociar o tratado com a Espanha, não teve a menor dificuldade para perceber "as pretensões excessivamente grandes da condessa". Dera-se demasiado peso, pensou o condestável, "à palavra de uma mulher leviana". Mas àquela altura, Catherine Suffolk já se havia infiltrado em todo o processo pelo qual o dinheiro espanhol devia ser pago em troca de influência inglesa na corte. Ela recebeu pelo menos vinte mil libras esterlinas, possivelmente mais, além de jóias deslumbrantes.[25]

Era irônico que, enquanto Tassis lamentava a fraqueza dos católicos ingleses, os protestantes ingleses também se indignassem na mesma intensidade com o evidente aumento da força católica desde março de 1603. O generoso relaxamento das penalidades do rei Jaime, a amistosa recepção a *sir* Thomas Tresham e associados estavam surtindo exatamente o mesmo efeito que o próprio Jaime temera ainda na Escócia: os católicos começavam a "multiplicar-se". Isto é, multiplicavam-se *a olhos nus*.

Resta sempre uma considerável dúvida sobre os números desse aumento que eram relacionados em fins de 1603 e depois, em vista da natureza ambígua do papismo de igreja. O padre Persons, em Roma, acreditava que em 1605 o número de católicos na Inglaterra quase dobrara desde a morte de Elizabeth. Haveria de repente muito mais católicos — ou eles estavam apenas encontrando coragem (com o devido respeito por Tassis) para declarar-se? O que Tassis não sabia era exatamente como a situação era ruim antes. Uma questão sensível a destacar é que os católicos agora pareciam ser muito mais numerosos apenas porque se podia rezar a missa mais abertamente.[26]

Mais tarde o Parlamento declarou que o número de padres na Inglaterra inchara em três anos de cem para mil desde a ascensão do rei Jaime. Mas isso era incorreto em dois níveis. Provavelmente, já havia cerca de 250 padres na Inglaterra em 1603, embora sem dúvida não chegassem nem perto de mil em 1606, mesmo no esconderijo mais profundo. De modo semelhante, quando o rei Jaime chegou à Inglaterra, os bispos lhe disseram que havia apenas 8.500 recusantes no país, embora o provável número verdadeiro fosse 35.000. Mas, próximo do final de 1603, acreditava-se que cem mil pessoas freqüentavam a missa. O fator importante que interessava ao protestante não era tão estatístico quanto psicológico. Nas palavras de *sir* Henry Spiller, num discurso posterior ao Parlamento, "a força do corpo católico, com a suspensão da perseguição, logo se tornou evidente".[27]

Claudio Aquaviva, geral dos jesuítas, enviou uma dura advertência ao padre Garnet, em julho de 1603, sobre a continuação da necessidade de circunspeção. "Pela incomensurável misericórdia de Cristo, nosso Senhor", escreveu Aquaviva, "imploro que sejas prudente." Reiterava a necessidade de prudência no fim da carta, transmitindo uma mensagem semelhante do papa.[28] Mas para um grande número dos católicos ingleses, animados com a recepção favorável do rei a Percy e a outros — com certeza, ainda na Escócia, Jaime fizera "sua promessa de tolerância" —, não era muito fácil ser prudente. E também se via o espetáculo de uma corte cheia de criptocatólicos elegantes, em alta no favor real, o que em hipótese alguma estimulava o resto a permanecer discreto. Falou-se da dificuldade de manter a situação "estável."* A maioria dos católicos ingleses não estava disposta sequer a tentar.

"É inacreditável a alegria em que vivem [os católicos] hoje", escreveu Ralph Featherstonehalgh de Brancepeth, em County Durham, em meados de novembro. Entre os conhecidos papistas íntimos do rei, ele citava o conde de Arundel, de dezoito anos, sobrinho de Suffolk. De *lord* Sheffield, o *lord* tenente de Yorkshire, veio uma mensagem igualmente revoltada: os católicos começavam "a ficar insolentes e mostrar suas verdadeiras intenções", agora que recebiam "graças e favores" do rei.[29]

Os católicos já "labutavam com unhas e dentes por postos no Parlamento", escreveu o desgostoso *lord* Sheffield. E era verdade. O medo da peste que assombrava a todos nessa época, por tornar todas as multidões propagadores potencialmente letais, acabara diminuindo. O primeiro plenário do Parlamento do novo reinado deveria realizar-se na primavera de 1604. Muitos católicos esperavam grandes coisas. Afinal, em conversas privadas, o rei Jaime mencionara muitas vezes a necessidade de submeter ao Parlamento a questão da liberdade de consciência. Esperavam justiça de seu soberano. Mas, como seus correligionários Guido Fawkes e Tom Wintour na Espanha, os católicos da Inglaterra sofreriam uma cruel decepção.

---

*Cabe aqui uma comparação com os protestos racistas da década de 1960, contra os imigrantes asiáticos do ex-Império Britânico na Grã-Bretanha, pelos que se professavam a favor da imigração mas terminaram dizendo: "Se pelo menos não tivessem famílias tão grandes."

VI

Catesby como Faetonte

Galopai a toda, ó corcéis de pernas ardentes
Rumo à morada de Febo: um condutor como
Faetonte vos açoitaria para o ocidente,
E imediatamente traria a noite enevoada.

Romeu e Julieta

O NOVO PARLAMENTO INGLÊS FOI convocado em 31 de janeiro de 1604. Seis semanas mais tarde, o rei e a rainha faziam em grande esplendor todo o trajeto da Torre de Londres à cerimônia oficial de abertura: era a primeiro desfile público do reinado. O medo da peste, que prejudicara a coroação e restringira sua pompa, agora finalmente retrocedera: assim, "a cidade e os subúrbios" se transformaram "num grande cortejo público". Entre aqueles que caminharam da ponte da Torre até Westminster estava a companhia de atores de Shakespeare, vestidos com a libré do rei.

A família real vivera um bom tempo na Torre nos dias que culminaram no solene desfile. Era impressionante ali o contraste entre os majestosos apartamentos reais e os calabouços dos prisioneiros do Estado — não muito distantes — que o antigo edifício também abrigava. Como se expressou John Taylor, o Poeta da Água:

Pois embora a Torre seja um castelo real,
Dentro dela há uma prisão para homens desleais.[1]

Nessa época o príncipe Henry estava mais interessado no espetáculo do zoológico, também nos limites da Torre. Viu atento um leão sendo acossado por três cães: dois deles morreram, mas, quando um parecia recuperar-se, o príncipe Henry ordenou que afagassem o cachorro e o poupassem de outras experiências penosas: "Aquele que lutara com o rei Jaime dos Animais jamais lutará em condições de inferioridade."[2]

Tudo isso fazia parte da proeminência do príncipe como herdeiro do rei. Seu comparecimento ao desfile real até Whitehall era a primeira oportunidade que o público — em contraste com a corte — tivera para inspecionar o garoto que tomava como seu futuro soberano. O rei Jaime montava uma égua branca (provavelmente um dos cavalos presenteados por Tassis em outubro anterior), sob um dossel carregado por Cavalheiros do Conselho Privado. Suas obrigações incluíam ouvir dois discursos de Ben Jonson e vários do teatrólogo Thomas Dekker, proferidos sob sete arcos revestidos de madeira, especialmente construídos para a ocasião e enfeitados com rebuscados entalhes. Consta que o rei Jaime agüentou "com paciência o rojão do dia", embora as multidões, mesmo quando não atacadas pela peste, sempre o fizessem sentir-se pouco à vontade e lhe despertassem medos latentes quanto à segurança pessoal. Por outro lado, Anne da Dinamarca encantava a todos com aquele aceno de cotovelo erguido tão característico da realeza por todos os séculos. Em compensação, Jaime foi saudado diante da Catedral de São Paulo por músicos de seu país natal, para fazê-lo sentir-se em casa. Mas era o alto e belo príncipe Henry, curvando-se aqui e ali em agradecimento às ovações, que constituía o centro inédito das atenções.[3]

Os espectadores não podiam deixar de ficar impressionados com o fato de que uma Abertura do Parlamento era agora uma cerimônia familiar e uma oportunidade para expressar lealdade à imagem compósita em público. "Homens desleais", na frase de Taylor, poderiam, claro, encarar essa cerimônia oficial como uma oportunidade perfeita para eliminar de um só golpe os principais atores reais.

O príncipe Henry também acompanhou o pai numa conferência eclesiástica realizada no início de janeiro, em Hampton Court. O rei Jaime, envolto em peles contra o frio, presidiu uma série de discussões teológicas destinadas a isolar o elemento puritano na Igreja Protestante, com sua ruidosa e desagradável atitude para com a autoridade real. Depois desses debates, alguns católicos — sobretudo o padre Tesimond — passaram a achar que "todas as nossas desgraças" haviam começado naquele momento, com o rei manifestando-se "enfática e virulentamente" contra a Igreja Católica, para compensar sua hostilidade com os puritanos. Mas nem todos os pronunciamentos do rei na época foram anticatólicos. Mais uma vez ele invocou o bendito nome da rainha Maria dos Escoceses, ao queixar-se de como o equivalente dos puritanos na Escócia havia maltratado "aquela pobre senhora minha mãe", e depois a ele próprio durante sua menoridade. Agora os puritanos novamente criavam problemas sobre o episcopado: que instituição viria em seguida à monarquia? "É meu aforismo: 'Não havendo bispo, não há rei'", comentou Jaime incisivo.[4]

Contudo, em 19 de fevereiro, o rei Jaime anunciou publicamente "sua total aversão" pela religião papista, que condenava como "supersticiosa". Três dias depois, uma proclamação ordenava a saída de todos os padres e jesuítas do reinado, ao mesmo tempo que mais uma vez se impunham as multas para o não-conformismo. Em 19 de março, o discurso do monarca no Parlamento esmagou efetivamente as esperanças católicas de liberdade de consciência que haviam aflorado no caloroso clima de suas promessas escocesas.[5] Os cortesãos pró-papistas e pró-espanhóis continuavam firmes em suas posições, indicando que a amável tolerância pessoal não mudara. A rainha pró-Espanha escrevia amorosamente ao papa e assistia à missa em privado. Mas as negociações em favor do tratado anglo-espanhol se esboçavam sem referência à questão da tolerância aos católicos, pois Filipe III abandonara oficialmente seu interesse pela causa.

Em vez disso, o condestável de Castela, com seus poderes de fechar o acordo, achava-se em Flandres, *en route* para a Inglaterra. Em breve estaria negociando com os joalheiros de Antuérpia presentes apropriados para o rei Jaime. Homem cauteloso (ou pessimista), esperava vendê-las ou devolvê-las, caso o tratado malograsse no último momento. Mas isso já não parecia uma perspectiva provável. O rei receberia as jóias. De qualquer modo, seguro no trono, Jaime não queria mais nada de seus papistas. Os dias de barganha haviam-se encerrado.

Os católicos sofreram mais um duro golpe. O rei concentrou suas energias imperiais, nessa sessão do Parlamento, no estabelecimento de uma União Anglo-escocesa, e não na tolerância aos católicos. A União Anglo-escocesa era uma causa impopular entre a maioria dos membros do Parlamento, como mostraram os debates.

O discurso do rei no Parlamento deu forte ênfase às bênçãos da paz que, como expressou firmemente, embora não muito modesto: "Deus, na minha Pessoa, concedeu-a a todos vós." Primeiro, fez-se a paz no exterior com todas as nações estrangeiras; graças a Jaime, "e só por minha chegada aqui", o país agora estava "livre de uma grande e tediosa guerra". A segunda paz, interna, devia ser alcançada com uma União Anglo-escocesa completa, não apenas a junção de dois países sob uma coroa.

Neste ponto Jaime cresceu em eloqüência, propondo a retidão total dessa união numa série de imagens fantasiosas, em que o rei Jaime era o "Marido" e toda a ilha sua esposa, o rei Jaime a "Cabeça" e a ilha o corpo, o rei Jaime o "Pastor" e a ilha o rebanho. Ver-se-ia um rei cristão num polígamo, com duas mulheres? Presidiria a cabeça "um corpo dividido e monstruoso"? Permaneceria "um rebanho tão vasto" (cujo redil nenhuma murada tinha para cercá-lo além dos quatro mares) cindido em dois?

Infelizmente, o debate posterior ia mostrar que nenhuma dessas idéias de rebuscada intelectualidade se revelara muito convincente para os súditos ingleses do rei Jaime. Ao contrário, viu-se uma surpreendente demonstração de sentimentos entranhados de ódio pelos escoceses: isto é, pelos escoceses na Inglaterra, "um efluxo de pessoas das regiões do norte". O rebanho era na verdade um vasto rebanho, mas um rebanho inglês, e a ovelha inglesa não tinha a mínima intenção de partilhar seus prodigiosos pastos com os vizinhos do norte — não se pudesse evitá-lo. Assim, os membros do Parlamento contribuíram com suas próprias comparações hostis. Falou-se em plantas transplantadas de um terreno árido (a Escócia) para um mais fértil (a Inglaterra), e que sempre "crescem e multiplicam-se". Fizeram-se analogias com a astuta viúva de um mercador londrino que vende todos os seus produtos com lucro para "viver do rebanho do marido".[6]

Uma sugestão de que toda a ilha se chamasse Bretanha — "que é mais honroso" — recebeu uma resposta de revolta. Esse era um cavalinho de pau do rei Jaime: anos depois, um panfleto hostil se referiria à Bretanha como "sua palavra". O rei Jaime foi o primeiro monarca inglês a se fazer retratar em estilo imperial romano, numa medalha da ascensão que o mostrava como o Imperador de Toda a Ilha da Bretanha, e ele adorava a árvore genealógica lendária que o exibia descendendo de um Bruto, "o nobilíssimo fundador dos bretães". O antigo (embora falso) *pedigree* parecia-lhe proporcionar uma base histórica para a união que desejava.* Em 1604, contudo, o Parlamento ficou visivelmente pouco impressionado com as reivindicações do descendente de Bruto para que se mudasse o nome do país, a maioria preferindo o glorioso e famoso nome de "nossa mãe Inglaterra".[7]

Em 21 de abril, *sir* Francis Bacon leu uma declaração em nome do rei Jaime na qual se queixava de toda essa "crítica acirrada". Algumas das lebres que se

*Quando, em 1610, o antiquário Thomas Lyte presenteou o rei Jaime com "uma genealogia da realeza muitíssimo enobrecida", que começava taticamente com Bruto, recebeu como recompensa a famosa Jóia de Lyte, contendo uma miniatura de Jaime feita por Nicholas Hilliard.

levantaram eram na verdade bastante capciosas. Por exemplo, a idéia de que se o monarca morresse sem progênie a coroa inglesa seria alienada, passando para o herdeiro do lado paterno, um escocês sem sangue inglês Tudor.[8] De fato, o herdeiro seguinte aos três filhos reais era claramente a filha do irmão de seu pai, *lady* Arbella Stuart, que vivia na Inglaterra e tinha exatamente o mesmo tanto de sangue Tudor que Jaime, interessasse a ele ou não aceitar isso: os escoceses que haviam partido para a Inglaterra em seu séquito, e por ele promovidos com tanta generosidade, eram extremamente impopulares.

Esse tipo de ressentimento atroz contra os forasteiros que recebiam promoções era expresso não apenas no Parlamento, mas fora dele — chegando até Flandres, onde Hugh Owen e Guido Fawkes davam expansão a rompantes anti-escoceses. Dos escoceses jacobitas na corte, a "nova elite", o impopular favorito do rei Jaime, *sir* George Home, que chegara ao sul com seu soberano, foi nomeado Cavalheiro Guarda-Roupeiro vitalício em 1º de junho de 1603.[9] Ele sem dúvida não favoreceu sua causa pessoal junto aos ingleses ao vender os ornamentos ricamente trabalhados da velha rainha sob sua custódia, além do lucro considerável que a venda lhe proporcionou. Mas *sir* George prosperou: tornou-se Conselheiro Privado, como tantos outros escoceses, e foi feito *lord* Home de Berwick. Quanto à função mais íntima de Cavalheiros Camareiros (uma cobiçada posição na corte), o rei Jaime também promoveu os escoceses. Talvez isso fosse natural, mas de modo algum indicava a imparcialidade de um verdadeiro "bretão".

No ano seguinte, Ben Jonson provocou a raiva real em sua sátira *Eastward Ho!* [Para o leste, avante!], que ridicularizava os cortesãos escoceses do rei Jaime. Parodiando a famosa peça *Westward Ho!* [Para o oeste, avante!], de Webster e Dekker, Jonson incluiu em suas *dramatis personae sir* Petronel Flash, "um cavaleiro recém-condecorado", referindo-se aos inúmeros aventureiros escoceses que haviam tomado a estrada rumo ao sul com o rei Jaime e sido recompensados. O mordente escárnio se referia à população escocesa da nova colônia da Virgínia: "Quem dera que centenas de milhares deles estivessem lá", diziam as falas ofensivas, "pois agora somos todos conterrâneos de um só país, vós sabeis; e devemos encontrar dez vezes mais conforto estando eles lá que aqui." Jonson passou uma temporada na prisão, que aliás parece tê-lo aborrecido menos que a natureza constrangedora de seu crime. "A causa (pudesse eu citar alguma mais digna) é, (a palavra me cansa)... uma peça, meu senhor", escreveu ele a Cecil, pedindo sua soltura.[10] Jonson acabou sendo solto, e a mofa foi eliminada das montagens posteriores.

Os escoceses eram também escarnecidos pelo sotaque, considerado grosseiro, apesar de ser o do rei Jaime e da rainha Anne. Achava-se de maneira generalizada que os escoceses não tinham higiene: a palavra grosseira "fedor", aplicada com tanta rudeza ao rei Jaime por Hugh Owen, também era dirigida regularmente aos seus súditos do norte. A jovem *lady* Anne Clifford, privilegiada herdeira inglesa, estremeceu ao descobrir-se "toda coberta de piolhos", sentada no gabinete de *sir* Thomas Erskine, outro favorito escocês, recém-nomeado Capitão da Guarda da Casa Real.[11]

Se se dizia que os novos-ricos escoceses eram gananciosos (além de não tomarem banho), dificilmente a atitude para com os das classes inferiores era mais esclarecida. Os escoceses pobres estabeleceram uma colônia em Hollborn, conhecida como "pequena Escócia", mas a perspectiva de imigrantes amontoando-se ali também não agradava, apesar da "*Kist* dos escoceses" colocada numa casa de Lamb's Conduit, uma grande arca revestida de latão, para a qual contribuíam os nacionais escoceses mais abastados. Os mendigos com aquele odioso sotaque eram os mais antipatizados de todos (como passariam a ser depois, no século XVII, os mendigos irlandeses). Havia quadrilhas chamadas Os Fanfarrões, cuja especialidade era furtar os vulneráveis sem-teto em Londres.[12] O rei Jaime mandou prendê-los, mas lamentavelmente não podia dar tratamento semelhante aos Fanfarrões do Parlamento.

O precioso plano de uma União Anglo-escocesa do rei Jaime extinguiu-se e só seria efetivado mais de cem anos depois. Em 1604, o espetáculo da promoção escocesa foi uma outra provocação para os já descontentes com seu destino. Os recusantes em particular passavam a ter uma queixa concreta. O dinheiro para condecorar esse pessoal cobiçoso tinha de vir de algum lugar. Um método simples de aquisição era permitir que as multas religiosas — os "lucros do não-conformismo" — fossem coletadas pelos protegidos da corte do rei escocês.

Em seu discurso de 19 de março, o rei Jaime pisou em terreno muito mais firme — pelo menos no que se relacionava ao público protestante — do que quando tratou do tópico da muito apreciada terceira paz que pretendia conceder ao reino. Era a paz de Deus, que só seria assegurada "pela profissão da verdadeira religião". Em um aspecto, o embaixador veneziano acertou ao informar que as observações seguintes do monarca foram bastante conciliatórias.[13] Sua linguagem não era a do ódio e da perseguição. Ele chegou a falar com tristeza de uma União Cristã geral (como muitos supostos negociadores, o rei Jaime era um grande crente nas uniões como o trabalho inevitável em prol da paz). Como tantas vezes antes, ressaltou sua repulsa instintiva à perseguição por motivos religiosos: "Eu sentiria muito ter de punir seus corpos pelos erros de seus espíritos." Mas em outro aspecto o discurso — por descartar totalmente as promessas que se acreditava tivesse feito — só poderia causar o maior desânimo entre os súditos católicos.

Estava muito bem dizer-lhes que o rei Jaime seria amigo deles, desde que se conduzissem como bons súditos. Mas que deviam concluir dos inflexíveis sentimentos que se seguiram? Os papistas foram admoestados a não esperar muito da brandura do rei Jaime. Não deviam achar lícito "aumentar diariamente seu número e fortalecer um reinado", por meio do qual, se não no tempo dele, ao menos no de seus sucessores, "possam ter a esperança de erigir mais uma vez sua religião". O rei Jaime foi enfático nessa questão: não deveria haver absolutamente qualquer aumento ou "crescimento" da religião deles, do contrário acharia que traíra a si mesmo e à sua consciência. Também se dirigiu em seu discurso aos bispos protestantes e exortou-os a dali em diante ser mais "cuidadosos, vigilantes e diligentes do que têm sido na conquista de almas para Deus (...) onde foram de algum modo lerdos antes, agora despertem de novo, com uma nova diligência nesse ponto..."

Era a opinião firme do padre Gerard, em sua *Narrative*, que essa diretriz do rei Jaime foi responsável pela renovada perseguição aos católicos que se seguiu. Os puritanos foram incitados a ladrar pelo sangue católico ou, de qualquer modo, por penalidades dos católicos. Contudo o rei Jaime podia ter facilmente contido a fúria deles dizendo que ia examinar o assunto, em vez de confirmar as leis e os estatutos mais rigorosos do ano anterior. Em suma, "destroçaram todas as esperanças sobre as quais os católicos haviam construído seu bem-estar". O padre Tesimond adotou a mesma atitude. Também chamou a atenção para a brutal negação das promessas mesmas em que os católicos haviam formado suas expectativas. Nas palavras de Tesimond, o monarca "afirmou com muitíssima veemência que consideraria um extremo insulto se alguém imaginasse que naquele momento, ou em qualquer outro no passado, ele tivera a menor intenção de tolerar a religião deles".[14]

Em 1591, John Florio escrevera um poema sobre "Dez dores da morte", que incluíam: "Servir bem e não agradar" e "Ficar parado diante de uma porta que ninguém vai abrir".[15] Estas duas dores de que se queixavam na época estar sofrendo os católicos, a última sobretudo agonizante, pois se acreditava agora há vários anos que a porta da tolerância ia realmente abrir-se.

O padre Tesimond e o padre Gerard, em suas explicações, usaram metáforas eqüestres, talvez motivados pela mania real de caçar, para exemplificar os resultados da mudança de opinião do monarca. O padre Tesimond via o cavalo (protestante) de São Jorge como incitado em sua marcha intolerante pela pressão do rei Jaime: "Essas palavras enfiaram esporas no corcel em que ele perseguia a caça e deram igualmente um ilimitado prazer aos bispos e puritanos." O padre Gerard, por sua vez, viu as ferroadas como perfurando os próprios católicos. Era pensamento generalizado dos sábios, escreveu, que esses fatos e os de natureza repressiva que se seguiram eram "as esporas" que instigam os conspiradores "na corrida furiosa e arrebatada em que depois eles caem".[16]

Os dois padres podiam justificar a imagem cortante. Em 27 de março, uma semana depois do discurso do rei, *lord* Sheffield disse com prazer a Cecil que cerca de novecentos recusantes, nomes novos e antigos, haviam sido levados perante os *assizes*,* em Normanby, Yorkshire. Teriam sido mais, não fosse a indolência do arcebispo. A alegria de Sheffield por ser revestido de poder para impor uma ameaça cada vez maior é compreensível do ponto de vista dele (profundamente protestante). Os relatos dos recusantes de Yorkshire desse período mostram de fato que mais de um quarto dos acusados só violara a lei depois da ascensão do novo monarca. Em 24 de abril, um projeto de lei foi apresentado na Câmara dos Comuns classificando todos os católicos como proscritos. Foi também "nessa época" — fins de abril —, segundo o Lorde Supremo da Justiça, Popham, "que foi dada a primeira base à Conspiração da Pólvora como a única maneira de aliviar aquele partido [católico]".[17] Ambos os lados tinham realmente sido esporeados.

O príncipe das trevas no centro da Conspiração da Pólvora foi Robert Catesby, não Guy Fawkes. Uma descoberta histórica acidental levou, como veremos, Guido a arcar pelos séculos afora com o ódio popular pela conspiração. Mas ele, embora profundamente envolvido na ação, não se achava no âmago da estratégia. Era o forasteiro do bando. Com a única exceção de Fawkes, os conspiradores formavam um círculo muito cerrado de entrosadas relações, que era um elemento protetor vital em seu jogo secreto e arriscado. E foi Catesby "o primeiro inventor e o principal promotor" desse jogo.[18]

Catesby, como o precursor (embora não o príncipe) das trevas, seria a imagem do próprio governo no futuro, quando o denominaram de "um segundo Faetonte".[19] Faetonte, filho de Apolo Febo, era um portador mítico da noite, que por desequilibrar sua carruagem ameaçava crestar e escurecer todo o mundo, até que Zeus o destruiu com um raio. Shakespeare, numa peça escrita próximo ao

*Sessão periódica dos tribunais, em cada condado da Inglaterra, para julgar processos cíveis e criminais. (*N. da T.*)

fim do reinado anterior, faz Julieta invocar Faetonte, o "condutor", para fazer incitar seus corcéis rumo a oeste, e "E trazei imediatamente uma noite nebulosa" — a noite que lhe traria Romeu. Mas o Catesby de 1604 era para seus contemporâneos mais Apolo Febo do que Faetonte, mais sol luminoso que condutor destrutivo.

Entre a família e os amigos, incluindo padres católicos e senhoras devotas, "Robin" Catesby era adorado. Para seu contemporâneo, *lord* Monteagle (casado com sua prima em primeiro grau, Elizabeth Tresham), era o "meu parente querido (...) amoroso Robin", cuja pessoa era "o único sol que precisa amadurecer nossa colheita".[20] Encanto e uma forma de singular magnetismo pessoal são qualidades notoriamente difíceis de transmitir através dos tempos em sociedades com preocupações e valores muito diferentes. Mas essas qualidades em indivíduos podem desempenhar um papel tão importante na definição do curso da história quanto dons mais visivelmente duradouros.* Certamente é impossível entender o desenvolvimento da Conspiração da Pólvora daqui em diante sem levar em conta o magnetismo de Robert Catesby.

O padre Tesimond, escrevendo na esteira da terrível represália que Catesby fez abater-se sobre todo o mundo católico, continuava a discorrer com grande nostalgia sobre esse amigo de outros tempos, pelo amor que inspirava a todos e por sua generosidade e doçura. Obviamente, a bela aparência de Catesby fazia parte desse encanto. Tinha um metro e oitenta e três de altura "e era mais bem-proporcionado que o comum", com um porte esplêndido.[21] Em suma, para muita gente, essa bela estampa de homem representava o ideal masculino contemporâneo.

Robert Catesby nascera provavelmente em Lapworth, em Warwickshire. Esse era o principal local de residência de seu pai, *sir* William Catesby, embora também tivesse propriedades nas imediações de Ashby St Ledgers, em Northamptonshire. Os Catesby tinham um longo *pedigree*, e um ancestral já deixara sua marca na memória inglesa. Robert era o sexto na descendência de *sir* William Catesby, o "Gato" da rima satírica construída em torno dos três defensores de Ricardo III (cujo brasão era um porco ou leitão):

O Gato, o Rato e Lovell nosso Cão
Governam toda a Inglaterra sob o Leitão.

*Pode-se fazer uma comparação com Adam von Trott, um dos conspiradores do atentado a bomba contra Hitler, em 1944, e que também exerceu extraordinária influência pessoal sobre seus contemporâneos.

Mas o "Gato" tomara o partido errado e fora condenado à morte depois da derrota de Ricardo, em Bosworth Field.

Também se podia dizer que o pai de Robert tomara o partido errado, pois sofrera um longo cativeiro por sua fé católica. Casou-se com Anne Throckmorton, de Coughton, ainda em Warwickshire, a quem já era ligado pelo segundo casamento da mãe com um Throckmorton. Dos dois lados havia as habituais contribuições liberais de sangue não-conformista, entre elas a dos Vaux. Mas a relação crucial, do ponto de vista do filho Robert, era a relação com os Tresham. Já se disse que Catesby e os irmãos Wintour eram parentes; e Tom Wintour em particular tinha "um grande amor" pelo primo "Robin". Mas Robin e Francis Tresham, como os filhos de duas irmãs, eram primos ainda mais chegados. Bastante à parte de outras consangüinidades, eles foram criados juntos desde a infância.[22]

Por um lado, isso introduziu Robin na órbita do tio autoritário, embora generoso, *sir* Thomas Tresham, que ajudou a tirá-lo da crise de Essex em 1601, contribuindo para pagar sua fiança; isso também reforçou sua proximidade com os membros da família Vaux, como Anne. Do outro, pôs o mais fraco e menos estável Francis sob a influência do atraente Robin. Quanto aos irmãos Wintour, onde Robert acompanhava o irmão mais moço Thomas, todos em geral concordavam que Francis Tresham era mais dominado por Robin Catesby do que vice-versa. Como Francis era vários anos mais velho que o primo, esse padrão, incutido na infância, parece ser o primeiro exemplo da capacidade natural para comandar de Robert Catesby.

Catesby deve ter sido um homem rico. O fato de estar pobre em 1604 se devia à sua própria imprudência na época da conspiração de Essex. Na juventude, dera todos os passos certos (ou haviam dado por ele). Após a vida inicial em Warwickshire, talvez tenha estudado durante algum tempo em Douai, na Holanda, o novo Colégio Jesuíta para jovens católicos. Mas com certeza passou algum tempo na Universidade de Oxford, no Gloucester Hall (hoje Worcester College). Saiu, contudo, sem diplomar-se, possivelmente para evitar fazer o Juramento da Supremacia.[23]

Nessa altura, porém, qualquer que fosse sua ambivalência anterior, transferiu-se resoluto para o caminho do grande mundo. Aos dezenove anos, casou-se com uma moça rica de família protestante, Catherine Leigh, de Stoneleigh, Warwickshire. De um só golpe, libertou-se aos olhos oficiais do estigma não-conformista e também amealhou seu prodigioso dote (pelos padrões contemporâneos) de duas mil libras esterlinas anuais. Com Catherine, Catesby teve dois filhos. William morreu na infância, e o outro, Robert, foi batizado em novembro de 1595 na igreja protestante de Chastleton, Oxfordshire. Ali os jovens Catesby moravam numa propriedade herdada da avó dele.[24]

Mil quinhentos e noventa e oito foi um ano crucial de mudanças para Catesby. O pai morreu, deixando a mãe com as propriedades de Ashby St Legers para o resto da vida, enquanto Robin continuou morando em Chastleton. Depois a jovem esposa protestante de Catesby, Catherine, também morreu, após apenas seis anos de casamento. A essa perda atribuiu-se o retorno de Catesby ao catolicismo de seus antepassados: à igreja na forma fanática.[25] Em vista do seu senso de oportunidade, esta parece uma suposição razoável, embora se desconheçam as profundezas do desespero pelo qual ele passou na tragédia (ou da culpa pela própria escorregadela anterior no aparente protestantismo). Pelo resto de sua curta vida, terrivelmente arriscada, Robert Catesby atraiu comentários por sua dedicação religiosa.

O envolvimento com Essex, em que Catesby desembainhou a espada em público, na vã esperança de melhorar a sorte dos católicos, resultou numa pesada multa de quatro mil marcos (aproximadamente três mil libras esterlinas). *Sir* Thomas Tresham de fato ajudou, mas o próprio Robin Catesby foi obrigado a vender Chastleton a um comerciante de lã de Witney chamado Jones. Seu nome foi fichado como rebelde e, pior ainda, rebelde católico. Em conseqüência, é provável que Robin Catesby estivesse entre os recusantes presos por um breve período pouco antes da morte da rainha Elizabeth. No novo reinado, sua casa de campo passou a ser a que ficou com a mãe viúva, em Ashby St Legers, propriedade pela qual Robin tinha um interesse mais que passageiro, pois viria para ele com a morte da mãe.*

Em abril de 1604, a mentalidade de Catesby era a do cruzado que não hesita em empregar a espada em defesa dos valores que ele considera espirituais. Ao mesmo tempo, a religiosidade de Robin não era inflexível, acrítica, como por exemplo a do soldado Guy Fawkes. Catesby tinha mais uma paixão pela teologia, testar suas ações e argumentos contra os preceitos da Igreja, do que o impulso de agir primeiro e esperar a justificativa depois. Era um homem que queria ir logo ao trabalho — um trabalho destrutivo — de olhos abertos para as conseqüências morais do que fazia. Que ironia, portanto, que tenha sido exatamente esse hon-

*Isso dá sentido à tradicional afirmação de que Catesby e outros planejaram a Traição da Pólvora na casa junto ao portão do castelo Tudor, de Chastleton, em parte de madeira, que conduz à grande e harmoniosa aglomeração de casas de tijolos que vem a ser a própria Ashby St Legers (ainda hoje uma propriedade particular). Contudo pode-se visitar a bonita igreja do século XII ao lado dela, com suas placas de bronze. Chastleton, em Oxfordshire, é hoje propriedade do Patrimônio Histórico Nacional.

roso traço analítico de Catesby o que causou os mais terríveis danos ao sacerdócio inglês em toda a triste saga da Conspiração da Pólvora.

O padre Thomas Strange era um jesuíta que regressara para a Inglaterra em 1603 e caíra sob o fascínio de Catesby, na casa de Anne Vaux. Era um companheiro afável, de vinte e tantos anos, que nascera em Gloucestershire, e gostava de "usar as quadras de tênis e ter às vezes música em seu alojamento", gostos cavalheirescos que facilitavam a um padre circular na sociedade educada sem ser descoberto. Strange começou a escrever um manual religioso, "um compêndio de todas as ciências", no Domingo de Ramos (1º de abril) de 1604, e concluiu-o, bastante convenientemente, em 23 de maio, véspera da festa de São Roberto. Dedicou-o a Catesby, seu "mais ilustre e amado amigo": *vir ornatissime atque charissime*.[26] O padre teria ficado horrorizado se soubesse dos planos que começavam a obcecar quase no mesmo período seu ilustre e amado amigo, e em conseqüência do qual o afável Strange seria totalmente aniquilado na mente e no corpo.

Catesby, o segundo Fateonte, portador das trevas, estava em marcha.

PARTE TRÊS

Essa corrida furiosa e arrebatada

Essas coisas eram as esporas que instigavam aqueles cavalheiros na corrida furiosa e feroz em que depois eles caíam.

PADRE JOHN GERARD
Uma história da Conspiração da Pólvora

VII

Um remédio muito lancinante

Ele [Catesby] disse-me que a natureza da doença exigia um remédio muito lancinante e me perguntou se eu daria meu consentimento. Eu disse-lhe que Sim, a isso ou ao que fosse, se ele assim resolvesse, eu arriscaria minha vida...

Confissão de Thomas Wintour, 1605

DOMINGO, 20 DE MAIO DE 1604, FOI A DATA fatídica. Neste dia realizou-se uma reunião entre Robin Catesby, Thomas Wintour, Jack Wright, Thomas Percy e Guido Fawkes. Embora o bando de conspiradores acabasse envolvendo ao todo uns treze infelizes, esses cinco foram encarados como os primeiros impulsionadores da conspiração que se seguiu, com Catesby no papel de líder inspirador e Wintour como assistente do amigo. Essa reunião que deu a partida inicial ao surgimento da Traição da Pólvora ocorreu numa estalagem chamada Duck and Drake, no elegante Strand, onde Thomas Wintour se hospedava quando estava em Londres.

Os antecedentes da reunião são os seguintes.*[1] Primeiro Catesby mandou chamar Wintour, que se achava em Worcestershire com o irmão Robert, em fins de fevereiro. Mas ele estava doente e não pôde atender a princípio ao chamado do amigo. Quando chegou à casa de Catesby em Lambeth, encontrou o primo

*Esta narrativa é uma compilação de vários relatos contemporâneos, embora sejam raras as peças de provas sobreviventes sobre a Conspiração da Pólvora que não tenham sido consideradas dúbias por uma ou outra autoridade. Isso dificilmente surpreende num episódio que incluía interrogatórios após tortura, além de revisionismo governamental depois do fato. Quanto aos conspiradores, obviamente nem sempre dizem a verdade, seja para proteger-se a si mesmos, a associados ou a suas famílias.

junto com o espadachim Jack Wright: ele talvez desejasse ter permanecido na reclusa e tranqüila Huddington, em vez de atender à convocação.

A proposta apresentada por Catesby era simples e horripilante. Iam conceber um esquema para explodir "a Câmara do Parlamento com pólvora", a fim de destruir o rei e seu governo existente. Catesby justificou a escolha do Parlamento para esse holocausto deliberado com simplicidade igualmente chocante. "Naquele lugar", disse, "eles nos fizeram a todos as maldades"; talvez Deus tivesse designado esse lugar para a punição deles.

Ao inteirar-se pela primeira vez do plano mortal de Catesby, a que chamou de "um golpe na raiz", o primo Wintour levantou objeções. Se o golpe tivesse êxito, provocaria sem dúvida "novas alterações" na religião, mas se fracassasse o escândalo envolvendo o catolicismo ia ser tão grande na Inglaterra que não só seus inimigos, mas também os amigos, e com bons motivos, os condenariam. Era um julgamento de visível sensatez. Infelizmente, Wintour não se apegou com firmeza a ele. O magnetismo de Catesby continuava a agir sobre o primo. O opositor foi vencido.

Quando Catesby disse ao primo que "a natureza da doença exigia um remédio muito lancinante" e perguntou-lhe se daria seu consentimento, Wintour assentiu. "Eu disse a ele Sim, a isso ou ao que fosse, se ele assim resolvesse, eu arriscaria minha vida..."

Catesby ainda não abandonara de todo a idéia de ajuda estrangeira, aquele sonho irreal que por tanto tempo obcecara os católicos ingleses. Para não deixar "de tentar nenhum meio pacífico e tranqüilo", Tom voltou mais uma vez ao continente, a Flandres, onde o condestável de Castela mantinha a corte antes de embarcar para a Inglaterra. O condestável estava muito mais interessado, como se constatou, nos assuntos de Flandres do que no Tratado Anglo-espanhol, que se supunha estivesse concluindo (na verdade, só chegaria à Inglaterra em agosto). Quando o condestável se encontrou afinal com Wintour, mostrou-se mais amistoso que acessível. Quanto a Hugh Owen e *sir* William Stanley, os dois jogaram água fria na idéia de a Espanha fornecer ajuda ou, aliás, os arquiduques que governavam Flandres, Alberto e Isabel: "Todas essas partes estavam muito desejosas da paz com a Inglaterra."[2]

Mas Owen providenciou a necessária apresentação a Guido Fawkes. O nome de Guido já fora fornecido por Catesby como "um cavalheiro confiante [discreto]" conveniente para o que tinham a fazer, mas Wintour, claro, ainda não o conhecera. O nome de Fawkes pode ter sido mencionado a Catesby por qualquer um nos círculos de não-conformistas, entre eles seu colega de escola, o amigo e aliado Jack Wright; Fawkes lhe teria sido recomendado como um soldado leal e corajoso. Embora o governo inglês, que temia e detestava Hugh Owen, tentasse depois fazer parecer que ele se envolvera diretamente na conspiração, nesse momento não havia conspiração alguma. Owen, um especialista no cenário político de Flandres após tantos anos, apenas pôs Wintour em contato com Fawkes; Stanley (que fora superior de Fawkes) também o recomendou. A vantagem de introduzir Guido nessa trama secreta era que, embora seu nome fosse conhecido, o rosto não, pois não estivera na Inglaterra há muitos anos.

O primeiro encontro de Tom Wintour com Guido foi a parte satisfatória de sua viagem ao exterior. Afinal, eram duas pessoas com perspectivas semelhantes, contemporâneos, homens de ação, que tinham visto com os próprios olhos a delonga da Espanha e a natureza vazia de suas promessas. Wintour disse a Guido que se a paz com a Espanha não dera na verdade ajuda alguma aos católicos perseguidos, "estamos em vias de uma resolução para fazer isso de algum modo na Inglaterra", embora não houvesse ainda planos firmes. Por fim, os dois embarcaram de volta juntos, chegando por volta de 25 de abril.[3] E juntos foram encontrar-se com Catesby em sua residência em Lambeth, na margem sul do rio. Wintour transmitiu a notícia de que, embora o condestável dissesse "palavras positivas", ele duvidava muito que suas ações correspondessem a elas. Deste modo, talvez fosse melhor Catesby reexaminar a possibilidade de voltar-se para seu plano original, radicalmente violento. Quatro conspiradores faziam agora parte do complô.

O quinto membro dessa igrejinha interna, Thomas Percy, juntou-se a eles algumas semanas depois. Percy, como Guido, sentiu-se imediatamente atraído pela idéia de partir para alguma ação na própria Inglaterra. Percy era uma personalidade vigorosa e já manifestara na Escócia o desejo de fazer parte da solução para os infortúnios de seus correligionários. Também trabalhava para Northumberland, "um dos grandes fidalgos e membros da Câmara dos Lordes do reino" como o descreveu o enviado Tassis.[4] Além disso, uma ligação familiar estreitava seus laços com os conspiradores: Percy não apenas era cunhado de Jack Wright, mas parece que sua filha caçula (com Martha Wright) fora prometida em casamento no ano anterior ao filho de oito anos de Robert Catesby.

"Cavalheiros, vamos ficar falando sempre, sem jamais fazer nada?", foram as primeiras palavras de Percy. Quaisquer que fossem suas falhas morais como indivíduo, expressava-se por muitos nessa exclamação frustrada. Foi assim que se combinou a reunião para 20 de maio no Duck and Drake. Todos os conspiradores — Catesby, Wintour, Wright, Guido e Percy — fizeram um juramento de sigilo sobre um livro de orações, numa sala "onde não se achava mais ninguém". Depois, como era domingo, o padre John Gerard celebrou a missa em outra sala, sem nada saber do que ocorrera. Todos os cinco receberam o sacramento da Sagrada Comunhão.

Na época, essa missa pareceu apenas um silencioso endosso pessoal dos conspiradores do que fora antes acertado entre eles na outra sala. Guido, Catesby e Wintour eram, claro, conspícuos pela freqüência com que recebiam os sacramentos, num período em que não era de modo algum muito freqüente a possibilidade de recorrer a eles. O padre Gerard e Catesby eram amigos. Uma das ligações dos dois era Eliza Vaux, a Viúva de Harrowden Hall, principal protetora do padre no país e parte importante na rede familiar de Catesby, ele mesmo um assíduo visitante de Harrowden. A presença de Catesby e seus companheiros na missa não tinha nada de excepcional, nem, aliás, a presença do padre Gerard em Londres.

Londres, conhecida como a maior cidade da Europa, era nessa época uma imensa conurbação espraiada de casario e favelas formigantes, assim como palácios e mansões. A população inchara de forma tão alarmante ao longo do século anterior que o rei Jaime observou: "Em breve, Londres será toda a Inglaterra." Nessas circunstâncias, os recusantes tinham ali uma melhor chance de preservar o anonimato, em meio aos "sombrios covis de todos os trabalhadores malfeitores" (entre eles os padres), do que nas condições isoladas de uma casa de campo, que dava aos empregados a oportunidade de uma prolongada inspeção que acabava levando à traição.[5] Mas estava fora de cogitação permitir ao padre Gerard partilhar do segredo do juramento que acabara de ser feito.

Muito tempo depois, a coincidência do juramento e da missa, incluindo o sacramento da comunhão, viria a tornar-se o grande cajado com que o governo golpeou os odiados jesuítas ingleses. Lancelot Andrewes, num sermão oficial sobre o assunto, disse que a conspiração foi "empreendida com um juramento sagrado, vinculado a um sagrado sacramento". Um dos insultos favoritos do governo era que os confessores católicos davam a absolvição antecipada pelos crimes, usando portanto sua autoridade sacramental para legitimar um crime. No caso do padre Gerard sugeriu-se que ele santificou propositadamente a empreitada de destruição em marcha. Mas Tom Wintour foi muito claro em sua confissão, afirmando que o padre nada sabia. Mesmo Guido, embora admitisse o juramento e o sacramento da comunhão em seguida, "também acrescentou que o sacerdote que lhe ministrara o sacramento nada sabia daquilo". Numa investigação posterior, contudo, Guido eximiu de culpa especificamente Gerard.[6] O único conspirador que comprometeu os jesuítas em seu interrogatório foi o desventurado empregado de Catesby, Thomas Bates, que, por ser peixe pequeno, tinha alguma expectativa de salvar a pele se desse às autoridades do governo o que elas queriam: "A considerável esperança de vida que balançavam diante dele." Mesmo Bates retratou sua acusação na véspera da morte, quando tomou consciência de que estava prestes a enfrentar o que o padre Gerard descrevia como "esse terrível tribunal", o julgamento do próprio Deus.[7]

Eliza Vaux declarou eloqüentemente que penhoraria toda a sua propriedade — "e na verdade também sua vida" — para responder pela inocência do padre Gerard.[8] Era, claro, uma partidária quase tão apaixonada quanto o governo. Mais convincente por isso é a correspondência que sobreviveu dos jesuítas com Roma no verão de 1604. Os conspiradores haviam-se decidido por "um remédio muito lancinante", mas os jesuítas ingleses aferravam-se, em manifesta contraposição, às esperanças anteriores de libertação em conseqüência do Tratado Anglo-espanhol. Como disse o padre Garnet, no alto verão de 1604, "ninguém com alguma prudência ou discernimento" achava "desagradável" a idéia da paz. Mas acrescentou em código que, se os esperados passos em favor da tolerância não se dessem, talvez fosse impossível manter alguns católicos quietos.[9]

O padre Garnet passou grande parte de 1604 em viagens, por toda a Inglaterra, que foram registradas (outras de suas peregrinações permanecem desconhecidas até hoje devido à constante necessidade de sigilo). Na Páscoa, por exemplo, há informações registradas de que ele rezou missa em Twigmoor, a casa de Jack Wright em Lincolnshire, um notório abrigo de seminaristas. Em novembro seguinte, estava em White Webbs, tendo como anfitriã Anne Vaux, quando os jesuítas faziam sua renovação anual de votos no Jantar de Ações de Graças a Nossa Senhora. Talvez essa tenha sido a cerimônia musical citada antes, testemunhada por um francês, em que o padre Garnet, com sua bela voz, cantou e William Byrd tocou, acompanhando-o. O superior dos jesuítas estava portanto bastante qualificado para fazer sua ansiosa previsão sobre a instabilidade de algumas pessoas leigas. "O Papa deve ordenar a todos os católicos que não tomem nenhuma atitude", pediu o padre Garnet ao seu superior em Roma.[10] Era um ponto ao qual o jesuíta retornaria com desespero cada vez maior ao longo dos doze meses seguintes.

Embora ainda sem um plano detalhado, um dos conspiradores recebeu então uma venturosa promoção. Em 9 de junho, Thomas Percy foi nomeado Cavalheiro Pensionista — um dos cinqüenta guarda-costas especiais — por seu parente e patrão, o conde de Northumberland, que era o comandante da guarda.[11]

Isso significava que Percy tinha um motivo inatacável para estabelecer-se numa base londrina. Os conspiradores chegavam cada vez mais perto de uma espécie de organização própria. Foi escolhida uma pequena moradia — mais um apartamento que uma casa — nas instalações de Westminster.* Em maio de 1604, a moradia pertencia a John Whynniard, por vínculo a seu cargo como Guarda-Roupeiro do rei, mas fora alugada por um ilustre recusante, o antiquário Henry Ferrers, proprietário de Baddesley Clinton, a mansão em Warwickshire onde Anne Vaux recebera a princípio os jesuítas. Ali, Guido foi instalado como uma espécie de zelador, passando disfarçado por um certo John Johnson, empregado de Thomas Percy.

Os Cavalheiros Pensionistas deviam, por uma questão de lei, prestar o Juramento da Supremacia, que os católicos sinceros achavam tão desconfortável fazer, pois, por implicação, negava a autoridade espiritual do papa. Mas *lord* Northumberland não impôs o juramento ao primo Percy, a quem já supunha ser católico. Foi um gesto, mais ou menos semelhante ao da coincidente celebração da missa do padre Gerard, que teria conseqüências muitíssimo desafortunadas para o próprio Northumberland. Na atmosfera febril das acusações pós-conspiração, essa omissão, como veremos, foi interpretada sob uma luz sinistra. Mas no verão de 1604, quando a conspiração ainda se achava nos primeiros estágios, Northumberland nada mais fez que tratar Percy com sua generosidade habitual.

À medida que aquele verão se aproximava do fim, os acontecimentos em nada contribuíam para convencer os conspiradores a abandonar seu projeto letal. Até o recesso formal do Parlamento em 7 de julho, para só voltar a reabrir em 7 de fevereiro de 1605, a legislação anticatólica continuou sendo aprovada. Padres foram condenados à morte, entre eles o padre John Sugar, que, com seu empregado Robert Grissold, foi executado em Lancaster logo após a suspensão temporária do Parlamento. O sacerdote morreu heroicamente, confiante na salvação de sua alma, enquanto o corpo era despedaçado. Apontando para o sol ele observou: "Logo estarei lá longe nas alturas, companheiro", e depois: "Meu jantar será sombrio, mas como confio em Jesus Cristo terei a mais deliciosa das ceias."[12]

Não parecia provável o abrandamento da perseguição, pois em meados de setembro o rei Jaime enviou um mandato a *lord* Ellesmere para criar e presidir um Comitê de Conselheiros Privados, "para exterminar" jesuítas, outros padres e "diversas outras pessoas corruptas empregadas sob a bandeira da religião", e

*A topografia dessa moradia e a da própria "Casa do Parlamento" serão examinadas depois.

retirar seus súditos da fidelidade a deles. Quanto aos leigos, próximo ao fim do ano, as multas dos recusantes voltaram com força total e logo se obteria com elas um lucro líquido de três mil libras esterlinas. Os recusantes "antigos" queixaram-se da nova severidade, mas sem nenhum sucesso. É bem provável que também se cobrassem os atrasados das multas já perdoadas, acarretando uma penúria (e injustiça) extra. Embora esta questão fosse polêmica, pelo menos um importante não-conformista, *sir* Thomas Tresham, foi condenado a pagar atrasados de dívidas antes perdoadas por Jaime. Suas contas revelam que a acusação foi feita em seguida a um ano sem pagamento, graças ao "alívio" de 1603. Na verdade, o chamado alívio custou a *sir* Thomas quase duzentas libras esterlinas em subornos; foi essa a quantia que distribuiu naquele verão como adoçante, para garantir "o perdão relativo ao dinheiro total de não-conformismo" — do qual 120 libras esterlinas foram para *sir* Edward Coke.[13]

Mesmo a visita há tanto esperada do condestável de Castela em agosto não passou de um interlúdio cerimonial de banquetes e desfiles que deixaram para trás um Tratado Anglo-espanhol — mas absolutamente nenhuma promessa de tolerância aos católicos. Os papistas que tinham ouvido essa paz magnífica ser proclamada em Cheapside por um arauto em 19 de agosto talvez se houvessem maravilhado com o programa dos compromissos que se seguiriam. Mas não houve nenhum. Fora simplesmente a conclusão de anos de guerra entre nações, um término que convinha aos interessados homens do poder. Owen e Stanley, em Flandres, estavam certos quando advertiram a Tom Wintour que a paz era preciosa demais, para todas as partes envolvidas, para ser perturbada por qualquer outro empreendimento.

Os conspiradores (com a exceção de Guido) deixaram Londres em algum momento após o pacto inicial. A suspensão temporária do alvo "Câmara do Parlamento" dava-lhes, achavam, até o início de fevereiro para organizar seus planos. Foram todos para o campo, para casas das várias famílias dos condados do interior inglês que formavam um imponente mapa do não-conformismo. Partiram após decidir um curso de ação que, em fins do século XX, faria com que fossem descritos como terroristas. Mas as palavras terrorista e terrorismo não eram empregadas na época. No entanto, a Conspiração da Pólvora corresponde na verdade a uma das definições modernas de terrorismo: "A arma dos fracos que pretendem ser fortes."[14]

Como as mulheres e homens irlandeses, envolvidos na insurreição de Dublin de 1916, eles se consideravam um pequeno bando cujas ações levariam a grandes mudanças.* Os conspiradores também acreditavam que não haviam deixado de tentar todos os meios pacíficos e tranqüilos que lhes restaram, como disse Catesby a Wintour. Diante da continuada perseguição, a violência deles era o último recurso. Além disso, adotaram como lema o que Bakunin, o anarquista russo do século XIX, chamaria de "propaganda da ação".** Isto é, a explosão do Parlamento com pólvora precisava ser uma ação deliberadamente sensacional, e na verdade revoltante. Desse modo, não apenas o governo, mas também o mundo exterior seriam alertados para sofrimentos em si mesmos revoltantes.

Claro que a própria justiça do Estado elisabetano e jacobita era conduzida adotando essas mesmas diretrizes. Quando o público, em mórbida fascinação, fitava pasmado a estripação dos padres católicos vivos, esperava-se que tirassem a conclusão de que as vítimas deviam ter merecido aquele tratamento tão cruel. Em outras palavras, o crime que *acontecera* devia corresponder à apavorante punição que *estava* acontecendo. O instinto de *showman* de Catesby para explodir o lugar onde se haviam feito todas as maldades tinha alguma coisa da mesma lógica propagandística.

A oposição violenta no período histórico aqui examinado era conduzida não por terrorismo, mas por tiranicídio, dois métodos justificados por seus defensores com doutrinas do direito à resistência. Os deméritos (ou méritos) do tiranicídio eram debatidos há séculos. É importante compreender que, no decorrer do debate, o tiranicídio — provocar a derrubada de um governo existente — jamais fora de todo condenado pela Igreja Católica. Ao contrário, havia uma longa tradição de discussão sobre se um mau governante podia ser destituído. (Isso suscitava a questão natural sobre o que representava exatamente um mau governante.) No século XIII, São Tomás de Aquino, o Pai Doutrinário da Igreja, defendia que a derrubada de um governo tirânico não era necessariamente um ato de sedição, a não ser que a respectiva comunidade sofresse mais com a derrubada do que com a tirania anterior. No século XVI, não apenas os católicos mas ainda os protestantes huguenotes discutiam isso em sua literatura política. Da teologia a discussão desaguava direto na arte, onde a sangrenta descrição da (santa) Judite assassinando o (impuro e tirânico) Holofernes era significativamente popular.[15]

*Paul Wilkinson, em *Terrorism and the Liberal State* [Terrorismo e o Estado liberal], observa que a Insurreição de Dublin, por um "pequeno bando de sonhadores", embora ostensivamente um fracasso na época, alertou o mundo para a causa da liberdade irlandesa e levou à fundação do Estado Livre da Irlanda: "A violência pode agir como uma revelação dramática e catalisadora não apenas para a destruição do regime estabelecido, mas também para forjar uma nova comunidade política" (p. 86).

**O *Oxford English Dictionary* sugere uma origem do século XIX para a palavra terrorista: "Todo aquele que tenta promover suas opiniões por um sistema de intimidação coercitiva: especialmente aplicado aos membros das sociedades revolucionárias extremistas na Rússia."

A posição mais avançada sobre uma derrubada como essa foi tomada pelo jesuíta espanhol Mariana em *De Rege et Regis Institutione*, publicada em 1599. Escrita na forma de um diálogo, Mariana respondeu na afirmativa à questão: "É permissível opor-se a um tirano?" Não poderia haver a "menor dúvida" de que o povo pode chamar o rei para prestar contas, pois existe um elemento contratual na relação das duas partes. Idealmente, devia realizar-se um encontro público, mas se isso se revelasse impossível o tirano podia ser destruído por "todo aquele inclinado a prestar atenção nas orações do povo" e "de modo algum se poderia dizer que o assassino agiu mal" por servir como um instrumento da justiça.[16]

Esse notório trecho despertou o frenesi dos protestantes e serviu de base para as acusações sobre a política jesuítica de "Regicidas" nos julgamentos do Estado inglês de 1606. Tudo que se pode dizer com certeza é que na periferia do pensamento político católico o que uma autoridade chamou de "o direito último de tiranicídio" era reservado aos oprimidos, com base na idéia de um contrato rompido. (É um direito último afinal reservado a muitos daqueles que se vêem como oprimidos em toda a história através dos anos.) Contra esse direito teórico último, na virada do século XVI, impõe-se a pesada influência da prática, por meio da qual os governos legítimos podiam na verdade esperar a obediência de seus cidadãos, qualquer que fosse a convicção religiosa deles. Este foi um ponto de vista brilhantemente expresso por Erasmo em 1530 num livro concebido para a instrução dos jovens. "Mesmo que o turco (não queira Deus!) viesse um dia a nos governar", escreveu ele, "estaríamos cometendo um pecado se lhe negássemos o respeito devido a César."[17]

A distinção entre um governante legítimo e um ilegítimo era crucial. Depois disso, o debate podia continuar acirrando-se ainda em torno do que constituía esse governante (debates que talvez se possam comparar às discussões modernas sobre o que constitui um governo democraticamente eleito, ao considerar a legalidade do golpe que o derruba). Contudo, para muitos católicos ingleses, liderados por sacerdotes como o padre Garnet, havia uma diferença vital entre a rainha Elizabeth e o rei Jaime. A primeira era bastarda pelas normas católicas, usurpara o trono que pertencia por direito à rainha Maria dos escoceses e fora sujeita a uma bula de excomunhão pelo papa. Nenhuma dessas máculas prejudicava o rei Jaime. Ele era legítimo, e não um usurpador, pois herdara o trono como o seguinte na linha sangüínea. Acima de tudo, jamais fora excomungado — graças à inteligência com que manipulara o papado quando ainda se achava na Escócia. Além disso, como Jaime jamais fora católico, dificilmente podiam acusá-lo de apostasia. O próprio padre Garnet faria uma meticulosa distinção entre o rei Jaime e os apóstatas católicos, aqueles que renegavam a religião em que haviam nascido.[18]

Portanto, os conspiradores estavam indo contra as lealdades profundamente defendidas de muitos de seus correligionários quando decidiram eliminar "um rei que chegara legitimamente ao seu reinado". E no entanto havia o suficiente na literatura política contemporânea sobre a derrubada de tiranos — é provável que eles mesmos não a tivessem lido, mas apenas assimilado em segunda ou terceira mão — para convencer homens do seu temperamento em particular, homens frustrados ("Será que vamos ficar falando sempre, sem jamais fazer nada?", perguntara Percy), de que a iniciativa deles era virtuosa.[19]

Foi o padre Tesimond quem comentou que cavalheiros como esses não teriam apostado todo o seu futuro numa conspiração "se não estivessem convencidos no mais intimo da consciência de que podiam fazer isso sem ofensa a Deus". Os conspiradores encomendaram para a execução de sua tarefa espadas especiais de aço espanhol, as lâminas ricamente gravadas com cenas da vida de Jesus Cristo: essas espadas ostentavam a legenda "A Paixão de Cristo".[20] Na avaliação pessoal deles próprios, esses homens não eram assassinos; eram combatentes por uma causa santa (o que julgavam ser um conceito absolutamente diferente).

Apesar de toda a violenta linguagem de horror após a descoberta da conspiração — fez-se uma comparação bíblica com o massacre da "Páscoa" judaica, de todos os recém-nascidos no Egito —, tanto o assassinato de governantes quanto o de inocentes eram endêmicos nos tempos em que viviam Catesby e seus companheiros.*[21] Mas, se a consciência dos conspiradores estava tranqüila quanto ao assassinato dos governantes, há provas de que se sentiam imensamente angustiados com o assassinato de inocentes. Explodir o rei era uma coisa, explodir a família real — sua mulher e filhos —, outra muito diferente. Mas a extinção da Câmara do Parlamento com pólvora na Abertura resultaria inevitavelmente em mais mortes que só a deles.

Era possível que fosse a morte dos lordes católicos do Parlamento que causasse essa terrível ansiedade. A suposição de que esses conspiradores, embora terroristas, fossem imunes a todas as fraquezas e remorsos é uma visão demasiado simples da natureza humana. O padre Garnet descreveu mais tarde a mente

*Houve poucos períodos na história em que isso não foi verdade. Os líderes assassinados desde a Segunda Guerra Mundial incluem o presidente John F. Kennedy e seu irmão Robert Kennedy, o presidente Sadat do Egito e o primeiro-ministro Rabin. Fizeram-se tentativas contra a vida de inúmeros líderes, entre eles Fidel Castro, Ronald Reagan e Margaret Thatcher. Quanto ao assassinato de inocentes, desde a Segunda Guerra Mundial (quando o bombardeio sobre Dresden e sua população civil provocou uma polêmica ainda não extinta), o bombardeio de Bagdá, com seus civis, na Guerra do Golfo, suscitou questões semelhantes.

dividida de Catesby. Por um lado, ele planejava salvar "todos os lordes católicos que respeitava", e por outro estava mais determinado a não poupar nem o próprio filho, se ele se achasse lá, "do que de algum modo deixar que o segredo fosse descoberto". Para esses homens, só imaginar a morte de correligionários que haviam suportado a exasperação e a opressão da época poderia revelar-se uma "cruel necessidade". Mas nunca uma decisão tranqüila.

Em geral, o Parlamento fora responsável pela legislação anticatólica: daí a escolha do local para a explosão. A perspectiva da morte de Robert Cecil, membro da Câmara dos Lordes desde a instituição de seu primeiro título de nobreza em maio de 1603, era sem a menor dúvida aceita com equanimidade. Mas deveria morrer o devoto *lord* Montague? Fora ele quem levantara a voz em defesa "da religião de nossos pais" na Câmara dos Lordes naquele mesmo verão, num ataque acirrado ao Decreto contra os recusantes, e em conseqüência disso passara quatro dias na prisão de Fleet.[22] Deveria ser sacrificado? Além disso, havia os dois destacados membros católicos casados com as filhas de *sir* Thomas Tresham (os primos em primeiro grau de Catesby). *Lord* Stourton, marido de Frances, era uns vinte anos mais velho que Catesby, mas os dois eram amigos íntimos. *Lord* Monteagle, marido de Elizabeth, pertencia à geração de Catesby — nascera em 1575 — e se envolvera, como ele, Jack Wright e Tom Wintour, na rebelião comandada por Essex. Wintour trabalhava agora como secretário de Robin.

À luz dos fatos que aconteceram mais tarde, paira um ponto de interrogação, para dizer o mínimo, sobre o posterior compromisso de Monteagle com o catolicismo. Na verdade, ele fizera em privado uma humilhante submissão a Cecil em abril de 1601, quando ainda se achava detido na Torre. Também se descrevera como um protestante renascido numa carta ao rei, para estabelecer seu direito ao título de *lord* Monteagle (que lhe fora transmitido por sua mãe) e poder ter assento na Câmara dos Lordes quando seu pai, *lord* Morley, ainda vivia.[23] Mas essas formas de ambigüidades e compromissos estavam longe de ser incomuns na época, sobretudo na corte, onde Monteagle tinha uma função na casa da rainha Anne.

No verão de 1604, Monteagle seria considerado um membro da corrente familiar recusante não só pelo casamento com uma Tresham, mas ainda pelo cunhado Thomas Habington (marido de sua irmã, Mary). Habington envolvera-se numa das conspirações para libertar a rainha Maria dos Escoceses, e em conseqüência cumprira uma pena de seis anos na Torre. Na recente eleição parlamentar, estava entre os destacados não-conformistas de Worcestershire que apoiaram um candidato católico, *sir* Edward Harewell. Embora ainda não fosse tecnicamente ilegal um católico ter assento no Parlamento, se prestasse o Juramento da Supremacia, uma guarda armada nos portões de Worcester contra os partidários de Harewell revelou-se um inibidor eficaz, embora brutal.[24] A casa de Habington, Hindlip, como a vizinha Huddington, era outro centro importante de recusantes, um labirinto de esconderijos onde os padres podiam prolongar sua permanência — esperava-se — durante meses com impunidade.

Deveria Monteagle, ou Stourton, morrer? E finalmente, quanto ao formidável conde de Northumberland, o patrão de Thomas Percy?

Numa questão tão agônica como a morte dos inocentes, a doutrina da Igreja Católica era de longe mais claramente estabelecida do que sobre a tenebrosa questão de tiranicídio. Era um problema do que se chamava "duplo efeito". Uma única ação poderia ter duas conseqüências isoladas. Eram necessárias, porém, três condições para que se realizasse o princípio de duplo efeito. Em primeiro lugar, o efeito positivo precisava ser de uma importância desproporcional em comparação com o negativo; em segundo, a conseqüência negativa, nociva, tinha de ser involuntária, e não de algum modo desejada; em terceiro, tanto os efeitos positivos quanto os negativos tinham de estar intimamente ligados entre si para ocorrer mais ou menos simultaneamente.*[25]

A Traição da Pólvora, como planejada por Catesby, satisfazia com facilidade a segunda e terceira condições do princípio do duplo efeito. Não se desejava a morte de nenhum "inocente" — absolutamente o contrário — e contudo elas seriam provocadas ao mesmo tempo que a morte dos "culpados" na combustão geral. A questão da satisfação da primeira condição — era o empreendimento de suficiente valor para "compensar" essa morte de inocentes? — dependia inteiramente, como em todas as ações terroristas, do ponto de vista dos indivíduos envolvidos. No entanto a clareza teológica do problema não os impedira, como a todos os novos conspiradores, de sofrer as mesmas dúvidas e angústias ao entrarem no bando.

Os conspiradores regressaram a Londres no início de outubro. Por volta dessa época foi admitido em suas fileiras um sexto partícipe, Robert Keyes. Eles precisavam de alguém para cuidar da casa de Catesby em Lambeth, onde preten-

*O princípio do "duplo efeito" continua em vigor hoje na teologia católica. Citou-se antes o exemplo de Dresden bombardeada na Segunda Guerra Mundial. Segundo o princípio do duplo efeito, o bombardeio de um alvo legítimo (industrial/militar) que causa mortes incidentais de civis se incluiria numa categoria moral diferente da do bombardeio deliberado sobre a população civil para infundir terror e rebaixar o moral do inimigo.

diam guardar temporariamente a pólvora e outros suprimentos, como fogos de artifício. Keyes tinha quase quarenta anos em 1604, "um homem digno de confiança e honesto", alto e de barba ruiva; podia-se contar com ele também, como Guy Fawkes, para mostrar coragem *in extremis*. O pai fora o reitor protestante de Staveley, em North Derbyshire, mas Keyes sempre favorecera claramente a religião da mãe, que vinha da famosa família recusante de Tyrrwhitt, em Lincolnshire.[26]

Do ponto de vista da Traição da Pólvora, era importante o fato de a prima em primeiro grau de Keyes, a bela Elizabeth Tyrrwhitt, ser casada com um abastado jovem católico, Ambrose Rookwood, de Coldham Hall, em Suffolk, com bastante dinheiro e cavalos para esbanjar. Esse casal de ouro foi portanto introduzido na órbita geral dos conspiradores. No outono de 1604, foi a Ambrose Rookwood que Catesby pediu que adquirisse alguma pólvora e a levasse para a casa de Lambeth. Naquela época, a aquisição da pólvora era apresentada como sendo apenas para o uso do regimento inglês a serviço espanhol em Flandres, não mais, claro, uma operação ilegal, graças ao Tratado Anglo-espanhol.[27]

Keyes não tinha uma situação particularmente abastada. Sua mulher Christiana, viúva quando ele a desposou, era uma mulher inteligente que trabalhava como governanta e professora dos filhos de *lord* Mordaunt, em Drayton, Northamptonshire. Keyes recebia cavalos e outras comodidades em troca dos serviços de ensino da mulher. Mordaunt era outro destacado lorde católico e sua segurança no Parlamento seria obviamente um problema de grande preocupação para Keyes. Quanto a Drayton, Cecil descrevia a suntuosa mansão como "um receptáculo de pessoas perigosíssimas", referindo-se aos "seminaristas estrangeiros" que julgava ali se reunirem. No entanto o rei Jaime ficava feliz em hospedar-se em Drayton para a caçada nas proximidades, desculpando o bom esporte a infinidade de pecados papistas: um exemplo do duplo pensamento que existia nos círculos da corte sobre a questão dos graúdos papistas.[28]

Alguns meses depois recrutava-se um sétimo conspirador. Era o empregado de Catesby, Thomas Bates, que segundo sua confissão se juntou aos conspiradores no início de dezembro de 1604. Bates com certeza já devia ter suas suspeitas sobre uma conspiração. Não era um criado propriamente dito, pois lhe fora concedido seu próprio brasão e um empregado em Ashby St Ledgers. Nascido em Lapworth, era mais um agregado, parte da casa, ou "família", de Catesby; e conhecido por ser absolutamente dedicado ao amo.[29] A família do próprio Bates consistia em uma mulher de espírito independente chamada Martha. (As viúvas dos conspiradores constituíam um grupo notável: mas além disso, na época, também eram parte do corpo maior de mulheres católicas decididas e muitas vezes intrépidas.)

Contudo a confissão de Bates é uma das peças de prova menos dignas de confiança da Conspiração da Pólvora. Sua condição social inferior foi importante no caso, pois significava que podia ser vítima de pressões especiais das autoridades. Por um lado, podia — é concebível — esperar livrar-se onde os outros conspiradores de hierarquia mais elevada não o conseguiriam ou ser induzido a acreditar que existia essa oportunidade. Por outro, a ameaça última de tortura sempre foi encarada como uma questão de hierarquia social: as pessoas sem a condição social certa na avaliação da classe governante tinham muito mais probabilidades de ser sujeitas à tortura que seus superiores. Tampouco se deve dar demasiada atenção às chamadas revelações de Bates sobre os padres, incluindo o padre Tesimond.

No contexto, não surpreende o fato de encontrarmos Bates dizendo que confessara seu pecado de antemão a Tesimond (a persistente difamação sobre os católicos e o sacramento da penitência). Na versão oficial de Bates, ele foi não apenas absolvido, mas ainda incentivado por Tesimond com as palavras: "Isso não era em absoluto uma ofensa, mas uma coisa justificável e boa." O que Bates provavelmente disse sob tortura foi muito menos incriminador: "Ele achava que o padre Tesimond sabia de alguma coisa sobre essa conspiração, mas não tinha certeza."[30] Bates, claro, acabou abjurando no último momento e pediu perdão aos que traíra.

Na época, o recrutamento de Bates fazia todo sentido, considerando-se seu relacionamento íntimo, de dependente, com Catesby. Era um homem prático, podia-se contar com sua lealdade, e do mesmo modo se poderia ter certeza de seu silêncio. As circunstâncias em que isso poderia deixar de ser verdade — doze meses depois — estavam, possível e felizmente, além da imaginação dos conspiradores. De qualquer modo, os planos destes muito em breve iam enfrentar uma impressionante reversão de expectativas, como provavelmente elas deviam parecer-lhes na época.

Essa reversão assumiu a forma de um adiamento do Parlamento, que no caso seria criativamente usada pelos conspiradores para elaborar e ampliar seus planos. Contudo o anúncio, na noite de Natal, de que o Parlamento não voltaria a reunir-se mais uma vez no início de fevereiro, devido aos intensificados temores da peste em Londres, deve ter caído como um choque. A nova data era 3 de outubro de 1605. Isso deixava muitos meses de sigilo e planejamento à frente —

meses em que se poderia recrutar muito mais ajuda, no país e no exterior, ou as duas coisas juntas. Por outro lado, claro, eram meses em que poderiam vazar notícias da conspiração, primeiro no mundo secreto dos recusantes e depois, aos poucos, em outras partes, através de espiões ou simpatizantes governamentais disfarçados, de todas as categorias.

A acusação, em sua explicação da conspiração, imaginava que os conspiradores nesse período se achavam envolvidos numa impressionante e audaciosa aventura: a escavação de um túnel debaixo do Palácio de Westminster, destinado a transportar a pólvora do porão da casa de Whynniard, no interior de Westminster, até uma cavidade debaixo da Câmara dos Lordes. Supunha-se que a escavação começara em 11 de dezembro e fora abandonada, por não ser prática, em 25 de março, pois as paredes dos alicerces tinham em alguns lugares de até três metros e meio de espessura.

É muito mais provável que esse túnel se deva a uma invenção mítica, usada pelo governo para agravar a versão oficial do perigo afastado por um triz.* Entre outras coisas, jamais se encontrou na época — nem até hoje — qualquer vestígio desse famoso túnel. Se foi escavado, também foi escorado de modo bastante brilhante. A simples logística de escavar uma passagem subterrânea como essa teria sido horrenda — sobretudo porque nenhum dos conspiradores tinha qualquer experiência ou conhecimento de túneis, e não se tomou qualquer providência para importar um escavador experiente das comunidades mineiras que existiam na Inglaterra desde os tempos antigos. Catesby e Percy eram homens excepcionalmente altos: Tesimond, em sua *Narrativa*, espantava-se que os dois tivessem conseguido abaixar-se para a ação. Além disso, são inacreditáveis os problemas de remoção de entulho no movimentado Palácio de Westminster. Algumas pedras deviam ser enormes (grandes demais para passar despercebidas pelo pequeno jardim contíguo) e, se se usasse o Tâmisa, é preciso lembrar-se que o rio nessa época era a principal via de tráfego de uma cidade também capital.[31]

Nenhuma dessas questões óbvias sobre o trabalho de escavação do túnel foi de alguma forma respondida pela acusação. Nem se fez uma tentativa verdadeira nesse sentido. *Sir* Edward Coke, denunciando-o, embora admitisse que o túnel "não foi encontrado nem suspeitado" pelo governo antes de passado o

*Gastou-se muita tinta no século XIX com a questão desse túnel, como parte da inconclusa controvérsia sobre o fato de ter realmente existido ou não uma Conspiração da Pólvora, entre os historiadores S. R. Gardiner e o padre John Gerard (*sic*). Gardiner, que era pró-conspiração, defendia sua existência, e Gerard, que não acreditava na conspiração, atacava-a como parte do quadro geral de maquinação governamental; talvez se tenha gasto mais tinta do que merecia o assunto, pois é inteiramente possível existir a conspiração sem o improvável túnel. (Gardiner, *Plot*, pp. 34-5, 63-5, 41-2; Gerard, *What Plot?*, pp. 58ss.)

perigo, conseguiu contar uma história bombástica sem risco de contradição. É surpreendente que Guido Fawkes não dissesse uma palavra sobre o assunto antes do quinto interrogatório. A essa altura fora posto sob tortura e não tinha a menor condição de contradizer detalhes tão importantes como um túnel que não desempenhara qualquer função no empreendimento e posteriormente desaparecera na terra de onde surgira. Mesmo assim, alguém achou necessário acrescentar — numa caligrafia diferente da do próprio Fawkes — um detalhe esclarecedor ao seu depoimento. Era um túnel que levava ao "porão da Câmara Alta do Parlamento".[32] O desventurado Guido obviamente não sabia o exato paradeiro imaginário do túnel fantasma.

Por que o governo se deu esse trabalho? A resposta deve estar no elemento sinistro especial apresentado pela idéia mesma de um túnel subterrâneo ocupado por homens perversos, trabalhando sombrios na calada da noite, como toupeiras debaixo dos pés dos íntegros. É digno de nota que na propaganda do governo o túnel se tornou um excelente foco de choque e horror. "Senhor, que ventania, que fogo, que movimento e comoção de terra e ar teria havido ali!", exclamou Coke. Os conspiradores eram chamados regularmente de "mineiros" no debate no Parlamento. Seus membros tinham apenas que baixar os olhos para ser lembrados do grande perigo que os ameaçara a todos. Um dos presentes, *sir* Roger Wilbraham, escreveu em seu diário sobre as "práticas diabólicas debaixo da terra", enquanto o teatrólogo Thomas Dekker crescia em eloqüência sobre o tema da demoníaca assistente de Lúcifer, a toupeira: "As câmaras mortuárias são o seu prazer."[33]

A corte celebrou o Ano-novo de 1605 com entusiasmo, todos ignorando a conspiração que — com túnel ou sem túnel — estava sendo planejada para fazer tantos deles em pedaços. A proliferação da família real foi ainda mais enfatizada pela chegada em outubro do príncipe Charles da Escócia para juntar-se ao irmão e à irmã. O franzino garotinho foi a princípio saudado lugubremente pelos cortesãos ingleses, que temiam recorrer à sua família real caso ele morresse e a família desaparecesse.[34] Mas as coisas melhoraram quando ele foi feito duque de York na véspera do Dia de Reis. Além disso, a gravidez da rainha Anne era bem visível, e ela daria de fato à luz o quarto filho (sobrevivente) em abril.

O tema do "entretenimento" que coroou as festividades da véspera do Dia de Reis trazia uma interessante inclinação inconsciente. Escrito por Ben Jonson e idealizado por Inigo Jones, intitulava-se *A máscara da negritude*. A rainha Anne e suas damas, representando "as filhas do Níger", estavam convencionalmente envoltas em trajes azul-celeste e prata e enfeitados com pérolas. Mas escureceram o rosto e os braços até a altura dos cotovelos, o que tornou um tanto espinhosa a tarefa do embaixador francês de beijar a mão monárquica.[35] Talvez não se pudesse esperar que um ano que começava com a escuridão como tema oficial passasse sem alguma catástrofe ameaçando engoli-lo.

VIII

Perniciosa pólvora

O mundo não tem nenhum instrumento ou meio tão pernicioso como a pólvora, e capaz de realizar tamanhos malefícios.

THOMAS BARLOW
A Conspiração da Pólvora, 1679

VINTE E CINCO DE MARÇO, CONHECIDO COMO o Dia de Nossa Senhora, em homenagem à Festa da Anunciação, era a data em que o ano novo começava oficialmente no calendário contemporâneo.* Um período de novos começos, e em 25 de março de 1605 a Conspiração da Pólvora adquiriu uma nova dimensão. Foi consideravelmente ampliada quando se permitiu o ingresso de Robert Wintour, John Grant e Kit Wright no segredo. Todos os três faziam sentido estratégico, dando continuidade ao sentimento de parentesco familiar que impregnava toda a conspiração. Não apenas Robert Wintour de Huddington era o irmão mais velho de Tom Wintour, mas John Grant de Norbrook casara-se com a irmã deles, Dorothy, e Kit Wright era irmão de Jack Wright, amigo íntimo de Catesby.

John Grant, como Jack Wright, era homem de poucas palavras, com um ar geral de melancolia. Mas, ao contrário do famoso espadachim Wright, era do tipo intelectual, pois estudara latim e outras línguas estrangeiras. Sob a superfície de melancolia, contudo, e do ar de erudito distanciamento, existia uma personalidade

*Só passou a ser o dia 1º de janeiro a partir de 1752, embora seja a forma de datar usada nesta narrativa para evitar confusão.

de excepcional determinação. Ele se recusava, por exemplo, a ser intimidado e provocado pelos perseguidores locais e desafiou-os tantas vezes, e com tamanha violência, que eles passaram a esquivar-se de vasculhar Norbrook (apesar do fato de a casa na maioria das vezes abrigar padres católicos). Sua determinação baseava-se na profunda crença na bênção de Deus a todos os seus atos, que Grant conservou "obstinadamente" até seu último momento.[1]

Crucial para sua admissão, além do casamento na família dos Wintour e sua própria força de propósito, era a posição geográfica de Norbrook. A casa de Grant, perto de Snitterfield, em Warwickshire, alguns quilômetros ao norte de Stratford-upon-Avon, tinha uma excelente localização, do ponto de vista dos conspiradores. Primeiro, fazia parte do grande arco das casas dos conspiradores que na época se desdobrava como um leque pela região central da Inglaterra: de Harrowden e Ashby St Ledgers, perto de Northampton, a Huddington e Hindlip, na vizinhança de Worcester — não muito longe da fronteira do País de Gales, um terreno mais agreste, que oferecia melhor perspectiva de fuga. Era vital conseguir ludibriar os perseguidores fugindo para uma casa segura — ou pelo menos de recusantes. Antes os padres muitas vezes eram salvos dirigindo-se sob o manto da escuridão para um refúgio na vizinhança até a busca acabar, e depois voltando quando a costa estava livre. Um dos agentes do serviço de informação de Salisbury referia-se a presas tão esquivas como tendo a astúcia das raposas: "Mudando de covis quando sentem o vento que trará a caça na direção deles."[2] A cidade situada no centro desse mapa não-conformista era Stratford-upon-Avon.

A casa de Grant, Norbrook, não ficava longe de Lapworth, a residência onde Catesby nascera e fora criado, que agora pertencia a Jack Wright.[3] Além disso, havia a casa de Throckmorton, Coughton Court, alguns quilômetros a oeste, propriedade do tio Thomas de Catesby, mas igualmente para alugar se necessário, pois as fortunas dos Throckmorton haviam sido bastante dilapidadas por causa do não-conformismo. Baddesley Clinton localizava-se a leste.

Para entender como os condados do interior da Inglaterra podiam constituir, com sorte, uma espécie de abrigo para os recusantes, é necessário projetar a imaginação de volta à terra de Shakespeare (e à sua floresta natal de Arden) e afastá-la da idéia da região hoje dominada pela imensa massa proliferante de Birmingham, que é a segunda maior cidade da Inglaterra. Se retirarmos Birmingham do mapa mental,* veremos que os cavalheiros tinham liberdade para caçar (e conspirar) nessa região, onde tam-

*Era uma pequena cidade-mercado com cerca de mil habitantes em fins do século XVII e só começou a desenvolver-se em fins do século XVIII.

bém os padres participavam de atividades de lazer, como a falcoaria, as mulheres mantinham suas grandes mansões fidalgas, incluindo esses padres como músicos ou tutores, desde que e enquanto as lealdades locais continuassem ao seu lado.

A referência à região de Shakespeare é apropriada. Veremos que a Conspiração da Pólvora oferece inspiração, por uma série de meios complicados, para uma das mais fantásticas peças de Shakespeare — *Macbeth* —, e mais uma vez isso não é coincidência. Stratford, célebre como o berço natal de Shakespeare, era também o centro de sua vida familiar. O pai do teatrólogo recebeu de *sir* William Catesby um exemplar de *The Spiritual Testament of St Charles Borromeo* [O testamento espiritual de São Carlos Borromeo], do padre Edmund Campion, na casa Lapworth. A mãe de Shakespeare, da família não-conformista de Arden, tinha uma propriedade em Norbrook, onde morava John Grant, e o próprio Shakespeare comprou uma propriedade em Clopton, cerca de um quilômetro e meio ao norte de Stratford, em julho de 1605, em preparação para seu eventual isolamento, voltando mais tarde para o lugar onde nascera.[4]

Em Londres, os círculos em que Shakespeare se movia também se enredavam com os dos conspiradores. Era o mundo da Taberna da Sereia, onde Catesby e os amigos gostavam de jantar e eram recebidos pelo "querido amigo" de William Shakespeare (testemunhou uma hipoteca para ele), William Johnson. Esse enredo já vinha se desenrolando pelo menos desde a Rebelião de Essex, envolvendo o patrono de Shakespeare, *lord* Southampton, que foi para a prisão por causa disso, além de Catesby, Jack Wright e Tom Wintour.

A figura de *sir* Edward Bushell, que trabalhara para Essex como Cavalheiro Batedor, proporcionava outro vínculo — neste caso, um vínculo familiar. Ned Bushell era primo em primeiro grau dos Wintour. Como ele admitiu, a conspiração incluiu "muitos parentes próximos meus": acabaria se tornando o guardião do jovem Wintour Grant, filho de John Grant e Dorothy, o que o pôs no controle de Norbrook. Mas Bushell também era ligado por casamento a Judith Shakespeare, a filha do teatrólogo. A familiaridade de Shakespeare com o ambiente dos conspiradores, tanto em Londres quanto no campo — e seus próprios antecedentes não-conformistas — sem dúvida bastam para explicar a preocupação posterior do teatrólogo com os alarmantes fatos de 1605, muitos deles ocorridos em "sua região".[5]

A casa de John Grant em Norbrook tinha uma vantagem extra, pois ficava perto de Warwick e também de Stratford. Cavalos — os chamados "cavalos de batalha" — iam fazer parte essencial do golpe. John Grant ficaria responsável pelas provisões do estábulo do Castelo de Warwick. Os cavalos de batalha do tipo continental, "corredores" fortes, pesados, com cerca de dezesseis palmos de altura, capazes de sustentar um homem e sua armadura quando em guerra, eram raros na Inglaterra dos Tudor e pós-Tudor. Os espanhóis acreditavam com otimismo na existência desses cavalos durante os primeiros planos de invasão: mas na verdade os Tudor haviam tentado reproduzir essa raça continental em casa. Os satisfatórios cavalos de sela dessa época eram pôneis Galloway, "rocins" ou naturais de Exmoor, uma raça consideravelmente menor. Quando a situação começasse a piorar — como se esperava que acontecesse — os "cavalos de batalha" do Castelo de Warwick seriam um indispensável e valioso patrimônio. A necessidade de bons cavalos de qualquer tipo levou diretamente à indução de outros conspiradores mais tarde naquele ano.

Por fim, essa concentração nos condados do interior da Inglaterra iria, esperava-se, facilitar um dos mais importantes objetivos dos conspiradores. O seqüestro da princesa Elizabeth, de nove anos.

A residência da filha do rei fora instalada em Coombe Abbey, perto de Coventry, não muito mais de quinze quilômetros a norte de Warwick e a leste de Ashby St Ledgers. Ali, sob a guarda de *lord* e *lady* Harington, com sua própria e considerável casa real, a princesa vivia em toda pompa. Se o príncipe Charles, com seu físico frágil, decepcionara os cortesãos ingleses, e o príncipe Henry, com seu ar autoritário, os encantara, a princesa Elizabeth satisfizera as mais felizes expectativas do que devia ser uma jovem da realeza.

Ela era alta para a idade, bem desenvolvida e bonita, segundo um embaixador francês que a examinara com atenção como uma possível noiva para o delfim francês. (A idade canônica para o casamento era doze anos, mas os contratos maritais podiam ser e eram realizados desde a infância.) No ano anterior, ela já se revelara capaz de cumprir suas obrigações monárquicas na vizinha Coventry. Em seguida a um serviço religioso na Igreja de São Miguel, a jovem princesa sentara-se solene, sob um suntuoso dossel em St Mary's Hall, e comera um solitário jantar, observada pelos dignitários locais.[6] Portanto Elizabeth estava longe de ser uma participante desconhecida para os que viviam na localidade — como podiam, fora isso, ser os membros da realeza numa época em que não havia jornais. Ao contrário, os conspiradores sabiam que a princesa podia desempenhar uma função cerimonial, apesar da relativa juventude.

A função cerimonial que os planejadores da Conspiração da Pólvora tinham em mente era a de rainha titular.[7] A localização da filha núbil era um elemento crítico em seus planos, pois o contrato de casamento era uma possibilidade prática imediata, e o casamento podia ser visualizado para dentro de alguns anos. A princesa era naquela época a terceira na sucessão ao trono, depois dos dois irmãos. Mas desde o início parece que se imaginou que o príncipe Henry ia morrer junto com o pai (afinal, o garoto estivera ostensivamente presente em todas as cerimônias oficiais dos dois anos do reinado). Quanto à questão do príncipe Charles, de quatro anos, a idéia era muito mais confusa. Provavelmente se devia ao fato de ser um recém-chegado à cena real. Isso, com a visível saúde debilitada do menino (mal acabara de aprender a andar), dificultava a interpretação do papel que ele representaria na Abertura do Parlamento. No fim, parece que os conspiradores decidiram pela improvisação nessa parte da ação, como em muitos outros detalhes.

Se o príncipe Charles fosse ao Parlamento, morreria portanto com os outros. Se não, cabia a Thomas Percy a atribuição de arrancá-lo de sua própria casa real separada em Londres. O nascimento da princesa Mary, em 9 de abril de 1605, introduzira outra complicação em potencial. Embora a quarta na sucessão ao trono, em seguida à irmã mais velha, o bebê tinha em teoria a grande vantagem de ter nascido na Inglaterra. Lembrando a xenofobia do testamento de Henrique VIII — julgava-se o nascimento no estrangeiro um impedimento para a sucessão —, parece que houve alguma especulação sobre se a "inglesa" princesa Mary não era uma candidata preferível.[8]

A família deu ao bebê um suntuoso batizado público em Greenwich, em 5 de maio. Puseram a minúscula forma suspensa sob um dossel transportado por oito barões. Suas duas madrinhas foram *lady* Arbella Stuart e Dorothy, condessa de Northumberland.*[9] Mas a conversa sobre o bebê, mesmo os planos para o pequeno duque, não parecem ter tido muita realidade, comparados ao planejamento prático relativo à princesa Elizabeth.

No caos total que inevitavelmente provocaria o "golpe na raiz", os conspiradores necessitariam de uma figura de proa viável, e necessitariam dela — ou dele — rápido. Um simples bebê ou menino pequeno bastaria. A princesa Elizabeth, mantendo sua propriedade no interior, achava-se idealmente localizada para os objetivos dos conspiradores. Como disse Catesby, eles pretendiam "proclamá-la rainha". Embora uma governante mulher jamais fosse uma opção especialmente desejável, a lembrança da rainha Elizabeth, morta há apenas dois anos, e soberana por quarenta, significava que de modo algum se podia descrevê-la como uma escolha impensável. Havia também a questão de um consorte, que poderia vir a

*Na véspera, emitiram-se cartas patentes para transformar Robert Cecil, na ocasião visconde de Cranborne, em conde de Salisbury, nome pelo qual ele será chamado daqui em diante.

revelar-se o soberano de fato: a princesa poderia ser educada como católica no futuro e casada com um noivo católico.[10] (Eles ignoravam — talvez por sorte — que ela não fora nem um pouco influenciada pelo catolicismo romântico da mãe, e já, nessa tenra idade, desenvolvia a aguda religiosidade protestante que marcaria toda a sua carreira.)

Tais planos para uma menina apresentavam, contudo, o problema imediato de um supervisor ou governador. Assim que se criasse o caos, um protetor (regente) seria urgentemente necessário, durante a menoridade de Elizabeth, para restaurar a ordem — e realizar as "modificações" na religião católica que eram todo o propósito da violenta empreitada.*[11] Quem deveria ser esse protetor? A resposta óbvia era o conde de Northumberland. Aos 41 anos, ele era uma figura sólida e respeitada: o tipo de homem "que aspirava, se não a reinar, pelo menos a governar", nas palavras do embaixador veneziano.[12] Northumberland era um simpatizante católico, e Thomas Percy, um dos principais conspiradores, ao mesmo tempo parente e empregado do conde. Comparados com Northumberland, nenhum dos lordes manifestamente católicos — nem o franco Montague, nem Stourton, nem Mordaunt, por causa de sua posição há muito depreciada como não-conformistas — tinham a grandeza necessária. Quanto a Henry Howard, conde de Northampton, indigno de confiança e papista de igreja do passado, a idade vinha acercando-se — tinha 65 anos. Sua principal atividade católica naqueles dias era tentar convencer o rei a fazer um esplêndido monumento na Abadia de Westminster à rainha Maria dos Escoceses (enterrada então em modestas condições na Catedral de Peterborough, que não agradavam ao conde esteta).

Sem dúvida fazia sentido os conspiradores chegarem a uma decisão em favor de Northumberland e, tendo feito isso, alertá-lo via Percy de alguma forma discreta, no mínimo para evitar a presença dele no encontro fatal do Parlamento. Mas, de maneira bastante curiosa, os conspiradores na verdade parecem não ter tomado decisão alguma sobre o assunto. Mais uma vez houve uma parte de improvisação em seus planos. Certamente a atitude de Northumberland por volta dessa data crucial no início de novembro, que será examinada com detalhes na devida ocasião, não dá a menor indicação de que ele fora alertado para seu glorioso — ou inglorioso — destino. Guy Fawkes jamais deu qualquer informação sobre o assunto, possivelmente porque nenhuma tinha a dar. Tom Wintour negou qualquer conhecimento de um "chefe geral".[13]

*O cargo de protetor era conhecido — embora não popular — na história inglesa desde o reinado de Eduardo VI, que sucedera ao trono com nove anos; enquanto a Escócia sob o rei Jaime, coroado aos treze meses, tinha precisado de vários regentes.

É provável que a explicação do padre Tesimond ao padre Garnet, de que a escolha do protetor seria "resolvida pelos lordes que deveriam ser salvos", seja a verdadeira. E quais seriam eles, ninguém, claro, sabia ao certo de antemão. Como acrescentou o padre Tesimond: "Deixaram tudo ao acaso." Esta foi na verdade a atitude adotada pelo promotor Coke no julgamento: o protetor devia ser escolhido depois de ocorrida a "explosão", entre os nobres membros que haviam sido "poupados", por terem sido avisados antes para não comparecer ao Parlamento — uma postura inteligente, pois deixava em aberto a importante questão de quem fora e quem não fora avisado.[14] Em suma, pôs-se em prática a mesma política que se resolvem para com os membros da família real: iam esperar e ver quem sobreviveria, com Northumberland correndo em primeiro lugar.

Nessas circunstâncias, houve uma certa ironia inconsciente numa alusão à princesa Elizabeth feita pelo rei Jaime na primavera de 1605. Com intensidade cada vez maior, ele vinha extravasando sua irritação com a questão dos papistas, que estavam "em liberdade condicional" desde sua ascensão ao trono. O mau humor do monarca no momento devia-se à recusa deles em reconhecer como se achavam em boa situação sob seu governo. Como podiam não demonstrar gratidão, continuando a ser uma comunidade estática, passiva? John Chamberlain soube que o rei esbravejara que, se seus filhos homens algum dia viessem a se tornar católicos, ele preferia que a coroa passasse para a filha. Enquanto isso, o número do não-conformismo subia. Como informou o embaixador veneziano em abril, o governo começava então a usar "vigor e severidade" contra os católicos.[15]

Alguns católicos ingleses continuavam examinando a opção de "comprar" a tolerância com pesadas somas de dinheiro vivo, possivelmente obtidas da Espanha, e procuravam o enviado Tassis para conversar sobre isso. Nesse meio tempo o papa Clemente VIII, que morrera na primavera, após um papado de dezessete anos, foi para o túmulo ainda acreditando na iminente conversão do rei Jaime ao catolicismo. Em parte isso se devia às manobras diplomáticas de um emissário escocês em Roma, *sir* James Lindsay, fossem sinceras ou não; em parte, a crença originou-se das dolorosas comunicações da rainha Anne, estas sem dúvida sinceras mas não necessariamente corretas.[16] Do ponto de vista dos conspiradores, contudo, ambas as esperanças eram igualmente irrealistas. "A natureza da doença exigia um remédio muito lancinante", dissera Catesby a Tom Wintour, indicando a necessidade de terrorismo. Passado quase um ano, os planos para "fazer alguma coisa na Inglaterra" iam afinal tomando uma forma prática.

Vinte e cinco de março, a data em que se admitiram os novos conspiradores, foi também a data em que se formalizou o aluguel de um chamado porão, perto de uma casa pertencente a John Whynniard. Essa casa, deve-se salientar, ficava bem no centro das instalações de Westminster: contudo, nada havia de excepcional nela. O Palácio de Westminster, nessa data e durante muitos anos ainda, era uma coelheira de quartos de encontro, aposentos semiprivados, apartamentos — onde se realizavam atividades comerciais de todos os tipos.* A antigüidade de grande parte da construção ajudava a explicar sua natureza balança-mas-não-cai. Havia tabernas, comerciantes de vinho, uma padaria no mesmo bloco de prédios que a residência de Whynniard, tendas e lojas por toda parte. Em suma, não se deve aplicar as idéias modernas de segurança devidas a uma sede governamental às disposições do Palácio de Westminster da época.

A casa de Whynniard, em 1605, ficava de quina com a Câmara dos Lordes, paralela a um corredor estreito conhecido como Parliament Place. Este levava à Escadaria do Parlamento, que dava acesso ao rio Tâmisa, a uns 37 metros dali. Também havia um grande espaço aberto margeando o rio, e conhecido como o Garden Cotton. Uma autoridade comparou a planta dos prédios importantes, "para fins práticos", à letra H.[17] Imaginando-se um H, a Câmara dos Lordes ocupava o travessão horizontal no andar superior, com o porão embaixo. O bloco do lado esquerdo consistia no Aposento do Príncipe, usado como sala de vestir para os lordes, no mesmo nível que a Câmara dos Lordes; a casa de Whynniard e o alojamento de um porteiro, Gideon Gibbon, e sua mulher, ficavam embaixo desse conjunto. O bloco do lado direito abrigava a Câmara Pintada, usada como sala de comitê, no andar superior.

A maioria das casas da época tinha seu próprio porão ou depósito para armazenar a infindável quantidade de lenha e carvão necessários mesmo às atividades básicas de cozinha e aquecimento. O porão que pertencia à casa de Whynniard ficava diretamente embaixo da Câmara dos Lordes e parece ter feito parte da grande cozinha medieval do antigo palácio. Contudo essa área, que iria se tornar o "porão de Guy Fawkes", onde na imaginação popular ele trabalhava como uma toupeira na escuridão, era de fato no nível do rés-do-chão. Portanto, talvez fosse mais bem descrita como um depósito do que como um porão. Com o passar dos

*Os diários do funcionário público Samuel Pepys, a partir da década de 1660, oferecem um amplo testemunho do sucesso dessas atividades: Westminster Yard era um de seus *rendez-vous* preferidos, onde ele negociava prostitutas, entre outros produtos em oferta.

anos, o que não surpreende, a área acumulou uma grande quantidade de detritos, caliça, pedaços de madeira e esse tipo de coisas, o que, bastante diferente de sua localização, fazia do "porão" um repositório ideal para a atividade que os conspiradores tinham em mente. Toda a construção parecia suja e bagunçada, e por isso desinteressante e inócua.[18]

Assim como o porão era na verdade mais um depósito, a casa, no primeiro andar, de tão pequena era na verdade mais um apartamento. Sem dúvida dois homens não poderiam dormir ali ao mesmo tempo. Por isso, enquanto Guy Fawkes, codinome John Johnson, ali se escondia, Thomas Percy usava suas próprias acomodações na estalagem Gray's Inn Road. Uma porta conveniente da moradia — que, será lembrado, foi arrendada em primeiro lugar a Whynniard, como guarda-roupeiro do rei — conduzia diretamente à Câmara dos Lordes no primeiro andar. Isso significava que se podia usá-lo como uma espécie de sala de vestir e mesmo para reuniões do comitê (o emprego alternativo dos aposentos em redor do Palácio de Westminster para vários fins demonstra a natureza informal da maneira como era administrado o Palácio).*

O pretexto de Thomas Percy para precisar desse "porão" — de localização tão crucial — foi que a mulher vinha para Londres reunir-se a ele. Parece que a Sra. Susan Whynniard opôs alguma resistência em favor de um inquilino anterior, um certo Skinner, mas no fim o dinheiro falou mais alto: Percy conseguiu o aluguel por quatro libras esterlinas, com um pagamento extra a Susan Whynniard. Uma certa Sra. Bright, que tinha carvão estocado ali, provavelmente também foi comprada.[19] Usando o acesso habitual do rio Tâmisa (com sua travessia desimpedida para Lambeth — e a residência de Catesby — na margem oposta), uma considerável quantidade de pólvora foi transportada daí em diante, ao longo dos meses seguintes, para o porão.

Guy Fawkes revelou que a princípio se transportaram vinte barris para lá e outros foram acrescentados em 20 de julho, perfazendo um total de 36. Segundo Fawkes, também se usaram dois outros tipos de tonéis, galões e barriletes, sendo os últimos, recipientes menores, empregados em geral para transporte. Embora houvesse alguma divergência nos vários outros depoimentos sobre exatamente quanta pólvora foi transportada e quando — houve cálculos entre uma e dez

*O Palácio de Westminster foi reprojetado em 1840 por *sir* Charles Barry, depois do incêndio de 1834. Felizmente, William Capon, um entusiasta da pesquisa arquitetônica, fizera um minucioso levantamento do antigo palácio em 1799 e 1823, ilustrando-o com um mapa que acabou sendo adquirido pela Sociedade dos Antiquários.

toneladas —, a quantidade era em geral reconhecida como suficiente para fazer a Câmara dos Lordes voar pelos ares muito acima dos céus.*[20]

Claro, a pólvora era vital para toda a empreitada. Como Catesby e seus companheiros viviam numa época em que a morte dos tiranos (e dos inocentes) era um fenômeno observável, também tinham familiaridade com a utilização da pólvora e as explosões por ela causadas. Embora o governo tivesse o monopólio teórico do explosivo, isso significava muito pouco em termos práticos. A pólvora era parte do equipamento de todo soldado: seu soldo era pago em parte com ela, o que o estimulava a tentar ganhar algum dinheiro vendendo um pouco por baixo do pano. O mesmo se aplicava às forças armadas internas — a milícia e os bandos treinados. Do mesmo modo, todo navio mercantil tinha um estoque substancial. As proclamações emitidas pelo governo proibindo a venda de material bélico e munições, incluindo a pólvora, mostram como a prática era comum.

De qualquer modo, o Conselho incentivara a produção doméstica de pólvora nos últimos anos do reinado de Elizabeth. Havia agora fábricas de pólvora em vários locais, muitas ao redor de Londres, entre elas Rotherhithe, Long Ditton, em Essex, Leigh Place, perto de Godstone, e Faversham. Em 1599, os fabricantes de pólvora eram obrigados a vender ao governo por um determinado preço, enquanto todo o excedente podia ir para comerciantes em outras partes por três centavos a mais a libra peso. A diminuição da guerra e a desmobilização das tropas no contexto da paz anglo-espanhola significavam que se criara alguma coisa próximo da superabundância. O acesso ao material era inteiramente desimpedido, de modo que todo mundo com algum conhecimento do sistema e dinheiro para gastar podia esperar adquirir suprimentos. Além disso, as condições de armazenamento eram de uma frouxidão alarmante. Embora se devesse guardar a pólvora em câmaras subterrâneas trancadas, podia-se muitas vezes encontrá-la espalhada pelas redondezas, como também demonstram as queixas oficiais respectivas.[21]

Quando, em 1599, dois juízes de Paz de Southwark foram fazer uma busca na casa londrina de Magdalen, viscondessa de Montague, o fato significativo era que procuravam pólvora. Relataram que se acreditava que o material "fora recentemente levado para lá", mas embora vasculhassem com afinco "aposentos, porões, câmaras", seus trabalhos não tiveram sucesso algum. (Ou a

*Não há a menor dúvida de que se guardou uma substancial quantidade de pólvora no "porão", como demonstrou a recente publicação de sua receita oficial, no retorno ao Arsenal Real na Torre de Londres (Rodger, pp. 124-5).

pólvora estava bem escondida — como os vários padres que essa destacada recusante ocultava habitualmente — ou os juízes agiam sob informação falsa.)[22] A fórmula para a pólvora misturava enxofre, carvão vegetal e salitre, que por volta dc fins do século XV eram, após lhes acrescentarem álcool e água, secos no forno e esmigalhados em pedacinhos conhecidos como "pólvora em grão". Nesta forma, a pólvora foi usada durante os quatro séculos seguintes. Em muitos aspectos, era a substância ideal para fins explosivos. Era insensível ao choque, significando que o transporte não constituía um problema, mas também extremamente sensível à chama.*[23]

Os conspiradores podem ter sido originais na ousadia e escopo de sua concepção, mas sem dúvida não o foram na escolha da pólvora para levar a cabo a "explosão". Em 1585, quinhentos dos sitiantes de Antuérpia haviam sido mortos pelo uso de uma máquina carregada de explosivos, inventada por um certo Giambelli. Dcpois fizeram explosões aceleradas, relativamente freqüentes, demonstrando a combustão letal que o material podia causar. Para dar apenas um exemplo, houvera uma enorme explosão em 27 de abril de 1603, quando o rei estava em Burghley. Isso se deu numa fábrica de pólvora em Radcliffe, perto de Nottingham, a não muitos quilômetros de distância. Treze pessoas foram mortas, "despedaçadas" pela pólvora, que também "fez muitos estragos em diversos lugares".[24]

Só havia um problema: a pólvora, depois de um determinado período de tempo, se "deteriorava" — a palavra empregada. Isto é, suas várias substâncias se separavam e tinham de ser todas misturadas mais uma vez. A pólvora "deteriorada" era inútil. Ou, em outras palavras, a substância nesse estado era bastante inofensiva e se podia deixá-la em condições que de outro modo constituiriam uma extraordinária ameaça à segurança.

À medida que a logística da "explosão" era elaborada, a meta desejada continuava sendo a ajuda externa em forma de majestáticos corcéis espanhóis e tropas estrangeiras bem-treinadas, para complementar a cavalaria ligeiramente desesperada que deveria constituir-se de frustrados recusantes ingleses. Guy Fawkes retornou a Flandres para livrar-se dc John Johnson e voltar a ser mais uma vez Guido, e uma vez lá tentou levantar algum tipo de ajuda naquele viveiro de intriga católica e espionagem inglesa. Mais ou menos na mesma época, o idoso e

*Com elementos de potássio, nitrogênio, oxigênio e enxofre completando sua composição, a pólvora entrava em combustão a uma temperatura entre 288 e 316 graus Celsius.

poderoso conde de Nottingham partiu para a Espanha, para ratificar o tratado anglo-espanhol. Beirando os setenta anos, Nottingham (mais outro Howard) casara-se com a prima em primeiro grau e amiga íntima da rainha Elizabeth, cuja morte provocara o declínio da primeira. Contudo a idade não murchou Nottingham, pois ele logo voltou a casar-se na nova dinastia: uma garota chamada Margaret Stewart, parenta do novo rei. Lamentavelmente, Guido e seus colegas não comungavam o mesmo apreço pelas realidades diplomáticas e dinásticas desse grande sobrevivente.

Em algum ponto nessa viagem, o nome de Fawkes entrou nos arquivos do serviço de informação de Robert Cecil, conde de Salisbury. O principal ministro do rei tinha, claro, uma vigorosa rede de espiões em toda parte, não apenas em Flandres, mas na Espanha, Itália, Dinamarca e Irlanda. Além disso, Salisbury conseguiu formar a famosa rede elisabetana de *sir* Francis Walsingham. O número de "falsos" padres no exterior — intrigantes traiçoeiros que eram ou fingiam ser padres — constituía uma fonte especialmente rica de informação, como Salisbury confessou para *sir* Thomas Parry, o embaixador em Paris. Todos desejavam cair nas graças de um patrão tão poderoso como ele. As recompensas podiam incluir permissão àquele que era realmente padre de voltar para a Inglaterra ou uma promoção direta para o que não era. No outono de 1605, George Southwick (descrito como "muito honesto" — o que talvez do ponto de vista de Salisbury fosse) retornou à Inglaterra em companhia de alguns padres que ele denunciara secretamente. O plano era que fosse capturado com eles, para evitar suspeitas.[25]

Após a descoberta oficial — e dramática — da conspiração, não faltariam informantes para se autopromover e afirmar, como fez um certo Thomas Coe, que ele fornecera a Salisbury "a informação primordial dessas últimas traições perigosas". Nem todas essas afirmações se sustentavam: Southwick, por exemplo, continuava, na manhã de 5 de novembro, atarefado fazendo seus relatórios sobre delitos de recusantes, com visível ignorância do que deveria acontecer.[26] A pessoa que parece ter apontado o dedo da suspeita para Guido Fawkes — e mesmo ela não imaginava a verdade exata — foi um espião chamado capitão William Turner.

Turner não era um indivíduo exatamente apreciado. Era bastante detestado pelo homem na área, *sir* Thomas Edmondes, embaixador em Bruxelas, que o considerava um velhaco "leviano e dissoluto", alguém que diria qualquer coisa para ficar nas boas graças de Salisbury. Velhaco ou não, Turner sem dúvida tinha grande experiência do mundo, após ter servido como soldado durante quatorze anos na Irlanda, França e Países Baixos. Seus primeiros relatórios sobre os jesuítas datam de 1598. Nessa época escreveu um comprometendo Hugh Owen (sempre um bom nome para conjurar no que dizia respeito ao governo inglês) numa invasão planejada por refugiados e espanhóis, a realizar-se em julho de 1605.[27]

Contudo não havia nesse relatório qualquer menção à conspiração que viria a tornar-se a Traição da Pólvora. Além disso, quando Turner foi a Paris em outubro e passou para o embaixador inglês ali, Thomas Parry, os documentos sobre "súditos [ingleses] desleais", ainda nada sabia da "explosão" planejada. Parry, porém, deu-se o trabalho de passar tudo isso adiante. O relatório de Turner sobre o perigoso estado da porta do estábulo só chegou à Inglaterra a 28 de novembro, mais de três semanas depois que o cavalo fugira. Em essência, sua informação se incluía mais num esquema difuso de relatos de invasão do que em alguma coisa mais concreta.[28]

Contudo Turner farejara alguma coisa, embora não tudo. Num relatório de 21 de abril, informava que Guy Fawkes — uma figura, claro, conhecida no mundo mercenário flamengo — seria levado para a Inglaterra pelo padre Greenway (codinome do padre Tesimond). Ali, seria apresentado ao "Sr. Catesby", que o poria em contato com "outros ilustres amigos da nobreza e outros que tinham armas e cavalos de prontidão" para essa surtida de julho.[29] Há claras omissões aqui. Os relatórios sobre uma invasão foram a três por dois durante algum tempo — pois, no caso, havia planos não cumpridos para essa invasão, incluindo o de Wintour e o do próprio Fawkes. À parte a natureza letal específica da Traição da Pólvora (que, devemos crer, Turner teria tido enorme prazer em revelar, caso soubesse), não consta o codinome de Guy Fawkes, John Johnson, um ponto importante quando se considera que ele não estava de partida para a Inglaterra, mas se instalara como Johnson numa moradia de Westminster há quase um ano já. Mas Turner confirmara Guy Fawkes, embora não John Johnson, como um homem a ser vigiado e ligara seu nome ao de Catesby — já conhecido como um dos desordeiros de Essex — e ao de Greenway/Tesimond. Essa informação deve ter tido sua importância no imenso emaranhado de relatórios que Salisbury recebia, ainda que seu significado não fosse compreendido de imediato.

O alarme de Turner sobre uma invasão que jamais existiu leva à questão muito mais importante sobre quem tinha conhecimento da Traição da Pólvora na Inglaterra. Pois era na Inglaterra, onde se tramava de fato a conspiração, que havia infinitamente mais possibilidades de ocorrer a traição.

Quem sabia? Em primeiro lugar, os empregados, esse grupo onipresente da "espécie inferior", na expressão depreciativa do Conselho Privado, que no entanto, durante toda a história, tinha inigualáveis oportunidades de ficar sabendo pelo buraco da fechadura. A natureza hierárquica da sociedade significava que os empregados quase sempre seguiam as opiniões dos patrões com fanática lealdade, pois de qualquer modo seriam provável e casualmente condenados por causa deles (e isso testemunham muitos deles, como Robert Grissold de Lancaster, que morreu com seus amos, os padres). Também havia outro grupo, as leais senhoras da sociedade católica da Inglaterra não-conformista, as mulheres já com suas vidas confiadas aos pastores, as esposas e relações pessoais íntimas dos conspiradores. Deve-se fazer uma forte suposição de que nos sussurros trocados pelos cantos, em veladas confidências na inocente correspondência doméstica, as notícias logo se espalhavam.

Na Páscoa de 1605 ocorrera um incidente muito estranho, envolvendo Eliza Vaux, que jamais foi satisfatoriamente explicado.[30] (Nem é preciso dizer que as mulheres dos conspiradores, sobretudo a admirável Gertrude Talbot Wintour de Huddington, negariam ter qualquer fragmento de conhecimento prévio, mas com o futuro da família em jogo essa negação talvez não representasse toda a verdade de qualquer modo; o que uma mulher sabe na intimidade sobre os planos do marido não é quantificável.) A própria Eliza Vaux estava extremamente preocupada nessa época com a obrigação de casar o filho mais velho, quarto barão Vaux de Harrowden, de dezessete anos. *Lord* Northampton, que assumiu a responsabilidade de arranjar uma companheira conveniente e do grande mundo, escolheu *lady* Elizabeth Howard, uma das inúmeras filhas da prole de seu sobrinho, o conde de Suffolk, e da avarenta mas bela *lady* Catherine.

Lady Elizabeth Howard era no papel uma excelente escolha. Bem relacionada devido à posição dos pais na corte e, como todas jovens Howard, extremamente bonita. Fica claro, segundo os fatos ocorridos depois, que o jovem Edward Vaux se apaixonou perdidamente por ela. Infelizmente, o vantajoso casamento demorou a tomar impulso, e Eliza Vaux, cada vez mais impaciente com o atraso, avaliou com muita correção o motivo. Os dois, ela e o filho, eram considerados "papistas obstinados".

Eliza tinha uma amiga íntima, *lady* Agnes Wenman, filha de *sir* George Fermor, de Easton Neston, não muito distante de Harrowden, e além disso uma prima da família (sua avó era uma Vaux). Desde o casamento, Agnes Wenman vivia em Thame Park, perto de Oxford. Eliza Vaux esperava ter uma ouvinte solidária em Agnes Wenman sobre a questão da união protelada, no mínimo porque influenciara a amiga rumo ao catolicismo durante a ausência de *sir* Richard Wenman nos Países Baixos, ou, como preferiu dizer esse cavalheiro, Eliza Vaux "corrompera sua mulher Agnes na religião". O próprio padre John Gerard ensinara *lady* Wenman a meditar, e ela começara a passar até duas horas absorta em leituras espirituais. Na Páscoa — 31 de março — Eliza Vaux confidenciou indiscretamente, numa carta a Agnes Wenman, que esperava que o casamento acabasse realizando-se logo, pois alguma coisa extraordinária ia acontecer.[31]

"Apresse-se a rezar", escreveu Eliza Vaux, ou coisa que o valha, "para que aconteça o que pretendemos, pois se de fato acontecer, veremos Tottenham virar francês." (Era a gíria contemporânea para algum tipo de fato miraculoso.) O que Eliza Vaux não esperava era que sua carta fosse aberta na ausência de Agnes Wenman por sua sogra *lady* Tasborough. Esta, que interpretou a referência como sendo o advento da tolerância aos católicos, mostrou a carta a *sir* Richard. Embora ele lembrasse a frase ligeiramente diferente — "ela esperava e tinha como possível que em breve Tottenham se tornasse francês" —, a insinuação da conspiração conservou-se em sua mente. A própria carta desapareceu antes de novembro, deixando a Eliza refugiar-se na tradicional desculpa da lembrança apagada. Afirmou depois que não tinha a menor recordação da frase escrita à amiga ou do que queria dizer com ela.[32]

Tottenham não se tornou francês, e a comprometedora carta de Wenman só foi denunciada pelo acaso, talvez ajudado pela malícia de uma sogra. Transpira, contudo, numa comunicação particular na correspondência de uma mulher para outra, um clima de entusiasmo e esperança dos católicos, embora seu sentido exato permaneça misterioso. (Mas sem dúvida é improvável que a referência fosse à tolerância católica, em vista da situação anglo-espanhola.) Só se pode desconfiar de quantas outras insinuações se fizeram cair nesse período, considerando-se que após as atrozes conseqüências de 5 de novembro cartas incriminatórias como essas, quando possível, foram imediatamente destruídas.

Havia contudo um terceiro grupo na Inglaterra, além dos empregados quase sempre silenciosos e das damas quase sempre discretas, que talvez diante disso tivesse sabido da conspiração e se mantido calado sobre o assunto. Era o do padres escondidos e atentos. No início do verão, o padre Henry Garnet informou insatisfeito a Roma que os católicos na Inglaterra haviam "chegado a um estado de desespero", o que os tornava profundamente ressentidos com as continuadas ordens dos jesuítas para que evitassem a violência.[33] Nesse estágio, também ele agia mais por desconfiança do que por alguma informação direta.

Enquanto isso, a comunidade católica secreta tentava conservar aqueles rituais tão preciosos para ela. Um dos principais era a Festa de Corpus Christi (o Santíssimo Sacramento), depois do Domingo da Santíssima Trindade, celebrado naquele ano em 16 de junho. Embora instituída em termos eclesiásticos relativamente recentes, tornara-se uma grande festividade no período final da Igreja medieval, com uma procissão, bandeiras e música. Toda essa movimentação era muito mais conspícua, e por isso mais difícil de esconder, do que uma missa rezada às duas da manhã (horário popular para a missa, quando se esperava que os perseguidores não se intrometeriam). Esse Corpus Christi em particular foi celebrado na casa de *sir* John Tyrrel, em Fremland, Essex. Com "uma procissão solene em redor de um grande jardim", foi vigiado por espiões, embora os padres conseguissem depois fugir em segurança.[34] O que os espiões não sabiam era que, uma semana antes, o padre Garnet se vira por acaso tendo uma conversa, aparentemente informal, mas ao mesmo tempo incomodamente memorável, com seu amigo Robin Catesby.

A conversa ocorreu em Londres, em 9 de junho, num quarto na rua do Tâmisa, uma alameda extremamente estreita, paralela à margem direita do rio, saindo da Torre de Londres. No decorrer de uma discussão em torno da guerra em Flandres, Robin Catesby lançou-se num questionamento da moralidade da "morte de inocentes". O jesuíta respondeu-lhe devidamente segundo a teologia católica. Era um caso de duplo efeito, como expôs Garnet a teoria a Catesby. Para pôr fim a um cerco em tempo de guerra, "muitas vezes (...) se faziam essas coisas": isto é, o ataque que encerrava esse cerco resultava na captura de uma posição inimiga, mas ao mesmo tempo poderia causar a morte de mulheres e crianças. De Catesby para Garnet, sem dúvida não houve menção a "coisa alguma contra o rei", muito menos à pólvora. Como confessou depois Garnet sobre o interrogatório de Catesby: "Achei que se tratava de uma pergunta ociosa": quando muito, se relacionava com algum projeto a que o jesuíta julgou que Catesby se dedicava, tendo a ver com a mobilização de um regimento para Flandres.[35]

Portanto, se aceitamos a versão de Garnet como a verdade, ele continuava em genuína ignorância de qualquer plano específico quando o padre Tesimond o procurou no quarto da rua do Tâmisa, logo depois de 24 de julho. Oswald Tesimond era um vigoroso nortista cuja aparência franca — a "compleição saudável e corada", cabelos negros e barba — devia alguma coisa a essas origens. Mas Tesimond, que se formara no Colégio Inglês em Roma, após anos no exterior havia-se tornado um sujeito sofisticado, como indicava externamente o fato de suas roupas serem "muito ao estilo da moda italiana".[36] Regressara à Inglaterra cerca de sete anos antes. Homem inteligente e ponderado, era um grande admirador da calma sabedoria do superior dos jesuítas ingleses, o padre Garnet.

O que ele disse então a Garnet não podia de modo algum ser descartado como "ocioso". Pois o padre Tesimond ouvira recentemente a confissão de Robin Catesby. Em estado de extraordinário desespero, Tesimond buscava agora seu superior para dividir o apavorante fardo do que ouvira. Como Catesby, propôs comunicar o que tinha a dizer sob o sigilo da confissão.

IX

Há um risco...

Há o risco de que alguma ação privada cometa traição ou use a força contra o rei.

PADRE HENRY GARNET
Numa carta a Roma, 24 de julho de 1605

"QUISERA DEUS QUE EU jamais tivesse sabido da Traição da Pólvora", gritava "com muita comoção" o padre Garnet oito meses depois.[1] Mas desde fins de julho de 1605, ele *ficara sabendo*. A questão era saber em que circunstâncias e com que obrigações para aqueles a quem a Conspiração da Pólvora ameaçava. A revelação do padre Tesimond a Garnet proporcionou um dos mais angustiantes aspectos de todo o episódio. Sem dúvida, o conhecimento secreto do padre Garnet foi o suficiente para fazer do resto de sua vida um tormento, primeiro de incerteza, e depois de horrorizada certeza. Ao ouvir pela primeira vez a notícia, contudo, ela representara que o cenário de pesadelo, que há tanto o jesuíta temia, se tornasse realidade ou ameaçasse tornar-se realidade.

O padre Tesimond deixa claro, em sua *Narrative*, que Catesby expressara durante algum tempo sua impaciência com a indiferença e "excessiva paciência" do padre Garnet. No verão anterior, os três se haviam reunido, os dois padres e Catesby, em torno de uma refeição, e o padre Garnet aproveitara a oportunidade para proferir algumas "palavras sérias" sobre a questão do papa. Era "ordem expressa" do Sumo Pontífice que os católicos ingleses vivessem em paz e deixassem com a Providência a reconversão de seu país. Mas Catesby recusou-se a aceitar a mensagem em silêncio. Em vez disso, ao se levantarem da mesa, referiu-se incisivamente aos que se haviam cansado de tanto suportar a perseguição. As pessoas diziam abertamente que essas doutrinas de não-resistência haviam tirado dos católicos sua disposição e energia, deixando-os "flácidos e pobres de espírito". Esclarecendo que falava pelos outros, e também por si mesmo, Catesby disse que os católicos ingleses se achavam naquele momento em pior situação do que os escravos, desprezados pelos inimigos como "lunáticos de Deus".[2]

Talvez tudo isso pudesse ser descartado, ou pelo menos tolerado, como extravasamento de um dinâmico e frustrado mas fundamentalmente íntegro filho da Igreja. Contudo as últimas observações ameaçadoras de Catesby não poderiam de modo algum ser interpretadas sob essa luz. Fossem quais fossem as palavras do papa, ele disse, as pessoas perguntavam se alguma autoridade na terra podia tirar-lhes o direito, concedido "pela natureza", de defender as próprias vidas da violência dos outros. Claro, era uma opinião da qual o jesuíta discordava profundamente. Ele continuou a discutir com Catesby — quando teve oportunidade.

O padre Tesimond dá o testemunho de que o conspirador, após esse encontro, começou a evitar a companhia de Garnet, para não receber sua "proibição", o que evidentemente deixava Catesby intranqüilo. No início de julho, o padre Garnet, premido por uma carta de Aquaviva, voltou a Fremland, onde encontrou Catesby com o primo Francis Tresham e o primo deste por casamento, *lord* Monteagle. Mais uma vez Garnet advertiu-os com um sermão para que não "mergulhassem de cabeça no mal". Em conseqüência, chegaram a um acordo pelo que ficou decidido que se pediria a *sir* Edmund Baynham que fosse a Roma expor a difícil situação dos católicos ingleses. O padre Garnet teve a impressão de que conseguira evitar um desastre.[3]

No fim de julho — logo depois da Festa de São Jaime, no dia 25 — o jesuíta descobriu que fracassara. Ficou sabendo da existência de um plano que era "algo de mais horrendo, do tipo que jamais se ouvira falar". Garnet não conseguira impedir o início da conspiração. Restava ver se poderia ou conseguiria impedir a concretização desse plano.[4]

Tudo que Catesby contou ao padre Tesimond foi sob o sigilo do confessionário. Foi depois intensamente confirmado pelo padre Garnet e o padre Tesimond que este também consultou seu conselheiro espiritual (e superior) sob o mesmo sigilo. Mas o que ele tinha a dizer provavelmente devia sair com dificuldade, além de ser de conteúdo muito aflitivo. Num ímpeto de bondade, o padre Garnet sugeriu que em vez de ajoelhar-se, como era o costume, o padre Tesimond continuasse sua confissão enquanto os dois caminhavam juntos pelo jardim. Foi um daqueles pequenos gestos que pareciam insignificantes na época, mas que teriam terríveis conseqüências imprevisíveis.

Tesimond o procurara para "confessar e pedir conselho"; também recebera permissão antecipada de "seu próprio penitente" (Catesby) para fazê-lo. Quanto à legitimidade das condições em que Tesimond fez sua própria confissão, nenhum dos dois padres jamais abriu mão desse ponto. O máximo que Garnet admitiu — sob assustadora pressão — foi que, embora a consulta não tivesse sido realmente feita "em confissão", ainda assim "ele a entendia como feita em confissão".[5] O que, do ponto de vista teológico, vinha a dar na mesma coisa, pois Garnet depois se consideraria, de boa fé, obrigado pelos cânones confessionais.

As normas católicas relativas à confissão eram inteiramente claras. Segundo a lei canônica, toda informação recebida sob sigilo era privilegiada; isto é, não podia ser divulgada em nenhuma circunstância (a não ser, claro, se o respectivo penitente permitisse). Contudo essa regra não se aplicava à informação recebida de modo mais generalizado, nem a uma "confidência", desde que não se recorresse ao próprio sigilo. Segundo o padre Garnet, escrevendo depois ao padre Tesimond — que jamais o contradisse —, Tesimond estava incontestavelmente fazendo uma confissão, não comunicando uma confidência, apesar das circunstâncias incomuns em que a fez.[6]

É extremamente difícil para a mente não católica — e talvez até mesmo para a católica — lutar com a questão do conhecimento antecipado de Garnet, se colocada nos termos mais simples. Um padre ouve de antemão que vão explodir o Parlamento, com assustadora perda de vidas humanas; deve ele na verdade nada dizer e permitir o prosseguimento desse horror?* O âmago do problema era que atitude Garnet deveria ter tomado daí em diante. Catesby e seus companheiros eram terroristas por intenção; o terrorismo deles tinha sua própria dinâmica interna, pela qual era justificado ou não. Nada disso tinha alguma coisa a ver com os padres, que nem na época nem depois jamais ofereceram qualquer justificativa para a conspiração e ficaram genuinamente assustados com ela. Onde então estava o dever deles?

Talvez a reação correta em termos sacerdotais tenha sido expressa mais claramente pelo próprio padre Garnet: "O próprio confessor é obrigado a encontrar todos os meios legais de impedir e revelar a traição."[7] Ainda que Garnet não pudesse usar o conhecimento especificamente obtido no confessio-

*As conseqüências do sigilo da confissão, em que o padre não deve divulgar o que soube nem mesmo para salvar uma pessoa/povo inocente, sempre foram vistas como de grande potencial dramático; das várias obras em que isso foi explorado, a mais notável é o filme *A tortura do silêncio* [*I Confess*] (1953), com Montgomery Clift no papel de um padre que ouve a confissão de um assassino e é ele mesmo posteriormente acusado do crime; não pode inocentar-se quebrando o sigilo do confessionário.

nário, isso não significava que teria de manter-se passivo e permitir a continuação dos fatos.

O que o padre Garnet fez em seguida foi inteiramente lógico segundo as normas católicas. Escreveu logo para seu geral, Aquaviva, em Roma. Disse que já evitara que a violência ou "sérios problemas" irrompessem em quatro ocasiões isoladas na Inglaterra, mas continuava perturbado por dois motivos. Primeiro, que pessoas "em outro país" pudessem "partir para as armas", o que incitaria outros na Inglaterra a juntar-se a eles em aberta rebelião. Segundo, e muito mais sério, escreveu: "Há o risco de que alguma ação privada cometa traição ou use a força contra o rei." Desse modo, todos os católicos poderiam ser obrigados a juntar-se a eles na luta, para ruína da comunidade. Mais uma vez o padre Garnet exortava que o novo papa, Paulo V, eleito em 29 de maio, emitisse um breve pontifício contra o uso de "força armada". Para não mencionar seu próprio pesado fardo de conhecimento, o jesuíta sugeria, com toda a cautela, que o pretexto para a ação do papa poderiam ser os recentes tumultos entre os não-conformistas do País de Gales que formavam uma comunidade de notória turbulência.[8]

Mas Garnet não parou aí em seu "impedimento" da traição. Também pediu ao emissário católico em Roma, *sir* Edmund Baynham, que enfatizasse a necessidade da declaração papal. O governo lançou depois um ataque em duas frentes à missão de Baynham.[9] Deduziu que o padre Garnet despachara *sir* Edmund deliberadamente tarde demais para conseguir uma repressão efetiva. Usou uma pitoresca analogia desportista: Garnet era como um ladrão roubando perdizes com a ajuda de um cão, que tem o cuidado de que o animal (Baynham) não chegue perto demais e com muita rapidez das aves, antes que a rede as cubra todas, "por receio de que a caça se lance em disparada e o objetivo seja perdido". Em contraposição, também se sugeriu que Baynham fora enviado para justificar o complô com antecedência, uma tese absolutamente contraditória.

A verdade no caso de Baynham parece ter sido um tanto diferente. Ele era um jovem impetuoso, que fora preso mais ou menos na época da Rebelião de Essex, por alguns discursos desaforados sobre o rei da Escócia. Além disso, também teve um certo envolvimento periférico na Conspiração dos Secundários. Mas era um mestre de línguas, com a rara façanha de poder passar por francês ou italiano, e sua missão em toda a Europa — lembrando-se os perigos das viagens nessa época — atraía por isso menos atenção.[10]

Em 28 de julho, mais uma vez a abertura do Parlamento foi adiada por proclamação. Não ia mais reunir-se a 3 de outubro, como se planejara nos últimos seis meses, pois se decidiu que "alguns resíduos do último contágio" (a peste) ainda permaneciam na capital. Como as pessoas estavam habituadas a retornar para Londres no Dia de Todos os Santos — 1° de novembro —, a nova data escolhida, na verdade a terceira planejada, foi terça-feira, 5 de novembro.[11]

Ao longo dos dois meses e meio seguintes, o padre Garnet permitiu-se acalmar-se com uma sensação de falsa segurança. Tudo ficaria em estado jacente até se conhecerem os resultados da missão de Baynham. O cenário de pesadelo não ia ocorrer. Mas na imaginação popular, desde então, as atividades do padre Garnet nessa época foram como as apresentadas numa famosa quadrinha, *Mischeefes Mysterie (...) The Power Plot* [O mistério dos patifes (...) A Conspiração da Pólvora]:

> Sim, o ímpio Garnet pelos traidores rezou
> Espicaçou e tocou a quem podia deter
> Sendo cúmplice dessa maldita intenção
> Que com uma palavra esse jesuíta podia impedir.[12]

Transpirava uma enganosa placidez da vida inglesa no alto verão de 1605. Essa normalidade exterior existia em muitos níveis diferentes. O rei ocupava-se com a grande atividade da caça. Tinha plena convicção de que o prolongado exercício violento (longe de Londres) era essencial para a saúde monárquica. Em vista de esta na verdade ser "a saúde e o bem-estar de todos nós", como observara ao seu Conselho em janeiro, pediu aos conselheiros, liderados por Salisbury, que se encarregassem do "fardo dos negócios" e tratassem de não deixar que o interrompessem nem perturbassem com demasiados assuntos.[13] Era um pedido despreocupado que significava, claro, que seus conselheiros, liderados por Salisbury, tinham agora liberdade para decidir o que era ou não suficientemente importante para incomodar o soberano. E também tinham outro tipo de liberdade. A ausência do rei do centro dos negócios dava-lhes liberdade para conspirar e planejar sem a interferência real.

O aniversário da Conspiração de Gowrie de 1600 contra o rei Jaime, tão miraculosamente frustrada, foi mais uma vez celebrado na terça-feira, 5 de agosto, com uma solene ação de graças. O bispo de Londres, Dr. Bancroft (mais tarde arcebispo de Canterbury), aproveitou a oportunidade para fazer um sermão extremamente antipapista na Catedral de São Paulo, ao longo do qual citou o monarca. Tão decidido, ele disse, estava o rei Jaime a preservar a religião protestante que se dispunha a derramar a última gota de sangue de seu corpo.[14] Obviamente, não havia nenhuma contradição visível entre esse tipo de declaração destemida e o fato de o soberano, em sua viagem de caça, continuar a hospedar-se com ilustres papistas, como e quando lhe convinha. Jaime chegou até a passar a noite em Harrowden Hall, onde foi recebido não apenas por Eliza Vaux, mas também pelo aspirante a noivo, o jovem *lord* Vaux, cuja união com a bela Elizabeth Howard ainda se protelava por motivos religiosos.

Em 27 de agosto, o rei Jaime, a rainha Anne e o príncipe Henry chegaram a Oxford para uma visita de três dias. O rei e a rainha se instalaram em Christ Church e o príncipe de onze anos e meio no Magdalen College. Os elaborados preparativos em nome da universidade também haviam incluído instruções aos alunos para que se comportassem e se vestissem com decoro. Quanto à rainha Anne, ficou impressionada quando um funcionário da universidade fez um discurso diante dela, no centro da cidade, em grego antigo, língua que, como disse a rainha, ela "jamais ouvira antes".[15]

De seu lado, o rei deliciou-se com uma apresentação em latim de Matthew Gwinn, intitulada *Tres Sybillae*. Dois aspectos proporcionaram-lhe especial prazer. Primeiro, as profecias das sibilas faziam alusões lisonjeiras à sua ancestralidade: louvou-se sua descendência real originária da linhagem imperial de um certo Banquo, enquanto se descrevia em contraste um certo Macbeth como não tendo descendentes. Segundo, a peça de Gwinn era curta. William Shakespeare, em Oxford nessa época, teve a oportunidade de reparar nas duas coisas para o desenvolvimento de sua própria peça sobre o tema de Macbeth. Na Biblioteca Bodleian, o rei Jaime observou jovialmente: "Não fosse eu um rei, seria um homem de universidade."[16] Logo depois disso, contudo, apesar do apelo acadêmico, o monarca voltou mais uma vez à sua caça.

Em outro nível, muito menos público, a vida papista também continuava revolvendo, o mais depressa possível, em torno do ciclo religioso do ano, exatamente como fazia nos idos tempos mais felizes. A Festa de São Bartolomeu, em 24 de agosto, encontrou o padre Garnet em White Webbs, perto de Enfield, com os católicos de quem era mais íntimo — Anne Vaux, sua irmã Eleanor Brooksby, seu sobrinho William Brooksby e a mulher deste, Dorothy. Decidiu-se fazer uma grande peregrinação pelos condados do interior, até o santuário de Santa Winifred, em Holywell, no norte do litoral do País de Gales.

Convencido de que "até onde podemos verificar, os católicos iam viver em tranqüilidade e paz" — pelo menos até o retorno da missão de Baynham — , o padre Garnet anunciou a intenção de partir em peregrinação, acompanhado de seus leais seguidores, em 28 de agosto.[17] Em 30 de agosto, dia em que o rei Jaime deixara para trás as aclamações de Oxford, também partiram esses peregrinos. Foi uma viagem que os levou por todo o arco recusante de Enfield no leste, nas imediações logo saindo do norte de Londres, passando pela casa de John Grant, em Norbrook, perto de Stratford, até Huddington Court, perto de Worcester, uma taberna em Shrewsbury, e por fim ao próprio País de Gales.

Posteriormente, *sir* Edward Coke muito explorou o fato de que essa peregrinação era um disfarce para problemas mais sérios. "Dando aspecto de veracidade a ela", o padre Garnet pretendia convocar uma conferência dos conspiradores.[18] De fato, se a peregrinação tinha algum objetivo individual, é mais provável que fosse a cura de Anne Vaux, que, nessa época já na faixa dos quarenta anos, vivia sempre às voltas com algum tipo de distúrbio feminino. À parte isso, os recusantes na Inglaterra tinham muito pelo que rezar, em vista da gravidade cada vez maior de sua perseguição. Quanto ao próprio padre Garnet, talvez quisesse vigiar seu impaciente rebanho do interior ao longo do caminho, mas dificilmente teria se aventurado até a distante Holywell, se tivesse alguma idéia de que a apavorante "ação privada" continuava a desenvolver-se apesar de todas as suas proibições. Em retrospecto, a peregrinação ao santuário de Santa Winifred parece uma elegia a um determinado tipo de antiga Inglaterra católica, onde o povo espiritual, por mais ressentido com a provação que estivesse, vivia de fato "tranqüilo e em paz".

Cerca de trinta pessoas fizeram a peregrinação, e também, como de hábito, havia os sempre presentes empregados. Eliza Vaux reuniu suas relações, levando consigo os dois padres *habitués* de Harrowden, o padre Gerard e o padre John Percy. O último, como Gerard, fora capturado e torturado (na prisão de Bridewell), mas como Gerard também conseguira escapar. O padre Tesimond e o irmão leigo que o auxiliava, Ralph Ashley, participaram. E mais um jovem casal, *sir* Everard Digby e sua mulher Mary, que vieram de Gayhurst, em Buckinghamshire. Trouxeram consigo seu capelão secreto, o padre jesuíta Edward Oldcorne.

Este filho de pedreiro de Yorkshire (e mãe devota, certa ocasião presa por sua fé) se formara na St Peter School, em York, como Guy Fawkes, os irmãos Wright e também o padre Tesimond. Em termos escolares, contudo, Oldcorne e Tesimond eram de uma geração mais velha que seus colegas. Os dois tinham quarenta e poucos anos, enquanto os conspiradores eram em média cinco anos mais moços. O padre Oldcorne estudara medicina antes de ir para o exterior; mas se tornara um disciplinador tão severo de sua própria saúde, com penitências como o flagelo, que, segundo o padre Gerard, criou um câncer na língua. Como era um pregador talentoso, isso em si representava uma penitência especial. Mas o padre Oldcorne ficara curado com uma visita ao santuário de Santa Winifred quatro anos antes. Sua própria participação na peregrinação era de algum modo uma ação de graças.

Uma figura inferior no séquito do padre Garnet, um homenzinho com uma coxeadura, não chamara muita atenção. Nem aliás atraíra muita simpatia: era uma época em que muitas vezes se acreditava que um corpo "deformado" indicava uma natureza igualmente distorcida. Mas a grande alma e a imensurável coragem de Nicholas Owen ofereciam por si sós, se tal coisa fosse necessária, a mais forte refutação possível do preconceito contemporâneo. Esse inconspícuo irmão leigo, não muito mais alto que um anão, na verdade tinha em suas mãos de artífice todos os segredos vitais dos esconderijos católicos. Apelidado de João Pequeno (o padre Gerard, em oposição, era o João Comprido dos Capuchinhos), Nicholas Owen era um dos quatro filhos de um carpinteiro de Oxford. Dois de seus irmãos, Walter e John, eram padres jesuítas. Um terceiro irmão, Henry, mantinha em Northamptonshire uma gráfica clandestina para literatura católica, cujas publicações traziam o falso carimbo "impresso na Antuérpia". A certa altura, quando foi condenado por seu não-conformismo, Henry chegou a montar uma gráfica secreta na prisão.[19]

João Pequeno descobriu sua vocação nesse trabalho, como uma combinação de arquiteto, pedreiro e carpinteiro de inúmeros esconderijos.* Essas várias construções foram descritas por sua biógrafa, Margaret Waugh, como "orações sem palavras".[20] Ele provavelmente trabalhou para o padre Edmund Campion na década de 1580, e foi sem dúvida encarcerado por defendê-lo em 1585. Em 1586, contudo, juntou-se ao padre Garnet e daí em diante passou a dedicar-lhe sua total devoção.

Em 1599, João Pequeno sofreu um sério acidente que o deixou aleijado, acrescentando-lhe mais uma deficiência, além da pequena estatura. Uma carga de cavalo caiu em cima dele, machucando-lhe gravemente a perna: a "fixação errada" do osso fez o resto. Mas, quando se tratava de trabalhar nas condições restritas necessárias à construção de um esconderijo — uma chaminé, um escoadouro —, o minúsculo tamanho de João Pequeno era uma grande vantagem. Quase

*São literalmente inúmeros; Owen era um gênio em seu ofício, e é provável que alguns de seus esconderijos ainda permaneçam não catalogados (fizeram-se descobertas em fins do século XIX e no século XX). É sabido que o padre Richard Blount, que passou quarenta anos na Inglaterra (e durante 21 foi superior dos jesuítas), tinha alguns esconderijos cuja localização continua sendo desconhecida (Morris, *Troubles*, 1ª Parte, p. 192).

sempre trabalhava sozinho, rezando em silêncio enquanto labutava na protetora escuridão das horas noturnas. Essa solidão era escolha deliberada de João Pequeno. Não queria ninguém partilhando o perigo na época — nem a ameaça de interrogatório, incluindo em seguida a tortura. Como João Pequeno estava entre os que haviam sido torturados numa prisão de Londres em 1594 (pendurados durante três horas a fio, "com os braços presos em aros de ferro" e os corpos distendidos), sabia exatamente o risco que corria.[21]

"Quantos padres, então, podemos imaginar que esse homem salvou?", perguntou retoricamente o padre Gerard. De seu lado, o padre Garnet descreveu como João Pequeno viajou por todo o território fazendo esconderijos para que padres e outros católicos pudessem esconder-se da "fúria" dos perseguidores protestantes.[22] Sua clientela incluía *sir* Everard Digby, em Gayhurst, Eliza Vaux, em Harrowden, e com destaque Thomas Habington, em Hindlip, Worcestershire, onde ele construiu em torno de doze esconderijos.

Owen fazia seu trabalho eleito "de graça"; quando o obrigavam a aceitar algum dinheiro, dava-o aos irmãos. Era essencial que cada esconderijo fosse diferente, se não a descoberta de um levaria à de muitos outros. Trabalhando na enorme espessura da alvenaria Tudor — um problema em si —, João Pequeno tinha, no entanto, de fazer uma sólida construção sozinho, a fim de que as leves batidas dos perseguidores não encontrassem um som oco. (Era perigoso usar o espaço oferecido por chaminés, pois os inspetores podiam acender as lareiras.) Com o passar dos anos, João Pequeno criou algumas marcas registradas. Passava tubos de alimentação ou comunicação pelo interior dos esconderijos, para as longas estadas dos padres, e desenvolveu um artifício pelo qual um esconderijo externo ocultava um outro interno, para ludibriar os perseguidores, fazendo-os ir embora quando encontravam o esconderijo externo vazio.* À medida que os peregrinos atravessavam o interior da Inglaterra, rumo a Holywell, norte do País de Gales, Owen aproveitava a oportunidade das várias paradas de descanso da viagem para inventar novos esconderijos e reformar os antigos com segurança ainda maior.[23]

O santuário de Santa Winifred, com sua fonte de águas medicinais, era uma grande antigüidade. O nome inspirou-se na lenda da princesa virgem — Gwenfrewi, do País de Gales — do século VII, descrita pelo padre Gerard

*Essas marcas registradas ajudam a estabelecer quais dos esconderijos sobreviventes na Inglaterra são obra de Nicholas Owen. Além dos citados acima, cavidades em Sawston Hall, perto de Cambridge (lar da família recusante Huddlestone), Baddesley Clinton e Huddington Court são em geral classificadas como obra sua; também foi ele, com muita probabilidade, o responsável pelos esconderijos remanescentes em Coughton e Coldham Hall.

como "uma moça santa e belíssima", cuja fé e amor pela castidade tornavam-na ainda mais bela. Quando a cabeça de Winifred foi arrancada do corpo por um pretendente, Caradoc, a cujos avanços ela resistiu, um jato d'água jorrou do local onde a cabeça atingira o solo: este foi o primeiro milagre. O segundo ocorreu quando o tio de Winifred, São Beuno, conseguiu juntar a cabeça e o corpo secionados, deixando apenas uma marca branca no pescoço da sobrinha, como lembrança do que acontecera. O suposto violador assassino, Caradoc, desapareceu sugado pelo solo, fazendo a triunfante Winifred tornar-se a padroeira não apenas das virgens, mas também dos problemas de infertilidade feminina e doenças relacionadas. Os dois dias de comemoração especial da santa eram 22 de junho (seu martírio, ou melhor, aparente martírio) e 3 de novembro.[24]

O culto de Santa Winifred difundiu-se durante a Idade Média, quando as peregrinações ao santuário que leva seu nome foram se tornando cada vez mais populares. Em 1415, um estatuto decretou a celebração oficial dos dias de Santa Winifred em toda a Inglaterra, juntamente com os de São Jorge e São Davi. Margaret Beaufort, mãe de Henrique VII, tinha uma especial devoção à santa, e à própria Holywell. Foi responsável pela primeira vida impressa de Santa Winifred (por William Caxton) e era uma substancial benfeitora da capela e cercanias de Holywell. Winifred foi uma das santas, adoradas pela gente simples, degradadas em 1536 em conseqüência da Reforma; sua festividade deixou de ser considerada dia santo. Contudo, o Santuário de St. Winifred Well e suas peregrinações — a uma grande distância do Parlamento — continuaram florescendo, independente das proibições governamentais e do clima inclemente. O padre Gerard escreveu que a quantidade de gente que atravessou o córrego em 3 de novembro teve de quebrar o gelo na água. Ele próprio rezou, imerso nas águas, durante quinze minutos; mas não pegou nenhum resfriado depois, apesar de ter ficado com a camisa encharcada debaixo das outras roupas.[25]

As senhoras dessa peregrinação de 1605 fizeram a última parte da excursão, como de costume, descalças. O padre encarregado do local que encontraram era um homem admirável por seus próprios méritos, John Bennett, que se formara em Douai e chegara a Holywell quase trinta anos antes. Fora preso em 1582, durante três anos, e depois banido (a sentença verdadeira foi a morte, mas presume-se que tenha sido comutada devido ao sentimento local em seu favor). Apesar de seu banimento, contudo, o padre Bennett conseguiu voltar a Holywell em 1587, e ali atuou, sob uma série de codinomes, pelo resto da vida. Ao todo, ele serviu à capela por quase cinqüenta anos. Mais uma vez, a lealdade do povo galês ao pastor que amavam deve tê-lo protegido.*[26]

O percurso de volta da peregrinação revelou-se em partes iguais aflitivo e inquietante. Em Rushton Hall, o padre Garnet e Anne Vaux encontraram uma casa de luto. *Sir* Thomas Tresham, o augusto, voluntarioso e devoto patriarca, morrera em 11 de setembro, após uma longa enfermidade. A viúva Muriel continuava retirada em seu aposento, segundo o costume. Francis Tresham contou que as últimas horas do pai haviam sido de grande sofrimento, o velho "agitando-se e debatendo-se de um lado para outro e de uma cama para outra", e acrescentou que ele mesmo preferia uma "morte em que a dor não se prolongasse por meia hora" a morrer com a tamanha agonia do pai.[27] Ele referia-se à morte por enforcamento. Antes que o ano expirasse, Francis Tresham descobriria que muito poucos podem escolher a forma da própria morte, e ele não se incluía entre eles.

A morte de *sir* Tresham naquele preciso momento teve profunda influência sobre o desenvolvimento da Traição da Pólvora, ao introduzir Francis Tresham na equação sob uma luz bastante diferente. Em teoria, agora com 37 anos, ele era um homem rico, com propriedades (e responsabilidades, entre elas a mãe viúva, irmãs solteiras e o irmão Lewis, descuidado com as finanças). Infelizmente, *sir* Tresham, o Moisés católico, outrora um rico colossal, deixara enormes dívidas. Estas — incluindo algumas em que Francis era vinculado como co-devedor, numa hipoteca — contribuíram com mais um motivo de ressentimento para o filho.[28] Francis Tresham achava-se agora na posição de um homem que, após esperar muito por sua herança, descobre no último momento que a taça transbordante está envenenada. Além disso, a herança inalienável de 1584 da família Tresham

*Em fins do século XIX, o santuário e a própria Santa Winifred inspiraram o padre jesuíta e poeta Gerard Manley Hopkins:

> Tão certo quanto o mais certo, certo como essas prímulas primaveris
> No ano que vem renascerão com novos salpicos, certo como a manhã seguinte
> Entre coisas que voltam, coisas com ressurreição, coisas com recuperação,
> Teu nome...

É um prazer relatar que a profecia de Hopkins se realizou; o santuário de Santa Winifred, hoje propriedade de Cadw (Patrimônio do País de Gales), ainda é um centro de devoção e peregrinação, mantendo seu registro ininterrupto. O santuário fica aberto durante todo o ano, mas a "Temporada da Fonte" é menos espartana que na época do padre Garnet; dura só do Domingo de Pentecostes, passando pela festividade de 22 de junho, até o final de setembro. Há inscrições de agradecimentos na capela, como "TW" — "Thanks Winifred" ["Obrigado, Winifred"]. Acreditava-se que uma peregrinação de Jaime II e sua segunda mulher (católica) Maria de Modena, em agosto de 1686 — para o melhor ou o pior — foi responsável pelo nascimento do filho deles, Jaime Eduardo, conhecido na história como o "Filho de Jaime II Pretendente ao Trono", após quinze anos de casamento sem rebentos. (*Hopkins*, p. 165; Br Stephan de Kerdrel, O.P.M., Frei Franciscano, Pantasaph, e Fr D. B. Lordan, Holywell de Sta. Winifred, à autora; David, *passim*.)

significava que Francis era apenas usufrutuário de uma parte maior da propriedade, o que na época parecia contudo mais um desastre.

O melhor de Francis Tresham estava na relação estável com sua mulher Anne, filha de *sir* John Tufton de Hothfield, em Kent. Essa mulher dedicada e de muitos recursos — como os fatos mostrariam que era — dera à luz duas filhas nos cinco anos anteriores, Lucy e Eliza; sem a menor dúvida, o filho homem necessário à herança inalienável da família logo se seguiria. Em todos os outros aspectos, o caráter de Francis Tresham era em geral considerado insatisfatório nos círculos de recusantes. Os padres não davam muito apreço ao seu catolicismo: ele nada tinha da fervorosa religiosidade — embora fanática — de um Catesby ou um Guy Fawkes. Era bastante inteligente, mas "não muito digno de confiança", nas palavras do padre Tesimond. Ao mesmo tempo, Francis Tresham sabia como cuidar de si. Um exemplo disso foi sua reação à ascensão do rei Jaime. Numa visita ao seu cunhado *lord* Monteagle, mostrou-se franco com Tom Wintour (que trabalhava como secretário de Monteagle): dali em diante decidira "ficar inteiramente ao lado do rei". Haviam-se liquidado todas as conspirações anteriores, e ele pediu a Tom Wintour que "não lhe fizesse mais discursos sobre a Espanha".[29]

Apesar disso, a nova riqueza de Francis Tresham — pelo menos tinha acesso aos cavalos e podia tomar dinheiro emprestado — significava que ele não poderia ser de todo ignorado pelos conspiradores como um apoiador em potencial. Além disso, Robin Catesby habituara-se, desde a infância passada juntos, a dominar seu primo instável e tinha cega confiança na natureza imutável do relacionamento dos dois.

Partindo de Rushton pela manhã, o padre Garnet e Anne Vaux foram para Gayhurst, a moradia de seu companheiro de peregrinação, o encantador *sir* Everard Digby. Ali estava um jovem a quem todos adoravam e em quem todos confiavam. Tinha apenas 24 anos, mas já há quase dez era casado com sua rica mulher herdeira, Mary Mulshaw (que trouxera consigo Gayhurst). O casamento dos dois era uma união de felicidade ideal: ela "foi para mim a melhor mulher, aquela que todo homem sempre desejou", diria depois, enquanto ele mesmo era tido por todos como "o melhor homem de toda a corte".[30] O belo rosto, a figura atlética e a altura — um metro e oitenta e três — haviam de fato chamado a atenção do rei Jaime ao nomear Digby cavaleiro em 23 de abril de 1603. Everard Digby não tinha ambições políticas — por que deveria tê-las? Era rico, amado pela mulher e, por ser ainda apaixonado e interessado por todas as modalidades de esporte de campo, tinha muito com que ocupar seu tempo. Suas posses incluíam, além de outras coisas, cavalos (era um excelente cavaleiro), cães de caça e falcões. Também era um católico convertido, cuja vida passou a ser definida pelo não-conformismo, mas àquela altura era o tipo de religião que o padre Garnet aprovava: a aquiescência ao *status quo*, confiando em que Deus traria a conversão da Inglaterra em Seu próprio tempo favorável.

Everard e Mary Digby haviam sido convertidos pelo padre John Gerard — mas em separado. Dá uma medida do sigilo predominante o fato de que durante algum tempo Mary Digby não teve de modo algum a menor idéia de que o elegante cavalheiro que caçava de dia e jogava baralho à noite — apresentado a ela por um vizinho — era na verdade um padre. "O homem vive como um cortesão", exclamou ela espantada, quando lhe revelaram a verdade, "ele nunca se engana em seus termos." Então Everard Digby caiu gravemente doente, o que deu a padre Garnet a oportunidade de pescá-lo também na "rede de São Pedro". Gerard e Digby se tornaram amigos muito íntimos, "chamando-nos um ao outro de 'irmão' quando conversávamos e nos escrevíamos", e o padre Garnet foi o padrinho do primeiro filho de Digby.[31] Nesse meio tempo, os Digby instalaram uma capela e uma sacristia secretas em Gayhurst.

Na hospitaleira e despreocupada Gayhurst, Anne Vaux procurou o padre Garnet e manifestou sua extrema inquietação com o que observara ao longo da recente excursão que fizeram. A desconfiança dessa astuta e observadora mulher, cuja vida fora dedicada fundamentalmente ao mundo não-conformista, por mais de vinte anos, intensificara-se com o que ela vira. Preocupava-a o fato de estarem reunindo tantos cavalos excelentes nos vários estábulos de seus primos e amigos. Anne Vaux, muito perturbada, disse ao padre Garnet que "temia que esses cabeças-quentes tivessem alguma coisa em andamento". Implorou-lhe, pelo amor de Deus, que falasse com Robin Catesby.[32]

Pouco depois, o padre Garnet sentiu-se em condições de tranqüilizá-la. Nada havia para inquietá-la indevidamente. Seu primo Robin estava na verdade tentando obter uma ordem para servir sob o arquiduque Alberto em Flandres, o que após a paz anglo-espanhola não era mais uma atividade ilegal. Catesby chegou a mostrar a Anne Vaux uma carta de recomendação para esse empreendimento que lhe escrevera o padre Garnet — um documento, podemos imaginar, que Garnet deve ter escrito com raro alívio, embora indizível, acreditando que aquela era a forma que as coisas tomavam agora. Mas, claro, esse alívio era bastante injustificado. O risco da destruição do rei Jaime e da família real, que do outro lado cercava não apenas os conspiradores, mas também seus parentes, a comunidade católica como um todo, e acima de tudo seus pastores fugitivos, era como sempre imenso.

Embora haja algum conflito nos indícios sobre quando Guy Fawkes retornou ao continente, reassumindo sorrateiramente sua personalidade de John Johnson, ele sem dúvida se achava mais uma vez em Londres em fins de agosto, na mesma época em que o rei voltava à sua caçada e os peregrinos partiam em sua excursão ao santuário de Santa Winifred. A essa altura, Fawkes e Wintour descobriram que a pólvora no chamado celeiro, já guardada ali há algum tempo, se "deteriorara" — isto é, os elementos se separaram. Assim, os conspiradores transportaram mais pólvora e mais fogos de artifício como um disfarce para escondê-la. Durante o verão, John Grant também parece ter instalado certa quantidade de armamento em Norbrook, incluindo mosquetes e pólvora.

O tempo do levante nos planos dos conspiradores foi ainda demonstrado num encontro secreto em Bath, em agosto, que contou com a presença de Catesby, Percy, Tom Wintour e possivelmente alguns outros. Tomou-se então a importante decisão de que "o grupo ainda era muito pequeno", tendo Catesby, provavelmente, sido investido de autoridade "para chamar quem considerasse melhor".[33] Uma decisão que talvez fosse inevitável, em vista da natureza de desvairada ambição do projeto deles, mas que só agravava ainda mais o risco principal do plano — o da descoberta.

X

Uma sombria e duvidosa carta

O meio foi uma sombria e duvidosa carta...

SIR EDWARD COKE
1606

HOUVE UM ECLIPSE DUPLO no início do outono de 1605 — um eclipse lunar em 19 de setembro, seguido de um do Sol no início de outubro. A tradição dizia que esses fenômenos celestiais não "pressagiavam nada de bom". A seqüência dessas ocorrências astronômicas com o cataclisma político da Traição da Pólvora foi depois observada. Shakespeare provavelmente comemorou a coincidência em *Rei Lear*,* quando fez Gloucester expressar uma série de prognósticos lúgubres em conseqüência dos últimos eclipses do Sol e da Lua: "as amizades desaparecem, os irmãos se desavêm (...) nos campos, discórdia; nos palácios, traição..." No segundo dia de outubro, data do eclipse solar, faltava pouco mais de um mês para que o Parlamento voltasse a reunir-se no Palácio de Westminster, que se tornou depois a Câmara dos Comuns. Mas não se passariam muito mais de três semanas para que ocorresse a primeira traição, e a amizade desaparecesse, enquanto irmãos se desavinham. O meio pelo qual isso se deu foi descrito depois — com perfeita verdade — como "uma sombria e duvidosa carta".[1]

*A tragédia *Rei Lear* foi apresentada à corte em 26 de dezembro de 1606, quando se reconheceu que jamais se deixaria a Traição da Pólvora, e a terrível ameaça que constituíra para o Estado, desaparecer da memória de ninguém (*King Lear* [Muir], p. xviii).

No início do outono, Robert Catesby recrutou mais três conspiradores, como lhe haviam mandado fazer. No dia da Festa de São Miguel — 29 de setembro — envolveu no segredo o jovem, rico e dedicado católico Ambrose Rookwood. Às vezes sugere-se que Rookwood fora recrutado antes, mas isso é improvável, pois Thomas Percy, já em novembro, não tinha a mínima idéia de que ele fazia parte do grupo.[2] Rookwood, claro, já fornecera pólvora no ano anterior, aparentemente para Flandres, e por isso talvez tivesse suas próprias desconfianças sobre a "ação privada"; do mesmo modo, o relacionamento de sua mulher com Keyes (e com a mulher de Keyes, Christiana) deixava aberta a possibilidade de os rumores terem se espalhado no ramo familiar feminino sem envolvimento direto. Isso não pode ser constatado, mas o que se sabe ao certo é que Rookwood logo se tornou um entusiástico membro da conspiração.

Ambrose Rookwood tinha vinte e poucos anos, ou seja, bastante mais jovem que os conspiradores; mas já tinha a fama de homem corajoso, que ousaria qualquer coisa por "uma causa que fosse boa". Era filho dos fervorosos católicos Robert Rookwood e sua segunda mulher, Dorothea Drury (os dois foram presos como não-conformistas). Robert Rookwood tinha consideráveis propriedades, entre elas Coldham Hall, perto de Bury St Edmunds, em Suffolk, e Ambrose estudara no exterior, entre os primeiros alunos da escola jesuíta em St Omer, perto de Calais, fundada em 1593. Como atraía principalmente os filhos dos abastados, St Omer começava a criar um novo tipo de elite católica, constituída de jovens bem-educados e religiosos.

Mesmo sem essa influência, Ambrose Rookwood tinha muitas ligações recusantes. O primo Edward era o tipo de papista rico com permissão para receber a rainha Elizabeth em sua grande casa, Euston Hall, em Norfolk, mas que também passou dez anos na prisão por sua fé. Uma meia-irmã, Dorothea, tornou-se freira no convento de Santa Úrsula, em Louvain — era "tema de conversa no lugar, por causa de sua santidade" —, e outra, Susanna, também freira, foi uma das primeiras e mais íntimas sócias de Mary Ward.[3]

Após a morte do pai, em 1600, Ambrose Rookwood herdou Coldham. Com a mulher Elizabeth, continuou fazendo da casa "um refúgio comum de padres", como era nos dias do pai.* O jovem devoto tinha, contudo, seu lado mais frívolo. Sendo bonito, mas um tanto baixo, encontrava compensação na queda pelo extravagante, roupas vistosas, e em geral era qualificado como janota — roupas talvez

*Coldham Hall continua sendo uma propriedade privada. Embora bastante modificada desde a época de Rookwood, ainda contém os três esconderijos com todos os indícios da construção de Nicholas Owen; o quarto do sótão que era a capela também subsistiu.

muito exageradas para alguém de "seu nível", quando a tradição mandava que o vestuário indicasse mais classe que dinheiro. Havia, por exemplo, seu "belo cachecol" estampado com figuras e monogramas, e o "casaco de montaria húngaro", todo debruado de veludo.[4]

Mas os cavalos, ao contrário das roupas, eram a paixão permanente de Rookwood, depois da religião. E foi por seu célebre estábulo em Coldham que Ambrose Rookwood — entre os muitos dominados pelo fascínio carismático de Catesby — foi atraído para a rede. Era necessário tê-lo a ele e a seus cavalos junto aos outros conspiradores dos condados do interior. Catesby convenceu-o a alugar Clopton House, vizinha a Stratford. Em Clopton, onde Rookwood instalou sua residência depois da Festa de São Miguel, sabemos pelos relatórios do governo que ele colocou pelo menos dois cálices, dois ou três crucifixos, vestes de cores diferentes para as várias festividades da Igreja (incluindo uma vermelha para o martírio e uma preta para missa fúnebre), livros em latim e "rosários de oração" feitos de contas de osso. Para esconder tudo isso, João Pequeno construiu um grande celeiro que se estendia por baixo do jardim, e ao qual se tinha acesso por uma passagem subterrânea.[5] Ambrose Rookwood era o décimo primeiro conspirador.

Em 14 de outubro, Catesby recrutou o décimo segundo participante, Francis Tresham. O encontro deu-se na casa de *lord* Stourton, cunhado de Tresham, em Clerkenwell. Depois, Tresham fez um relato muitíssimo parcial de toda a história.[6] Nessa ocasião, tinha todos os motivos para minimizar sua própria participação (e culpa) não só pelo seu bem pessoal, mas também pelo da mulher e filhos.* Em toda essa confissão exculpatória, Tresham enfatizou sua crença em que conseguira até o último momento o "adiamento" da Traição da Pólvora para o fim da sessão parlamentar, quando se conheceria toda a extensão das leis antipapistas.

Numa conversa com Catesby, Tresham logo levantou a questão moral sobre se a conspiração era "condenável", isto é, se levava à danação espiritual deles. Quando Catesby respondeu que não, Tresham replicou: "Pois então, Robin (...) tem de me dar licença para condená-la eu mesmo." Com meticulosa compreensão tardia do que devia ter sido feito, Tresham apresentou-se como tendo previsto as terríveis conseqüências da Traição da Pólvora. Se explodissem o Parlamento, que poderiam os católicos fazer depois? "Qual a força deles em si?", perguntou

*Os prisioneiros do Estado faziam tudo para evitar a condenação cabal por traição, pelo bem de seus dependentes inocentes após a sua morte; uma sentença condenatória por traição significava que todas as propriedades e bens do traidor seriam confiscados, o que não acontecia necessariamente nos casos de crimes menores.

ele, sem nenhuma potência por trás a apoiá-los. Mesmo que a princípio confundissem o governo, seus membros logo se reuniriam para deter e matar todos os católicos da Inglaterra. A isso Catesby respondeu apenas: "A necessidade dos católicos" é tamanha que "isso precisa ser feito". Estas últimas palavras, com seu tom de autenticidade, representam a inabalável visão de Catesby sobre o assunto desde a primavera de 1604, quando se desesperara por tentar conquistar por meios pacíficos aquela tolerância prometida certa vez pelo próprio rei Jaime e passara a exigir "um remédio muito lancinante".

Catesby insistiu com o primo em dois favores. Primeiro, queria uma grande soma de dinheiro — duas mil libras esterlinas — e depois pediu a Francis que Rushton ficasse aberta. Segundo Francis, ele não atendeu a nenhum dos dois pedidos. Não tinha em sua posse toda a quantia que Catesby precisava, em vista da situação complicada dos negócios do pai, embora desse cem libras esterlinas a Tom Wintour, julgando que ele ia tomar um navio para os Países Baixos. Segundo, Francis na verdade fechou Rushton, levando a mãe e as irmãs solteiras para Londres, o que, observou, de modo algum teria feito se achasse que as estava levando para "a boca e a fúria mesmas" da ação em andamento.

Em suma, Francis Tresham, embora admitindo-se, do ponto de vista do governo, "culpado de ocultação", afirmava que jamais fora em nenhum sentido um conspirador ativo. Além disso, acreditava que fizera Tom Wintour e mesmo Thomas Percy verem a sensatez do adiamento. Por último, vinha na verdade planejando dar um sinal a *sir* Thomas Lake, o secretário de Latim do rei (mas planejava falar de uma conspiração protestante, para salvar os amigos e relações), quando os acontecimentos se anteciparam a ele.

É questionável em quanto de tudo isso se deve acreditar, além da atitude típica de ou vai ou racha de Catesby, em vista das circunstâncias em que essa história foi contada. Parece improvável que Tresham, tão inteligente e tão íntimo de Catesby, realmente acreditasse que tinha conseguido o famoso adiamento, mas a questão é afinal improvável. O ponto mais importante que ressalta da narrativa de Tresham é sua completa inconfiabilidade. Acreditando ou não que a conspiração ia ser adiada, ele pretendia trair seus companheiros — incluindo os melhores amigos — às autoridades. Pois era pouquíssimo provável que o assíduo Lake, que tinha acesso direto ao rei para proteger os escoceses na corte, fosse ludibriado por muito tempo com a perspectiva de uma revolta puritana fantasma, quando surgiam indícios palpáveis de uma revolta católica verdadeira. Foi um homem desse calibre perigoso que Catesby, com a descuidada confiança de quem se sabe um líder natural, introduzira na Traição da Pólvora.

Uma semana depois do encontro de Catesby com Tresham — na segunda-feira, 21 de outubro — celebrou-se a Festa de São Lucas em Harrowden. Era um dia em que os jesuítas na Inglaterra segundo a tradição tentavam reunir-se para renovar seus votos.* Everard e Mary Digby partiram a cavalo de Gayhurst para a cerimônia, retornando na mesma noite. O padre Garnet foi com eles, e também Anne Vaux. Foi durante essa visita a Gayhurst, quando cavalgavam pelos arredores, que Robin Catesby aproveitou a oportunidade para partilhar o segredo com Everard Digby.[7] *Sir* Everard Digby foi o décimo terceiro e último conspirador. Mas, se houve um Judas no meio deles, este não foi Digby. Ele tinha 24 anos de idade e, como o outro membro mais jovem do grupo, fora recrutado por duas boas razões práticas. Também tinha cavalos e estábulos para eles.

Digby, ao contrário de Rookwood, jamais foi envolvido nos lúgubres atos finais de Londres. Em vez disso, pediu-se que ele se instalasse em Coughton Court, perto de Alcester, Warwickshire, que devia alugar do atual chefe da família Throckmorton, Thomas, que partira para o exterior em 1604. Essa mudança, nas palavras de Catesby, destinava-se a proporcionar a Digby "o melhor, para ele ter condições de trabalhar em prol da causa". Alugaria Coughton por um mês, "dando a entender que talvez fosse por mais tempo (...) se sua mulher gostasse de morar lá".[8] Nas proximidades, Digby devia organizar um encontro de cavaleiros, ostensivamente para uma caçada, mas na verdade armados e montados, prontos para uma grande ação.

Que grande ação seria essa? Há alguns motivos para achar que se deixara por enquanto Digby, ao contrário de Francis Tresham, na ignorância sobre a parte essencial da traição, o plano de explodir o Parlamento. Faz sentido que lhe tenham confiado a operação vital nos condados do interior, o seqüestro da princesa Elizabeth. Não apenas sua perícia em equitação, mas ainda sua famosa presença cavalheiresca tornavam-no uma figura excelente e mesmo, pode-se argumentar, tranqüilizadora. Também é provável que Digby achasse que esse seqüestro era o lado inglês de algum projeto baseado em Flandres, daqueles que durante tanto tempo haviam atraído os intrigantes católicos. Além disso, ele foi informado — bastante erroneamente — de que os jesuítas tinham dado sua bênção ao empreendimento.[9] Portanto, longe de ser um Judas, o décimo terceiro conspirador bem poderia ser nesse estágio uma figura inocente, ou relativamente inocente, em toda a história.

*Como o dia santo de fato era 18 de outubro, a celebração fora adiada alguns dias — possivelmente para permitir uma Missa de Domingo, assim como a presença dos que tinham de fazer uma viagem secreta de certa distância.

Havia sem dúvida doçura, e até mesmo ingenuidade, nessa personalidade, que com sua bela aparência encantava a todos que o conheciam. A simples lembrança dele causaria mais tarde no padre Tesimond intensa dor.[10] Digby não tivera uma juventude desatinada ou dissoluta, como muitos dos conspiradores mais velhos: nem sofrera o trauma de uma infância recusante. (Embora agora fizesse parte do mundo católico, era um dos três conspiradores que nenhum lugar tinham na estreita rede de relacionamentos sangüíneos que unia dez deles, sendo os outros dois Guy Fawkes e o empregado Bates.) Como tutelado do Tribunal do *lord* Chanceler, após a morte precoce do pai, fora criado na religião protestante, antes de ser convertido pelo padre Gerard. O casamento na adolescência com uma moça jovem — e rica — a quem adorava significava que sua vida privada era igualmente estável. Em todos os seus 24 anos de vida, Digby jamais tivera na verdade motivos para sentir-se um proscrito, e talvez por isso fosse emocionalmente pouco dotado para lidar com aqueles que, por bons motivos, haviam tido.

Outubro de 1605 foi um período de extraordinária tensão, à medida que os rumores continuavam a espalhar-se, não abafados de modo geral pelos conspiradores, com suas consciências agitadas. Faltava agora pouco mais de um mês para acontecer a explosão planejada, e algumas pessoas, inevitavelmente, tentavam aliviar sua culpa por antecipação. Outras, de maneira menos solidária, viram na situação tensa e ardilosa uma oportunidade para promover-se.

Em outubro, Anne Vaux teve outra entrevista inquietante com o padre Garnet. Esta se deu em Gayhurst, ou Harrowden. Anne disse ao sacerdote que temia que "alguma perturbação ou desordem" estivesse sendo tramada, pois "algumas senhoras haviam-lhe perguntado onde deveriam alojar-se até passar o impacto da abertura do Parlamento". Essa informação deve ter mais uma vez enchido de apreensões o padre Garnet. Mas Anne recusou-se a divulgar qualquer nome: "Ela não ousava revelar quem lhe dissera isso, pois pediram-lhe segredo."[11] A probabilidade, contudo, era que a pergunta viesse das mulheres dos conspiradores — de Gertrude Wintour, de Huddington, ou sua cunhada Dorothy Grant, de Norbrook. Fora do círculo direto da conspiração, havia também Mary Habington, de Hindlip, mulher do recusante local Thomas e irmã de Monteagle, e Eliza Vaux, que já em abril parece ter pressentido algum acontecimento extraordinário, quando "Tottenham ia virar francês". O padre Garnet continuou tranqüilizador, enfatizando a importância de Flandres como a esfera de ação — e, podemos supor, ainda com profunda esperança de que estivesse certo.

Muito mais sério, em suas implicações para a segurança, do que a conversa secreta das mulheres recusantes foi a que Catesby obviamente teve com o visconde de Montague. Esta ocorreu no dia 15 de outubro, em Londres, no dia seguinte àquele em que ele recrutara o primo Francis Tresham.[12] Montague encontrou Catesby no Savoy, um distrito nas proximidades do Strand. Os dois trocaram "algumas palavras de cumprimento", e então Catesby perguntou casualmente: "É o Parlamento, suponho, que traz Vossa Senhoria até aqui agora?" Montague, que passava a maior parte do tempo em Cowdray, Sussex, respondeu-lhe que na verdade visitava a tia, *lady* Southampton. Mas, quanto ao Parlamento, "estaria lá" em poucas semanas, a não ser que conseguisse permissão do rei para ausentar-se, o que tinha certa esperança de conseguir.

"Penso que Vossa Senhoria não sente o menor prazer de estar lá", comentou Catesby. Com isso, Montague só podia concordar. Já sofrera uma breve temporada na prisão por manifestar-se contra a legislação antipapista na Câmara dos Lordes e, em vista de seu senso de honra, tinha todo motivo para desejar estar ausente quando se anunciasse a nova série de penalidades, para não ter de aprová-las. Catesby fizera o que podia.*

Foi em outubro, em Londres e no campo, que se elaboraram os detalhes finais do plano: a maneira como Guy Fawkes devia acender o estopim no celeiro, e logo depois sair correndo para evitar a explosão, e fugir de barco pelo Tâmisa. Haveria uma rebelião nos condados do interior, coincidentemente com a explosão em Londres, e a pessoa da princesa Elizabeth seria tomada como rainha títere. Ao mesmo tempo, de volta ao continente, a Flandres, Guido estaria explicando o que acontecera — e por quê — a potências católicas como Alberto e Isabel, e que fora um dever sagrado explodir o rei Jaime, a família real e o governo inglês. Essa missão explicativa, "para apresentar os fatos sob a melhor luz possível", era sem dúvida uma tarefa necessária numa época em que a autoridade respeitava a autoridade. Atos de terrorismo radical como tiranicídio eram em princípio desaprovados por aqueles que um dia poderiam sofrê-los eles mesmos.[13]

Uma série de ceias festivas em várias tabernas — a Mitre, na Bread Street, no centro de Londres, a Bull Inn, em Daventry — assinalou esse estágio final da

*Talvez Catesby tivesse feito um pouco mais que isso, mais do que admitiu posteriormente Montague: esse relato foi feito ao governo por um Montague relutante após a descoberta da conspiração, quando a fúria caíra sobre ele, como um dos lordes líderes dos católicos. Ele pode tê-lo editado discretamente, na ausência de Catesby, para contradizê-lo.

conspiração. Essas festas às vezes incluíam convidados insuspeitos como camuflagem. Por exemplo, a festa que Catesby deu em 9 de outubro na Irish Boy, no Strand. Esta contou com a presença de Ben Jonson. O teatrólogo, que se metera em apuros com a peça *Eastward Ho!* [Para o leste, avante!], tinha o hábito de reunir-se com os recusantes, e seria ele próprio condenado como não-conformista no ano seguinte.

Ao mesmo tempo, Ben Jonson vinha estabelecendo uma útil amizade de cliente/patrão com Salisbury e saudara a elevação do último a um condado em maio com alguns versos obsequiosos:

> Que precisão tem de mim ou de minha Musa
> Aquele cujas ações assim o celebram elas mesmas?

Após a descoberta da conspiração, Ben Jonson, como veremos, trabalhou com muita dureza para remover a mancha de sua ligação com os conspiradores, colaborando com o Conselho.[14] Não foi de modo algum o único simpatizante dos não-conformistas a fazer isso. Mas jamais se resolverá inteiramente a questão de quem sabia o que nessas ocasiões, em vista da catástrofe que envolveu seus principais atores.

Então, no sábado, dia 26 de outubro, aparentemente graças a uma carta obscura e mal escrita, entregue nas trevas da noite a *lord* Monteagle, tudo mudou.

O texto dessa "sombria e duvidosa carta", como seria batizada mais tarde, era o seguinte:*

> Meu Senhor, pelo amor que tenho por alguns de vossos amigos, importa-me a vossa preservação. Por isso, eu vos aconselharia, como zelais por vossa vida, a inventardes alguma desculpa para evitar vossa presença nesse Parlamento; pois Deus e o homem concordaram em punir a perversidade desse tempo. E não façais pouco deste conselho, mas retirai-vos para o vosso campo [condado], onde podereis esperar a ocorrência em segurança. Pois embora não haja nenhuma aparência de agitação, digo-vos contudo que todos os presentes receberão um terrível golpe nesse Parlamento; e no entanto não verão quem os fere. Este conselho não deve ser condenado porque pode vos fazer o bem e não pode vos fazer mal algum; pois o perigo terá passado logo que tenhais queimado esta carta. Espero que Deus vos dê a graça de fazer bom uso desta cuja sagrada proteção eu vos recomendo.[15]

*Aqui apresentada numa grafia e pontuação atualizadas.

Ao contrário de muitos manuscritos controvertidos — por exemplo, as chamadas Cartas de Estojo, que trinta anos antes haviam sido usadas para condenar a rainha Maria dos Escoceses — o próprio documento não desapareceu.* A sobrevivência em sua forma original, contudo, não impediu que se tenha questionado calorosamente a Carta de Monteagle durante, na verdade, os últimos quatrocentos anos. Seus possíveis autores incluíram quase todos os principais atores do drama da Conspiração da Pólvora.[16]

A versão oficial da carta, como relatada pelo rei Jaime, era bastante misteriosa.[17] Monteagle achava-se naquele momento em sua casa de Hoxton, nos subúrbios do norte de Londres, uma casa que adquirira na época de seu casamento com a filha de *sir* Thomas Tresham. Por volta das sete da noite, seu empregado, chamado Thomas Ward, foi abordado na rua por um estranho — "uma personagem de altura razoável" — e recebeu uma carta para apresentar a seu patrão. A princípio, Monteagle achou difícil ler a carta e pediu ajuda para compreendê-la. Assim que a decifraram, ele se viu num dilema. Era isso "algum pasquim de inspiração idiota", (um disparate) destinado a impedir o cumprimento de seu dever no Parlamento próximo? Ou era alguma coisa mais séria, um aviso sinistro? Apesar do adiantado da hora e da escuridão da noite, Monteagle decidiu levar o problema a Salisbury, em sua residência, em Whitehall.

Salisbury, por iniciativa própria, levou desde o início toda a questão muito a sério. Afinal, já lhe haviam informado daqueles rumores sobre a intenção dos papistas de entregar uma petição em favor da tolerância aos católicos, e provavelmente iam secundá-la com a força. Deviam agir como "mendigos violentos" que pediam esmolas com uma das mãos estendidas e traziam uma pedra na outra, para o caso de recusa. Contudo, o ministro não optou por alertar o rei, ocupado em seu habitual "exercício de caça", nas redondezas de Royston, em Cambridgeshire. Jaime só era esperado na quinta-feira — 31 de outubro — antes da solene Abertura do Parlamento. Na ausência do rei, Salisbury informou aos outros membros do Conselho, entre eles o católico *lord* Worcester e o papista de igreja *lord* Northampton, do aviso que fora recebido. Mas não tomou nesse momento quaisquer medidas para manter o rei informado.

Na superfície, foi uma decisão surpreendente. Uma das explicações possíveis eram as instruções do próprio rei para não o perturbarem com ninharias quando estivesse ausente caçando. Portanto, Salisbury limitou-se a esperar a volta do soberano para consultá-lo e valer-se de seu célebre bom discernimento para o

*Ainda se pode ver a carta de Monteagle no Escritório de Registro Público.

esclarecimento e solução de "mistérios duvidosos". Outra explicação, mencionada ao acaso depois por Salisbury, foi que a espera proporcionaria mais tempo para a conspiração "amadurecer". Uma terceira explicação poderia ser, claro, que Salisbury, com a Carta de Monteagle entre os dedos, sentia-se agora confiante do comando da situação.

Enquanto isso, em meio à rede dos conspiradores, as coisas prosseguiam de uma maneira nem plácida nem vagarosa. Acontece que Thomas Ward, o empregado de Monteagle, tinha estreitas relações de família com seus colegas católicos de Yorkshire, os irmãos Wright. A mulher de Kit Wright, Margaret Ward, talvez fosse na verdade irmã de Thomas Ward, mas de qualquer modo os recusantes Ward e os recusantes Wright eram muito interligados (Ursula Wright, a irmã mais moça dos conspiradores, também se casara com um Ward).[18] Enquanto Monteagle partia ao encontro de Salisbury em Londres, Thomas Ward aproveitou-se da informação que lhe chegara por seu amo e enviou uma mensagem vital a Catesby, então em White Webbs, sobre a traição.

De modo bastante irônico, Catesby estivera conversando com Anne Vaux sobre sua intenção de partir para juntar-se ao rei na caçada em Royston, no dia seguinte, o que, embora fosse um sério projeto, era um extraordinário exemplo de coragem. Contudo, é mais provável que a conversa entre os primos, uma desconfiada, o outro ferreamente decidido a despistá-la, tenha sido uma brincadeira da parte de Catesby. Agora Catesby sabia que em algum lugar havia um traidor no meio deles. Sua reação imediata, partilhada com Tom Wintour, foi que esse traidor devia ser o primo Francis Tresham.[19]

A reação instintiva em relação a Tresham, o décimo segundo conspirador tão recentemente recrutado, é crucial na avaliação do caso da Carta de Monteagle. Primeiro, demonstra como Tresham era considerado entre seus contemporâneos, mesmo entre aqueles que o amavam: um homem que poderia traí-los, mesmo aos que amava. Segundo, significa que uma grande dose de importância deve ser dada ao fato de que Tresham nesse momento conseguiu convencer os dois primos Robin Catesby e Tom Wintour de que não era culpado.

Catesby e Wintour agarraram Tresham pela barba, dizendo que iam "enforcá-lo", a não ser que ele se eximisse da culpa. Tresham então jurou sua inocência, "com tais juramentos e afirmações enfáticas", que convenceu os dois conspiradores. Reiterou sua negação em relação à carta no dia seguinte — embora os exortasse a abandonar logo o plano e fugir. Tresham sempre foi uma preferência popular para o papel do vilão (ou salvador) no eterno jogo de adivinhação de quem escreveu a Carta de Monteagle: mas é sem dúvida alguma bobagem não se levar em consideração o julgamento de seus amigos íntimos de toda a vida.

Essa exculpação de Francis Tresham feita por Catesby e Wintour é na verdade apenas uma das três peças de prova que o eliminam como o verdadeiro autor da carta, as duas outras serão examinadas no devido tempo. Antes disso, contudo, é preciso analisar meticulosamente a própria carta.

Por que e com que finalidade surgiu a Carta de Monteagle? É uma máxima útil que se façam sempre essas duas perguntas ao examinar todas as origens básicas.[20] Em relação a essa carta bizantina, há duas finalidades separadas — e radicalmente diferentes — para ter sido escrita. A primeira, embora ainda constitua uma espécie de traição, como explicaremos mais tarde, é inteiramente franca. A carta era exatamente o que pretendia ser: um aviso genuíno de alguém que desejava a boa sorte de *lord* Monteagle. Seu informante sabia das linhas gerais da conspiração — "um terrível golpe nesse Parlamento" — mas não o bastante (ou estava assustado demais) para dar detalhes além de uma sugestão concebível, embora forçada, sobre o assunto de incêndio na penúltima frase: "pois o perigo terá passado logo que tenhais queimado esta carta".

O primeiro suspeito como o autor dessa comunicação tão bem-intencionada porém arriscada deve ser a irmã de Monteagle, Mary Habington, de Hindlip, ou alguém agindo em seu nome. Uma tradição do século XVIII no condado de Worcestershire — que talvez represente confidências orais passadas de geração a geração — diz que ela fez isso pessoalmente para salvar o irmão. Do mesmo modo, Mary Habington pode ter passado as informações — "as sombrias insinuações do caso", colhidas ao longo da rede recusante — a um padre. Sugeriu-se desde então que o padre Edward Oldcorne talvez tenha escrito a carta ou, também como Mary, pedido que alguém a escrevesse. A própria Anne Vaux é outra candidata.[21] Isso parece improvável, não tanto porque a caligrafia desta é totalmente contrastante com a sua (pois ela pode ter empregado um escriba), quanto porque ela já havia tomado uma providência diferente em relação a esses rumores: consultara seu venerado padre Garnet.

Mesmo que a Carta de Monteagle tenha sido escrita de boa fé, para salvar o homem a quem se destinava, foi apesar disso uma traição, pois ninguém podia supor que Monteagle guardaria as informações para si. (Nem ele, claro, o fez.) O jovem e ambicioso lorde membro da Câmara já demonstrara o desejo de entrar na corte jacobita, e, tanto no nível social quanto no humano, não é provável que deixasse Londres pelo campo — para "aguardar a ocorrência em segurança"

— como fora instruído, deixando morrerem os colegas lordes e o soberano. Portanto, esse simpatizante secreto também deve ter pretendido liquidar a conspiração antes que ela começasse. Todo o golpe seria abortado, sem ninguém voar pelos ares, ninguém seqüestrado, ninguém sequer ferido do lado do governo, ao mesmo tempo que entre os católicos ninguém seria caçado, nem ninguém seria morto. Como a comunidade recusante, especialmente o sacerdócio, tremia de apreensão com o que os imprudentes entre eles podiam fazer, não apenas Mary Habington, mas qualquer padre teria um forte motivo para fazer as coisas pararem por aí.

Tudo isso tomando-se a Carta de Monteagle em seu significado apenas manifesto. Mas, para sermos francos, alguma coisa muito duvidosa envolvendo todo o episódio torna bastante difícil, embora não inteiramente impossível, aceitar essa explicação direta e objetiva. Somos obrigados a perguntar por que uma irmã precisava usar uma carta anônima, entregue no crepúsculo, para avisar ao irmão que não comparecesse ao Parlamento. É verdade que Mary Habington se achava em adiantado estado de gravidez na época (de fato, daria à luz um filho em Hindlip no dia 5 de novembro), contudo havia muitos outros meios discretos de transmitir a informação necessária. Parece extraordinário que alguém precise usar um método tão melodramático como esse numa questão de tamanha importância, tanto para o indivíduo quanto para o Estado. Não foi apenas melodramático, mas também canhestro, pois o estilo era vago ao ponto da obscuridade.

Parece muito mais plausível encarar a Carta de Monteagle como sem dúvida "sombria e duvidosa", mas também deliberadamente tramada. Assim é que, para destrinçar a verdade sobre a sua autoria, devemos fazer uma outra pergunta, a famosa pergunta feita por Cícero, mas que desde então se tornou a mais importante averiguação da investigação criminal: *Cui bono?* Em proveito de quem? Quem se beneficiou com a revelação da Carta de Monteagle?

Francis Tresham não se beneficiou, mas ao contrário acabou tendo um destino muito infeliz. Tampouco se beneficiou Thomas Percy, outro participante em geral julgado capaz de duplicidade na época. A mulher de Percy emprestara dinheiro a Monteagle, pelo qual este lhe pagava cinqüenta libras esterlinas anuais de juros. Isso podia ter fornecido um bom motivo para Percy buscar a "preservação" do devedor (*sir* William Waad, tenente da Torre, suspeitou dele por essa razão).[22] Mas se Percy escrevesse alguma carta com certeza a teria escrito ao seu patrão Northumberland, e jamais se encontrou tal carta, por mais que o governo fuçasse. Havia, contudo, um beneficiário claro, após o fato, e este foi o herói do momento: o próprio Monteagle.

Monteagle foi saudado com fervoroso entusiasmo depois de ocorrido o fato: "Salvador de meu país, só vós", escreveu Ben Jonson. Também foi ele quem recebeu uma recompensa financeira — terras no valor de duzentas libras esterlinas anuais, e uma renda de quinhentas — como reconhecimento pelo papel que desempenhara, advertindo sobre um perigo nacional.[23] Toda essa gratidão — não apenas a sentimental, mas também a financeira, pois Monteagle não era um homem rico — deve ter caído maravilhosamente para alguém que apenas alguns antes fora preso por sua participação na Rebelião de Essex.

As suspeitas contemporâneas sobre o papel de Monteagle não demoraram a surgir. Observadores cínicos identificaram sua necessidade de dissociar-se dos conspiradores, que incluíam seus amigos e relacionamentos mais íntimos. Quinze dias depois da descoberta da conspiração, *sir* Edward Hoby escreveu a *sir* Thomas Edmondes, em Bruxelas: "Esses são aqueles que tendem a interpretar tudo pelo pior, e não acreditarão em outra coisa [a não ser] que Monteagle pode por política ter sido o responsável pelo envio dessa carta."[24] A "descoberta" da carta, de um só golpe, evitou que se suspeitasse de Monteagle como vilão e o transformasse num herói.

Mischeefes Mysterie [O mistério dos patifes], o poema político que denunciou o padre Garnet por sua conivência na traição, sugeriu que o "dedo celestial" dirigiu a atenção de Tresham para a carta "como a melhor maneira de ter esse fato detectado".[25] Se o próprio Monteagle escreveu a carta ou (o que parece mais prudente) arranjou alguém para fazê-lo, com certeza nada há de miraculoso nos fatos que se seguiram. Alguém lhe contara o segredo da Traição da Pólvora. Quem foi sua fonte? Neste caso, o suspeito óbvio, Francis Tresham, é sem dúvida o certo. Embora Tresham não tenha usado o meio da carta anônima, advertiu de fato o cunhado. Afinal de contas, não precisava *escrever* ao cunhado. O tipo de confidência que tinha a fazer seria muito melhor comunicada cara a cara, pois não era tanto um aviso quanto uma traição do que estava prestes a acontecer.

Há motivos para acreditar que o aviso de Tresham caiu em terreno fértil no que se referia ao cunhado. Acredita-se que uma afetuosa carta de Monteagle a Catesby, a que em geral se atribui a data de setembro de 1605, faz alguma alusão à iminente conspiração. "Se todas as criaturas nascidas sob a esfera da lua não podem perdurar sem os elementos do ar e do fogo", escreveu ele, "em que languidez levamos a vida desde que nos despedimos do querido Robin, cuja conversa nos proporcionou tanto ardor, quando só necessitávamos de calor para manter a saúde?" Monteagle em seguida ordena que Catesby apareça em Bath "e não deixe que nenhuma ninfa aquática o desvie do caminho, você pode viver melhor com o ar e suportar melhor o fogo do seu espírito e vigor que nós". Embora o sentido preciso dessa floreada comunicação permaneça oculto, a sinistra repetição de palavras como "ardor", "calor" e "fogo" numa carta a Catesby nessa conjuntura é, sem a menor dúvida, suspeita. Tudo isso indica que Monteagle provavelmente sabia muito mais nos meses que culminaram na Traição da Pólvora — muito antes de aparecer a misteriosa carta — do que jamais admitiria depois.[26]

Voltando ao papel de Tresham avisando Monteagle, ele devia ter consciência de que uma comunicação verbal tinha muito menos chance de ser denunciada do que uma escrita. Pois Francis podia facilmente prever que se tornaria suspeito depois, como na verdade se tornou. Esta é a segunda peça de prova que descarta Francis Tresham como o autor da Carta de Monteagle (mesmo que em última análise fosse o responsável pela traição da conspiração), sendo a primeira a convicção de Catesby de que ele era inocente.

A terceira peça de prova, de todas a mais convincente, é o fato de Tresham jamais ter-se vangloriado de seu feito leal/desleal no leito de morte. Como a essa altura estava na firme decisão de garantir o máximo de vantagem para seus descendentes, é inconcebível que não mencionasse a célebre carta, se realmente a tivesse escrito. Na verdade, Tresham não podia sequer se safar falsificando a história, pois o verdadeiro autor — ou de qualquer modo o verdadeiro genitor — da Carta de Monteagle estava vivo e bem, além de mimado pelo governo: seu cunhado, o próprio Monteagle.

A Carta de Monteagle, portanto, foi forjada, e não apenas o próprio Monteagle, mas também Salisbury sabiam que o fora. Ganhou existência para uma finalidade especial premeditada. Nada faz mais sentido que a extraordinária urbanidade de Salisbury — pode-se mesmo chamá-la de complacência — nos dias que se seguiram. Não havia sem a menor dúvida qualquer senso de perigo iminente em sua conduta, como se poderia esperar se a carta lhe fosse apresentada com um verdadeiro mistério.

Não admira que Salisbury se mantivesse tão calmo. Nada havia para deixá-lo atônito, a princípio, com a Traição da Pólvora. Como ele próprio disse, já soubera de uma "agitação" por suas próprias fontes. Agora tinham-lhe trazido outra peça — uma peça importante — do quebra-cabeça. Ele não sabia ainda tudo, pois a informação que lhe chegara de Tresham transmitida por Monteagle era limitada. Nem se haviam comunicado todos os detalhes sobre os próprios conspiradores; tampouco se fizera ainda a conexão com o sinistro Guy Fawkes, baseado em Flandres. Além disso, Salisbury deve ter ficado perturbado com a falta de pistas sobre a identidade do protetor (regente) para a jovem futura Elizabeth

(Tresham não podia ter informado isso, porque ainda não fora decidido quem seria o protetor). Ele precisava saber que nobre importante na corte conspirava em segredo contra seu soberano. Só essa falta de pistas teria proporcionado a Salisbury um forte motivo para deixar a conspiração desenvolver-se em vez de despedaçá-la imediatamente. Deve ter havido um fator vital na sua demora, fora isso misteriosa, em fazer as prisões.

O que Salisbury não sabia em 26 de outubro, ou pouco antes, era a natureza do "golpe" que devia ser desferido na Câmara dos Lordes. Sejamos claros: Salisbury não fabricou a Traição da Pólvora do nada pelo muito bom motivo de que não tinha a menor necessidade de fazê-lo. A conspiração já existia, pertencendo a essa longa tradição de ativismo católico, planos de uma invasão estrangeira e todo o resto, com o objetivo de conquistar a tolerância. Era uma conspiração violenta, envolvendo católicos fanáticos.

Mas assim era Salisbury, o ladino estadista *par excellence*, como mostrava sua história passada: o homem que arquitetara, entre outras coisas, a ascensão do rei Jaime ao trono britânico. De seu ponto de vista, era seu dever positivo, como um servidor patriota do monarca, promover o máximo de contra-espionagem e ação provocadora que pudesse inspirar com sucesso: tudo em prol da causa política. E não foi singular nisso. A história das conspirações de fins do período elisabetano (como de muitas conspirações modernas) tem tantos agentes e contra-agentes que muitas vezes não se consegue desenredar a verdade delas. Por isso, o aviso sussurrado de Monteagle deu a Salisbury uma oportunidade de fazer o que fazia melhor. Não era uma oportunidade que pretendia perder.

O passo seguinte era envolver o rei. Quem inventou o estratagema da carta anônima, com sua misteriosa advertência, visava especificamente a um homem. Para a maioria das pessoas (então como agora) não era sequer uma história especialmente convincente: e no entanto foi calculada para intrigar o rei Jaime, aproveitando-se de suas características mais marcantes, a vaidade intelectual e a preocupação com a própria segurança. Não se pode saber ao certo a autoria precisa da estratégia. Pode ter sido Monteagle, o que explica a generosa gratidão oficial expressa no preâmbulo da doação a ele. Declarava-se que por sua perspicácia em relação à carta, "nós tivemos o primeiro *e único* meio de descobrir essa pecaminosíssima e barbaríssima conspiração". (As palavras em itálico foram inseridas depois, possivelmente para desviar a atenção do conhecimento prévio da traição pelo governo, o que teria roubado grande parte de seu horror na imaginação pública.) Ou pode ter sido Salisbury, que sabia muito bem como manipular seu soberano.[27]

Isso tem menos importância que o fato de a Carta de Monteagle, obscura e mal escrita como talvez fosse, não ser nenhum documento genuíno, mas parte de um plano para armar uma cilada. Graças à informação recebida, Salisbury podia agora sentar-se tranqüilo pelos próximos dez dias, esperando, segundo suas próprias palavras (que dessa vez eram inteiramente sinceras), que a conspiração "amadurecesse".

Esse período de dez dias foi também o tempo em que os conspiradores tiveram sua última chance de salvar-se. Tom Wintour disse depois que tentara convencer Catesby a abandonar a Traição da Pólvora, quando o empregado de Monteagle, Thomas Ward, dera a informação sobre a carta. Mas Catesby, como Faetonte, com sua típica impetuosidade (temeridade ou fanatismo), negou-se a ouvir.[28] Achava-se agora em White Webbs, junto com os irmãos Wright. Adotando a posição de que a carta era vaga demais para constituir um perigo sério — o que num certo sentido era verdade —, ele decidiu que deviam apressar-se. Na terça-feira, 29 de outubro, *lady* Mary Digby mudou-se antes do marido para Coughton Court, em Warwickshire, a fim de celebrar a grande festividade do Dia de Todos os Santos, na sexta-feira. O padre Garnet, o padre Tesimond, João Pequeno, Anne Vaux e sua irmã Eleanor Brooksby foram com ela. *Sir* Everard permaneceu mais alguns dias em Gayhurst, antes de partir para sua "festa de caça" nas redondezas.

Na quarta-feira, 30 de outubro, Guy Fawkes inspecionou o depósito em Westminster e ficou satisfeito por ver que a pólvora estava no lugar (mas não verificou se estava "deteriorada", pois junto com Wintour substituíra pouco antes toda a pólvora danificada por material novo). No dia seguinte, Ambrose Rookwood partiu de Clopton e juntou-se ao primo da mulher, Robert Keyes, em sua residência londrina. Thomas Percy estava a caminho, de volta a Londres.

Nenhum desses participantes sabia que os conspiradores, antes os caçadores, eram agora os caçados.

PARTE QUATRO

A descoberta — por Deus ou o Diabo

O Diabo, e não Deus, foi o descobridor.

GUY FAWKES

XI

O sr. Fawkes é preso

Catesby me mandou chamar no campo (...) Portanto, fui encontrá-lo, e ele me disse que o Sr. Fawkes fora preso e toda a conspiração descoberta.

CONFISSÃO DE ROBERT WINTOUR
1606

SALISBURY PÔS A CARTA DE MONTEAGLE diante do monárquico amo na sexta-feira, 1° de novembro. O rei retornara da caça na véspera, mas é evidente que Salisbury não sentiu a menor necessidade de apressar o passo e esperou até a tarde do dia seguinte para entregá-la. Jaime achava-se sozinho em sua galeria, em Whitehall. Salisbury entregou-lhe a carta sem comentários e deixou-o lê-la em silêncio. Após tê-la lido uma vez, o monarca fez "uma pequena pausa", depois leu-a toda de novo.*[1]

Salisbury disse que a carta devia ter sido escrita "por um louco". Era uma conspiração deliberada, explicou-lhe o ministro depois. Queria ter certeza da verdadeira reação do soberano. Chamou-lhe a atenção especial para a frase "o perigo terá passado logo que tenhais queimado esta carta", o que achava inteiramente sem sentido. Foi seu sagaz amo — tão experiente nas formas de conspiração tanto na Inglaterra quanto na Escócia — que decifrou a resposta. Jaime achava que se estava sugerindo alguma coisa relativa a "pólvora" — em outras palavras, uma explosão.

* Esses e os detalhes seguintes foram extraídos da versão do próprio rei Jaime, publicada no chamado *King's Book* (impresso como *King's History* em S. T., II, pp. 195-202). Temos a partir daqui seu ponto de vista, mas o ponto de vista de Salisbury, claro, só na medida em que ele o comunicou ao rei.

Nesse momento, talvez se possa pensar que Salisbury — um Salisbury sinceramente preocupado — abandonasse sua máscara de desconcerto. Se fosse um autêntico desconhecedor do significado da carta anônima, sem dúvida essa era a ocasião para ele revelar no mínimo os relatórios do serviço de informação secreta que vinha recebendo desde o ano anterior sobre a inquietação católica. Mas ainda assim achou melhor "dissimular" para o rei; não lhe disse que já havia "justa causa" para apreensão sobre o comportamento futuro dos católicos. Devia deixar o excelente intelecto investigador do soberano florescer num vácuo; seu triunfo, quando indicasse brilhantemente a solução, seria em tudo maior. Foi este o ponto essencial da posterior explicação de Salisbury ao rei.

Pode-se supor que a verdadeira explicação tenha sido um tanto diferente; Salisbury continuava no escuro sobre muitos detalhes da conspiração, sobretudo o envolvimento, se algum houvesse, dos principais nobres. Desejava levar seu amo a descobri-lo mais ou menos sozinho (com uma ajudinha de Monteagle), mas não queria envolvê-lo nos detalhes mais tenebrosos da contraconspiração dele próprio, Salisbury. Acima de tudo, não tinha o menor desejo de despertar no rei Jaime aqueles temores por sua segurança pessoal sempre à espreita e ocultos que o levassem a insistir em desmontar a armadilha cedo demais. Por isso, Salisbury arquitetou cuidadosamente o elaborado ritual de sua consulta ao monarca.

Nessa mesma sexta-feira, ocorria um tipo muito diferente de ritual no distante condado de Warwickshire. Enquanto o desinteressado Salisbury conversava com o soberano em Whitehall, a Festa de Todos os Santos era solenemente assinalada em Coughton Court. Da mesma maneira que se pode ver a peregrinação ao santuário de Santa Winifred como uma elegia ao modo de vida recusante, essa festividade em Coughton pode ser vista com nostalgia semelhante, como a última grande celebração do mundo católico inglês: um mundo que era essencialmente leal apesar da perseguição, amante da paz apesar do sofrimento e, no que se referia aos maus-tratos, submisso à vontade de Deus. Estavam todos eles, os padres, os cavalheiros e as damas, os servos fiéis, em vias de ver esse mundo ir pelos ares.

Coughton Court era um cenário apropriado para essa solenidade.[2] Pertencia aos Throckmorton desde o início do século XV, e fora ampliada nos tempos elisabetanos para uma espaçosa e bela mansão, com "sua imponente casa junto ao portão de pedra de cantaria ao estilo dos castelos", nas palavras do antiquário do século XVI Dugdale. Coughton também dominava do alto de seus tetos horizontais maravilhosas paisagens dos campos circunvizinhos. Esta era uma perspectiva que ia ser útil nos tempos perigosos das buscas dos ávidos perseguidores.

Para os leais católicos não-conformistas Throckmorton, esses tempos perigosos duravam desde a Reforma. Uma prima Throckmorton fora executada em 1584 por participar de uma conspiração para libertar a rainha Maria dos Escoceses. Thomas Throckmorton, o atual chefe da família, como seus cunhados *sir* William Catesby e *sir* Thomas Tresham, eram multados com persistência e haviam passado vários anos na prisão. De modo algum surpreendia que, em 1605, a graciosa construção de Coughton tivesse seus segredos, entre eles um esconderijo na torrinha nordeste da chamada Sala da Torre, com vários compartimentos internos e externos, provavelmente obra de João Pequeno, e é bem possível que também outros.*

Na Missa Solene do Dia de Todos os Santos, diante de uma grande aglomeração de católicos, o padre Garnet pregou um sermão sobre o tema de um hino em latim, Ofício de Laudes: "Retirai os pérfidos do território dos Fiéis." O promotor público do governo, *sir* Edward Coke, usou depois esse texto para sugerir que Garnet rezou "abertamente" pelo "bom êxito" da Conspiração da Pólvora, quatro dias antes da data em que ela devia realizar-se. Essa prece em apoio à traição, declarou Coke, era muito mais importante que o simples consentimento, o que também sugeriu que dera Garnet. Na verdade, a correspondência de Garnet por volta dessa época fornece amplos indícios de preocupação com o sofrimento católico, o que por si só justificaria o uso desse texto. Em outubro, ele escreveu a Roma dizendo que a perseguição estava agora "mais severa que no tempo de Bess [rainha Elizabeth]", com os juízes a proclamarem abertamente que "o rei terá sangue". Mais tarde, Garnet explicou em público que o texto se referia à perspectiva de leis anticatólicas "mais severas" no próximo Parlamento.**[3]

No dia seguinte, 2 de novembro, a festa de Coughton voltou-se para os rituais mais melancólicos do Dia de Todas as Almas ou Dia de Finados. Essa prolongada permanência temporária na casa de Digby, em Coughton — *lady* Digby e os dois filhos pequenos, dos quais o mais velho tinha apenas dois anos —, não passou, contudo, despercebida. Também em 2 de novembro o padre John Gerard apareceu em Gayhurst, vindo de Harrowden (presumivelmente para rezar missa). Ficou desconcertado ao ver que a família desaparecera, estando apenas *sir* Everard,

*Quando arrombaram esse buraco em 1858, descobriram-se dentro uma cama de palha, uma escada de corda, uma pequena tapeçaria e um altar de couro dobrado. Coughton Court hoje é propriedade do Patrimônio Nacional, embora os descendentes diretos dos Throckmorton continuem estreitamente envolvidos com a casa. Coughton orgulha-se de sua ligação com a Conspiração da Pólvora: montou-se uma exposição especial para comemorá-la.

**O padre Garnet foi chamado de "imprudente" por usar esse texto (embora fizesse parte do Ofício de Laudes para aquele dia): mas é provável que qualquer texto que tivesse usado num sermão tão próximo da data da Traição da Pólvora teria sido de algum modo distorcido pelo governo (Anstruther, *Vaux*, p. 281).

a fazer visíveis preparativos para sua "festa de caça". O padre John Gerard teve então uma longa conversa com Digby, quando lhe fez algumas perguntas de sondagem. "Havia algum problema imediato?" E, se havia, o "Sr. Whalley" (um dos codinomes de Garnet) sabia disso?

"Na verdade, acho que não", respondeu Digby. Não havia "nenhum problema imediato" que ele soubesse "ou pudesse dizer-lhe". Isso, claro, era dissimulação, para falar em termos brandos, pois Catesby confirmara a Digby a aprovação da conspiração pelo jesuíta menos de quinze dias antes. A honrosa intenção de Digby era proteger Gerard de envolvimento na conspiração e num certo sentido o conseguira, pois Gerard depois recorreu a essa conversa para apresentá-la em testemunho como prova de sua inocência. Mas o padre Gerard, que era extremamente avesso a tais "corridas violentas", lamentaria para sempre não ter tido uma oportunidade de tentar dissuadir Digby de seu temeroso propósito.[4] Assim, Digby foi deixado aos seus próprios recursos, ou melhor, aos de seu herói, Robin Catesby.

Sábado, 2 de novembro, também foi o dia em que o Conselho resolveu tomar alguma atitude sobre a questão da ameaça ao Parlamento comunicada aos seus membros por Salisbury. Vários Conselheiros Privados foram ao encontro do rei em sua galeria no palácio de Whitehall. Disseram-lhe que se havia decidido que o *lord* Camareiro, *lord* Suffolk, devia "inspecionar" as duas Câmaras do Parlamento "de cima a baixo". Contudo, mais uma vez, dificilmente a urgência foi a principal linha de conduta adotada nos procedimentos. Essa expedição só ocorreria na segunda-feira, em parte para evitar que se propagassem rumores infundados e em parte porque seria melhor fazer a busca "mais próximo do momento em que as coisas estivessem prontas".[5]

Essa decisão, no mesmo sentido do desejo de Salisbury, de deixar a conspiração "amadurecer", faz pouco sentido se os conselheiros realmente ignoravam tudo o que vinha sendo planejado. No sábado já se havia passado uma semana inteira desde que Salisbury e os conselheiros escolhidos estavam a par, graças a Monteagle, de que "um terrível golpe" podia ser desferido ao Parlamento. Deixar as coisas por isso mesmo por mais 48 horas era temerariamente irresponsável — a não ser que Salisbury tivesse tomado suas próprias medidas para garantir a segurança do prédio.

Ao cair da tarde de domingo, 3 de novembro, Thomas Percy, de volta do norte, teve uma conferência com Catesby e Wintour em Londres. A essa altura Catesby e Wintour já haviam sido exortados mais de uma vez por Francis Tresham a abandonar o empreendimento e fugir, por causa do sinistro presságio da Carta de Monteagle. Mas Catesby não dera ouvidos a nenhuma das duas vezes. Percy, igualmente determinado, declarou-se pronto a "agüentar o julgamento máximo".[6]

É possível que nesse estágio se tenha discutido algum reajuste nos planos para o seqüestro real. Correu depois a história de uma visita de Percy ao jovem príncipe Charles, duque de York: isso numa época em que todos tentavam tornar-se participantes da ação por interesse (e agradar o governo), oferecendo informação útil. Segundo o depoimento de uma certa Agnes Fortun, empregada, Percy apareceu na residência do pequeno duque em 1° de novembro, ou por essa época, e "fez muitas perguntas sobre a localização do quarto dele", e também "sobre onde ele cavalgava fora", e com quantos acompanhantes. Na ocasião em que se deu esse depoimento, era tarde demais para Percy confirmá-lo ou negá-lo. A versão de Wintour, em sua confissão, diz que os conspiradores de Londres foram indiretamente informados de que o príncipe Henry afinal não ia à abertura do Parlamento: o que tornaria o seqüestro do segundo filho sem sentido.[7] (Raras vezes foi essa a linha adotada pelo governo posteriormente. Poucas foram as referências à Traição da Pólvora que não se estendiam sobre o fato de que o herdeiro real — a esperança do reinado para o futuro — correra o mesmo pavoroso perigo que o pai.)

Os fatos agora seguiam num ritmo tal que não se pode em absoluto saber com certeza o que Catesby, Wintour e Percy discutiram nesse encontro. A declaração de Guy Fawkes, de que, após "diversas consultas", julgou-se que era mais fácil seqüestrar a princesa Elizabeth no interior do que o duque em Londres, "onde não tínhamos forças suficientes", continua sendo contudo mais convincente. (Quanto à quarta filha real, a princesa Mary, com seis meses de vida, Guido admitiu que seu seqüestro foi discutido — mas eles "não sabiam como chegar até ela".) A partida de *sir* Everard para Dunchurch, sul de Rugby, no dia seguinte reforça o depoimento de Fawkes. A escolha de Dunchurch, declarou Digby depois, era que ficava apenas a treze quilômetros do local onde a princesa estava hospedada, em Coombe Abbey, de modo que ela podia ser "facilmente surpreendida".[8]

Portanto, a segunda feira, 4 de novembro, viu *sir* Everard Digby e sete empregados instalados na estalagem Red Lion, em Dunchurch, perto de Dunsmore Heath, onde se realizaria a "festa de caça".* Ele viajou, como homem elegante que era, levando consigo não apenas empregados, mas um baú de roupas que incluíam "um gibão de cetim branco com incrustações púrpuras" e outras peças

*A Red Lion, em Dunchurch, é hoje uma residência particular, conhecida como Casa de Guy Fawkes.

de cetim com pesadas incrustações de cordões dourados. Juntaram-se a Digby o tio Robert Digby e dois Littleton, "Red Humphrey" e seu sobrinho muito alto, muito moreno, Stephen. Estes homens não eram conspiradores, mas recusantes ou simpatizantes deles (Humphrey Littleton, como Thomas Habington, estava entre os lordes que haviam tentado conseguir a eleição de um membro do Parlamento local em 1604).[9]

Todo o grupo participou de uma festiva ceia na estalagem. Mais tarde enviaram uma mensagem a John Wintour, meio-irmão de Robert e Tom pelo segundo casamento do pai, que por acaso se encontrava em Rugby. Foi convidado a juntar-se a eles para "folgarem" juntos. Mais tarde ainda, John Grant e um amigo, Henry Morgan, que também jurara segredo na casa de Grant, também se juntou a eles.[10] Havia um sacerdote católico no grupo, o padre Hammond, que rezou missa cedo no dia seguinte antes de partirem para a caçada.

Às onze horas da manhã de segunda-feira, 4 de novembro, Thomas Percy apareceu na Syon House, a grande mansão no Tâmisa, a oeste de Londres, que pertencia ao seu patrão, o conde de Northumberland. Essa incursão, que provocaria a derrocada de Northumberland, foi na verdade uma expedição de busca de provas incriminatórias da parte de Percy. Apesar de toda a bravata de Catesby e da determinação do próprio Percy, não se podia descartar inteiramente a Carta de Monteagle. Percy decidiu ir a Syon descobrir que rumores haviam chegado a Northumberland (Membro do Conselho Privado), se algum havia. "Se eu estiver errado", disse a Wintour e Catesby, "sei que eles vão me fazer ficar [deter]." Usou a desculpa de que precisava de um empréstimo de Northumberland. Percy encontrou o patrão, conversou com ele, descobriu com grande alívio que nada houve fora do comum em sua recepção e partiu de volta para Londres à uma hora.[11]

A escolha do momento dessa visita foi extremamente prejudicial para Northumberland. Era típico do grosseiro e egocêntrico Percy, homem de meia-idade, sem nada daquela impetuosidade desculpável nos jovens, não procurar proteger o homem que o tratara com tanta generosidade. Podia ter evitado até o último momento a companhia de Northumberland, mas Percy sequer tentou avisá-lo para que não comparecesse ao Parlamento no dia seguinte, como demonstram os passos posteriores do patrão.

Depois disso, Northumberland tentou, desesperado, desculpar-se. Por infelicidade, estava na condição de um homem que, "inteiramente sem o saber", tem um encontro com um transmissor de peste — e descobre tarde demais para evitar a suspeita de que ele próprio contraiu a doença. Ele lembrou a conversa no saguão em Syon, negou que tivesse tido qualquer conteúdo traiçoeiro, declarou apenas que Percy lhe perguntara "se ele ia mandá-lo fazer algum serviço", antes de seguir seu caminho. Sim, enviara uma mensagem por Percy, mas se referia apenas a auditorias nas propriedades do norte, das quais seu empregado coletava a renda.[12]

O que Northumberland não sabia era que Thomas Percy, ao voltar a Londres, também fizera uma visita à casa do patrão em Londres conhecida como Casa de Essex. Ali encontrou seu sobrinho Josceline, que trabalhava para o conde.[13] Sem a menor dúvida, Percy também estava testando as águas na Casa de Essex. Mas a visita dupla enredaria ainda mais Northumberland. Quanto a este, ficou em Syon até depois do jantar, quando mandou preparar os cavalos para levá-lo a Londres, onde passaria a noite na Casa de Essex. Não pedira com antecedência licença para ausentar-se do Parlamento e deu ainda em Syon todos os sinais, à parte um espasmo de fadiga que logo passou, de que pretendia comparecer à sessão parlamentar — mandou o empregado trazer-lhe "as coisas necessárias à sua ida ao Parlamento".* Mesmo o rei, numa nota escrita a mão e dirigida a Salisbury, depois chamou a atenção para a inocência do comportamento de Northumberland: "Quanto à sua intenção de não ir ao Parlamento, ele apenas disse no jantar que estava sonolento por ter-se levantado cedo naquele dia, mas logo mudou de idéia e foi."[14]

Por volta das cinco ou seis horas da tarde, Thomas Percy assegurou a Wintour, Jack Wright e Robert Keyes que "tudo estava bem". Após aquela visita comprometedora ao seu sobrinho na Casa de Essex, Percy foi para sua própria moradia na Gray's Inn Road, onde deixou ordens para aprontarem seus quatro cavalos, pois ia partir extremamente cedo no dia seguinte. Tarde naquela noite, Robin Catesby partiu para os condados do interior, a fim de participar da rebelião, o segundo estágio vital da conspiração, e parece que Jack Wright, seu fiel ajudante de toda a confiança, e seu empregado Thomas Bates também foram com ele. Essa demonstração pública de revolta armada foi planejada para congregar os católicos de todos os grupos na causa. Às dez horas da noite, Guido Fawkes visitou Robert Keyes e recebeu um relógio que Percy deixara para ele cronometrar o estopim. Uma hora depois, John Craddock, um cuteleiro do Strand, trouxe para Ambrose Rookwood a mais perfeita das espadas, com as palavras "A Paixão de Cristo" gravadas.

*Dez bispos e quarenta nobres eram elegíveis para assento na Câmara dos Lordes, dos quais 29 haviam nomeado procuradores; mas Northumberland não está incluído entre eles (Anstruther, "Powder", p. 457).

Mas Thomas Percy se enganara muito. Nada estava bem. Para os próprios caçadores que agora tinham virado caça, começava o último estágio da caçada.

Segunda-feira também era o dia que os membros do Conselho, liderados por *lord* Suffolk como *lord* Camareiro, haviam marcado para sua muito adiada busca no Parlamento, "de cima a baixo". A história oficial depois contada foi de duas buscas, com uma visita intermediária ao onisciente monarca. No entanto o primeiro comunicado de Salisbury sobre esses tumultuados acontecimentos (aos embaixadores ingleses no exterior) mencionava apenas uma busca — e esta por volta da meia-noite. Salisbury, porém, talvez estivesse então preocupado em simplificar, para consumo externo, o que era sem dúvida uma história muito complexa.[15] O que se sabe com muita clareza é como terminou a busca (ou buscas).

Aceitando a versão do rei, *lord* Suffolk fez a primeira inspeção na segunda-feira, acompanhado entre outros por *lord* Monteagle, a quem mandou chamar em sua casa no Strand. Suffolk portou-se deliberadamente da maneira mais informal possível. Teve o cuidado de não levantar suspeitas de um homem alto, que parecia ser um empregado, que estava parado ou perto do porão. Nas palavras do rei, Suffolk apenas lançou "um olhar indiferente e superficial" ao cenário. Mas o olhar não foi tão indiferente que não reparasse numa enorme quantidade de lenha — pilhas de feixes — cortada e amontoada no porão. Embora o alojamento a que servia o porão fosse bastante pequeno.

Essa foi a primeira surpresa. A segunda veio quando o grupo soube por John Whynniard, proprietário da moradia, que seu atual inquilino era ninguém menos que Thomas Percy, parente e empregado do conde de Northumberland.[16] Isso tornava a quantidade incomum de lenha ainda mais surpreendente, pois sabia-se que a casa do próprio Percy ficava em outra parte de Londres, e ele raras vezes dormia em Westminster. As notícias também provocaram em Monteagle um histriônico raio de revelação. Não seria Percy o autor da carta anônima? Monteagle disse a Suffolk que, assim que ouviu o nome, soube que devia ser Percy o homem. Não havia só a "relutância" de Percy em questões religiosas, isto é, seu catolicismo, apontando para ele, mas também a "antiga amorosidade amistosa" dele por Monteagle, para explicar o aviso.

Monteagle — e Salisbury — foram, claro, obrigados a apresentar um autor, ou pelo menos um suspeito, da carta que eles mesmos na verdade haviam maquinado. Percy era um nome conveniente: como locatário do porão, não havia a menor dúvida de seu envolvimento na conspiração (da qual todos os detalhes ainda não tinham sido revelados). Mas, para os membros de um Conselho Privado não informados, o nome de Percy era um tanto constrangedor. Por um lado, estavam ansiosos por garantir a segurança do Parlamento. Por outro, toda a questão — a carta anônima e tudo o mais — talvez "não passasse dos vapores de um cérebro ocioso". A ligação de Percy com Northumberland, "um dos grandes súditos e conselheiros de Sua Majestade", era bastante conhecida. Sentiam-se "pouco inclinados e melindrosos" em interferir assim desnecessariamente, lançando calúnias a uma tão augusta figura.

O rei não ficou satisfeito com essa visão requintada. Quando soube o que ocorrera, salientou com muita sensatez que se devia fazer uma busca em regra, senão ele "simplesmente (...) iria ao Parlamento" no dia seguinte e deixaria "à sorte" o desfecho do dia. Parecia certo que "um pequeno grupo", chefiado por *sir* Thomas Knevett, membro do Gabinete Privado do rei Jaime, mas também, de maneira bastante conveniente, juiz de paz de Westminster, fizesse outra discreta investigação.

Portanto, um grupo de busca chefiado por Knevett voltou aos porões de Westminster. Foi ali, por volta da meia-noite de segunda-feira, 4 de novembro, ou talvez nas primeiras horas de 5 de novembro, que descobriram um vulto de botas, capa e chapéu escuro esquivando-se embaixo das instalações do Parlamento, como se preparando para fugir. Esse "sujeito muito alto e desesperado" foi imediatamente capturado e amarrado com muita força. Disse chamar-se John Johnson, empregado de *sir* Thomas Percy. Era uma história que Guy Fawkes ia sustentar, inabalável, durante as 48 horas seguintes.

O primeiro mandado de prisão do governo foi emitido para Thomas Percy. Descreviam-no como um homem alto, de ombros caídos, tendo "uma basta e longa barba" acinzentada, cabelos brancos e quase brancos: "cúmplice de uma das mais terríveis traições já concebidas". O mandado declarava ser essencial "mantê-lo vivo" para que se pudesse descobrir o resto dos conspiradores.[17] Mas Percy foi procurado erroneamente na Casa de Essex, e não em sua própria residência. Supôs-se então que ele voltara para o norte.

A essa altura intensificavam-se a algazarra e a comoção na capital — não apenas na área de Westminster onde se efetuara a prisão (e "John Johnson" era detido no gabinete do rei), mas também no Strand, vizinho às casas dos grandes lordes. Esses homens estavam sendo retirados da cama para cumprir suas responsabilidades públicas num momento de crise. Assim, Kit Wright ouviu por acaso *lord* Worcester, um conselheiro, chamando Monteagle para ir com ele "intimar" Northumberland. Kit correu ao encontro de Tom Wintour, na estalagem

Duck e Drake, gritando "o caso foi descoberto". Wintour ordenou-lhe que fizesse outra verificação e, quando se confirmou o clamor público na Casa de Essex, deduziu que era a Percy que procuravam. Wintour mandou então Kit Wright correr até a residência de Percy e "dizer-lhe que desaparecesse". Segundo sua confissão, Tom Wintour acrescentou: "Ficarei até o último momento."[18]

À medida que se espalhavam entre os conspiradores ainda em Londres as notícias da calamidade que se abatera sobre Guido, teve início uma desesperada dispersão. Homens fugiam em cavalos suados, exortados pelos chefes tomados de pânico. Precisariam de novas montarias ao longo do caminho, pois na capacidade de trocar de cavalos na fuga estava a única esperança dos conspiradores de ludibriar os perseguidores. Kit Wright e Thomas Percy agora seguiam juntos, Percy dizendo dramaticamente a um criado a pé, ao passar por ele: "Estou liquidado." Ainda à luz do dia, Robert Keyes partiu a cavalo. Nesse momento, Rookwood e Tom Wintour eram os únicos conspiradores restantes em Londres.* Rookwood foi o seguinte a deixar a cidade. Partiu num galope épico, graças à sua famosa perícia em equitação e à qualidade ímpar dos corcéis que arranjou no caminho (conseguiu cavalgar quarenta quilômetros em duas horas num único cavalo: um feito impressionante para o homem e o animal). Em conseqüência, alcançou Keyes, que só chegara até Highgate, e em seguida Kit Wright e Percy, em Little Brickhill, norte de Dunstable, em Bedfordshire. Por fim, emparelhou com Catesby, Jack Wright e Bates um pouco adiante, na mesma estrada. Foi portanto Rookwood quem comunicou as notícias do desastre a Catesby, o homem que planejara tudo aquilo.

Nesse meio tempo, Catesby e Jack Wright haviam tido um encontro a sós com um recusante que retornava de Londres, chamado Henry Huddlestone. O pai do jovem morava em Sawston Hall, perto de Cambridge, mas Henry, que era relacionado com a família Vaux, instalara a mulher grávida em uma de suas casas, perto de Harrowden. O encontro foi um infelicíssimo acaso do ponto de vista de Huddlestone, pois embora ele fosse amigo de muitos dos conspiradores — e recentemente os tivesse visto em Londres — é claro que nada sabia do que se tratava a conspiração. Mas naquele momento cavalgava feliz ao lado de Catesby e Wright. Quando o cavalo de Catesby perdeu uma das ferraduras em Dunstable e teve de ser ferrado de novo, Huddlestone ficou com ele. Só depois de alcançarem Percy é que Catesby se despediu de Huddlestone, dizendo-lhe que "voltas-

*Ninguém parece ter pensado em entrar em contato com Francis Tresham, que desde as vãs súplicas para que abandonassem a ação não era evidentemente mais encarado como parte da conspiração.

se para casa, para junto de sua mulher".[19] Na opinião das autoridades, contudo, Huddlestone já fora fatalmente contaminado por essa cavalgada curta e inocente.

Com Rookwood reintegrado ao grupo — que incluía Catesby e Bates, os irmãos Wright e Percy —, seis dos conspiradores galopavam agora juntos para Dunchurch. Foram ajudados por cavalos enviados a eles por Digby, conforme o combinado antes, e Percy e Jack Wright jogaram suas capas na vala para ganhar mais velocidade. Nesse ponto, contudo, Keyes afastou-se em direção à casa de *lord* Mordaunt, em Drayton, onde morava com a mulher preceptora, e retirou-se nas vizinhanças.

O sempre intrépido Tom Wintour protelou. Com admirável frieza, decidiu ir até Westminster e descobrir por si mesmo o que estava acontecendo. Foi, contudo, parado para inspeção na King Street por um guarda no meio da rua, que não o deixou passar. Então, ouviu por acaso alguém dizer: "Descobriram uma traição em que o rei e os *lords* teriam sido explodidos." Naquele momento, Wintour soube realmente que tudo estava perdido.[20] Dirigiu-se ao estábulo que abrigava seu cavalo e partiu ao encontro dos camaradas. Ao contrário da estupenda cavalgada de Rookwood, porém, sabia que não tinha a menor chance de alcançá-los antes do ponto de encontro combinado com Catesby, em Dunchurch. Por isso dirigiu-se para a casa do irmão Robert, em Huddington, passando pela casa da irmã Dorothy Grant, no caminho.

Catesby e os companheiros chegaram à casa de sua família em Ashby St Ledgers, na estrada para Dunchurch, por volta das seis horas da tarde. A mãe, *lady* Catesby, jantava, e Robert Wintour, que viera cavalgando de Huddington, a caminho de Dunchurch, também se achava lá. Segundo o depoimento de Robert Wintour, Catesby enviou-lhe uma mensagem de que ele devia juntar-se a eles no campo, nos arredores da cidade, levando seu cavalo: "Mas que eu não deixasse sua mãe saber que ele estivera ali." Robert Wintour compareceu ao encontro exatamente como combinado. Catesby disse-lhe que o "Sr. Fawkes foi preso e toda a conspiração descoberta".[21]

Essa foi a realidade de tudo. Dá uma idéia da coragem de Catesby, a fabulosa e mal orientada coragem que o alentara desde o início de todo esse desatinado empreendimento e funcionara como um elixir para os companheiros, o fato de que mesmo então não lhe passava pela cabeça a mínima idéia de desistir. Foi a caminho de Dunchurch que Robin se pôs a convencer Digby, com as palavras do Lúcifer de Milton: "Embora o campo esteja perdido, nem tudo está perdido." Catesby participou-lhe todos os terríveis detalhes da conspiração, os quais, tudo indicava, Digby não sabia antes. Admitiu que o plano fora descoberto e agora todos corriam em fuga. Mas afirmou resoluto que ainda estavam à frente da caça.

Mesmo em sua hora mais tenebrosa, ainda fantasiando sobre a vitória, Catesby anunciava que o rei e Salisbury estavam mortos. Esta tinha de ser a oportunidade deles: "Se os verdadeiros católicos se amotinassem agora, ele não duvidava que poderiam conquistar para si mesmos boas condições." A Warwick, buscar as armas! A Norbrook, onde também se estocavam seus armamentos! A Hewell Grange, casa de *lord* Windsor! A Grafton Manor, residência do abastado sogro de John Wintour, John Talbot, que certamente se juntaria a eles! Finalmente para oeste e o País de Gales, onde os impacientes católicos iriam reunir-se com alegria a eles...

Digby, qualquer que tenha sido seu choque particular, foi conquistado. Talvez não acreditasse no que disse o amigo Catesby, mas continuava acreditando em seu herói Catesby. Por isso sucumbiu mais uma vez à dupla evocação de seus "laços de amizade" e às necessidades da "Causa". Mas o grupo que agora se deslocava com o estardalhaço de seus tropéis nas trevas de novembro, para realizar o magnífico sonho de Catesby em Warwick, e no oeste, não passava muito mais de cinqüenta pessoas. Estas incluíam o cunhado dos Wintour, John, e Stephen Littleton, além do amigo de Grant que jurara segredo, Henry Morgan. O resto dos participantes da "festa de caça" ficou apavorado com as notícias trazidas por Catesby e profundamente resistente a qualquer envolvimento com ele. Avaliaram com muita correção, aliás, a aventura como ao mesmo tempo uma traição ao governo e a destruição final deles próprios. Também se incluíam os "da espécie inferior". Um dos inocentes empregados de Digby, desamparado diante da declarada traição de seu amo, expressava os sentimentos de muitos quando perguntou o que ia acontecer a todos eles, a todos aqueles que jamais haviam sabido do segredo "dessa facção sangrenta", mas agora pareciam arruinados por eles.

Sir Everard Digby respondeu com simplicidade. Não, acreditava que seu empregado não sabia do que estava acontecendo, "mas agora não tem mais remédio". George Prince, empregado da estalagem Red Lion, lembrou que ouviu por acaso palavras de pessimismo semelhantes de um dos conspiradores através de uma janela aberta. "Não duvido nada que tenhamos sido todos traídos."[22]

A Londres que os conspiradores deixaram para trás se achava em estado de grande confusão e apreensão. Nas palavras de um observador contemporâneo: "As pessoas comuns murmuravam e imaginavam muitas coisas", e, quanto aos nobres, não sabiam o que dizer nem quem eximir (ou de quem suspeitar) de culpa: durante algum tempo "um zelo geral apoderou-se de todos". Dominando tudo isso transpirava um veio de ensandecida exaltação, embora irracional, pois certamente não estava claro quem tentara fazer o quê e por quê — a não ser que o rei fora salvo da morte —, a multidão não estava disposta a abrir mão de seu tradicional e divertido passatempo de acender fogueiras em comemoração. O Conselho fez da necessidade uma virtude: eram permitidas as fogueiras, desde que "sem perigo ou desordem".[23] Assim, as primeiras chamas em comemoração à "pólvora, traição e conspiração", as chamas que iriam tremeluzir por todos os séculos futuros, foram acesas em 5 de novembro de 1605.

Precauções óbvias foram tomadas. Os *lords* Prefeitos da Cidade de Londres e de Westminster receberam ordens de montar uma vigília civil em seus portões. Os portos foram fechados e só reabriram em 16 de novembro. Criou-se uma situação constrangedora quando se descobriu a entusiástica plebe fazendo manifestações diante da casa do embaixador espanhol, supondo que os odiados espanhóis estivessem por trás daquilo tudo. O Conselho despachou uma ordem apressada dizendo que o embaixador espanhol não devia ser "atingido por essa horrível prática de traição", o que era bastante justo, considerando-se que ele planejara comparecer a abertura do Parlamento e teria perecido com os outros. Os embaixadores estrangeiros em geral acharam de bom tom político acender as próprias fogueiras de ação de graças e atirar moedas para as multidões.[24] Isso ocorreu não apenas com os perseguidos espanhóis e o embaixador dos arquiduques católicos, mas também com o emissário holandês protestante: não era hora de correr riscos.

O Conselho, com Northumberland presente, reuniu-se pela manhã num clima de profunda perplexidade causada pela posição do conde. Ele saiu do encontro achando que não se fizera nenhuma restrição aos seus movimentos, embora muitos lordes achassem com igual força que Northumberland fora aconselhado a por ora descansar quieto em sua própria casa.*[25]

Além do prisioneiro "John Johnson", homem de Northumberland, Thomas Percy, era o único nome que sabia ao certo como estando associado à traição. Nada explica melhor a bizarra natureza desse dia em particular que duas medidas contrastantes. Por um lado, alguém mandou chamar Simon Foreman, o famoso astrólogo, para pedir que elaborasse o paradeiro provável do fugitivo Percy. Do

*É possível que a surdez de Northumberland fosse responsável por essa desafortunada confusão, num momento tão manifestamente delicado em seu destino.

outro, saiu-se à procura de um padre católico colaboracionista que convencesse o prisioneiro Johnson a dar com a língua nos dentes.[26]

O Parlamento reuniu-se brevemente à tarde. A anotação no Diário da Câmara dos Comuns de 5 de novembro (abarrotada num pequeno espaço na margem) foi a seguinte:[27]

> Nesta última noite, a Câmara Superior do Parlamento foi inspecionada por *sir* Thomas Knevett; e ali foi capturado um certo Johnson, empregado do Sr. Thomas Percy; que pusera 36 barris de pólvora na galeria arqueada debaixo da Câmara com o propósito de explodir o rei, e toda a comitiva, quando ali estivessem reunidos. Depois, descobriu-se que vários outros cavalheiros faziam parte da conspiração.*

O Parlamento foi em seguida adiado para sábado, 9 de março.

À medida que se dispersavam os conspiradores e os londrinos caíam na orgia, "John Johnson" era interrogado.[28] Até então ele não revelara nada além dos fatos crus de que era um católico de Netherdale, em Yorkshire, e o pai se chamava Thomas e a mãe Edith Jackson (isso pelo menos era verdade) e que tinha 36 anos (de fato, tinha 35). Algumas cicatrizes observadas em seu corpo — possivelmente resultantes de ferimentos sofridos na época de soldado — ele afirmou serem conseqüências de pleurisia. Sobre uma carta endereçada a Guy Fawkes, e encontrada com ele, Guido esquivou-se satisfatoriamente dizendo que Fawkes era um de seus codinomes.

O autodomínio de Guido era espantoso. Sim, pretendia explodir o rei e os *lords*. Não, não sentia quaisquer remorsos — a não ser o fato de que não tivera êxito. "O diabo, não Deus", ele disse resoluto, foi responsável pela descoberta da conspiração. Não, não tentara avisar os lordes católicos, se limitaria a rezar por eles. Quando o rei perguntou a "Johnson" como ele pôde "conspirar uma traição tão hedionda" contra os filhos reais e tantas outras almas que jamais o haviam ofendido, Guido não tentou negar a acusação. Respondeu apenas que uma doença perigosa exigia um remédio desesperado (um eco das palavras originais de Catesby a Wintour, sugerindo que esse *slogan* confortador era usado entre os conspiradores).

Guido teve até mesmo a bravata máxima de dizer a alguns dos escoceses presentes que sua intenção era mandá-los pelos ares de volta à Escócia: sua xenofo-

*A anotação original foi emoldurada e hoje está pendurada no vestíbulo de votação dos "Nãos" da Câmara dos Comuns, comemorando o que talvez bem poderia ter sido o mais dramático dia da história do Parlamento. Vê-se sempre um grande círculo de curiosos, turistas e estudantes, ao redor do quadro nas ocasiões em que o Parlamento é aberto ao público.

bia continuava inabalável. De vez em quando, durante o interrogatório, ele sorria pesaroso para os seus examinadores e dizia-lhes que não tinham autoridade para interrogá-lo.

Esse autocontrole férreo chegou a despertar a admiração do rei Jaime. Descreveu o prisioneiro como parecendo simular "uma resolução romana": tão constante e inabalável em seus motivos para a ação que os conselheiros acharam ter encontrado "um novo Múcio Cévola nascido na Inglaterra", comparando-o ao herói lendário da Roma Antiga, que pretendia assassinar o inimigo etrusco da cidade, Lars Porsena, mas assassinou por engano o homem errado. Capturado e arrastado diante de Lars Porsena, Cévola estendeu deliberadamente a mão sobre o fogo e deixou-a queimar até o fim sem recuar uma só vez, para demonstrar que não desistiria sob tortura. Na lenda, Lars Porsena ficou tão impressionado com a resistência de Cévola que ordenou sua soltura e fez a paz com Roma.

O destino de Guy Fawkes, apesar do respeito do rei pela sua coragem, ia ser um tanto diferente.

XII

As torturas mais leves

Devem ser usadas primeiro as torturas mais leves nele [Guy Fawkes] (...) e assim Deus apressa seu bom trabalho. — Jaime R

CARTA DO REI JAIME I
6 de novembro de 1605

A DECISÃO DE APLICAR A TORTURA em "John Johnson" foi tomada pelo rei em 6 de novembro.

Durante todo o dia, o veterano *lord* Juiz Principal, *sir* John Popham, prosseguiu com suas investigações. Nessa época, aos setenta e poucos anos, o juiz era "um homem imenso, pesado e repulsivo". Era também implacável e "excessivamente cruel" no ódio aos católicos. Sua principal linha de ataque foi mandar procurar aqueles católicos subversivos que haviam desaparecido precipitadamente de seus abrigos habituais. Por isso os empregados do extravagante e ostentoso Ambrose Rookwood foram interrogados nesse dia e seus pertences em Clopton — crucifixos, terços e vestes incriminadores — apreendidos.[1]

É impossível, claro, saber ao certo a extensão desse processo que contou com a ajuda das confidências de Tresham a Monteagle, passadas adiante. Ao entardecer, contudo, o *lord* Juiz Principal já descobrira o bastante para dizer a Salisbury que, além de Percy, tinha "uma fecunda suspeita (...) relacionada com Robert Catesby, Ambrose Rookwood, um certo Keyes, Thomas Wynter [*sic*], John Wright e Christopher Wright, e alguma suspeita sobre um tal de Grant".[2] À parte Tresham, ver-se-á que faltavam três nomes nesse estágio: Digby, Robert Wintour e Bates.

A omissão de Bates talvez se deva ao seu *status* inferior, o que o tornava de menos interesse imediato para o governo. Mas a omissão de Digby e Robert Wintour, que atuavam ambos nos condados do interior, indica que a fonte original bem pode ter sido Francis Tresham, que de sua base em Londres não necessariamente sabia do envolvimento deles.

Apesar de todos esses progressos, a obstinação de "John Johnson" continuava a enfurecer e frustrar as autoridades. Mas quem diabo era ele, com aquele corpo coberto de cicatrizes e passado misterioso? Os católicos subversivos deviam ser conhecidos do governo e vigiados muito de perto, numa Inglaterra onde os aspectos de vigilância correspondiam aos critérios de polícia de um Estado moderno. Mas Guido afirmava inflexível sua falsa identidade, dando aos camaradas, segundo esperava — se ao menos isso fosse verdade! —, tempo para desaparecerem do país.

Transferiram-no em seguida para a Torre de Londres. O próprio rei elaborou uma lista de perguntas a ser-lhe feitas ali, encabeçadas pela questão vital "*Sobre quem é ele*, pois eu ainda não encontrei um único homem que o conheça". Depois dessa, seguiam-se muitas outras, entre elas: "Quando e onde ele aprendeu a falar francês?" E: "Se era papista, quem o educou nisso?" (Havia, é evidente, uma forte suspeita de que o tal "John Johnson" fosse um padre católico.)[3]

A decisão de pôr Guido sob tortura necessitava da autorização do monarca ou do Conselho Privado, este usando a prerrogativa real. O próprio rei Jaime assumiu um constante interesse por todo o assunto e seus direitos de decisão no caso. Quando Ralegh fora preso em 1603, por possível conspiração na Trama dos Principais, fora o rei quem "determinou que não se usasse tortura". No caso de "John Johnson", ele tomou uma decisão diferente.

A tortura propriamente dita era contrária à lei comum ou, como escreveria *sir* Edward Coke, na qualidade de jurista, em *Third Institute*: "Não há lei que autorize torturas nesta terra."* Coke, agora com cinqüenta e poucos anos, era o promotor-geral desde 1594. (Antes disso, alternara como ocupante dos cargos de procurador-geral e porta-voz da Câmara). Era também um homem experiente e grande conhecedor dos hábitos do grande mundo, pois casara-se com duas mulheres riquíssimas. A segunda, *lady* Hatton, 26 anos mais moça, também era rica em ligações e membro da família de Cecil. De extrema

*Na Carta Magna de 1215, essa pedra fundamental das liberdades inglesas proibia expressamente a tortura (Jardine, *Torture*, p. 48).

competência — embora ao mesmo tempo impiedoso e inescrupuloso —, Coke ia, nas palavras de Aubrey, "atuar num caso como um gato faria com um rato".[4]

O que Coke ignorava melifluamente, em sua ênfase no cumprimento da lei, era que o uso da tortura, apoiado pela prerrogativa real, vinha na verdade aumentando na Inglaterra sob os Tudor. Longe de ser um remanescente medieval, era uma das armas modernas do arsenal do servidor de Henrique VIII, Thomas Cromwell, que, segundo consta, aprendera muito sobre essa útil prática européia em suas viagens ao exterior a serviço do cardeal Wolsey.[5]

Em teoria, a tortura era reservada a circunstâncias excepcionais, mas, como essas circunstâncias especiais incluíam qualquer sugestão de traição, uma longa lista de padres católicos a sofrera de forma assustadora na época da rainha Elizabeth. (Eram submetidos à tortura, salientava com muito cuidado o governo, não exatamente pela religião, mas pela suposta traição.) Entre as personagens principais nesta narrativa, o padre John Gerard e João Pequeno haviam sido ambos torturados na década de 1590.

A descoberta de qualquer conspiração — e foram muitas sob Elizabeth, relacionadas com a libertação da rainha Maria dos Escoceses — estava fadada a ser seguida pelo ávido emprego da tortura. Francis Throckmorton, primo de Catesby e Tresham, fora "muitas vezes supliciado" por sua participação numa conspiração em 1583. Também se incluíam entre os torturados os empregados de grandes homens, como os do duque de Norfolk, a quem Burghley torturou discretamente, sob "o sinete da rainha". Dizem que o torturador Thomas Norton, o mestre dos suplícios, se jactava de ter esticado um desafortunado sujeito, chamado Alexander Briant, "um bom metro a mais que o comprimento que Deus lhe deu". Às vezes não havia sequer o pretexto da traição. Ciganas foram torturadas em Bridewell em 1596 para responder a verdade sobre o seu "comportamento lascivo"; um garoto, Humfrey, foi "levemente torturado" (nenhum dos braços deslocados) em Nottingham por suspeita de cumplicidade num arrombamento.[6]

Esse uso indiscriminado — e o fato de ser contra a lei comum — contribuía para uma prolongada inquietação popular sobre a questão da tortura. Dizem que em 1592 o "exercício freqüente da tortura na Torre" era "odioso e muito falado pelo povo".* Essa inquietação não era, claro, partilhada pelas autoridades, ocupadas em tentar arrancar o máximo de informações o mais rápido possível. Outro

*Convém salientar que a Inglaterra não estava sozinha nessa prática. A Inquisição espanhola — o "Santo Ofício" — empregou a tortura; era um dos aspectos hereditários do inimigo católico, a Espanha, que provocava repugnância e horror entre os ingleses, sobretudo nos comerciantes que se enredavam com a Inquisição, no reinado de Elizabeth I.

método de exercer pressão era pela fome, conhecido como "aperto". Os prisioneiros — entre eles os padres — eram encarcerados sem comida e sem água nos escuros calabouços subterrâneos, cuja única umidade eram gotas de estalactite que escorriam do teto molhado.[7]

Esse método levava tempo para produzir resultados. Para os que investigavam uma conspiração genuinamente traiçoeira, a velocidade poderia ser essencial na sondagem de suas profundezas, como era sem a menor dúvida o caso com o perigoso criminoso "John Johnson". Mas é digno de nota que Thomas Norton acabasse entrando em apuros por ultrapassar os limites permissíveis relativos à tortura e fosse obrigado a explicar que na verdade não realizara sua grotesca jactância de que encompridara Alexander Briant, mas apenas *ameaçara* realizá-la. De qualquer modo, o torturador admirara a coragem do "sujeito pobre e analfabeto". (Briant na verdade não era nem tão pobre nem analfabeto: mas um padre disfarçado.)[8]

A tortura, claro, tinha suas regras. Ninguém devia ser torturado até a morte: pois isso seria, à parte qualquer outra coisa, contraproducente. Por esse motivo pessoas aleijadas ou mutiladas — como João Pequeno desde seu acidente — não deviam ser submetidas à tortura, pois poderiam ser fracas demais para sobreviver. Se uma sessão não conseguisse fornecer a informação desejada, não se devia, em teoria, torturar a vítima repetidas vezes, pela razoável suposição de que em primeiro lugar ela talvez não tivesse a informação e portanto faltava-lhe qualquer meio verídico de terminar seu tormento. Essa era uma regra em geral ignorada, sobretudo quando se tratava de padres. Por último, a tortura devia ser intensificada gradualmente.

A carta que o rei assinou em 6 de novembro especificava que para "um sujeito tão desesperado" como John Johnson, se caso contrário não confessasse, "devia-se primeiro usar nele as torturas mais leves *et sic per gradus ad ima tenditur*" — e então passar gradualmente para as piores. Concluía: "e assim Deus apressa seu bom trabalho", assinando-se "Jaime R".[9] As torturas mais leves referiam-se aos grilhões e as piores às do cavalete de suplícios. Em fins da década de 1590, os grilhões passaram a ser o método mais favorecido pelas autoridades, pois eram baratos e fáceis de manusear para os que os aplicavam. Pendurava-se o traidor — ou suspeito — pelos pulsos contra uma parede, usando manoplas de ferro que iam sendo aos poucos apertadas; removia-se o suporte de madeira debaixo dos pés e deixava-se o prisioneiro balançando, pendurado, durante várias horas, às vezes horas demais. Como observou o perverso Richard Topcliffe sobre Campion (a quem torturou mais de dez vezes): "Era como se ele dançasse uma giga." Alguns sobreviviam aos grilhões — de maneira notável o padre Gerard —, mas havia também outros, como seu companheiro jesuíta Henry Walpole, cujas mãos ficaram estropiadas para o resto da vida.[10]

Só havia um cavalete de suplícios na Inglaterra, guardado na Torre de Londres. Era uma grande moldura vazada de carvalho, suspensa do chão. O prisioneiro era posto ali deitado de costas para o chão, os pulsos e tornozelos amarrados com cordas a cilindros de ferro em cada extremidade. Acionavam-se alavancas que esticavam o prisioneiro, bem lentamente, exortando-o ao mesmo tempo a confessar. O cavalete de suplícios causava, como é inevitável, danos e deslocamentos permanentes na pessoa. Tão temido era o instrumento, na verdade, que sua simples visão bastava para intimidar o prisioneiro e fazê-lo dar a informação.[11]

Não se tem absoluta certeza se no caso de Guy Fawkes as autoridades passaram dos grilhões para o cavalete de suplícios, embora a carta do rei previsse claramente a possibilidade de ser necessário passar para "as piores", a fim de quebrar aquele homem de ferro. *Sir* Edward Hoby, um observador bem-informado, e Cavalheiro do Conselho Privado, escreveu a Bruxelas dizendo que só se usaram os grilhões. "Mas a voz comum", nas palavras do padre Gerard, "dizia que ele foi torturado ao extremo nos primeiros dias." Os padres posteriormente presos na Torre sem dúvida souberam que Fawkes fora torturado, e os observadores que viram Guido na ocasião seguinte em que ele foi exibido em público testemunharam um homem doente, com o corpo totalmente quebrado.[12] Por isso a balança da probabilidade pesa em favor do cavalete de suplícios. Homens conseguiam resistir aos grilhões — e Guido era nada menos que um homem forte —, mas ao cavalete de suplícios, jamais ou raras vezes.

O que se tem certeza é que em algum momento do dia 7 de novembro, em conseqüência da aplicação da tortura, eles o quebraram — quebraram o corpo de Guido e ao fazê-lo quebraram finalmente seu espírito.* Hoby usou uma frase significativa para isso: "Desde que Johnson está na Torre, só agora começou a falar inglês." Sua coragem continuava alta na noite anterior, como informou a Salisbury *sir* William Waad, tenente da Torre.[13] (Neste cargo, Waad sempre participava das sessões de tortura.)

---

*Não há provas documentadas para mostrar conclusivamente onde Guy Fawkes foi mantido preso e torturado; a versão tradicional diz que ele ficou na Torre Sangrenta, mas foi torturado na Torre Branca, em salas embaixo do atual piso de madeira; talvez também o tenham mantido numa sala, hoje desaparecida, no que parece a espessura da parede. Os prisioneiros em geral eram torturados em áreas subterrâneas e muitas vezes encarcerados próximo a ela antes, para maximizar o terror (Geoffrey Parnell, Guardião da História da Torre, à autora; Soldados da Guarda Real à autora).

A conversa de Guido com Waad foi reveladora. Ali estava não de modo algum um criminoso comum, mas, em certo sentido deturpado, um idealista — ou talvez fanático fosse a palavra certa: "Ele [Johnson] nos disse que desde que entrara naquela ação rezava todos os dias a Deus para conseguir realizar aquilo que poderia ser em favor da melhoria da fé católica e da salvação de sua própria alma." Para explicar seu silêncio, Guido revelou que fizera com os camaradas (até então sem nomes) um juramento de nada dizer, e todos haviam participado do sacramento da comunhão. Mas Fawkes teve o cuidado de acrescentar que o padre (também ainda sem nome) que lhes ministrara o sacramento "nada sabia da conspiração".[14] Esse juramento fora feito, e esse sacramento ilegal ministrado, na Inglaterra, o que, claro, abriu o apetite dos interrogadores. Guido, contudo, ainda esperava ter condições de resistir por suficiente tempo para não ter de quebrar seu juramento.

Para espanto de Waad, o prisioneiro chegou mesmo a passar a noite de 6 de novembro descansando em paz, "como um homem sem qualquer problema de consciência" — embora tivesse sido avisado de que, "se mantivesse sua decisão de consciência de permanecer tão silencioso", devia compreender que o Estado estava igualmente resolvido a prosseguir com aquela severidade, necessária a um caso de tamanhas conseqüências. "Por isso, eu o exortei a preparar-se."[15]

Após agüentar até o fim com uma firmeza que lembrava realmente a lendária determinação de Cévola, Guido cedeu. Começou a falar, provavelmente, tarde da noite de 7 de novembro e continuou pelo oitavo e nono dias.

Havia um único problema em tudo isso. Como observara sabiamente o historiador Tácito, mil e quinhentos anos antes de Guido ser levado para aquela câmara escura e subterrânea da Torre, a tortura tendia a provocar falso testemunho.*[16] Para aliviar seus sofrimentos, é mais provável que o atormentado homem tenha dado ao Conselho os detalhes que eles queriam ouvir ao contrário de um relato estritamente verdadeiro do que ocorrera.

Em 6 de novembro, com Guido ainda resistindo, seria de imaginar que Catesby e seus confederados nos condados do interior tivessem uma última chance de fugir, embora sem a menor dúvida deixassem uma trilha de destruição atrás, quando os inocentes — esposas, famílias e recusantes não envolvidos — fossem sendo presos para pagar pelos crimes dos culpados. De qualquer modo, essa não fora

*A tortura era um método judicial conhecido entre os romanos, quando muitas vezes se submetiam os escravos a ela.

uma opção examinada por Catesby. A louca escalada em busca de mais armas, mais cavalos e mais adeptos continuou, mas sem sucesso.

A incursão ao Castelo de Warwick rendeu de fato alguns cavalos, mas também provocou a segunda proclamação pública do governo, emitida no dia seguinte. Esta apresentava como os homens procurados, além de Percy: Catesby, Rookwood, Thomas Wintour, os dois Wright, John Grant (com o nome errado de Edward Grant) e Robert Ashfield, empregado de Catesby (provavelmente uma designação incorreta de Bates). De maneira um tanto comovente nas circunstâncias, Robert Wintour condenara a incursão ao Castelo de Warwick, porque causaria "um grande tumulto" no condado. Rookwood foi contra ela por um motivo bastante diferente e contornou a cidade: com seu magnífico cortejo eqüestre, não tinha a menor necessidade de mais cavalos.[17]

Após uma visita a Norbrook, para pegar as armas guardadas, os conspiradores rumaram em direção a Huddington. Nesse ponto Catesby ordenou a Thomas Bates que fizesse um retorno e comunicasse a notícia a Garnet e seus colegas padres em Coughton Court. Em sua carta ao jesuíta, Catesby mostrou mais uma vez aquela fé cega na correção do que fazia — e fizera —, o que era singularmente fora da realidade da posição não-conformista. Catesby, junto com Digby, pedia ao padre Garnet que desculpasse a temeridade deles, mas em seguida solicitava a colaboração do jesuíta para formar um grupo no País de Gales, onde, distante do centro do governo, acreditava-se que o apoio católico seria vigoroso. Garnet ficou apavorado. Com a chegada do padre Tesimond, Bates ouviu por acaso as desesperadas palavras: "Estamos todos inteiramente liquidados."[18]

Os padres compreenderam bastante bem o que ia acontecer, assim como a pobre Mary Digby. Quando o padre Garnet tentou confortá-la, ela caiu em prantos, como só poderia mesmo, sendo seu glorioso e jovem marido um traidor e, quase pior, os dois filhinhos filhos de traidor. A resposta de Garnet a Catesby e Digby implorava-lhes que desistissem de suas "más ações" e ouvissem as pregações do papa.[19]

Eliza Vaux, em Harrowden com o padre Garnet e dois outros religiosos, os padres Singleton e Strange, recebera a notícia da catástrofe na noite anterior. Foi-lhe transmitida por seu jovem primo (e inquilino) Henry Huddlestone, que tivera aquele malfadado encontro com Catesby e os outros na estrada, durante a fuga. Na época julgou-se mais seguro fingir que ela soubera pela rede de empregados, de um dos homens de *sir* Griffin Markham a um dos dela. Eliza continuava concentrada nos arranjos para o casamento de seu filho Edward com a filha de *lord* Suffolk. Ia mandá-lo a Londres, a fim de promover as proteladas negociações, quando soube que havia alguns "distúrbios" na capital e deteve-o.[20] Com o coração prostrado, Eliza compreendeu que naquele momento não tinha o menor sentido enviar um Romeu católico para tentar promover sua corte à Julieta de *lord* Suffolk.

Um problema mais imediato era a difícil situação dos padres. Esperava-se que as buscas em Harrowden, como em todos os centros recusantes conhecidos, fossem iminentes. Também em Coughton era geral a preocupação com o padre Garnet, clandestino em Harrowden. Por isso os padres Singleton e Strange, acompanhados por Henry Huddlestone (que deixara a mulher grávida em Harrowden), partiram na manhã de 7 de novembro. Ao chegarem a Warwick, contudo, encontraram-na fortemente patrulhada, em conseqüência da incursão da noite anterior. Ao tentarem fazer um circuito, foram detidos e presos em Kenilworth por *sir* Richard Verney.

Como *sir* Richard era tio do genro recente de Eliza, *sir* George Symeon, ela teve grandes esperanças de conseguir que os prisioneiros fossem soltos. Mas a situação era séria demais para que as ligações familiares afetuosas surtissem efeito — e as ligações com recusantes eram de qualquer modo um constrangimento. Além disso, Eliza, ao mandar mensagens desesperadas a *sir* Richard, deu ingenuamente descrições físicas completas de seus amigos — pois não tinha a menor idéia dos codinomes que eles estavam usando (embora negasse com fervor a possibilidade de que algum deles fosse padre).[21] Friamente, Verney passou todas essas informações para Salisbury. Huddlestone e o padre Strange foram levados para a Torre, e o padre Singleton para a prisão de Bridewell. Enquanto isso, a casa de Harrowden — incluindo o padre Garnet — aguardava a inevitável chegada dos perseguidores. O padre Garnet pelo menos deu um jeito de desaparecer no rarefeito ar recusante das vistas das autoridades durante as semanas seguintes. Anne Vaux conseguiu juntar-se a ele, posando de sua irmã, Sra. Perkins.[22] O superior dos jesuítas estava seguro — ou assim parecia na época.

Os principais conspiradores — os que restavam — e seu reduzido bando de colaboradores continuavam em seu rumo para Huddington, onde, segundo o depoimento posterior de Gertrude Wintour, chegaram por volta das duas horas da tarde de 6 de novembro.* Ali, Tom Wintour juntou-se a eles. Mesmo entre

*Há várias tradições em Huddington associadas a essa dramática chegada: dizem que Gertrude Wintour se postou na janela à espera do mensageiro de Londres; se ele acenasse com o chapéu quando surgisse no seu campo de visão, tudo estava bem, mas se cavalgasse com a cabeça coberta, tudo estava perdido. Uma inscrição na vidraça da janela do principal quarto de dormir, "esperança passada, sem remédio", talvez se refira ao desespero de Gertrude. Dizem ainda que a "Trilha de *lady* Wintour", no bosque, é assombrada por seu desassossegado espírito. (Do proprietário de Huddington à autora; Hamilton, I, pp. 182-3.)

os relacionamentos mais íntimos e os vizinhos dos Wintour, não havia qualquer simpatia pela causa, apenas horror pelo passado e medo pelo futuro. Thomas Habington, de Hindlip, que tinha a mulher Mary e o recém-nascido William para proteger, além de padres, recusou-se a ter qualquer coisa a ver com os fugitivos e proibiu toda a família de demonstrar qualquer simpatia por eles. O padre Edward Oldcorne, que estava entre aqueles que Habington abrigava, ficou igualmente horrorizado. Só o padre Tesimond, o intensamente "colérico" homem de Yorkshire, parece ter tido alguma preocupação com a difícil situação dos amigos, embora não partilhasse dos objetivos deles. Voltou com Bates de Coughton para juntar-se a Catesby durante algum tempo em Huddington. (O perigo, contudo, não diminuiu seu senso de classe: Henry Morgan testemunharia depois que Tesimond estava "todo vestido de cetim colorido, arrematado com rendas douradas" nessa ocasião.)[23]

Em 7 de novembro, o arcebispo Blackwell fez uma apaixonada declaração pública muito mais de acordo com os sentimentos desses católicos honestos do que com as ensandecidas afirmações de ou vai ou racha que os conspiradores continuavam a fazer. Blackwell condenou a conspiração contra o rei Jaime, o príncipe e a nobreza como "intolerável, inclemente, escandalosa e desesperada". Horrorizaram-no as notícias de que um católico — referia-se a Guido — fora cúmplice desse "detestável expediente". O padre Blackwell apressou-se a salientar que segundo a doutrina católica não era legal "indivíduos particulares, movidos por autoridade particular, pegarem em armas contra seu monarca legítimo", mesmo que ele se tornasse um tirano. Deu ainda mais força à mensagem referindo-se à obrigação dos padres de instruir seus rebanhos de que as "tentativas violentas" jamais podiam ser justificadas; e de forma alguma os católicos deviam apoiá-las.[24]

Para os conspiradores, mesmo que tivessem tido tempo de saber da proclamação do arcebispo, tudo isso era apenas a linguagem inútil da resistência passiva que eles há muito haviam rejeitado. Nas primeiras horas da manhã de terça-feira, 7 de novembro — no máximo às três da manhã —, todos os que haviam permanecido em Huddington Court, incluindo os empregados, foram confessar-se para receber a comunhão na missa. Era uma indicação, sem dúvida, de que nenhum deles esperava viver por muito mais tempo. Depois saíram montados a cavalo, entrando na escuridão chuvosa, 36 fugitivos ao todo. Ao meio-dia haviam chegado a Hewell Grange, casa de *lord* Windsor, de quatorze anos (sob a tutela de Northampton), que não estava lá. Continuava chovendo torrencialmente. Saquearam armas, pólvora e uma grande soma em dinheiro. Mas os aldeões locais os encararam com silenciosa hostilidade. Quando disseram que os conspiradores defendiam "Deus e o País", a resposta ouvida foi que em toda Hewell Grange os homens eram a favor do "rei Jaime", assim como de "Deus e do País". Digby admitiu depois que "nenhum homem" juntou-se a eles nesse estágio.[25] A expectativa dos conspiradores de congregar ajuda não passava de uma quimera.

Às dez horas daquela noite, o bando chegou a Holbeach House, perto de Kingswinford, logo na entrada de Staffordshire. Era a residência de Stephen Littleton, um dos participantes da festa de caça de Digby que na verdade ficou com os conspiradores, e também a casa onde eles achavam que podiam levantar fortificações. Durante algum tempo, os conspiradores tiveram a impressão de estar sendo seguidos. Por um momento brotou a esperança de que fossem reforços, mas não passou de uma louca esperança. Era na verdade o *posse comitatus* (força vigilante) do alto xerife de Worcesteshire, *sir* Richard Walsh, que vinha com o "poder e prestígio do condado".

Tom Wintour foi escolhido então para enfrentar o venerável John Talbot, de Grafton, pai de Gertrude Wintour, e ver se não podia obter alguma ajuda daquela fonte. (Robert Wintour recusara-se categoricamente a fazer isso quando ainda estavam em Huddington, dizendo que todos sabiam que John Talbot não podia desligar-se de sua leal aliança com o rei Jaime.) Stephen Littleton foi com Tom. Nada disso adiantou. John Talbot estava fora, em sua casa de Pepperhill, Shropshire, distante cerca de dezesseis quilômetros de Holbeach. Repeliu-os furioso, dizendo que a visita "podia custar-lhe o quanto valia sua vida", acrescentando: "Suplico que saiam daqui."[26] Foi quando os dois fugitivos se achavam ausentes nessa missão infrutífera que um terrível acidente aconteceu em Holbeach House, o que, na atmosfera tensa e lúgubre, parece ter transformado ali todo o espírito de bravura em desespero.

A pólvora roubada de Whewell Grange, que fora transportada numa carroça aberta, se deteriorara com a chuva torrencial. Estava agora espalhada diante de uma fogueira em Holbeach para secar, uma coisa extraordinariamente temerária a ser feita. Tem-se a impressão de que todos os conspiradores já se achavam naquela altura tão extenuados assim como desesperados — alguns deles, como o próprio Catesby, haviam cavalgado sem interrupção nas últimas três noites em busca não apenas de armas, mas de um refúgio seguro — que dificilmente sabiam o que estavam fazendo. De qualquer modo, uma fagulha voou da fogueira e a pólvora logo pegou fogo. Assim, Catesby teve finalmente sua explosão. Foi uma labareda rápida e violenta, que o engoliu, junto com Rookwood, John Grant e o amigo deste (da festa de caça de Dunchurch), Henry Morgan. Na noite anterior Robert Wintour tivera um sonho premonitório: "Achou que tinha visto campanários tortos, e dentro dessas igrejas rostos estranhos e desconhecidos." Quando viu os rostos chamuscados dos camaradas, reconheceu-os como os que vira em seu sonho.[27]

Quando Wintour e Stephen Littleton seguiam a cavalo pelo caminho de volta para Holbeach, um homem trouxe-lhes uma mensagem dando-lhes a entender que esses conspiradores estavam mortos, e o resto do grupo se havia "dispersado". Nesse momento a determinação de Littleton chegou ao fim — afinal, era um recém-recrutado no empreendimento. Encorajou Tom Wintour a fugir, "pois assim faria ele". Wintour, contudo, demonstrou sua obstinada resolução. Littleton recusou-se a desviar-se de seu propósito. "Eu disse então a Tom que ia primeiro ver o corpo do meu amigo [Catesby] e enterrá-lo, não importava o que me acontecesse." Wintour partiu sozinho.[28]

Ao chegar em Holbeach, porém, Littleton descobriu que o mensageiro exagerara o desastre. Era verdade que Digby desaparecera — de fato partira com a intenção de entregar-se — e também Robert Wintour, que depois acabaria se juntando a Stephen Littleton. John Wintour, o meio-irmão, que achava que fizera uma asneira entrando na conspiração por engano, escafedera-se durante a noite e entregara-se. O empregado Thomas Bates fugira: já não se fazia mais nenhuma pressão sobre os conspiradores para que continuassem juntos. Mas pelo menos Catesby estava "razoavelmente bem", assim como Rookwood, embora John Grant tivesse sido desfigurado de uma forma tão terrível pelo fogo — "seus olhos saltaram em chamas" — que ficou cego. Morgan também se queimara muito. O resto do grupo consistia nos irmãos Wright, Jack e Kit, adeptos intransigentes e corajosos até o último momento, pois incluíam-se entre os primeiros conspiradores, e Thomas Percy. Wintour perguntou-lhes o que pretendiam fazer.

— Queremos ficar aqui para morrer — foi a resposta inflexível.

Wintour respondeu com igual firmeza:

— Farei o mesmo que vocês.

A espera agora não ia ser muito longa. *Sir* Richard Walsh e seus duzentos homens aproximavam-se de Holbeach. Na manhã de sexta-feira, quando Guido, na Torre, se preparava dolorosamente para fazer a primeira de suas mais importantes confissões, seus antigos camaradas se aprontavam para o fim. A possibilidade devastadora da explosão convencera-os de que sua morte se aproximava depressa, e assim todos se puseram a rezar: "As litanias e coisas assim." Depois Catesby, tomando e beijando o crucifixo que sempre trazia pendurado no pescoço, disse que tudo fizera pela "honra da Cruz" e a Verdadeira Fé que venerava aquela Cruz. Esperava agora dar a vida pela mesma causa, pois vira que não era a vontade de Deus que fossem bem-sucedidos como haviam planejado. Mas não seria levado preso: "Contra isso, ele apenas se defenderia com a espada."[29]

O contingente sob o comando de Walsh chegou diante de Holbeach por volta das onze horas e cercou a casa. Walsh foi criticado depois por postar-se "perto demais ao pé da muralha", em nome da segurança, embora dificilmente se pudesse dizer que tamanha quantidade de homens com mosquetes corresse algum grande perigo, nem que se tivesse alguma dúvida sobre a questão do cerco. Quase no mesmo momento, Tom Wintour, atravessando o átrio, foi baleado no ombro, o que lhe custou o movimento desse braço. O segundo disparo derrubou Jack Wright; Kit Wright foi o seguinte. Sua famosa perícia como espadachim pouco lhe valera contra o fogo dos mosquetes. Logo depois caiu Ambrose Rookwood, ainda sofrendo das conseqüências do incêndio da pólvora.

Restavam agora, como possíveis defensores, Catesby e Percy, e também o ferido Tom Wintour, o cego John Grant e o queimado Henry Morgan.

— Fique perto de mim, Sr. Tom — disse Robin Catesby — e morreremos juntos.

— Perdi o movimento do braço direito — respondeu Wintour — e temo que isso me faça ser aprisionado.

Mesmo assim, os dois ficaram juntos, bem perto um do outro, à espera do último momento, ao lado também de Percy, na porta da casa por onde os atacantes iam entrar. Em seguida, Robin Catesby e Thomas Percy caíram atingidos pelo mesmo venturoso disparo. (John Streete, de Worcester, que disparou o tiro, solicitou uma recompensa de mil libras esterlinas pelo seu feito, embora isso sem dúvida se devesse mais à sorte que à intenção.)[30] Então os sitiantes entraram correndo. O que aconteceu em seguida foi um tipo macabro de malta, em que o bom senso — aqueles homens eram criminosos procurados — e mesmo a humanidade deram prioridade à brutal ganância.*

Os irmãos Wright e Percy estavam claramente *in extremis*, mas talvez pudessem ter sido salvos se ao menos houvesse um médico à mão. Em vez disso, seus corpos moribundos foram dilacerados com grande brutalidade: o próprio alferes do pelotão tirou as botas e as elegantes meias de seda de Kit Wright. Foi uma

*Segundo a tradição local, o cavalariço de Stephan Littleton, Gideon Grove, conseguiu montar num cavalo e fugir atravessando o pátio, na confusão de fogo e fumaça; chegou até um pantanal perto de Wombourne, onde os soldados o agarraram e mataram. Dizem que sua alma, como canta uma balada de Rhymer Greensill, do século XIX, assombra o lugar como o "Cavaleiro Fantasma". (*Black Country Bugle*, outubro-novembro de 1972; informação local à autora.)

cena repugnante. *Sir* Thomas Lawley, que auxiliava Walsh, comentou isso depois com Salisbury, referindo-se à desagradável falta de disciplina dos "tipos inferiores". Percy morreu bastante rápido, cumprindo a previsão do astrólogo Simon Foreman, consultado após sua fuga pelo governo: "Saturno, sendo o Senhor da Oitava Casa [da morte], mostrou que o fugitivo deverá ser levado por ordem do príncipe, e depois de levado, será assassinado."[31] Embora os Wright demorassem mais tempo a morrer, isso não serviu a nenhum propósito; ali estendidos, nus e agonizantes a caminho da morte, já não tinham voz nem energia para explicar por que e o que haviam feito.

Grant e Morgan, ambos feridos no incêndio da pólvora, acabaram facilmente capturados, assim como Ambrose Rookwood, que foi não apenas açoitado, mas ainda ferido por um tiro de mosquete. Tom Wintour, o primeiro a cair, parece ter sido salvo pela ação do assistente do xerife, Lawley, e do empregado de Lawley. Depois houve uma briga pelo cavalo de Wintour, que o xerife rival de Staffordshire tentou em vão reivindicar. Mas na hora Lawley teve afinal pelo menos algum senso prático de dever, compreendendo que os conspiradores, levados vivos, prestariam um "melhor serviço" ao rei Jaime do que seus corpos emudecidos.[32] Wintour foi primeiro seviciado e surrado, e provavelmente furado no estômago por uma lança. Em seguida alguém chegou por trás, agarrou-lhe os braços, incluindo o ferido, e o fez prisioneiro.

Robin Catesby sobreviveu o bastante para rastejar cheio de dor para o interior da casa. Ali conseguiu encontrar um quadro da Virgem Maria, e segurando-o nos braços foi que morreu finalmente. Lawley, que denegrira os saqueadores, viu-se sob uma diferente luz quando retirou o crucifixo de ouro de Catesby e o quadro da Virgem, junto com outros itens religiosos que encontrou. Naturalmente, os objetos não foram despachados para a enlutada *lady* Catesby, em Ashby St. Ledgers, a mãe a quem Robin, em sua corrida furiosa, não quis dizer adeus. Para Lawley, aqueles não eram emblemas devotos, mas valiosos troféus. Mandou-os para Londres, com o intuito de demonstrar exatamente o tipo de "ídolos supersticiosos e papistas" que haviam inspirado os rebeldes.[33]

Assim, os piores temores de Tom Wintour se realizaram. Não morrera junto com seu amado Robin Catesby e sobrevivera, por mais dilacerado que estivesse, para contar a história da Traição da Pólvora. Mas Catesby, cujo cavalheirismo e impetuosidade haviam deslumbrado e seduzido toda uma geração de jovens católicos, tivera satisfeito seu último desejo. Morrera sem ser "levado". Não eram para Robin a Torre de Londres e seus rigores, nem eram para ele as indignidades inclementes da morte de um traidor. Dos dois, Robin e Tom, Catesby foi o afortunado.

Em Londres, a frenética confusão que se apoderara de quase todos, do rei ao mais comum dos súditos, nos primeiros dois dias após a descoberta da conspiração, começava a amainar. Mesmo antes de chegarem as notícias da fuzilaria de Holbeach, o sentimento geral de que realmente se achavam em perigo — onde eles iam atacar em seguida? — desaparecia. Contudo o governo deixou claro que não se corriam mais riscos. Em 7 de novembro, enquanto Percy continuava em liberdade, seu patrão, o conde de Northumberland, foi posto em prisão domiciliar, aos cuidados do arcebispo da Canterbury, no Palácio de Lambeth.

No mesmo dia, a pólvora foi transportada "do porão do Parlamento" para a Torre de Londres. Ali a armazenaram no "Depósito de Sua Majestade dentro do escritório de material bélico", não muito longe de onde Guido fora encarcerado em sua câmara subterrânea. Na receita oficial no Livro de Debêntures, a pólvora foi descrita como tendo sido "colocada para explodir a mencionada Casa [Parlamento] e a destruir Sua Majestade o rei Jaime, a nobreza e a comunidade ali reunida". Junto com um par de alçapremas de ferro, deu-se entrada a 1.008 quilos de pólvora.[34]

É muito interessante o fato de a pólvora ter sido oficialmente descrita como "deteriorada". Um funcionário cínico do Material Bélico Real talvez refletisse que afinal o perigo para o rei e o resto das pessoas não fora na verdade tão grande. De qualquer modo, esse explosivo (ao contrário do desgraçado material que queimara os conspiradores em Holbeach) não teria explodido. A explicação direta para essa falha nos preparativos dos conspiradores é que os elementos da pólvora mais uma vez se dissociaram — como já ocorrera antes — e Guido simplesmente não percebera o fato (a não ser, claro, que a "deterioração" tivesse ocorrido nos dias seguintes a 5 de novembro). Um exercício suplementar, de natureza mais maquiavélica, envolve o conde de Salisbury. Pode-se questionar se ele realmente toleraria com tanta equanimidade a presença de uma substância como a pólvora no porão de Westminster, em tão grande quantidade e por tanto tempo. Talvez uma busca discreta houvesse constatado que a pólvora não constituía mais uma ameaça de fato para ninguém — a não ser, claro, para o próprio Guy Fawkes, por incriminá-lo.

Agora que o governo estava tão comprovadamente do lado vencedor, uma espantosa quantidade de gente de toda espécie, dos ricos aos pobres, apresentava-se para desfraldar sua lealdade fornecendo informação. Uma das primeiras a fazê-lo foi *lady* Tasborough, sogra de *lady* Agnes Wenman, a amiga íntima de Eliza Vaux. Achou conveniente comunicar o conteúdo daquela carta fatal de abril que, como se lembrará, ela abrira na ausência da nora. Em 5 de novembro, *lord*

Popham, Juiz Principal, já tinha condições de comunicar a Salisbury detalhes da profecia de Eliza Vaux — "veremos Tottenham virar francês" — provando que ela "esperava que alguma coisa de ruim fosse acontecer". Os comentários de Popham a respeito disso não eram animadores para o futuro de Eliza. Como dois jesuítas, Gerard e Whalley (um dos pseudônimos de Garnet), faziam de Harrowden "seu principal lugar de acesso", "ela talvez soubesse de alguma coisa".[35] Tudo isso ocorreu antes da captura de Henry Huddlestone e das frenéticas tentativas de Eliza para libertar os padres, o que de modo algum melhorou suas chances de esquivar-se da atenção do Conselho Privado.

Outros logo negaram qualquer ligação com os traidores. Entre esses, por exemplo, os que se anteciparam gratuitamente a observar — caso houvesse alguma dúvida — que não viam os conspiradores no mínimo há dez anos. No que se referia ao catolicismo, Ben Jonson refletiu cinicamente que logo depois da descoberta da conspiração havia "menos quinhentos cavalheiros" professando essa religião. Em 7 de novembro, o próprio Jonson, apreensivamente cônscio de sua conhecida ligação com os conspiradores, compareceu perante o Conselho Privado. Tentara entrar em contato com um padre clandestino que queria um salvo-conduto em troca de informação, mas não o encontrara, apesar da ajuda do capelão (católico) do embaixador veneziano.

Dois dias depois *sir* Walter Ralegh (cuja mulher, Elizabeth Throckmorton, era prima em primeiro grau de *lady* Catesby) negou veementemente qualquer ligação com a recente traição, a qual, afirmou, teria dado a própria vida para descobrir. Pediu que levassem em consideração seus muitos serviços prestados ao país e, desesperado, tentou distanciar-se de uma conspiração por ele chamada de "essa invenção mais que diabólica". No mesmo dia, o conde de Dorset, sogro do visconde de Montague, perguntou-lhe ansioso se soubera de alguma coisa, "direta ou indiretamente", que o teria impedido de comparecer ao Parlamento.[36]

Durante todo esse tempo Guy Fawkes transpirava, sofrendo na Torre, primeiro para resistir aos torturadores, depois para dar-lhes até certo ponto o que eles queriam — ou de qualquer modo o bastante para aliviar seu tormento. Na medida em que se pode alinhavar as provas, revelou sua verdadeira identidade em 7 de novembro e disse que a conspiração se limitava a cinco pessoas (sem nomes). Sua confissão importante foi a de 8 de novembro.[37] Então deu finalmente os nomes, embora não identificasse nenhum padre católico. Aliás, tampouco Guido incriminou destacados católicos ingleses ou revelou a identidade do protetor, embora falasse longamente sobre os planos para a proclamação da princesa Elizabeth.

Deve-se supor que a terceira confissão, de 9 de novembro, atestada diante de comissários em 10 de novembro, tenha resultado de prolongadas sessões de tortura que se tornavam cada vez mais severas.[38] Guido deu nesse momento o nome de Francis Tresham, embora atribuísse a ele um papel relativamente menor, e revelou o nome do padre que ministrara o sacramento após o juramento como padre Gerard (mas aferrou-se à sua afirmação de que Gerard não sabia o que estava acontecendo). É bastante possível que Salisbury se achasse presente nessa sessão, pois Waad escreveu-lhe dizendo que Fawkes queria vê-lo. De qualquer forma, uma nova revelação era exatamente o que Salisbury queria ouvir. Ali estava, afinal, em conseqüência da tortura, o nome — ou assim simularia Coke depois — da *bête noire* do governo, Hugh Owen, de Flandres.

As assinaturas de Fawkes, declinando em força e coerência à medida que prosseguia o interrogatório, oferecem ainda hoje seu próprio testemunho mudo do que ele sofreu. O último "Guido" — o nome escolhido, seu nome de exílio — mal passa de um rabisco, e pequenas pontadas impotentes da pena ao lado do nome mostram o que custou a Fawkes mesmo escrever apenas isso.

XIII

Fogo e enxofre

Bem se poderia chamar isso de um rugido, ou melhor, um trovejante pecado de fogo e enxofre, do qual Deus tão miraculosamente nos livrou a todos nós.

REI JAIME
ao Parlamento, 9 de novembro de 1605

O DISCURSO DO REI JAIME AO PARLAMENTO no sábado, 9 de novembro, foi uma floreada obra de oratória. Como descobridor da conspiração, sem dúvida tocou seu próprio régio clarim.[1] Ao mesmo tempo, demonstrou coragem — afinal, acreditava de fato que quatro dias antes fora a vítima visada de uma explosão. Ainda mais admirável, Jaime mostrou-se misericordioso com os católicos ingleses que não se haviam envolvido na Traição da Pólvora, pois não se inferia "que todos os que professavam a religião romana eram da mesma maneira culpados". Os "seduzidos" papistas podiam continuar sendo bons súditos. Mencionou expressamente o fato de que as almas de alguns católicos seriam salvas e criticou a inflexibilidade dos puritanos, "que não irão admitir a salvação de nenhum papista".

Embora essa política de brandura e conciliação desaparecesse à medida que a extensão do envolvimento dos jesuítas — seu suposto envolvimento — era assinalada por um governo vingativo, vale também lembrar que nos primeiros dias Jaime encarava a Traição da Pólvora exatamente como o que era mesmo: obra de alguns católicos fanáticos.

Naturalmente o soberano relembrou sua própria história conturbada. Os monarcas, "como as árvores altas", estavam sujeitos a mais tempestades que os mortais comuns, e o próprio rei sofrera mais tempestades que a maioria dos monarcas: fora ameaçado pela primeira vez "quando ainda estava na barriga de minha mãe". Agora Deus miraculosamente livrara a todos eles de "um rugido, ou melhor, um trovejante pecado de fogo e enxofre".

Jaime resumiu em seguida os vários elementos singulares que contribuíam para formar essa determinada traição. Primeiro, a pura crueldade da própria conspiração, que ameaçara destruir tantas pessoas inocentes, sem que se fizesse qualquer distinção "entre jovens e velhos, grandes e pequenos, homens e mulheres". Considerando-se as várias maneiras de provocar a morte da humanidade, Jaime não teve a menor hesitação em condenar o fogo como "a mais devastadora e inclemente", pois nenhuma misericórdia ou apelo se podia esperar contra ele. (Um homem pode ter piedade de seu semelhante até o último momento, e de qualquer modo podia-se preparar uma defesa; quanto aos animais "irracionais", até os leões se apiedaram de Daniel...)*

O segundo era um elemento sobre o qual alguns poderiam ter outros pontos de vista. O rei insistiu em que havia muito poucos motivos, se é que havia, para justificar a conspiração — apenas a religião, e isso dificilmente era suficiente. O terceiro elemento foi de fato o verdadeiro milagre, e por este o monarca realmente deixou-se levar. Sua inigualável inteligência no discernimento do que estava para acontecer. Independente de sua própria natureza confiante — "Jamais alimentei a Suspeita de ser a enfermidade que é um Tirano" —, fora inspirado ao interpretar a Carta de Monteagle como indicando "essa horrível forma de explodir a todos nós pela Pólvora".

O rei disse solenemente aos nobres membros do Parlamento reunidos que teria tido no mínimo um consolo, caso a conspiração fosse levada a cabo. Pelo menos teria morrido "na mais Honorável e melhor companhia", ao contrário de numa "cervejaria ou num bordel". Referindo-se aos conspiradores, citou outro rei, o bíblico Davi: "Caíram na armadilha que eles mesmos haviam armado." Passando da Bíblia para a Roma Antiga, enfatizou a necessidade da ação de graças. Pois se Cipião, "um Étnico [isto é, nem judeu nem cristão], conduzido apenas pela luz da Natureza", convocara o povo para agradecer sua vitória sobre Aníbal, quanto não era mais necessário aos cristãos expressarem sua gratidão! A Misericórdia de Deus está acima de todas as suas obras", disse.

*Esta, a questão destacada pelo monarca, esclarece que o fato de o plano terrorista ser ao mesmo tempo aleatório em suas conseqüências e inexorável em sua execução é que era considerado sobretudo chocante, exatamente da mesma maneira como hoje se consideram chocantes as atividades terroristas, vistas em geral como covardes e perversas.

Na Câmara dos Comuns, a questão foi bem recebida. *Sir* Edward Hexter propôs que o orador da Câmara "manifestasse o agradecimento da Câmara a Deus, pela sua [do rei] libertação segura". No futuro, "todos, e cada um deles, estariam prontos com a última Gota de seu Sangue". O Parlamento foi então mais uma vez adiado — para 21 de janeiro de 1606 —, pois, como salientou o monarca, todas as energias seriam necessárias na elucidação da recente e perversa conspiração. O dia escolhido foi, a propósito, uma terça-feira, como 5 de agosto de 1600 e 5 de novembro de 1605. Uma vez que o rei fora duas vezes "libertado" nesse propício dia da semana, "não achava oportuno" que se repetisse a experiência de se reunirem numa terça-feira.[2]

Coube a Salisbury escrever aos embaixadores ingleses no exterior uma elaborada carta de explicação do que ocorrera. Esses incluíam Edmondes, em Bruxelas, Parry, em Paris, e Cornwallis, na Espanha. Felizmente, o rei Jaime esmerou-se em seu discurso para estabelecer que as potências católicas estrangeiras não eram suspeitas de cumplicidade — "nenhum rei ou Príncipe de honra jamais se rebaixaria tanto". A proclamação do governo contra os conspiradores terminara na verdade com a mais servil defesa da integridade das potências católicas: "Não podemos admitir um pensamento tão desumano quanto o envolvimento delas." Abrira-se o caminho para esses governantes enviarem em resposta suas expressões de puro horror pelo que tão torpemente se conspirara.[3]

É claro que as potências e potentados revelaram suas próprias preocupações. O duque de Lerma, o *privado* [favorito] do rei espanhol, embora descrevesse os conspiradores como "ateus e diabólicos", esperava ser informado de que também havia puritanos "na mistura". Zuñiga, o enviado espanhol em Londres (ele que prudentemente acendera fogueiras e jogara dinheiro para as multidões no dia 5 de novembro, o da descoberta da pólvora no porão do Parlamento), acreditava que Thomas Percy fora o responsável pela operação e era "um herege", em outras palavras um protestante, conhecido por favorecer mais a França que a Espanha. Com igual convicção e inexatidão, o rei francês tinha muita certeza de que os ministros espanhóis haviam tomado parte "nessa prática tão grave".[4]

No domingo, 10 de novembro, Salisbury, munido da confissão de Guido, teve afinal condições de acionar os procedimentos para a extradição de Hugh Owen de Flandres. Owen refutou furiosamente a acusação: "Eu faria um juramento", escreveu a Lerma na Espanha, de que nada soubera sobre a conspiração. Os cautelosos arquiduques, preocupados com a falta de provas, limitaram-se a pôr Owen e seu secretário em prisão domiciliar.[5]

Muito mais satisfatório para o governo foi o sermão do bispo de Rochester, o Dr. Barlow, em Paul's Cross, nesse mesmo domingo. Seria o primeiro de uma longa série de tais sermões exortatórios sobre a questão da Traição da Pólvora. Descrito como "um dos mais amadurecidos em erudição", Barlow fizera parte da equipe associada à produção da Versão Autorizada da Bíblia, após a conferência de Hampton Court. Uma vez que ele próprio, como o rei, estaria presente na Câmara dos Lordes no momento da explosão, a consciência de ter escapado por um fio deve ter-lhe emprestado um fervor particular. De qualquer modo, Barlow, um homem que já fizera dois sermões em Paul's Cross, um louvando Essex na ocasião de seu retorno da Irlanda em 1596, e outro justificando sua execução cinco anos depois (com instruções detalhadas de Salisbury), fora sem dúvida orientado pelo ministro sobre o que dizer.[6]

Mais uma vez a atitude partidária foi vilipendiar Guy Fawkes e julgar a conspiração uma obra de fanáticos. Em contraste com muitíssimos sermões posteriores, os católicos ingleses não foram atacados como tais, exatamente como o rei Jaime tivera o cuidado de distinguir os bons papistas dos ruins. Mas a principal investida do sermão de Barlow foi um extraordinário panegírico de seu soberano, em termos que fizeram até a própria autoglorificação de Jaime parecer modesta. O monarca não apenas era um "erudito universal, penetrante na argumentação, sutil na diferenciação, lógico na discussão", mas também "um leal cristão": e assim por diante, e sem interrupção, no que foi descrito por alguns como uma evocação do rei como "semelhante à figura de Cristo".[7]

A consciência de ter escapado por um fio não se restringia, claro, ao rei e ao Dr. Barlow. A rainha Anne, aquele famoso vinhedo frutífero, viu-se também parabenizada repetidas vezes por sua fecundidade em todos os discursos monárquicos. Mas, no caso dela, o simples alívio anterior — pois sem dúvida teria comparecido à abertura — dera lugar a uma consideração mais sóbria sobre o futuro, pois a rainha podia avaliar as sombras que se abatiam sobre o seu catolicismo. Como rainha consorte de Jaime, participara dos serviços protestantes (embora sem receber o sacramento); concordara com o batismo, em maio, da princesa Mary no rito protestante. Ao mesmo tempo, mantinha sua posição como católica de alcova — literalmente, pois a missa tinha de ser ouvida de forma extremamente privada em seus próprios aposentos.

Essa graciosa ambivalência não podia sobreviver no clima pós-conspiração da Inglaterra, e na verdade a rainha Anne teve o cuidado de esquivar-se ao encontro com os emissários das potências católicas. Durante dois anos evitou a presença do barão Hoboken, enviado dos arquiduques, devido à tardia resposta destes no caso de Hugh Owen. Uma febre conveniente também a fez cancelar uma audiência com Zuñiga, logo depois da descoberta da conspiração, temendo que se suspeitasse do patriotismo da rainha. Quando acabou encontrando o representante espanhol, próximo ao final de novembro, falou longamente de sua dor pela desafortunada e difícil situação dos católicos, e seu desejo de ajudá-los.[8] Mas no futuro essas ativas simpatias católicas encontraram expressão sobretudo na tentativa de garantir grandiosos casamentos católicos para os filhos.

Outro membro da família real que tomou consciência do que escapara quando surgiram os detalhes da conspiração foi a princesa Elizabeth, de nove anos. Ao chegar o alarme de Warwick, despacharam-na para Coventry, julgada mais segura que Coombe Abbey. No caso dela, escapara ao seqüestro em vez da morte, mas a princesa deixou claro ao seu guardião, *lord* Harington, que o que os conspiradores planejavam para ela era um destino *pior* que a morte. Relatou *lord* Harington: "Sua Alteza muitas vezes disse: 'Que rainha seria eu por esse meio? Preferiria estar com meu Real Pai no Parlamento a usar a Coroa em tais condições.'" Não surpreende que o choque de tudo isso deixasse a menina "muito doente e perturbada".[9]

Embora se justificasse a lamentação, por mais ineficaz que fosse, da rainha Anne pela desafortunada e difícil situação dos católicos ingleses, a provação dos conspiradores era infinitamente pior. Os capturados em Holbeach — Thomas Wintour, Ambrose Rookwood e John Grant, todos em péssima forma física — foram levados primeiro para Worcester sob a custódia do xerife, e depois para a Torre de Londres. Enquanto isso, os corpos de Robert Catesby e Thomas Percy eram exumados de seus túmulos nos condados do interior por ordem do governo, e suas cabeças cortadas. A intenção era exibi-las decapitadas nos cantos da Casa do Parlamento que haviam planejado explodir. (O ferreiro que forjou a peça de ferro para tornar isso possível recebeu 23 xelins e nove centavos.) Entre os que inspecionaram essas relíquias horripilantes *en route* para Londres estava o próprio *lord* Harington, que achou que "jamais se viram semblantes mais terríveis". Percebeu uma marca diabólica especial na testa deles, uma descrição que se desconfia tenha transmitido à sua real pupila para intensificar ainda mais os compreensíveis temores da princesa.*[10]

*Essa prática demoníaca não foi uma medida especial para os mortos da Conspiração da Pólvora; a cabeça e os membros de traidores eram comumente exibidos assim; tais relíquias podiam continuar *in situ* por um considerável tempo, como uma brutal advertência sobre os perigos de trair o Estado.

Thomas Bates, o empregado de Catesby, foi feito prisioneiro em Staffordshire, e Robert Keyes, que se separara no encontro de Dunchurch, também acabou sendo capturado. *Sir* Everard Digby, que pretendera transformar-se em *sir* Fulke Greville em Warwick, foi descoberto com dois empregados, por um pequeno pelotão de perseguidores, numa "fossa seca". Os gritos excitados de "Aqui está ele! Aqui está ele! Aqui está ele!" foram recebidos pela imperturbável resposta do bravo cavaleiro: "Aqui está ele, de fato! E daí?" Como Digby não pretendia render-se àquela miuçalha tão insignificante, avançou seu cavalo "à maneira de curveta", isto é, num perito salto eqüestre, erguendo e dobrando as patas dianteiras e baixando a garupa do cavalo.[11] Teria varado o cerco, não tivesse enxergado reforços de centenas de homens aproximando-se por trás do pelotão. Então entregou-se ao homem com mais aparência de veterano entre eles. Também esses conspiradores acabaram sendo levados para Londres.

Em dezembro, só Robert Wintour, dos camaradas sobreviventes, continuava em liberdade. Em Londres prenderam Francis Tresham, em conseqüência da denúncia de Guido em 12 de novembro, e o levaram para a Torre três dias depois. Três nobres católicos, *lord* Montague, *lord* Mordaunt e *lord* Stourton, todos com ligações comprometedoras com a abortada conspiração, também foram levados para a Torre. *Lord* Montague não apenas empregara Guy Fawkes por um breve período de tempo, mas provavelmente fora avisado por Catesby para não comparecer ao Parlamento; *lord* Mordaunt era o patrão de Keyes, além de ligado a ele por casamento, e planejara ausentar-se porque lhe desagradava a legislação em andamento; *lord* Stourton era cunhado de Tresham, e Guido dissera que ele seria impedido de comparecer à abertura por algum tipo de acidente. Aos prisioneiros na Torre juntou-se em 27 de novembro o conde de Northumberland, transferido de Lambeth.

Enquanto se elaboravam em Londres os planos para o intensivo interrogatório dos conspiradores e seus supostos aliados, a comunidade inglesa recusante sofria exatamente aquela investigação implacável que durante tanto tempo temera. As autoridades não tinham motivo algum para evitar mexer na casa de marimbondos dos não-conformistas — e seus padres. Por um lado, era necessário buscar mais informação sobre aquela conspiração perversa, e por outro velhas contas podiam ser acertadas (sempre houve um certo caráter vingativo na ação dos perseguidores, que tampouco eram incapazes de se aproveitar financeiramente disso). Contudo o desejo de se dar bem e lucrar com a Traição da Pólvora não se limitava a uma única classe da sociedade. Uma das comunicações a Salisbury sobre essa questão foi a da condessa Susan de Kent, de que tinha muita certeza

— sem nenhum motivo particular — de que um certo sr. William Willoughby devia estar envolvido na conspiração. Em conseqüência dessa suposta vilania, ela sugeria que devia receber as duzentas libras esterlinas da pensão dele em Suffolk.[12]

White Webbs, em Enfield Chase, foi vasculhada em 11 de novembro, e descobriram-se na propriedade seus "muitos alçapões e passagens". Anne Vaux, com o codinome de Sra. Perkins, estava, claro, ausente, e já há algum tempo, pois o padre Garnet julgara Enfield Chase um refúgio perigoso demais. Mas encontraram lá quatro empregados: James Johnson, na faixa dos quarenta anos, Elizabeth Shepheard, mulher do cocheiro, Margaret Walker, de vinte e poucos anos, que trabalhava há três para a "Sra. Perkins", e Jane Robinson, de quatorze anos, conhecida como a "Menina". Embora todos admitissem ser "papistas obstinados", negaram a princípio que algum dia se houvesse rezado missa em White Webbs.[13]

Então a aterrorizada Jane Robinson entregou o jogo. Disse que uma missa fora rezada no mês anterior, mas ela não lembrava nada do padre, a não ser que "se vestia como um cavalheiro". O padre Garnet, suposto irmão da Sra. Perkins, era conhecido ali como o Sr. Meaze; e, em resposta a uma pergunta, afirmou que ele tinha aposentos inteiramente separados dos da Sra. Perkins. É provável que isso se destinasse a determinar que o Sr. Meaze era na verdade um padre, não um irmão de boa fé da Sra. Perkins, cuja verdadeira identidade nesse momento ainda não era conhecida. Mas a questão assinalava o início do lúbrico interesse do mundo oficial pelo relacionamento do "Sr. Meaze" com a "Sra. Perkins", que continuou até a morte do jesuíta e causou-lhe grande sofrimento. James Johnson foi então levado para Londres e encarcerado na prisão de Gatehouse.

A busca há muito antecipada em Harrowden durou mais de nove dias, começando em 12 de novembro. O padre Gerard, uma presença inteiramente invisível, bem escondida, era um veterano dessas buscas e sabia, como todos os recusantes, da importância da absoluta atenção aos detalhes. Não se podia acender velas naquele buraco escuro onde um padre estava escondido, a fim de que o cheiro da parafina recém-apagada não revelasse seu refúgio. Numa dessas buscas em Braddock, perto de Saffron Walden, na década de 1590, Gerard tivera de viver quatro dias com apenas dois biscoitos e um pote de geléia de marmelo que sua anfitriã, a Sra. Wiseman, segurava por acaso quando os perseguidores irromperam na casa e ele foi despachado às pressas para o esconderijo.

Em Harrowden, Gerard podia ficar sentado, mas não de pé, em seu refúgio. Nessa ocasião, contudo, não passou fome, pois o esconderijo continha um dos estratagemas característicos de João Pequeno, um tubo através do qual ele podia receber comida. Passados uns quatro dias, Eliza Vaux desviou a atenção das autoridades, revelando prudentemente um esconderijo com "muitos livros papistas" e outros objetos de devoção, "mas ninguém lá dentro", dizia o decepcionado relatório do governo. A busca foi um pouco afrouxada depois disso. Em 21 de novembro, os investigadores partiram afinal, inteiramente convencidos de que ninguém podia ter sobrevivido à minuciosa inspeção.[14] O padre Gerard estava salvo.

Na ocasião em que abandonaram a busca, Eliza Vaux já fora levada para Londres como prisioneira e sofrera seu primeiro interrogatório. Já se encontrava, afinal, em sérios apuros pela desafortunada carta a *lady* Agnes Wenman e as intempestivas tentativas de subornar *sir* Richard Verney para soltar seus amigos. Até o pai dela, *sir* John Roper, que era Escrivão de Recursos Comuns, escreveu-lhe uma furiosa carta de indignação com seu comportamento. Na época com mais de setenta anos, ele decidira não morrer sem adquirir o pariato que julgava ser-lhe devido. Todos os suculentos presentes de Roper a Salisbury, entre eles frutas, falcões, caça e "uma grande bacia de pé", corriam o risco de ir por água abaixo se a própria filha frustrasse esses esforços com o não-conformismo. E talvez — com a notícia daquela assustadora traição — os frustrasse com alguma coisa ainda pior... Mas Eliza Vaux, viúva lutando por uma causa, era inteiramente capaz de enfrentar a situação sozinha: como haviam descoberto *sir* Thomas Tresham e o falecido *lord* Vaux.

Ela respondeu a *sir* John com igual indignação. Numa carta destinada ao "meu adorado pai" e assinada "sua filha obediente", pedia a bênção paterna, mas o texto entre essas saudações convencionais era tudo, menos submisso. Eliza professava seu total espanto pelo fato de o pai poder por um momento acreditar que ela tivera alguma coisa a ver com a recente conspiração. De qualquer forma, seriam necessários outros onze anos e uma colossal soma de dinheiro para que *sir* John adquirisse finalmente seu pariato; ele passou os últimos dois anos da vida deleitando-se com o título de *lord* Teynham.[15]

Perante o conselho, Eliza Vaux foi igualmente intrépida.[16] Recusou-se a admitir muitas coisas. Mais importante, não deixou escapar nada sobre o sacerdócio de Gerard. Jurou não saber que ele e os outros eram padres, pois "não tinham nada de padres"; sempre os tomara por cavalheiros católicos. (Era uma negação vital, pois as penalidades por abrigar padres às vezes incluíam a morte.) Também se negou categoricamente a admitir que o padre Gerard estivera ou estava na época em Harrowden. Disse que não tinha a menor idéia do paradeiro dele, mas, se tivesse, não o revelaria nem para salvar a própria vida ou a de qualquer outro.

Um dos Conselheiros que sempre fora seu amigo — provavelmente Northampton — acompanhou-a então, obsequioso, até a porta. "Tenha um pouco de piedade por você e seus filhos", disse-lhe em voz baixa. "E diga a eles o que querem saber. Se não fizer isso, morrerá."

Mas Eliza respondeu-lhe em voz alta e destemida: "Então eu prefiro morrer, meu *lord*." Seus empregados, que ouviam diante da porta, caíram em prantos. As palavras de Northampton destinavam-se, claro, simplesmente a intimidá-la — o que não conseguiram fazer — e Eliza Vaux não morreu.

Foi posta sob a custódia de um almotacel, *sir* John Swynnerton, em Londres, e obrigada a permanecer com ele durante muitos meses, até que um apelo a Salisbury conseguiu sua fiança. A essa altura Eliza manipulava astutamente a imagem contemporânea da mulher ao mesmo tempo frágil e indiscreta. Por que cargas d'água lhe confiariam detalhes da traição? Quem julgaria possível confiar "sua vida e propriedades ao poder e sigilo de uma mulher"?[17] Suas perguntas eram maravilhosamente pouco engenhosas para alguém que vinha violando a lei com coragem e consistência há anos. A verdade é que a descoberta do padre Gerard (ou de qualquer outro padre) em Harrowden podia tê-la destruído, a ela e à sua família, mas as secretas construções de João Pequeno preservaram todos eles. O único acidente inevitável foi a união de seu primogênito *lord* Edward Vaux com *lady* Elizabeth Howard. Em apenas dois meses deram a menina em casamento a um poderoso viúvo, quarenta anos mais velho que ela.

Eliza Vaux cuidara bem de si mesma e seus segredos. As esposas dos verdadeiros conspiradores se achavam em situação muito mais terrível, da qual nem a bravura ou o blefe podiam salvá-las. Seis delas, entre outras mulheres ligadas a figuras menores na conspiração, foram levadas para Londres e alojadas, como Eliza Vaux, pelos almotacéis do centro comercial e financeiro da capital. Martha Wright Percy e Dorothy Wintour Grant, irmãs e também mulheres de conspiradores, se achavam em situação especialmente complicada. Além dessas havia Dorothy e Margaret Wright, mulheres de Jack e Kit, Christiana Keyes, a esposa governanta de Robert, e Elizabeth Rookwood (parece que não julgaram Martha Bates merecedora de prisão). A notificação do xerife ao governo logo depois dessas prisões chamava a atenção para um pungente aspecto da transferência das esposas para Londres. Ele dizia que "assumira o cuidado e responsabilidade pelos filhos dessas mulheres", até que se conhecessem melhor os desejos de "Suas Excelências".[18]

As casas dos conspiradores foram inspecionadas e em muitos casos saqueadas. Apreenderam-se os bens encontrados em Ashby St Ledgers, embora esta fosse mais propriedade de *lady* Catesby do que do filho Robert. Huddington Court foi tratada de modo igual. Em 17 de novembro, informaram que não se deixara lá nada de algum real valor, pois muita coisa fora levada todos os dias; embora algumas semanas depois objetos e livros devotos relacionados com a missa fossem descobertos no vão oco de uma parede.[19] Mesmo John Talbot, o sogro fielmente patriótico de Robert Wintour, teve a casa inspecionada e armas e documentos retirados. (Esses documentos, o que não surpreende, revelaram nada ter a ver com a traição.)

Uma das situações mais lastimáveis foi a de *lady* Mary Digby. Criada como uma jovem rica, descobriu que suas valiosas posses agora haviam-na tornado um destacado alvo de voracidade. Gayhurst foi totalmente saqueada. "Pessoas desprezíveis" estavam em toda parte. Mesmo os pertences dos empregados (sem dúvida não sujeitos a confisco) eram simplesmente levados embora. O gado e os grãos foram vendidos pela metade do preço.

Quanto à própria Mary, o xerife não lhe deixara nem "peças de vestuário" para enviar ao marido na Torre, nem "panos de linho para vestir junto ao meu corpo" (roupas de baixo). Numa desesperada súplica a Salisbury, Mary escreveu que o xerife — que provavelmente lucrou mais de mil libras esterlinas "ilícitas" — estava negociando todas as propriedades em Gayhurst "como se fossem dele". Em conseqüência, Mary ficou inteiramente pobre, não tendo com os filhos mais nenhum lugar onde "residir", e nada para seu sustento. A julgar pelos registros oficiais, parece que Mary Digby não exagerou. O próprio xerife escreveu orgulhoso: "Todos os bens foram levados, até o próprio piso do salão de visitas."[20]

Na Torre de Londres, o fogo e o enxofre tão miraculosamente desviados do Parlamento desmoronavam sobre as cabeças dos antigos conspiradores. Coke disse depois que os interrogatórios consumiram ao todo "vinte e três dias" (num período de dois meses e meio), criando-se uma comissão especial para examinar o pessoal menos importante — não apenas as pessoas inferiores que se haviam envolvido em Dunchurch, mas as que trabalhavam para pessoas e circunstantes que pudessem servir de testemunhas.[21]

Usaram-se os Alojamentos do Tenente, sob o controle de *sir* William Waad, para os interrogatórios mais importantes. Waad, na época com sessenta e poucos anos, fora promovido a tenente da Torre em agosto. A nomeação culminava uma longa carreira de diplomacia e intriga a serviço do pai de Salisbury, *lord* Burghley, e fora Waad quem primeiro saqueara, depois habilmente rearranjara os documentos da rainha Maria dos Escoceses, em 1586. Também fora ele, envolvido na descoberta de todas as principais conspirações dos últimos tempos elisabetanos e dos primeiros jacobitas, o responsável pelos interrogatórios concentrados nas Conspirações Principais e Secundárias de 1603. O significativo é que "aquele vilão Waad" fosse depois acusado por *lord* Cobham de induzi-lo por astúcia a assinar uma folha de papel em branco para forjar sua confissão. Como *sir* Edward Popham, Waad nutria uma vingativa aversão pelos católicos, além do que exigiam suas funções, e como funcionário do Conselho Privado fora fervoroso na perseguição de padres e recusantes.[22]

Em outubro de 1608, ele ergueu um monumento em sua obra sobre a descoberta da Traição da Pólvora, que terminava citando, em hebraico, o Livro de Jó: "Ele descobriu coisas profundas nas trevas, e trouxe para a luz a sombra da morte."* No que se referia aos católicos, a retirada de coisas secretas das trevas era sem dúvida o objetivo de *sir* William Waad.

Só duas das "confissões" que resultaram desses inúmeros interrogatórios foram até hoje oficialmente divulgadas ao público. Constavam do chamado *King's Book* [O livro do rei] e foram publicadas para a edificação geral por volta do final de novembro.[23] O *King's Book* teve ampla circulação, estimulando ainda mais o interesse popular pelos acontecimentos recentes — e potencialmente horripilantes. (Entre os estimulados por eles bem poderia estar Shakespeare, enquanto trabalhava em sua nova peça, *Macbeth*.) As duas declarações impressas no *King's Book* eram uma versão da confissão completa de Guy Fawkes, de 8 de novembro, revisada em 17 de novembro, e a confissão de Thomas Wintour, assinada em 23 de novembro. Fora isso, os documentos oficiais publicaram várias versões das inúmeras entrevistas, embora Coke, extraindo citações delas, as adaptasse livremente segundo as necessidades de sua acusação nos julgamentos futuros.

Usou-se mais uma vez a tortura? Não se tem conhecimento de nenhuma outra sanção oficial para a tortura nesse ano, além da já citada carta de autorização do rei referente a Guido e às "torturas mais leves". A zelosa recomendação feita a Salisbury por *lord* Dunfermline, *lord* Chanceler da Escócia, de que "os prisioneiros devem ser confinados separados, no escuro, e examinados à luz de archotes, e que as torturas sejam lentas e a intervalos, por serem mais eficazes", não é prova de que Salisbury seguisse realmente essas instruções, embora indique o tipo

*O monumento — ainda existente hoje — começa com um tributo ao rei Jaime ("famosíssimo pela piedade, justiça, prudência, erudição, coragem, clemência e as outras Reais virtudes..."), seguindo-se os nomes dos conselheiros que ajudaram a descobrir a conspiração, antes da lista dos nomes dos próprios conspiradores, incluindo *sir* Stanley, Hugh Owen e padre William Baldwin.

de clima predominante na época.* Prova mais concreta do uso de tortura é oferecida por uma carta do próprio Salisbury, datada de 4 de dezembro. Num documento difícil de interpretar em qualquer outro sentido, ele se queixou da obstinada recusa dos conspiradores a incriminar os padres, "sim, por maior que seja a tortura a que são submetidos".[24]

Isso sugere que pelo menos alguns conspiradores foram submetidos aos grilhões ou talvez lhes mostrassem apenas o cavalete de suplícios, com o intuito de aterrorizá-los: método de interrogatório que se podia interpretar como dispensando qualquer autorização. Pode-se ter usado a mesma técnica no julgamento de Ralegh. Coke negou que se tenha ameaçado uma certa testemunha com o cavalete de suplícios, respondendo tranqüilo: "Dissemos que ele merecia o Cavalete de Suplícios, mas não o ameaçamos com ele."[25] Como agora Salisbury e o governo tentavam apanhar de má fé homens inocentes — os padres — na mesma rede que os culpados — os conspiradores —, não mais se preocupavam com simplesmente descobrir a verdade pura. Para obter confissões falsas, ou parcialmente falsas, a tortura e a ameaça de tortura talvez fossem de fato necessárias.

Um candidato à tortura deve ter sido o jovem recusante Henry Huddlestone, que fez uma série de confissões sobre aquele encontro fatal na estrada com Catesby e sua expedição depois com os padres. O padre Strange, com ele capturado, foi sem dúvida torturado em algum momento ("dolorosamente supliciado"), embora seja provável que não antes da onda seguinte de interrogatórios em 1606.[26]

Mas as primeiras confissões, as feitas em novembro, não forneceram aquela ligação precisa, consistente, entre os padres e a conspiração que tão conveniente seria para o governo. Em sua declaração de 13 de novembro (o dia seguinte à sua prisão), Francis Tresham, embora em geral se desculpando, envolveu de fato o padre Garnet nas abortadas negociações com a Espanha em 1602 — a chamada Traição Espanhola.[27] Isso só foi útil de certa forma, pois a Traição Espanhola era de outro modo uma questão muito delicada para o governo. Certamente era um empreendimento traiçoeiro, na descrição de Wintour ou de Guy Fawkes, pois sem dúvida se julgava traição buscar a ajuda armada de uma potência estrangeira para derrubar o governo existente da Inglaterra. Contudo os tempos haviam mudado e não havia em absoluto qualquer vantagem, mas sim grandes possíveis desvantagens em censurar o rei espanhol no novo clima cordial em conseqüência

*Quanto à atitude pessoal do rei Jaime para com a tortura, deve-se lembrar, em vista das palavras de seu *lord* Chanceler escocês, que certamente a prática não lhe pareceu uma novidade inglesa; fora enfim criado com o uso dela.

do Tratado Anglo-espanhol. A solução tática era fazer da Traição Espanhola um empreendimento de inspiração jesuítica.

Exatamente da mesma maneira, o governo tratou de empurrar os nomes de seus inimigos Hugh Owen, *sir* William Stanley e o padre William Baldwin na conspiração. Como a trama já continha suficiente material de traição genuíno, essa imposição favorecia seus objetivos mais amplos. Já se observou que Salisbury se apressou muito erroneamente ao exigir a extradição do detestado Owen da Holanda espanhola. Nas duas confissões de Guido e Tom Wintour, quando cotejadas com os vários rascunhos e versões ainda existentes, há visíveis sinais de que esses nomes foram deliberadamente introduzidos. Salisbury não se conteve com "aquele monstro Owen", numa carta a *sir* Thomas Edmondes de 2 de dezembro. Instruiu o embaixador em Bruxelas sobre a versão da conspiração a ser espalhada entre os amigos de Owen. Devia ficar "tão evidente quanto o sol num dia claríssimo" que Stanley, o padre Baldwin e Owen estavam todos envolvidos "nessa questão da pólvora". Além disso, Baldwin, por intermédio de Owen, e "Owen diretamente por si mesmo", haviam sido "conspiradores particulares".[28]

Em suma, uma guerra fria estava sendo travada (e há muito o era) com os intrigantes católicos do outro lado do oceano. Isso significava que questões de veracidade não tinham tanta importância quanto a preocupação mais abrangente de assegurar o sucesso protestante.

Tom Wintour assinou supostamente sua confissão em 23 de novembro. E acrescentou mais detalhes da chamada Traição Espanhola em 26 de novembro.[29] O relato de Wintour tornou-se a base da maioria das narrativas posteriores, entre elas a do próprio padre Tesimond. Não só porque a confissão foi publicada com todos os detalhes, mas também porque Wintour era o único entre os sobreviventes que participara da Traição da Pólvora desde o início. Guido, por mais castigado e torturado como devia estar, não poderia dar todos os detalhes dos primeiros dias com Catesby, uma época antes de ele próprio ser recrutado.

Trata-se, contudo, de um documento que não se pode levar em conta apenas em seu significado manifesto. Porque é inteiramente impossível a assinatura de Wintour embaixo — "Thomas Winter" (*sic*) — corresponder a qualquer das que ele já fizera antes. Usava invariavelmente a versão "Wintour" — enquanto a versão "Winter" (ou "Wynter") era em geral usada pelo governo.[30] A assinatura apresenta outro problema, pois, seja qual for a grafia, não está visivelmente tremida. Mas era a suposta assinatura de um homem que fora gravemente ferido no ombro, perdendo o uso do braço direito menos de quinze dias antes. O relato de Waad a Salisbury, em 21 de novembro, tampouco inspira confiança: "Winter" (*sic*) agora sentia a mão tão forte que escreveria após o jantar o que já declarara verbalmente a Salisbury; o prisioneiro acrescentaria depois "o que mais lembrará". A indicação é de que Tom Wintour a essa altura lembrava o que lhe mandavam lembrar.[31]

Como sua confissão era tão vital, Wintour bem poderia ter sido exposto à apavorante visão do cavalete de suplícios. Mas talvez, ferido e desamparado como se achava, isso não fosse necessário. A ameaça implícita de sua situação — o desespero do prisioneiro isolado na escuridão descrita por *lord* Dunfermline — talvez tenha sido o bastante para o governo extrair dele a confissão que necessitava. Seja como for, um rascunho sobrevivente assinalado com a caligrafia de Coke mostra com que cuidado o texto foi controlado: alterou-se a redação da frase em alguns lugares e sublinharam-se palavras em outros. A principal intenção dessas anotações é frisar o envolvimento dos jesuítas, sobretudo do padre Gerard, e, claro, a culpa de Owen.[32]

Além disso, havia a questão do famoso túnel embaixo da Câmara dos Lordes, que não fora mencionado na primeira confissão de Guido, mas que apareceu, por uma estranha coincidência, nas duas confissões publicadas depois. Sugeriu-se antes aqui que esse túnel — para o qual não existe qualquer corroboração independente, e do qual não resta nenhum vestígio — foi um mito promulgado pelo governo. Sua importância no *King's Book* foi um efeito artístico, destinado a enfatizar o absoluto horror do que acontecera. Após elaborar a confissão que precisavam de Wintour — ao mesmo tempo para servir de prova e ser publicada —, de modo algum surpreende que o governo fosse mais além e anexasse nela a mesma assinatura. Wintour estava inteiramente no poder do governo: a assinatura forjada — por "aquele vilão Waad" mais uma vez? — foi apenas a culminância do processo.

Se o Conselho não obtivera toda a informação que queria sobre os padres, também não conseguira devassar a preocupante questão da identidade do futuro protetor. O conde de Northumberland não foi, claro, torturado nem sequer ameaçado com tortura. Era um homem poderoso, não um obscuro recusante. Foi, contudo, submetido a intenso interrogatório pelo próprio rei, entre outros. Jaime preocupava-se com a idéia de que Northumberland tivesse feito seu horóscopo — e o dos filhos reais: a elucidação do horóscopo de um monarca reinante sempre foi encarada como uma atividade ameaçadora e por isso traiçoeira. O problema de Northumberland, como ele mesmo comentou alguns anos depois com o rei, era que não tinha como provar uma leitura astrológica negativa. Em 15 de novembro, perante o Conselho, o conde argumentara que o deviam julgar inocente pelo seu estilo de vida, "despretensioso e dado a prazeres privados, como jardinagem e construção".[33] Lamentavelmente, esse quadro comovente não era toda a imagem do homem.

Fora Northumberland quem atuara como defensor dos católicos no reinado anterior, o tipo de coisa que o conde podia refutar com grandiosidade como "uma velha história escocesa", mas que outros não esqueceram tão facilmente. Fora Northumberland quem empregara Thomas Percy (um homem morto, que não podia contar histórias, nem para exculpar o patrão), e fora ele também quem recebera a visita de Percy em Syon, em 4 de novembro, antes do último voltar para a Casa de Essex, a residência londrina de Northumberland. Contra isso, o Conde, negando repetidas vezes qualquer cumplicidade na conspiração, só pôde chamar a atenção para as providências práticas que tomara no dia 5 de novembro para comparecer ao Parlamento. Mesmo Salisbury admitiu para Edmondes: "Não se pode acusá-lo de ter-se ausentado."[34]

Mas não foi o bastante. Northumberland continuou preso na Torre, embora vivesse em conforto, comparado com os prisioneiros das masmorras embaixo.[35] Contudo não era um homem livre. Supondo-se que fosse inocente, Northumberland, como as mulheres dos conspiradores, incluía-se entre as numerosas vítimas tangenciais da Traição da Pólvora.

O resto dos prisioneiros encarcerados, relacionados com a conspiração — com uma exceção-chave —, não forneceu ao governo grande coisa em termos de informação nova. Homens como Ambrose Rookwood e *sir* Everard Digby haviam entrado no complô tarde demais para ter muito conhecimento detalhado.* A principal contribuição de Rookwood, além de atestar seus duradouros sentimentos por Catesby, a quem "amava mais do que à sua própria alma", foi que lhe haviam prometido que os lordes católicos iam ser poupados.**[36]

Quanto a Digby, sofria do delírio, patético naquelas circunstâncias, de que podia explicar tudo ao rei Jaime se lhe fosse possível encontrar-se pessoalmente com ele e expor a defesa dos católicos.[37] Claro que não se permitiu esse luxo ao antes queridinho mimado da corte. De modo algum se pode culpar o rei Jaime por não querer mais receber um jovem que há pouco planejara assassiná-lo, a ele

*O fato de que a maioria dos principais conspiradores — Catesby, Percy e os irmãos Wright — morreu em Holbeach House em 8 de novembro significava que jamais se conheceria a versão deles da conspiração; isso dificultou para o governo, em 1605, a tarefa de desenredar o mistério e continuou desde então a dificultá-la para os historiadores.

**Ainda existe o nome "Ambrose Rookwood" entalhado no alto da Torre de Martin (R.C.H., p. 83b/nº. 12).

e à sua família, de uma maneira tão violenta. A conduta de Digby, porém, ou suscita dúvida sobre a extensão total de seu envolvimento ou indica que ele foi espantosamente ingênuo e confiante no perdão de seu soberano.

Digby envolvera-se na conspiração apenas uma quinzena antes de sua descoberta. É possível que só tivesse sabido de toda a terrível natureza do que se planejara para a Câmara do Parlamento em Dunchurch, quando os conspiradores ali chegaram para dispersar os participantes do encontro, época em que a conspiração já malograra. Digby não era o tipo de homem que abandonasse os amigos naquela conjuntura e por isso prosseguiu com eles (embora sua resposta ao empregado na estalagem — "Não há mais remédio" — sugira que ele fizera isso de coração pesado). Mas na verdade abandonara Holbeach, quando a causa estava evidentemente perdida, para entregar-se às autoridades e foi o único conspirador importante a fazer isso.

Negada uma entrevista com o rei, Digby encontrou refúgio numa espécie de desafio cristão, como revelaram documentos da família descobertos após a morte de seu filho. "Se eu imaginasse que havia o mínimo pecado na conspiração", escreveu, "jamais teria, por nada neste mundo, feito parte dela, e nenhum outro motivo arrastou-me a arriscar minha vida senão o vivo ardor pela religião de Deus." Quanto à reação do papa e do sacerdócio inglês, estes asseguraram-lhe que não iam impedir quaisquer "agitações" (revoltas) que fossem empreendidas "em nome do bem católico".[38] À parte a literatura, Digby, como Rookwood, enchia o tempo entalhando uma inscrição em sua cela na Torre Broad Arrow.*

A confissão-chave tão desejada por Salisbury, que assinalava a ligação entre os padres e a conspiração foi a de Thomas Bates, em 4 de dezembro.[39] Essa confissão constituiu uma espécie de achado, porque Bates envolveu diretamente o padre Tesimond (coisa pela qual ia se desculpar até o último minuto). O falso testemunho nasceu quase sem dúvida em conseqüência do fato de ele ser, por um lado, ameaçado de tortura, e pelo outro, de receber a promessa de perdão: certamente foi nisso que acreditou o próprio padre Tesimond, aceitando com sinceridade o pedido de perdão final de Bates. Mas àquela altura era tarde demais para salvar a Traição da Pólvora de sua transformação no Caso dos Jesuítas conspiradores.

Bates, lamentavelmente, se achava numa condição em tudo excelente para dar aquele testemunho que seria letal nas mãos de um promotor hábil. Na fun-

*Essa inscrição ainda existe, embora esteja atualmente (1996) coberta por um painel para permitir uma exposição ligada à Revolta dos Camponeses de 1381 (R.C.H., p. 82b/nº 15); informação dada à autora pelo membro da Guarda Real B. Harrison).

ção de empregado de Catesby, estivera presente em muitas cenas cruciais da conspiração. Sua grande lealdade fora para com o amo, mas Catesby agora estava morto e ao menos longe do alcance da vingança do governo. Assim, numa sindicância posterior, de 13 de janeiro de 1606, Bates pôde descrever a missão que prestara ao padre Garnet em Coughton, a 7 de novembro, por instrução de Catesby, comunicando-lhe a notícia devastadora da fuga dos conspiradores. Pôde relatar a troca fatal de palavras entre os dois sacerdotes, o padre Garnet e o padre Tesimond, e a exclamação — corretíssima, como se revelou — "Estamos todos liquidados!" Fora Bates quem cavalgara com Tesimond até Huddington, antes de o padre ir à procura dos Habington em Hindlip. Bates também falou de uma reunião de três padres, Garnet, Gerard e Tesimond, em Harrowden, numa ocasião em meados de outubro.[40]

Confrontando o testemunho de Bates com o de Francis Tresham em 29 de novembro, que relacionava o padre Garnet com a Traição Espanhola anterior, de 1602, Salisbury elaborava rápido a acusação que tanto queria contra os jesuítas, uma acusação que os ligava especificamente à traição recente. (Como padres católicos, sua presença na Inglaterra já era, claro, contrária à lei.)

Então, em dezembro, surgiu uma complicação inesperada. Francis Tresham, preso na Torre de Londres, entrou em rápido declínio físico. A doença da qual sofria, conhecida como estrangúria, foi causada por uma inflamação aguda e dolorosa do trato urinário. Não foi um ataque inesperado. É evidente que Tresham vinha sofrendo disso algum tempo antes da crise atual, pois já tinha um médico cuidando dele. Um ilustre homem, o Dr. Richard Foster, que recentemente fora presidente do Colégio de Medicina. Tresham o preferiu ao médico regular da Torre, Dr. Matthew Gwinne, pois Foster conhecia todos os detalhes de sua enfermidade.[41]

Em meados de dezembro, Tresham era descrito por *sir* William Waad como "cada vez pior". Na verdade, o tenente da Torre se perguntava melancólico se o prisioneiro sobreviveria o bastante para receber a morte que merecia. Além de Foster, admitiram-se também mais três médicos e uma mulher — enfermeira — para cuidar dele. Tresham já tinha seu próprio homem de plantão, um certo William Vavasour, que desempenhava mais a função de um ajudante confidencial do que um serviçal, como Thomas Bates com Catesby. Dizem que Vavasour era filho ilegítimo do falecido *sir* Thomas e portanto meio-irmão de Francis Tresham.[42] Isso explicava a intimidade dos dois pelos padrões da época, quando os "de origem inferior" recebiam muitas vezes exatamente esse tipo de emprego familiar. (Quanto aos rumores de que Thomas Percy fosse meio-irmão ilegítimo de Northumberland, eram na verdade inverídicos, mas demonstram a freqüência com que o apadrinhamento na época tinha raízes nesse tipo de relaciona-mento.)

Enquanto Waad brigava impertinente com o *lord* Prefeito de Londres sobre quem era encarregado do quê (o último tinha o hábito cansativo de desfilar pavoneando-se como "o maior posto na Torre", com uma espada cerimonial levada à frente para afirmar sua autoridade), Francis Tresham gemia de dor em sua cela. Anne Tresham, outra corajosa esposa protetora, juntou-se a ele dois dias antes do fim. Mas na verdade coube a Vavasour anotar a confissão do leito de morte de Francis Tresham, pois Anne nessa ocasião se achava muito descontrolada. Vavasour também escreveu uma comovente versão das últimas horas do amo.*[43]

Tresham morreu lenta, agônica e inexoravelmente. Essa pessoa instável, traiçoeira e talvez no fim odiando a si mesma desejava, contudo, como tantos iguais, agir melhor no outro mundo do que no que logo deixaria. Acima de tudo queria fazer uma reparação ao padre Garnet por tê-lo envolvido na Traição Espanhola de 1602. Na declaração que ditou a Vavasour — "pois não podia ele mesmo escrever, estando muito fraco" — Tresham referiu-se a Garnet (sob o nome de Sr. Whalley) como alguém cuja segurança ele respeitava e zelava tanto quanto a sua própria, acrescentando "muitas palavras" sobre "as virtudes e a dignidade do homem". Tresham desejava que sua confissão anterior fosse retirada de circulação e que "essa [nova] representasse a verdade". Em seguida, empenhava "a sua Salvação", dizendo que na verdade não tinha a menor idéia se Tom Wintour levara alguma carta de recomendação de Garnet quando de sua visita à Espanha, "por volta dos últimos dias da rainha (...) pois ele não viu o Sr. Whalley [Garnet] naquela época, nem o vira durante quinze ou dezesseis anos antes...".[44] Era um exemplo vital de exculpação — até onde vital, não ficaria totalmente esclarecido, claro, enquanto o padre Garnet continuasse em segurança no esconderijo. (Ele fora enfurnar-se em Hindlip no início de dezembro.) Apesar disso, é uma prova de que Tresham, embora estivesse morrendo, compreendera o valor do que dissera e pediu especificamente que uma cópia do documento fosse entregue a Garnet antes mesmo que chegasse a Salisbury. Como escreveu Vavasour, este era "o desejo especial de meu amo". Mas não foi realizado. Anne Tresham ficou prostrada de

*Essa versão de Vavasour é de especial importância, pois permaneceu trezentos anos desconhecida do governo e portanto intocada por ele — entre os títulos de propriedade guardados em Deene Park, a casa de Thomas Brudenell; este se casara com uma das inúmeras irmãs de Francis, Mary, no verão de 1605, e ajudaria a madrasta *lady* Muriel Tresham em suas obrigações administrativas após a morte de Francis, portanto a presença do documento em Deene faz sentido (Wake, p. 31).

dor após a morte do marido, e em suas próprias palavras "inteiramente incapaz", enquanto o próprio Vavasour foi mantido como prisioneiro.[45] Portanto, Garnet jamais viria a saber exatamente o que Tresham dissera. A omissão é compreensível, em vista das circunstâncias desesperadas em que todos viviam; mas nesse mundo de manipulação governamental tal falha de comunicação ia revelar-se extremamente perigosa.

O restante da confissão de Tresham no leito de morte repetia os protestos de ignorância em potencial, e por isso inocência prática, que o haviam ocupado em 13 de novembro. Ele tinha, afinal, o futuro de duas filhas pequenas para proteger. Confiava Lucy e Eliza ao irmão Lewis, como Cristo confiara a mãe a São João. Jamais, porém, se referiu em nenhum momento à Carta de Monteagle, o que torna basicamente certo que não a escreveu. Dificilmente deixaria de reivindicar o crédito por ela num período em que Monteagle, por sua contribuição, era saudado como o salvador do país.

Quando Tresham se recusou a acrescentar à sua declaração, em resposta às perguntas do sempre presente Waad, dizendo-lhe que nada mais tinha a pesar-lhe na consciência, o tenente da Torre foi-se embora furioso. De modo muito significativo, a obsessão do filho com o pai continuou até o último momento. Francis observou, quando lia *A imitação de Cristo*, que esperava merecer uma morte melhor que a do velho *sir* Thomas, que morrera se debatendo e virando de um lado para o outro apenas três meses antes.

Francis Tresham teve de fato uma morte abençoada: embora não a breve meia hora de agonia que desejara para si.[46] A Ladainha e a Oração da Virgem Maria e São João foram rezadas ao pé de sua cama por Anne Tresham e William Vavasour, à medida que ele ia ficando fraco demais para acompanhá-los. Francis pediu a Vavasour que o lembrasse de invocar o Nome de Jesus (uma devoção católica) às dez horas, mas quando o empregado foi acordá-lo Tresham parecia "cadavérico", não o reconheceu e tentou empurrá-lo sacudindo o braço. Por volta da meia-noite rezaram-se mais ladainhas, o *Confiteor* e o *Mea-Culpa*; às duas da manhã de 23 de dezembro morria Francis Tresham.

Daí em diante o governo tentou tratar o conspirador morto como um traidor, apesar do fato de jamais o terem indiciado como tal, para confiscar as posses e terras de Tresham, junto com as dos outros conspiradores. De modo bastante irônico, a vinculação dos bens de raiz com a linha sucessória masculina feita por *sir* Thomas em 1584, que se revelara um ônus tão grande para o filho enquanto viveu, comprovou ser agora uma bênção disfarçada, assim como o fato de Francis só deixar filhas mulheres. Como ele provou ser um simples usufrutuário de grande parte da propriedade, uma enorme parte dela pôde passar para seu irmão Lewis. Quanto aos seus restos mortais, devemos supor que Francis Tresham, como Catesby e Percy, era indiferente ao fato de sua cabeça decapitada ser postada no alto de Northampton, pois morreu, pelos padrões do governo, impenitente. Seu corpo sem cabeça foi jogado numa "cova" no Monte da Torre.[47]

Infelizmente, Francis Tresham deixou um outro legado, do tipo que justificaria as palavras de Shakespeare em *Júlio César*, uma peça que estreara cerca de cinco anos antes:

> O mal que os homens fazem vive depois deles,
> O bem é muitas vezes enterrado com seus ossos...

XIV

Esses desgraçados

[A Traição da Pólvora] envergonha Calígula, Erostrato, Nero e Domiciano, que não passavam, todos eles, de matadores de moscas, comparados com esses desgraçados.

LORD HARINGTON
6 de janeiro de 1606

NO ANO-NOVO DE 1606, o estado de espírito popular com relação à recente Traição da Pólvora era uma mistura de aversão e alívio, mas também daquele prazer secreto que causa inevitavelmente a contemplação de horrores desviados por um triz. O começo de um poema publicado em 3 de janeiro e intitulado "O diabo do porão" capta esse estado de espírito particular de sobressaltado regozijo:*

Tão pavoroso, desatinado, qual quimera
Meu tema deve parecer:
Que o Céu se assustou, o inferno se transtornou
E a terra de medo irá estremecer.[1]

O próprio rei, porém, não estava alegre, mas ressentido e irado. A coragem e a arte de governar que mostrara em seu discurso ao Parlamento de 9 de novembro dera lugar a uma coisa muito menos atraente e muito mais vingativa. Com o

*A frase "O diabo do porão", que absorveu a imaginação popular, foi originalmente usada pelo bispo Barlow em seu sermão de 10 de novembro (Nowak, p. 41).

passar do tempo, a lembrança de sua bondade com os católicos — os ingratos católicos — começava a avultar grandiosa em sua mente, enquanto a importante distinção entre os papistas culpados e os inocentes ia obscurecendo-se. Ao embaixador veneziano, Niccolò Molin, ele arengou durante uma hora sobre "essa pérfida e amaldiçoada doutrina de Roma", criadora de súditos ingleses que julgavam poder conspirar contra o seu príncipe legítimo. Jaime disse a Molin que os católicos ameaçaram "destroná-lo e tirar-lhe a vida", a não ser que lhes desse liberdade de consciência. Em conseqüência desse comportamento, disse: "Serei, com toda certeza, obrigado a manchar minhas mãos com o sangue deles," embora, com sua reputação de soberano misericordioso a preservar, acrescentasse: "Dolorosamente, contra a minha vontade."[2]

O sangue com o qual o governo esperava manchar as mãos do monarca — além do dos conspiradores — era o dos jesuítas. Em 15 de janeiro decidiu-se que já se acumulara material suficiente para instaurar processo contra alguns padres. A proclamação oficial relacionava o padre Garnet, o padre Gerard e o padre Greenway [Tesimond] e divulgava as meticulosas descrições habituais, empregadas nessas circunstâncias. Dizia-se, por exemplo, que o padre Garnet era um homem de "estatura mediana, rosto redondo, corpo gordo, pele clara, entradas altas nos dois lados da fronte, com um pouco de cabelo ralo escorrido (...) os cabelos da cabeça e da barba grisalhos". Calculava-se sua idade entre cinqüenta e sessenta anos (a vida em esconderijos envelhecera o padre Garnet: nascido em fins de 1555, tinha apenas cinqüenta). Descrevia-se pelo menos seu modo de andar como "empertigado e gracioso" para um homem que se achava tão fraco.[3] Essa proclamação assinalava uma mudança radical e irônica no rumo da acusação. Daí em diante, com trágica ironia, os nomes dos jesuítas encabeçariam a relação de conspiradores na trama que eles com tanto desespero haviam tentado evitar.

Em Londres, o padre Tesimond teve a desencorajadora experiência de ler detalhes de sua "boa cor rosada", e sua tendência de vestir roupas vistosas, "segundo a moda italiana", quando afixaram a proclamação nos postes. Então, seus olhos se encontraram com os de um homem na multidão e ele percebeu que tinha a aparência inspecionada. Quando o estranho sugeriu que procurassem juntos as autoridades, Tesimond, com aparente docilidade, deixou-se levar até chegarem a uma rua tranqüila, onde o padre desandou a correr e fugiu. Logo depois, partiu rápida e discretamente de Londres, conseguindo embarcar às escondidas num cargueiro de porcos mortos com destino ao porto de Calais. Dali foi para St Omer e por fim chegou a Roma. Nesta cidade, aguardava-o uma vida longa e relativamente feliz: o padre Tesimond sobreviveu por mais trinta anos a esses tumultuados acontecimentos. Ainda mais importante, foi um dos que sobreviveram para contar a história do ângulo católico.[4]

A escapada do padre Tesimond foi um raio de luz nas trevas que logo envolveram a situação católica. Em 9 de janeiro, dois meses depois da fuga de Holbeach, Robert Wintour e Stephen Littleton foram capturados. Fora um tempo de grande penúria para esses fugitivos, que tiveram de acampar em estábulos ou, na melhor das hipóteses, em casas de pobres, em pleno inverno. Os dois acabaram sendo descobertos num esconderijo nas instalações anexas a uma fazenda de um rendeiro de Humphrey Littleton, por um caçador ilegal embriagado, que eles tiveram de prender para fugir. Desde o dia do Ano-novo, haviam-se encafuado em Hagley, a casa de Worcestershire onde "Red Humphrey" Littleton vivia com a cunhada viúva, a Sra. Muriel Littleton. A traição de um cozinheiro, John Finwood, levou à prisão dos fugitivos: o homem suspeitou da extraordinária quantidade de comida enviada para o consumo de sua patroa. Um feito pelo qual Finwood seria recompensado com uma pensão anual.[5]

Quando as autoridades chegaram, Red Humphrey, que não era pessoalmente procurado pelo governo, pois partira de Dunchurch sem juntar-se aos conspiradores, tentou impedir-lhes a entrada. Fatalmente, em causa própria, negou a presença de Wintour ou de seu sobrinho. Outro empregado, David Bate, mais bem-informado, conduziu os inspetores pelo lado da casa até a porta dos fundos. Wintour e Stephen Littleton foram capturados no pátio vizinho. Humphrey Littleton saltou então sobre seu corcel e fugiu galopando; chegou até Prestwood, em Staffordshire, antes de ser agarrado.

Encarceraram Red Humphrey primeiro em Stafford, e depois em Worcester, onde ele foi condenado à morte. Nesse momento, seu moral entrou em colapso — nem todos os recusantes eram heróis. "Ofereceu-se para fazer um bom serviço", se sua execução fosse comutada. O padre Tesimond comentou depois com desprezo o comportamento de Littleton: ali estava um homem "cuja vida não tinha mais nenhuma esperança, mas que tentava com desesperada ansiedade salvá-la".[6] O desprezo de Tesimond é compreensível, pois o testemunho de Red Humphrey teve seu papel no último ato do drama encenado naquele momento, não muito longe de Worcester, em Hindlip. Ali, o padre Garnet, junto com seus dois irmãos leigos, João Pequeno e Ralph Ashley, haviam-se refugiado no início de dezembro. O padre Oldcorne, capelão assíduo de Hindlip, mais conhecido pelo codinome de Hall, também se achava na residência.

Por tradição, Hindlip era uma das mais seguras mansões católicas, apesar do famoso não-conformismo de Thomas Habington, ele mesmo um conspirador condenado no reinado anterior. Como Coughton, ocupava uma boa localização, com vistas para todo o campo circunvizinho. Além disso, fora construída por encomenda pelo pai de Habington, em meados do século anterior, para funcionar quando necessário como um labirinto de refúgios. (Era infinitamente mais fácil construir essas cavidades e cubículos secretos no início da obra, porque não deixavam quaisquer sinais denunciadores de remodelação — pó de serra, pó de alvenaria, estuque fresco — para ser detectados.) Uma descrição de Hindlip do início do século XIX referia-se a "cada um dos aposentos da casa" como tendo "uma reentrância, uma passagem, um alçapão ou escadas secretas; as paredes em muitos lugares eram falsas. Várias chaminés tinham fumeiros duplos, o primeiro para o escoamento da fumaça, o segundo para a ocultação de um padre".*[7]

Ao todo, havia no mínimo uma dúzia de esconderijos em uso por volta dessa época. Toda busca era sempre um jogo de gato e rato. A decisão do padre Garnet de partir para Hindlip baseou-se na premissa de que ali o gato podia desconfiar da existência de ratos, mas não sabia como localizar com precisão o paradeiro das tocas.

Foi "ao raiar do dia" da segunda-feira, 20 de janeiro, que um magistrado local, *sir* Henry Bromley, e seus retentores chegaram diante da casa. *Sir* Henry era o primogênito de *sir* Thomas Bromley, que, como *lord* Chanceler, presidira o julgamento da rainha Maria dos Escoceses. Mas Muriel Littleton, uma de suas várias irmãs, era recusante, o que exemplifica a extraordinária mistura de lealdades religiosas que toda família mostrava nesse período. *Sir* Henry levava consigo um mandato do Conselho Privado. A promessa de uma "generosa recompensa" pela captura dos padres infames significava que ele e seus homens haviam partido nessa missão com grande entusiasmo. Ele também tinha detalhadas instruções práticas sobre como efetuar a busca, desde o uso de verruma para perfurar paredes revestidas de madeira à inspeção de todos os sótãos embaixo do telhado, "por serem estes os lugares comuns onde os padres ficam *suspensos*".[8]

Acontece que Thomas Habington estava ausente de Hindlip, a negócios, na hora em que Bromley apareceu. Quando, ao retornar, lhe foi apresentada a proclamação oficial para a prisão dos três jesuítas e o mandato de Bromley, ele negou

*Logo após essa descrição ter sido escrita, a Casa Hindlip foi destruída pelo fogo e totalmente reconstruída. Não restou nenhum traço de seu exótico passado ilegal: na verdade, sua reencarnação ergueu-a estritamente dentro da lei, pois hoje é o Escritório Central da Polícia da Jurisdição de West Mercia. Contudo, a Igreja de São Jaime, ali perto, contém um excelente e pitoresco memorial da família Habington, de Hindlip, incluindo escudos de armas.

veemente e violentamente a presença dos padres. Na verdade, ofereceu-se de bom grado a morrer ali e depois em seu próprio portão se quaisquer padres fossem encontrados escondidos sob seu teto. Esse discurso "um tanto precipitado" não surtiu qualquer efeito com *sir* Henry.[9] Assim, durante os três dias seguintes montou-se a mais completa busca possível, apesar dos protestos da família.

Desse modo, descobriu-se uma série de esconderijos, entre eles duas cavidades na alvenaria da galeria acima do portão, e três outros nas chaminés, onde pranchas de madeira haviam sido escurecidas com fuligem para parecer tijolos. Ao todo investigaram-se onze "cantos e comunicações secretas", todos contendo "quinquilharia papista" — vasos e livros necessários à celebração da missa —, com exceção de dois, descobertos em uma data anterior, e portanto mantidos desde então vazios. Thomas Habington, com admirável sangue-frio, continuou a defender sua atitude de absoluta ignorância. A revelação de cada sucessivo esconderijo era saudada por ele com grande surpresa. Só quando se descobriram as escrituras vitais de suas terras guardadas por segurança numa das cavidades — que poderiam comprovar um certo grau de conhecimento da parte do proprietário — Habington teve de vacilar em suas negações.[10]

Então, na manhã de quinta-feira de 24 de janeiro, ocorreu uma espécie de descoberta, ou assim esperava *sir* Henry. Dois vultos surgiram dos lambris. Os vultos eram, na verdade, Nicholas Owen e seu colega leigo Ralph Ashley, e eles estavam famintos, pois haviam dividido apenas uma maçã desde que começara a busca na segunda-feira. (Antes, deitados num "cubículo subterrâneo na sala de jantar", conseguiam arranjar comida.)[11] É possível que Owen e Ashley pretendessem entregar-se, para desviar a atenção da presença de seus superiores Garnet e Oldcorne, escondidos em outro lugar. Contudo parece mais provável que os dois tentavam fazer uma fuga audaciosa, escolhendo um momento em que a galeria estava, segundo achavam, vazia. João Pequeno em particular sabia que, se fosse torturado uma segunda vez, e obrigado a revelar os segredos de sua profissão clandestina, causaria a ruína não só dele, mas também de toda a comunidade não-conformista.

Infelizmente, um dos investigadores virou-se na galeria e viu os inesperados estranhos. Mesmo nesse momento, Owen e Ashley tentaram safar-se fingindo-se de simples recusantes, em vez de irmãos leigos. Quanto a *sir* Henry, em seu relatório do mesmo dia a Salisbury, rugia e bufava de raiva com a impudência dos católicos e suas mentiras nocivas, como se o anfitrião que escondia os padres devesse ter logo revelado seu paradeiro. Expressava em seguida a orgulhosa esperança de que encontrara Tesimond (Greenway) e Oldcorne (Hall).[12]

Mas, claro, *sir* Henry não os encontrara. Quando isso se tornou evidente, renovou-se a busca. Bromley tentou retirar a dama da casa, Mary Habington — irmã de Monteagle, o herói do momento —, pois sua presença era obviamente incômoda para ele. Mas Mary negou-se desafiadoramente a sair, "a não ser que eu a carregasse", e o magistrado achou que essa não seria uma atitude condizente com alguém "tão bem-nascida". Na sexta-feira, sábado e domingo, os caçadores estavam tão furiosos como sempre, trazendo à memória a descrição de Anne Vaux de uma busca anterior em Baddesley Clinton, na década de 1590: "Os perseguidores comportavam-se como um bando de garotos brincando de cabra-cega, que, em sua louca pressa, batem em mesas, cadeiras, paredes, e contudo não têm a mínima desconfiança de que seus colegas de brincadeira se acham bem próximo deles e quase os tocando."[13]

Foi no domingo, 26 de janeiro, que Humphrey Littleton, prisioneiro na vizinha Worcester, decidiu salvar o pescoço — segundo esperava. O "bom serviço" que ofereceu fazer foi denunciar os nomes e o esconderijo de "alguns jesuítas e padres, que o haviam persuadido a ele e a outros a cometerem essas ações". Hindlip foi descrita como um lugar freqüentado com muita assiduidade por padres em geral, e pelo padre Hall (Oldcorne) em particular. Além disso, Littleton disse que tinha toda certeza de que o padre estava "na casa de Habington nesse momento" e que o empregado do próprio jesuíta, preso ali mesmo na cadeia de Worcester, "pode, ele achava, levar diretamente aos lugares secretos onde Hall está escondido". Littleton corroborou esses detalhes topográficos com uma versão muitíssimo prejudicial de uma conversa que tivera com Oldcorne.[14]

Littleton disse que visitara recentemente o "padre Hall" para consultá-lo sobre o futuro de seu sobrinho Stephen. Devia ele, Humphrey, prendê-lo? Segundo Littleton, Oldcorne respondera que, ao contrário, a Traição da Pólvora em si fora "louvável" e que não se devia de modo algum avaliá-la por seu insucesso. Era exatamente isso que o governo queria ouvir — um jesuíta que aprovava abertamente a conspiração. Essas promissoras confidências fizeram o xerife de Worcester suspender a execução de Littleton para ver se ele se lembrava de mais de alguma coisa.

Soube-se depois que o que o padre Oldcorne na verdade dissera fora um tanto diferente. Sobre o insucesso da conspiração, citou o caso de Luís XI da França, que fizera uma peregrinação à Terra Santa, dirigida por São Bernardo de Claraval. A praga atingira duas vezes o acampamento do monarca, na primeira dizimando seus homens, e na segunda matando o próprio rei, embora os inimigos não fossem contaminados. Contudo esses desastres não refletiam necessariamente a validade da expedição. Em suma, não se devia "condenar nem justificar uma ação" pelo critério do sucesso ou fracasso mas, ao contrário, pelo objetivo e "os meios usados para realizá-la". Como o padre Oldcorne nada sabia dos objetivos de Catesby, e menos ainda dos meios por ele utilizados, sua declaração não aprovava nem condenava o recente desastroso empreendimento: limitava-se a deixar isso "a Deus e à consciência deles".[15] Em vista de que Humphrey Littleton andara pensando se devia ou não entregar o próprio sobrinho às autoridades, o conselho de Oldcorne fora antes ponderado e humano do que sanguinário. Mas claro que podia e seria distorcido de uma forma muito diferente.

De modo bastante irônico, a traição de Red Humphrey talvez não tenha sido, em termos estritos, o fator-chave na captura dos padres Garnet e Oldcorne em Hindlip. Na segunda-feira, 27 de janeiro, os dois sacerdotes apareceram de moto próprio, com a aparência tão espectral, após uma permanência de oito dias comprimidos num espaço exíguo, que foram os perseguidores que se apavoraram e a princípio fugiram deles. Segundo a versão do próprio Garnet, eles haviam passado a maior parte do tempo sentados, pois a cavidade não tinha altura suficiente para ficarem inteiramente de pé, nem era comprida o bastante para esticarem as pernas completamente. Em conseqüência disso, as pernas dos dois, sobretudo as do padre Garnet, incharam de uma forma terrível.[16]

A provação física por que passaram os dois padres, ouvindo os perseguidores acima, não fora nada agradável. Era verdade que tinham podido receber bebidas quentes através de um canudo ou caniço inserido numa estreita abertura, que passava por uma chaminé — um típico toque de João Pequeno — e saía por outra chaminé que dava "no aposento da senhora". Esse quarto provavelmente pertencia a Anne Vaux, e ela dava-lhes os líquidos, incluindo um grogue, bebida quente para doentes, feita de açúcar, pão ou aveia, ovos, casca ou suco de limão, vinho ou cerveja e especiarias. Encontraram-se depois no buraco geléia de laranja e doces, gêneros básicos desse tipo de cerco, que devem ter sido levados pelos próprios padres. Mas não havia no esconderijo nenhuma drenagem nem fossa sanitária (João Pequeno às vezes conseguia construí-las — como fez em Sawston —, mas não pudera fazê-las nesse determinado esconderijo).

Foi esse o problema. O padre Garnet disse depois que, se lhes fosse possível ter apenas meio dia de liberdade, talvez conseguissem arranjar uma "cadeira de retrete" (aparelho sanitário). Com a ajuda disso, teriam podido suportar mais três meses na cavidade. Assim, foi o que *sir* Henry Bromley chamava de "esses hábitos da natureza que têm por necessidade de ser feitos" que acabou expulsando os dois sacerdotes. Mesmo seus captores empalideceram com as condições que ali encontraram.[17]

Mas antes de exculparmos Humphrey Littleton de toda contribuição prática para a prisão (moralmente sua culpabilidade continua sendo a mesma), devemos lembrar o longo tempo que já durava a busca, sem o resultado que o governo de fato queria. Bromley suspeitava que havia outros padres a ser descobertos, mas não tinha certeza absoluta — podiam ter escapado antes de 20 de janeiro. Sem mais nenhuma informação, talvez houvesse desistido um momento antes de os próprios padres decidirem entregar-se. As revelações do domingo de Humphrey Littleton, porém, resolveram o problema. Quando a mensagem chegou a Hindlip — a apenas seis quilômetros e meio de Worcester, onde Littleton se achava detido —, Bromley soube que mais cedo ou tarde teria a sua presa. Na segunda-feira, o padre Garnet e o padre Oldcorne, emaciados e em péssimo estado, avançaram para seus ávidos braços. Garnet e Oldcorne foram levados para a casa de Bromley em Holt Castle até o magistrado receber outras ordens de Londres sobre o destino dos dois. Não foram algemados, nem lhes colocaram argolas no pescoço, e tampouco os trataram com qualquer outra brutalidade. Embora toda a base da proclamação oficial fosse que os jesuítas haviam sido os principais mentores da recente conspiração diabólica, o tratamento dado a eles em nenhum sentido foi o que em geral se impunha aos desesperados. Havia um paradoxo nisso. *Sir* Henry Bromley disse a Garnet que, embora a proclamação mandasse prendê-lo com "rigor", ele o respeitava como "um homem erudito e um sacerdote digno de valor".[18]

Em Londres, o Parlamento reunira-se na terça-feira, 21 de janeiro; não se reunia desde aquele sábado em novembro em que o rei fizera seu célebre discurso. Na Câmara dos Comuns, uma das primeiras providências foi examinar as medidas de segurança, com referência "ao Perigo das Práticas Papistas". Dois dias depois, *sir* Edward Montague, o Lorde Representante de Northamptonshire, apresentou um projeto de lei, minutado por ele mesmo, para uma ação de graças pública a ser rezada anualmente em 5 de novembro. Muitos achavam que se devia classificar *sir* Edward entre os puritanos, como "um homem de espírito claro e um inequívoco inglês".[19] Ele desejava muito ser reintegrado nos favores do rei, depois que entregara uma petição contra a suspensão do clero não-conformista que desagradara ao monarca. A desgraça papista proporcionou uma oportunidade perfeita. Montague agora apresentava a idéia de uma clara e inequívoca festividade, que sobreviveu de uma forma ou de outra por quase quatrocentos anos.

Uma espécie de festividade — assim se pode chamá-la — mais imediata aguardava os vários e curiosos meses antes de 5 de novembro de 1606. Na segunda-feira, 27 de janeiro, o dia da captura do padre Garnet e do padre Oldcorne, teve início em Westminster Hall o julgamento dos oito conspiradores sobreviventes. Sete deles foram transportados de barcaça da Torre de Londres a Whitehall no início do mês: Guy Fawkes, Thomas e Robert Wintour, John Grant, Ambrose Rookwood, Everard Digby e Robert Keyes. O *status* inferior de Thomas Bates foi assinalado pelo fato de o terem mantido na prisão menos importante de Gatehouse. Assim, "esses desgraçados", comparados com os quais se dizia que os vilões do Mundo Antigo, como Nero e Calígula, eram simples "matadores de moscas", prepararam-se para enfrentar o julgamento.[20]

Jamais houve a menor dúvida sobre a decisão. O simples fato de esses homens estarem em julgamento por alta traição significava que seriam inevitavelmente declarados culpados e, igualmente inevitável, sentenciados à morte. Não se conheciam para tal crime sutilezas como advogados de defesa. No século XIX, *lord* Macaulay descreveria o processo como "simplesmente um assassinato precedido do pronunciamento de certa lengalenga e a apresentação de algumas pantomimas". Mas devemos precaver-nos contra qualquer excesso de indignação anacrônica. Eram essas as regras de um julgamento de traição na época, procedimentos muito literalmente destinados a ser um julgamento espetáculo, daqueles em que se demonstraria em público a culpa dos prisioneiros. Por esse motivo o governo incentivava o comparecimento popular a tais acontecimentos. O verdadeiro julgamento já havia ocorrido, na forma de interrogatórios, perante o Conselho Privado. Era ali que se decidia a culpa ou não, pois a culpa nesse momento não era uma conclusão preestabelecida. Nem todo prisioneiro levado perante o Conselho Privado como suspeito de traição era mandado a julgamento.[21]

Os prisioneiros foram mantidos juntos durante algum tempo na Câmara Estrelada antes de serem conduzidos ao Westminster Hall. Ali foram exibidos num andaime especialmente preparado para a ocasião e submetidos ao fascinado e minucioso exame dos espectadores. Entre estes estavam alguns curiosos, assim como muitos membros das duas Câmaras do Parlamento. (Uma queixa no dia seguinte dizia que os membros do Parlamento haviam sido empurrados, e seus lugares reservados "empestados por outros indivíduos que não eram da Casa"; constituiu-se uma comissão para investigar.) Entre os espectadores secretos estava o próprio rei Jaime, que ocupava uma sala de onde podia ver sem ser visto. Disseram que ficou presente das oito da manhã às sete da noite. A rainha Anne e o príncipe Henry, na época com menos de doze anos — duas vítimas potenciais da conspiração —, ficaram escondidos em outro posto de observação isolado.

Também se construíram dois compartimentos privados para que os embaixadores estrangeiros e outros notáveis participassem discretamente do julgamento.[22]

Quanto ao que eles viram, uma descrição contemporânea transmite a sensação de horrorizada admiração com a visão dos oito "desgraçados" assassinos. Alguns tinham a cabeça baixa "como se o coração pesasse cheio de obstinação", enquanto outros impunham "um olhar duro, como se espantassem a morte com uma carranca". Nenhum deles dava a impressão de rezar "a não ser que fosse pelo dedilhar nas contas que traziam nas mãos". (Os conspiradores estavam na verdade rezando o rosário, uma forma de oração católica muito desprezada pelos protestantes, pois esses rosários incluíam-se entre os objetos de devoção considerados ilegais.) Um detalhe em particular deve ter enfurecido o rei Jaime. Observou-se que durante todo o julgamento os conspiradores estavam "consumindo tabaco, como se o enforcamento não fosse problema algum para eles". Contudo, ainda em 1604, o rei denunciara energicamente o hábito de fumar — "um costume repugnante ao olhar, detestável ao nariz, prejudicial ao cérebro, perigoso para os pulmões" — em seu *Counterblast to Tobaco* [Contra-ataque ao Tabaco].[23] O vício dos conspiradores era mais uma prova de sua baixeza moral.

Os lordes membros da Comissão presentes no julgamento eram os condes de Suffolk, Worcester, Northampton e Devonshire, assim como Salisbury, *sir* John Popham, como *lord* Juiz Principal, *sir* Thomas Fleming, como *lord* Chefe Barão do Tesouro Público, e dois Magistrados do Tribunal de Recursos Comuns, *sir* Thomas Walmsley e *sir* Peter Warburton. Dos lordes, Worcester fora considerado um papista no reinado anterior, e Northampton um papista de igreja, mas os homens de simpatias católicas foram, claro, especialmente sutis, tratando de demonstrar seu horror pela Traição da Pólvora. Sete dos conspiradores — *sir* Everard Digby era a exceção — eram julgados pela mesma indiciação.*[24]

A lista dos "pérfidos traidores" do rei começava, de modo muito significativo, com os nomes e codinomes comuns dos três jesuítas, Garnet, Tesimond e Gerard, descritos como "ainda não capturados", pois as dramáticas notícias da manhã não haviam chegado a Londres. A relação passava depois para Thomas Wintour, seguido por Guido Fawkes, "também chamado de Guido Johnson", Robert Keyes e Thomas Bates, "pequeno proprietário rural". Os nomes dos quatro conspiradores assassinados vinham em seguida: Catesby, Percy, os dois irmãos Wright, juntos com o de Francis Tresham, "recém-falecido". Os nomes dos ou-

*Não houve qualquer menção ao estatuto pelo qual eles eram julgados, mas presume-se que tenha sido o de 1352 (25 Edw. st. 5 Cap. 2), que considerava traição "tramar ou imaginar a morte do rei, sua rainha ou o herdeiro real" (Bellamy, p. 9).

tros três conspiradores sobreviventes, Robert Wintour, John Grant e Ambrose Rookwood, se sucediam ao longo da mesma indiciação, um documento extremamente longo, que sem a menor dúvida não expunha com moderação o drama da ocasião.

Todos esses sete conspiradores se declararam "Inocentes", incluindo Guy Fawkes. Essas declarações causaram certa surpresa às autoridades, pois as confissões anteriores dos prisioneiros eram "notórias". Guy Fawkes, em particular, admitira livremente sua culpa desde o primeiro momento de sua captura, em 5 de novembro. Digby teve de ser julgado em separado, pois, único entre seus camaradas, se declarou "Culpado".

Sir Edward Phillips, meirinho-mor, lançou-se então à ação com que se denominou de a "declaração". Suas palavras foram dogmáticas, eloqüentes e sentenciosas: "A língua do homem jamais proferiu, o ouvido do homem jamais ouviu, o coração do homem jamais concebeu, nem a malícia do demônio infernal ou terrestre jamais praticou..." tal traição. Pois, se era "abominável assassinar a mais ínfima" das criaturas de Deus, quanto mais abominável não seria assassinar "Um Tal Rei, Uma Tal Rainha, Um Tal Príncipe, Uma Tal progênie, Um Tal Estado, Um Tal governo..."[25]

O promotor-geral, *sir* Edward Coke, foi o seguinte a falar e não se poupou — nem à sua platéia. Fez um discurso extremamente longo, fato que ele próprio reconheceu quando usou a palavra "copiosa" para o que viria a seguir: não pretendia ser "tão sucinto como de hábito".[26] Contudo um importante aspecto de seu discurso foi uma negação. Do início ao fim, negou que o rei Jaime houvesse feito qualquer promessa de tolerância aos católicos antes de sua ascensão. De modo algum isso surpreendia, pois Salisbury escrevera de antemão a Coke em privado para "refrescar-lhe" a lembrança sobre o assunto. O promotor-geral devia ressaltar o fato de que algumas pessoas haviam viajado à Espanha com o objetivo de provocar uma invasão "logo que o último suspiro deixasse o corpo da rainha". Essa ênfase era um desejo expresso do rei, e Salisbury explicava o motivo dele. Jaime sabia que alguns dos acusados iam sem dúvida sugerir que só o desespero pela atitude do monarca para com os católicos, sua severidade, originara tais "atos de descontentamento" como a recente traição.

A questão era evidentemente importante para Jaime, e pode-se adivinhar por quê. Aquelas vagas promessas escocesas de tolerância achavam-se agora muito distantes no âmbito das coisas do monarca, e era melhor que não se trouxessem à baila essas intrigas politicamente embaraçosas de outros tempos e outro país.

Muito melhor era apresentar os católicos como um ninho de descontentes desde o princípio, conspirando para a destruição do rei "antes mesmo que se tivesse visto o rosto de Sua Majestade", isto é, em antecipação à sua chegada à Inglaterra. Pode-se talvez ouvir o delicado suspiro da consciência culpada do rei Jaime nessa firme refutação.

As outras instruções de Salisbury — todas em sua própria caligrafia — também eram interessantes. Monteagle devia ser louvado por seu papel na descoberta da conspiração, mas Coke tinha de ter o cuidado de não desviar muito da versão do próprio rei, já publicada. O promotor-geral, em suma, não devia dar credibilidade à história "perversamente ventilada" de que Monteagle outrora fizera parte da conspiração e a denunciara a Salisbury, menos ainda que um dos conspiradores na verdade escrevera a carta anônima. (Também se eliminou o nome de Monteagle na versão publicada da Traição Espanhola, segundo o relato de Francis Tresham.) A última anotação de Salisbury era característica: "Você precisar apresentar Owen como falso nisso da maneira como puder."[27]

Coke não decepcionou Salisbury nem o rei Jaime. A Traição Espanhola, incluindo os duzentos cavalos prometidos pelos católicos ingleses, sobressaiu com força como um dos principais destaques. Assim como os juramentos prestados pelos conspiradores e o alegado sacramento da comunhão — ministrado por Garnet, Tesimond e outros jesuítas — para santificá-los. (Não foi mencionada a negação específica de Guy Fawkes, quando interrogado, de que o padre Gerard nada sabia da conspiração quando ministrou o sacramento em maio de 1604. Para ter toda certeza de omitir essa nociva declaração, Coke sublinhou o trecho do interrogatório em vermelho e assinalou na margem "hucusque" — até aqui e só.[28]

O rei espanhol foi contudo tratado com cortesia. Seu embaixador, ouvindo com muita atenção em seu gabinete privado, deve ter ficado aliviado ao descobrir que se referiam aos "príncipes estrangeiros" (por instruções diretas do rei) em termos "reverentes e respeitosos". Os sacerdotes, em contraste, foram execrados. Frisaram-se o tempo todo a orientação traiçoeira e o inequívoco encorajamento deles, criando um quadro do comportamento dos jesuítas tão discrepante da verdade que seria risível se não fosse tão trágico — e tão sinistro.

Com uma rajada de citações clássicas e bíblicas, Coke descreveu a Traição da Pólvora como tendo três raízes, todas plantadas e regadas pelos jesuítas. "Até o momento, jamais ouvi falar de uma traição sem um padre romanista", declarou, "mas nesta há jesuítas demais." Em suma, os "sedutores jesuítas" eram os principais infratores. Todas as velhas histórias de jesuítas que buscam arrancar as coroas aos soberanos foram submetidas à apreciação, e como as práticas "dessa seita" consistiam sobretudo em "dois Ds, a saber, a deposição de reis e a deposição de reinados". Quanto à absolvição, Catesby a recebera antecipadamente dos jesuítas, e fora encorajado a acreditar que seu crime em potencial era ao mesmo tempo "lícito e meritório". Após o que, "ele convenceu e tranqüilizou" o resto dos conspiradores, quando estes suscitaram algumas dúvidas, dizendo a Rookwood, por exemplo, que o padre Garnet lhe dera absolvição pela ação, mesmo que esta envolvesse "a destruição de muitos inocentes".

A emotiva questão da ambigüidade também foi apresentada por Coke. Era a arte da mentira como praticada pelos católicos — ou assim entendia o governo. (Os próprios católicos, como veremos no próximo capítulo, encaravam-na de uma maneira um tanto diferente.) Coke disse que a "pérfida e perjura ambigüidade" dos conspiradores, incentivada e justificada pelos jesuítas, lhes permitira não apenas esconder a verdade, mas também jurar por coisas que eles próprios sabiam ser inteiramente falsas. Por isso é que se descobriram "alguns livros hereges, traiçoeiros e malditos", entre eles um que o promotor-geral intitulou "Sobre a ambigüidade", entre os pertences de Francis Tresham. Era uma questão à qual Coke retornaria com eloqüência no futuro. Nesse meio tempo, o espírito de Francis Tresham começava a perseguir o padre Garnet.

A maquinação editorial de Coke do que de fato ocorrera vinha acompanhada de uma evocação ainda mais pitoresca dos horrores que poderiam ter ocorrido. O promotor-geral concentrou-se alternadamente no destino provável da rainha, "a esperança futura" do príncipe Henry e, num sentido pior que todos, da jovem princesa Elizabeth — "Deus compreendeu o que teria sido dela". Ao encarniçar-se em sua tarefa, Coke chegou a lamentar não apenas os homens e animais que teriam sofrido com a explosão, mas também os prédios mesmos da vizinhança: "Criaturas, igrejas e casas insensíveis, e todos os palácios adjacentes" — uma preocupação de surpreendente modernidade.

Contudo, quando o promotor iniciou a delineação das penalidades tradicionalmente impostas aos traidores, mostrou-se um homem de seu próprio tempo. Cada prisioneiro condenado seria arrastado de costas ao encontro da morte, preso ao rabo de um cavalo, porque "fora contrário à natureza": sua cabeça devia ficar junto ao chão, não tendo o direito de contaminar o ar comum. Tinha de ser morto a meia distância entre o céu e a terra, como indigno de ambos. Deviam ter as partes íntimas cortadas e queimadas antes do rosto, pois fora ele próprio "indignamente procriado", e era, por sua vez, incapacitado para "deixar qualquer geração depois dele". Os intestinos e o coração que haviam concebido essas coisas terríveis deviam ser extirpados, e "cortada a cabeça que imaginara a maldade". Feito isso, as várias partes desmembradas do corpo do traidor deviam ser expostas em público, para que se tornassem "presas das aves do ar".

Quando Coke concluiu o discurso, leram-se em voz alta os vários "Interrogatórios, Confissões e Declarações" voluntárias dos prisioneiros.[29] Começaram com os depoimentos de Guy Fawkes e Francis Tresham sobre a Traição Espanhola, Tresham incluindo os nomes do padre Garnet e do padre Tesimond como "tendo conhecimento do emprego de Wintour na Espanha". Depois disso, foram lidas as confissões específicas relacionadas à Traição da Pólvora. Primeiro a de Guy Fawkes, seguida da confissão do recém-capturado Robert Wintour. Esta fora tomada em 17 de janeiro, perante os lordes membros da Comissão, e era acompanhada de uma longa declaração assinada por ele quatro dias depois.

Essa declaração tinha um importante pós-escrito: "Confesso que na quinta-feira, 7 de novembro, eu me confessei com o sacerdote padre Hammond, como fizeram outros cavalheiros, fui absolvido, e recebi o sacramento da comunhão." Hammond era na verdade o codinome do capelão em Huddington, o padre Hart. A confissão geral dos conspiradores em Huddington nas primeiras horas da manhã teve provavelmente mais a ver com a expectativa deles da morte no futuro próximo do que com sua culpa sobre o passado. No entanto a idéia mesma de que os conspiradores tivessem podido limpar a alma de seus crimes potenciais e recebido a absolvição de um padre — um jesuíta — dois dias após a descoberta da conspiração foi prejudicial.

Leram-se mais confissões, entre elas a de Thomas Wintour, assim como os interrogatórios de Rookwood e Keyes. A última peça de prova não foi uma confissão, mas relacionava-se a uma conversa que Robert Wintour, segundo disseram, tivera com Guido na Torre após sua captura. Os dois conspiradores descobriram-se em celas adjacentes e aproveitaram a oportunidade para ter o que acreditavam ser uma conversa íntima, mas que na verdade fora ouvida por um espião do governo. Wintour e Guido falaram da captura de Nicholas Owen — o "homenzinho". Depois Robert Wintour mencionou qualquer coisa a Fawkes com referência a que "Deus das próprias pedras criará sementes para Abraão", querendo dizer que Deus no futuro criaria outros para o bem da Igreja, "embora eles [os conspiradores] já tivessem ido embora".[30] Essas confidências foram menos importantes que a revelação dos métodos de espionagem do governo entre seus prisioneiros. É lamentável que o padre Garnet jamais tenha sabido dessa trapaça particular, do contrário sua própria conduta na Torre talvez tivesse sido diferente.

Após ouvirem essa prova, os sete tiveram afinal permissão para falar, se assim o desejassem, "porque sem isso não se devia pronunciar a sentença de morte contra eles". Só Ambrose Rookwood escolheu fazer algum verdadeiro uso desse privilégio.[31]

Admitiu que seus crimes eram tão terríveis que ele não podia esperar misericórdia, no entanto talvez houvesse algumas circunstâncias atenuantes, pois ele não fora "nem autor nem ator", mas atraído para a conspiração por seus sentimentos por Catesby, "de quem gostava acima de qualquer homem do mundo". No fim, Rookwood suplicou misericórdia, para não deixar "difamação e mácula por todos os tempos" em seu nome e sangue. Os reis, tinha esperança, podiam imitar Deus, que às vezes ministrava duras punições corporais aos mortais, mas não os matavam de fato.

O resto dos conspiradores falou brevemente. Tom Wintour, sofrendo visível remorso por ter introduzido Robert na conspiração, pediu para ser enforcado em nome de seu irmão e de seu próprio. Guy Fawkes deu uma explicação em defesa de sua declaração de "Inocente", que antes confundira o tribunal. Fizera isso, disse, em respeito a algumas conferências mencionadas pela acusação, das quais "ele não tinha qualquer conhecimento". A reação de Robert Keyes foi tersa e estóica: a morte era tão boa agora quanto em qualquer outra ocasião, disse, e mais quando a favor dessa causa do que de outra. Thomas Bates e Robert Wintour apenas pediram misericórdia.

John Grant fez jus à sua reputação de taciturno, permanecendo em total silêncio por algum tempo. Depois disse que era culpado de "uma conspiração pretendida mas jamais realizada". Numa memorável frase ao longo de seu discurso, Coke dissera que a "Verdade é a filha do Tempo [*Veritas temporis filia*]; sobretudo neste caso". Mas o comentário parcimonioso de John Grant feito antes que o Tempo tivesse uma chance de originar a Verdade foi provavelmente um veredicto tão eqüitativo quanto qualquer outro. Foi na verdade uma conspiração pretendida — mas jamais levada a cabo.

Seguiu-se o julgamento de *sir* Everard Digby. Ele logo se declarou "Culpado" da indiciação, para ter o privilégio de fazer um discurso. Evidentemente, o que disse não deixou de comover alguns dos que o ouviram. Apresentou como sua primeira motivação a amizade e o amor por Catesby — como foram duradouras a influência e o carisma de Robin! A causa da religião, pela qual ele decidira negligenciar "sua propriedade, sua vida, seu nome, sua memória, sua posteridade, e a felicidade mundana e terrena", vinha em segundo lugar.[32]

Referiu-se às não cumpridas promessas de tolerância com os católicos — o rei não pode ter gostado disso — assim como referiu-se ao medo dos recusantes de leis mais rígidas no Parlamento que se aproximava. Estas se relacionavam especificamente com a questão das esposas recusantes, o medo de que também as mulheres, como os homens, viessem a ser passíveis de multas. Digby então argumentou apaixonadamente que, como seu delito "estava contido dentro de si mesmo", sua culpa nele não devia ser passada à sua família, menos ainda aos seus filhos pequenos. A mulher — a desafortunada e empobrecida Mary — devia conservar os bens adquiridos em vida, as irmãs seus quinhões recebidos pelo casamento e os credores terem as dívidas pagas; deviam permitir que seu administrador fosse recebido por ele para que se tomassem essas providências.

Coke, contudo, descartou tudo isso num instante. A preciosa amizade com Catesby não passava de um "simples desatino e conspiração perversa"; a religião de Digby era "erro e heresia". Sobre a questão das esposas, Coke pôs com perspicácia toda a culpa pelo não-conformismo delas nos ombros dos maridos, num elegante floreado do século XVII. Ou um homem se casava com uma mulher sabendo que ela era recusante, caso em que devia esperar pagar multa, ou ela se tornava uma recusante posteriormente ao casamento, caso em que o marido incidia do mesmo modo no erro, por não tê-la mantido sob um melhor controle. E quanto aos filhos de Digby! O promotor-geral escarneceu da suposta compaixão do acusado por eles, quando aceitara com tanta facilidade a perspectiva da morte dos filhos de outras pessoas, entre elas os "afáveis príncipes".[33]

Digby interrompeu-o aqui — mesmo nesse momento teve bastante vitalidade para não se sentir intimidado por Coke. Não tentava justificar o que fizera, disse, confessando que merecia "a morte mais desprezível"; era apenas um humilde suplicante de misericórdia e "alguma moderação de justiça" para sua família. À guisa de resposta, Coke recorreu aos Salmos para retrucar a Digby um trecho singularmente inexorável: "Que sua mulher seja viúva, e seus filhos vagabundos, que sua posteridade seja destruída, e na próxima geração que seu nome seja de todo apagado."

Northampton foi o seguinte a fazer um discurso, referindo-se em termos rebuscados ao favor demonstrado a Everard Digby pela falecida rainha Elizabeth e o rei Jaime. Northampton também decidira acabar com os rumores de que antes de herdar a coroa inglesa o rei Jaime prometera "mais esperança e conforto" aos católicos. Assim, expôs a questão do protestantismo do monarca por toda a vida: a fé que Jaime "sugara do seio de sua ama-de-leite" (mas não, claro, de sua mãe católica — desta vez não se introduziu sem o menor propósito o nome da rainha Maria dos Escoceses). Por último, o próprio Salisbury achou necessário retornar mais uma vez ao tema das supostas promessas do monarca. Nenhuma promessa fora quebrada. Não houvera promessas. Jamais, em tempo algum, o rei Jaime dera "a mínima esperança, e muito menos fizera promessas de tolerância aos católicos".[34]

Concluído o discurso de Salisbury, o meirinho-mor, Phillips, pediu a sentença do tribunal para os sete conspiradores declarados culpados, e para *sir* Everard Digby, culpado segundo sua própria confissão. Após algumas observações do *lord* Juiz Principal, solicitou-se aos membros do júri que deliberassem seu veredicto. Não deve ter surpreendido a nenhum dos presentes no Westminster Hall, naquele gélido dia de fins de janeiro, o fato de o veredicto ser igualmente gélido: culpados, todos eles.

Em seguida, o *lord* Juiz Principal proferiu a sentença de alta traição para todos os prisioneiros. Sete deles ouviram-na em silêncio. Mais uma vez a exceção foi *sir* Everard Digby. Quando o júri se levantou, Digby gritou impulsivamente: "Se eu puder ouvir alguma de Vossas Senhorias dizer que me perdoa, irei mais alegre para o cadafalso." Seu discurso despertara um generalizado sentimento de compaixão, embora não de misericórdia — ou talvez fosse sua juventude, a nobreza de sua postura, a sensação de total desperdício. Pois os lordes disseram-lhe: "Deus o perdoa, e nós o perdoamos."

PARTE CINCO

As sombras da morte

Ele descobriu coisas profundas nas trevas,
e trouxe para a luz a sombra da morte.

Jó, 12:22

citado no Memorial da Traição da Pólvora da Torre de Londres

XV

O coração de um traidor

Eis o coração de um traidor!

GRITO TRADICIONAL DO CARRASCO

OS OITO CONDENADOS FORAM EXECUTADOS em dois grupos, em dias consecutivos. Na quinta-feira, 30 de janeiro, *sir* Everard Digby, Robert Wintour e John Grant foram arrastados da Torre de Londres e Thomas Bates trazido da prisão de Gatehouse. O horário das execuções era por volta das oito horas da manhã, hora escura e sombria naquela época do ano. O local escolhido no primeiro dia foi o lado oeste do cemitério da Catedral de São Paulo "acima e ao lado da casa do bispo de Londres". Nem todos, porém, aprovaram a decisão. *Sir* Arthur Gorges, poeta e amigo de Ralegh, que navegara com ele contra os espanhóis, protestou a Salisbury pelo fato de o esquartejamento "desses perversos e sanguinários conspiradores" realizar-se num lugar de tantas "lembranças felizes", pois fora ali que a própria rainha Elizabeth agradecera a Deus por ter libertado seu país da Armada.[1]

O costume de transportar alguns hereges ao lugar da execução arrastando-os amarrados ao rabo de um cavalo, ao qual se referiu o promotor-geral no julgamento, tendia a roubar do carrasco o material no qual fazer o trabalho a ele designado. A provação, que às vezes lhes provocava traumatismos, também roubava do público a cerimônia completa, tão apreciada, que incluía discursos dos condenados, além das prolongadas indignidades infligidas aos corpos ainda respirando, tão pictoricamente descritas por *sir* Edward Coke. Por isso, no caso de prisioneiros importantes como os Conspiradores da Pólvora, a política do governo era transportá-los individualmente, cada um amarrado a uma armação de vime, usada como uma espécie de trenó.[2]

Essa passagem aberta pelo meio da multidão tinha, contudo, seus próprios perigos. Primeiro, a possibilidade — embora remota — de resgate. Segundo, no caso de católicos conhecidos, as tediosas devoções dos recusantes podiam interromper o desejado processo espiritual de arrependimento de última hora. Terceiro, a questão das mulheres e parentes femininos dos vilões, que não viam seus homens há vários meses, desde aquele tenebroso dia no início de novembro em que se planejara a precipitada estada em Holbeach.* As mulheres dos não-conformistas ou as amigas dos padres condenados muitas vezes tentavam dar um último adeus dessa maneira. Por isso, desde as sete da manhã, postaram-se homens armados nas entradas ao longo do caminho: "Uma pessoa capaz e suficiente, com uma alabarda na mão" para cada casa habitada na rua aberta.[3]

Mesmo assim, as mulheres deram um jeito de misturar-se à multidão e ver das janelas. Conta-se uma história de que um dos filhos pequenos de Digby gritou "Papá, papá" no momento em que o pai passava arrastado em sua armação, a cabeça abaixada bem junto ao chão, para, segundo as palavras de Coke, não poluir o ar comum. Martha, a mulher de Thomas Bates, foi uma das que conseguiram encontrar um lugar na assistência, além de ser recompensada ao descobrir que o marido estava na primeira armação, possivelmente porque Bates se juntara à melancólica procissão que vinha da outra direção, pois a prisão de Gatehouse ficava em Westminster. Ludibriando os alabardeiros, Martha Bates conseguiu lançar-se sobre o marido em sua armação; protestou aos gritos contra o desgraçado destino que o levara para esse "fim prematuro".

Bates, homem prático até o último instante, aproveitou a oportunidade para dizer a Martha onde guardara uma bolsa de dinheiro (originalmente confiada a ele por Jack Wright) e suplicou-lhe que o pegasse para si e para os filhos. Martha depois viu-se em apuros com as autoridades por causa desse legado — talvez pensassem que as instruções finais de Bates haviam sido mais um nível da conspiração. Mas no fim permitiram-lhe ficar com o dinheiro.

Na Catedral de São Paulo, *sir* Everard Digby foi o primeiro a subir ao cadafalso. Passara seus últimos dias na Torre escrevendo cartas à "minha adorada

*Há uma tradição de que Gertrude, mulher de Robert Wintour, teve vários encontros secretos com o marido durante os dois meses em que ele esteve fugido; mas, em vista da constante vigilância em Huddington, como um conhecido centro não-conformista, é de imaginar se algum dos dois teria corrido esse risco — pois estava em jogo o futuro de seus filhos.

mulher" Mary e depois a Kenelm e John.[4] Exortava os últimos a ajudar-se um ao outro como irmãos e evitar os maus exemplos de Caim e Abel e dos filhos de Filipe da Macedônia (um dos quais assassinou o outro). Fora isso, escreveu poesias que expressavam a resignação com seu destino — e talvez expliquem mais a afeição que os contemporâneos, mesmo os inimigos religiosos, sentiam por ele:

Quem é este que bate à porta? Oh, espera, meu Senhor, já vou:
Conheço esse chamado, desde que pela primeira vez me fez conhecer
A mim mesmo, que me faz agora com alegria correr
Para que não se vá aquele que meu dever pode mostrar.
Jesus, meu Senhor, conheço-te pela Cruz
Que me ofereces, mas não para minha perda.

Apesar da determinação de Digby e do seu "aspecto viril", reparou-se que tinha a cor pálida e "o olhar pesado". Mas decidira falar energicamente. Declarou que não considerava crime algum o que fizera, segundo sua própria consciência, informada por sua própria religião, mas reconhecia que violara a lei. Por isso pedia o perdão de Deus, do rei e de todo o reinado. Mesmo nesse momento, Digby teve a preocupação de negar que o padre Gerard ou os outros jesuítas soubessem qualquer coisa da conspiração. Recusou-se em seguida a rezar com os pregadores protestantes presentes e em vez disso buscou refúgio no "crucifixo vão e supersticioso", como comentou um observador hostil, e em "murmúrios consigo mesmo" em latim.[5]

Feitas essas devoções católicas privadas, Digby retornou à condição do galante cortesão que sempre fora em público. Despediu-se de todos os nobres que haviam sido seus amigos — era um procedimento estabelecido que os dignitários assistissem às execuções oficiais — com meticulosa atenção à categoria de cada um. Dirigiu-se a todos, segundo comentaram estes uns com os outros, de uma maneira muito animada e amistosa, "como costumava fazer quando se retirava da corte ou deixava o centro de Londres para sua casa no campo".[6]

Contudo o que se seguiu não seria tão informal nem tão agradável. Digby ficou pendurado na forca durante um tempo demasiado curto antes de ser baixado após o corte da corda, portanto estava totalmente consciente quando o submeteram às penalidades prescritas. Anthony à Wood tinha uma extraordinária história para contar sobre o que aconteceu em seguida.* "Quando o carrasco arrancou

*Ele escreveu muito depois do acontecimento, mas com informação dada de Francis Bacon, que teria presenciado a execução.

seu coração e, segundo o costume, o ergueu bem ao alto, dizendo: 'Eis o coração de um traidor' *sir* Everard Digby retrucou: 'Tu mentes.'" Mesmo que essa espirituosa resposta — qualquer resposta — fosse anatomicamente possível em tais circunstâncias, o fato de contarem a história é mais uma prova da estima que se tinha por *sir* Everard Digby. Na verdade, as pessoas comuns "maravilharam-se com sua força" e quase não "falavam de outra coisa".[7]

Robert Wintour foi o segundo a ascender ao cadafalso. Pouco falou e rezava baixinho consigo mesmo ao dirigir-se ao encontro de sua morte. John Grant, o seguinte, foi o único dos conspiradores que justificou de fato o que eles haviam tentado fazer e recusou-se a confessar qualquer crime, pois não se havia cometido "nenhum pecado contra Deus". Um relatório de Salisbury a Edmondes em Bruxelas confirma essa obstinação. Um desafio que mais tarde foi enfeitado com inverdades pela propaganda protestante, segundo a qual Grant afirmara que os méritos espirituais da conspiração expiavam todos os pecados que ele cometera em vida. "Abominavelmente cego" pela explosão em Holbeach, deixou-se conduzir em total silêncio pela escada acima até a corda da forca, sendo impossível a resistência. Após fazer o sinal-da-cruz, seguiu para sua morte.[8]

Do ponto de vista dos espectadores, Thomas Bates foi um criminoso mais satisfatório do que aqueles homens com seus crucifixos e suas orações murmuradas em latim. Quando não se era valente — embora desorientado — como *sir* Everard Digby, era melhor ser um penitente desprezível como Bates. Ele disse que fora inspirado pela afeição por seu amo, Catesby, que o fizera esquecer seu dever para com "Deus, o rei e o País". Isso levou o padre Gerard a dizer depois que "não causava nenhuma admiração" o fato de Bates demonstrar menos coragem que seus companheiros, pois agira por amor humano, não divino; mas o jesuíta concluiu seu veredicto num tom caridoso: "Devemos desejar que ele encontre misericórdia nas mãos de Deus." Em geral, Bates parecia profundamente arrependido pelo que fizera. Pediu o perdão de Deus e também do rei, e de todo o reinado, rezando humildemente "pela preservação de todos eles".[9]

As quatro execuções restantes ocorreram no Pátio do Antigo Palácio de Westminster, no dia seguinte, sexta-feira, 31 de janeiro. É possível que as patrióticas censuras de *sir* Arthur Gorges tivessem encontrado eco em outros peitos, porém o mais provável é que pretendessem executar os principais criminosos — Tom Wintour e Guy Fawkes — no lugar mesmo que eles haviam planejado demolir para incutir a mensagem de sua vileza. O itinerário saindo da Torre foi, em conseqüência, mais longo. Elizabeth Rookwood conseguiu ver da janela da casa deles no Strand o marido passar na armação de vime. Quanto ao próprio

Rookwood, pediu para ser informado quando chegasse ao local combinado, para que ele abrisse os olhos e desse uma última olhada em sua bela mulher (fora isso, manteve os olhos fechados em oração). Ao chegar a esse local, Ambrose Rookwood ergueu-se o máximo que pôde — estava amarrado com cordas — e gritou: "Reze por mim, reze por mim!"

— Eu rezarei, e sê corajoso — gritou-lhe de volta a mulher. — Oferece-te inteiramente a Deus. Eu, da minha parte, devolvo-te tão livremente a Deus quanto Ele te deu a mim.*[10]

Tom Wintour foi o primeiro desses homens a subir ao cadafalso. Tinha "uma cor muito pálida e sem vida". Os espectadores estavam ansiosos por ouvir um discurso, mas Wintour, apesar de toda a sua palidez, respondeu com firmeza que aquela não "era hora para discursos: fora ali para morrer". Como Digby, também inocentou os jesuítas, incluindo o padre Tesimond, de toda culpa, e pediu as orações de todos os católicos. Por fim, fazendo o sinal-da-cruz, declarou que morria como um verdadeiro católico. Em geral, as declarações de arrependimento tinham mais probabilidade de assegurar o esperado enforcamento prolongado, que resultava na perda dos sentidos. Embora Tom Wintour parecesse "de certa forma, por assim dizer, arrependido de seu delito", a firme e solene afirmação de última hora e a defesa dos jesuítas negaram-lhe qualquer alívio. Foi baixado após "uma ou duas sacudidas do laço da forca".[11]

Ambrose Rookwood foi o seguinte. Optou por fazer um discurso, que foi um modelo de arrependimento, pois primeiro confessou espontaneamente seu pecado, de buscar derramar sangue, e depois pediu a Deus que abençoasse o rei, a rainha e toda a "prole real", e que eles vivessem por muito tempo, "para governar este reino em paz e felicidade". Na verdade, o que Rookwood disse em seguida, no momento final, ia "estragar toda a sopa com uma abjeta erva daninha", nas palavras de um observador — evidentemente protestante —, pois suplicou a Deus que tornasse o rei católico. Mas as palavras anteriores de arrependimento do condenado parecem ter bastado para assegurar-lhe um longo enforcamento, e achava-se mais ou menos no último suspiro quando cortaram a corda e o baixaram.[12]

Robert Keyes decidiu não aceitar passivamente seu fado. "Com pequena ou nenhuma demonstração de arrependimento", subiu "resoluto" a escada. Uma vez lá em cima, e com o pescoço na corda, não esperou a "vez" do carrasco, mas lançou-se sozinho para fora, com um violento salto no espaço. Sua provável inten-

*Essa é a versão dada pelo padre Gerard, que não estava presente; mas teria sido depois compilada cuidadosamente a partir das lembranças de testemunhos oculares: como sempre ocorria com a morte de católicos nas mãos do Estado, eram grandes os esforços para amealhar os detalhes das cenas finais.

ção era morrer rápido (embora o padre Gerard desse ao gesto uma interpretação atenuante, como significando que Keyes quis morrer no momento de sua própria escolha, com a mente concentrada nas orações, em vez de ser tomado de surpresa pelo carrasco). Infelizmente, o plano não funcionou. A corda da forca partiu-se e ele foi levado ainda vivo para o cepo de esquartejamento.[13]

Guy Fawkes, "o grande demônio de todos", foi o último a subir ao cadafalso. Não fez um longo discurso — provavelmente não tinha condições de fazê-lo, pois um contemporâneo descreveu seu corpo como visivelmente "enfraquecido pela tortura e a doença". Pediu de fato perdão ao rei e ao Estado, mas fazendo ao mesmo tempo seus "sinais-da-cruz e cerimônias inúteis". Sua última provação foi subir a escada. Dificilmente poderia fazê-lo e teve de ser ajudado pelo carrasco. Guido, porém, subiu alto o bastante para o pescoço ser quebrado no momento da queda.[14] Talvez o castigo físico que suportara nos últimos meses houvesse poupado sua consciência no fim.

Como observou Salisbury a Edmondes, todos os oito condenados morreram católicos. Nada do que acontecera os fizera abandonar a religião pela qual haviam sacrificado a liberdade e por fim a vida.

Alguns dias depois dessas execuções, o padre Garnet, segundo ordens enviadas pelas autoridades, foi levado para Londres. O tratamento dado a ele continuava sendo cortês, sobretudo se considerarmos as recentes provações sofridas pelos homens julgados seus co-conspiradores. Ainda na casa de *sir* Henry Bromley, o jesuíta recebeu permissão para celebrar a bela festa da Candelária ou Purificação da Virgem Maria — a última festividade do ciclo antes do início da Quaresma — junto com *sir* Henry e sua família. Dispôs-se uma grande vela branca, com as inscrições "Jesus" e "Maria" de cada lado, confiscada em Hindlip. O padre Garnet tomou-a nas mãos e passou-a para o padre Oldcorne, dizendo sentir-se feliz por ter segurado "uma vela consagrada no Dia da Candelária". Depois todos beberam à saúde do rei, com as cabeças descobertas.[15] Como episódio, foi uma conspícua demonstração do paradoxo da lealdade católica.

Tampouco foi a dignidade do jesuíta de algum modo sacrificada durante a viagem. O padre Garnet ainda se achava muito fraco, após os oito dias de penosa situação, e suas pernas inchadas causavam-lhe dores. Salisbury ordenou que lhe dessem o melhor cavalo, e sua hospitalidade *en route* foi paga pelo rei (o que significava sem restrições econômicas).

Quando um ministro protestante que acompanhava o cortejo tentou envolvê-lo numa discussão teológica, o padre Garnet logo viu os perigos desse tipo de exercício. Podia-se interpretar seu silêncio como incapacidade de responder, embora uma defesa muito fervorosa do ponto de vista católico pudesse ser considerada uma prova contra ele. Garnet consultou *sir* Henry Bromley. O resultado foi uma discussão, na verdade presidida por *sir* Henry, em que o puritano arengou longamente sem parar, e Garnet em seguida falou "breve e claramente", além de exibir notável erudição (os puritanos gostavam de reivindicar a erudição como sua esfera de ação especial). *Sir* Henry Bromley ficou muito impressionado, e o egrégio ministro muito decepcionado.[16]

Em Londres, o padre Garnet foi alojado primeiro na prisão de Gatehouse, em Westminster. Também puseram ali seu companheiro em Hindlip, o padre Oldcorne, embora o encarcerassem numa cela separada. A chegada do superior dos jesuítas, com um colega da Sociedade de Jesus, causou sensação na prisão de Gatehouse. Uma multidão de prisioneiros amontoava-se na entrada. Garnet gritou em voz alta, perguntando se algum deles era católico. Quando muitos responderam que sim, o padre Garnet respondeu: "Deus ajude a todos vocês! E a mim mesmo, que aqui chego para fazer-lhes companhia pela mesma causa."[17] Thomas Garnet, seu sobrinho e também padre, que atuava sob codinome, estava entre os vários católicos presos naquele momento na prisão de Gatehouse.

Esse interesse pelo padre Garnet e a reação a ele chamam a atenção para a natureza ambivalente das prisões jacobitas no que diz respeito aos não-conformistas. As prisões podiam servir de viveiros de catolicismo, assim como centros para perseguição. Paradoxalmente, era muitas vezes mais fácil para os recusantes assistir à missa clandestina numa prisão contendo padres que no mundo exterior. Pelos padrões modernos, predominava mesmo nas prisões jacobitas uma atmosfera de informalidade: os internos podiam sair para comprar comida e, se necessário, fazer compras passando dinheiro pelas janelas da prisão. É óbvio que se podia obter mais que apenas comida por esses meios — informação, cartas. Em algumas prisões, prostitutas e ladrões subornavam os carcereiros para que os deixassem sair sob o manto da escuridão e exercer seu ofício nas imediações, retornando ao alvorecer com o ganho suficiente para viver com conforto.

Das muitas prisões na capital, uma delas, a Clink, em Southwark, perto da atual sede dos frades dominicanos, vivia cheia de católicos: era descrita como uma célula de "propaganda não-conformista para toda a capital". Sem a menor dúvida, o padre Garnet ouviu muitas confissões de seus correligionários quando ali esteve preso. A Newgate, a principal prisão criminal, também continha "um grande contingente de padres e outros católicos", aos quais pessoas de todos os tipos tinham "contínuo acesso".[18]

Quanto à de Gatehouse, em janeiro de 1606 uma das informantes de Salisbury, *lady* Anne Markham, queixou-se da total corrupção do lugar. Os recusantes podiam subornar os carcereiros para passar cartas aos amigos, "contando-lhes sobre o que haviam sido interrogados"; depois esses amigos voltavam com informação vital, que lhes permitia adivinhar "astutamente" o que responder.[19] Lamentavelmente, as condições de relativa liberdade da prisão de Gatehouse também podiam ser usadas pelo governo em seu próprio proveito. Sem querer e nem saber, o padre Thomas, sobrinho de Garnet, ia fazer parte da armação da cilada que se seguiu.

Outra agente inocente foi Anne Vaux, que com a irmã de Thomas Habington, Dorothy (protestante convicta que se convertera numa católica fervorosa), acompanhara, a uma discreta distância, os jesuítas até Londres. As duas devotas hospedaram-se na casa de Dorothy Habington, em Fetter Lane, nas vizinhanças de Fleet Street. Chegavam a uma Londres em que o principal assunto de conversa nos círculos oficiais eram a religião e suas conseqüências: isso fora enfatizado alguns dias antes pelo debate na Câmara dos Comuns em torno da constrangedora questão dos maridos protestantes terem de pagar multas pelas esposas recusantes. No julgamento dos conspiradores, *sir* Edward Coke tratara o assunto com acrimônia, quando Digby o trouxera à baila, declarando que a esposa recusante, de uma forma ou de outra, era sempre culpa do marido, logo ele devia pagar por isso. Mas os sentimentos de *sir* Everard Digby estavam mais em sintonia com o espírito dos tempos que os do apressado Coke. Os parlamentares sentiam-se pouco à vontade com a medida, e chegou-se a um acordo de que deviam "examiná-la mais a fundo".[20]

No dia seguinte, 5 de fevereiro, todo mundo se sentiu mais satisfeito discutindo as "Armas e Munições" a serem confiscadas de recusantes e a eliminação deles do exército. Seguiu-se uma conversa anticatólica bastante virulenta. Os papistas foram divididos em três grupos, o primeiro dos quais, o dos "velhos, radicados, detestáveis", não se julgava provável que pudesse ser recuperado nesse estágio, mas felizmente esses eram mais supersticiosos que sediciosos. O segundo grupo, o dos convertidos (descritos como "romanistas"), era o mais perigoso. Quanto ao terceiro, "o tenso futuro dos papistas" — seus jovens — era um grupo que tinha de ser arrancado pela raiz, tomando-se grande cuidado para que não se desgarrassem fazendo seus próprios casamentos e batizados, em oposição aos do Estado. Próximo ao fim do mês, o recém-chegado embaixador veneziano ficou muito impressionado com a universalidade da discussão: "Aqui não se faz outra coisa senão grandes preparativos para a aniquilação da religião católica."[21]

A acirrada discussão do mundo masculino não significava que duas damas não-conformistas, ambas sem marido, não conseguissem viver em liberdade em Londres. A norma social segundo a qual não se perseguiam exatamente as mulheres (como Martha Bates, que tivera permissão de receber para seu sustento o dinheiro do marido traidor) ainda prevalecia. Desde que Anne Vaux permanecesse silenciosa em Fetter Lane, vivendo no mundo recusante, por definição discreto, provavelmente não se envolveria em problemas. Mas é claro que há muitos anos Anne Vaux planejara sua vida não tanto para afastar-se dos problemas quanto para ajudar e proteger o padre Garnet. E isso continuava sendo o motivo de sua ida para Londres. Queria notícias dele. E também, se possível, comunicar-se diretamente com ele.

O primeiro interrogatório do padre Garnet perante o Conselho Privado realizou-se em 13 de fevereiro.[22] Seu trajeto da prisão de Gatehouse a Whitehall não passou despercebido. Ele disse depois a Anne Vaux que, entre outros comentários da multidão, ouviu um homem dizer com escárnio a outro: "Lá vai um jovem papa." Os membros do Conselho, contudo, trataram-no com visível respeito. Dirigiram-se ao jesuíta o tempo todo com "Sr. Garnet" (não reconheceram seu sacerdócio, mas ao mesmo tempo não o trataram com o desprezo que se daria a um criminoso comum) e tiraram o chapéu ao falar com ele. Esses conselheiros eram o conhecido grupo de Popham, Coke, *sir* William Waad e os Lordes Worcester, Northampton e Nottingham, com Salisbury no papel de líder.

Esboçou-se, no entanto, um desagradável indício de como o Conselho promovia o escárnio em seu estilo próprio. A um determinado momento, numa das primeiras entrevistas, Salisbury curvou-se e admoestou o jesuíta por seu relacionamento com a "senhora Vaux , pois interceptara uma carta dela ao padre assinada: "Sua amorosa irmã, A G".

— Então, o senhor é casado com a Sra. Vaux! Ela se chama de Garnet. Aí, heim, seu velho libertino [*senex fornicarius*]!

Na entrevista seguinte, segundo o relato de Garnet numa carta a Anne, Salisbury fingiu consertar as coisas. Passou o braço pelos ombros dele e disse-lhe que falara "de brincadeira". Os outros conselheiros apressaram-se a assegurar a Garnet que sabiam que ele levava uma vida exemplar nesse sentido.[23]

Se fora uma brincadeira, não deixava de ser uma estranha brincadeira, naquele momento e lugar, com um sacerdote de meia-idade sobre o seu relacionamento com uma solteirona católica, que beirava os quarenta anos. Mas não fora uma brincadeira. Ao contrário, fazia parte de uma campanha deliberada que visava, com insinuações de sua depravação pessoal, a denegrir a reputação do padre

Garnet, fortalecendo a prova um tanto inconsistente que o ligava à conspiração da Pólvora (da qual se supunha ser ele o principal mentor).

A acusação não era, inevitavelmente, desconhecida em relação aos padres católicos, celibatários, que trabalhavam clandestinamente na Inglaterra. A dependência mesma deles do mundo doméstico das mulheres, as falsas relações que tinham de fingir por segurança significavam que era fácil espalhar esse tipo de aviltamento em sua reputação. O padre John Gerard fora acusado do mesmo escândalo com respeito a *lady* Mary Percy, filha solteira de um anterior conde de Northumberland, fundadora do primeiro convento inglês no exterior desde a Reforma. A acusação foi feita por Richard Topcliffe quando Gerard estava preso na Torre.

— Foi você quem ficou com a filha do conde de Northumberland — disse Topcliffe. — Não há a menor dúvida de que se deitavam juntos.

Embora soubesse que Topcliffe falava "sem ter examinado qualquer prova", o padre Gerard tremeu de raiva com sua indecência.[24]

Anne Vaux não era a única mulher ligada ao padre Garnet (apesar de, segundo os próprios conselheiros, sua vida exemplar ser bastante conhecida). Dorothy Brooksby, da ilustre família recusante de Wiseman, era uma jovem casada com o sobrinho de Anne Vaux, William. Suas duas filhas bebês faziam parte da grande família que as irmãs Vaux presidiam e que incluía o padre Garnet. Num interrogatório posterior, Coke acusou Garnet de participar de um batismo católico em White Webbs, e *sir* William Waad foi além, dizendo "com escárnio" que o padre sem dúvida também participara da geração do bebê. Garnet protestou com veemência contra o insulto indecoroso, classificando-o de impróprio para "este estabelecimento de justiça", mas Coke agravou o insulto, sugerindo que o bebê da Sra. Brooksby, sendo filha de padre, tinha "o cocuruto raspado".[25]

Esse tipo de brincadeira perversa, por mais divertida que fosse para Coke e Waad, e muitíssimo detestável para o padre Garnet, pertencia a uma diferente categoria do tratamento aviltante que se dava à parceria de 21 anos de Garnet — pois esta é a palavra apropriada a empregar — em relação a Anne Vaux. Durante anos, aqueles que desejavam denegrir os jesuítas acusavam Garnet de descaramento — "desfaçatez" — por acompanhar uma dama de um lado para outro do país.[26]

Na verdade, a parceria existia no centro mesmo da vida não-conformista. Um dos empregados de Digby, interrogado sobre o padre Garnet após a captura do patrão, sugeriu inconscientemente um paralelo entre Anne e a Rute bíblica: "A Sra. Anne em geral o acompanha [Garnet] aonde quer que ele vá."[27] Em certo sentido, claro, a relação era paternal: Garnet era o "pai espiritual" de Anne Vaux, seu orientador religioso, e ela a penitente, a "filha em Cristo" dele. Mas com certeza não era uma parceria verdadeira, pois sem a lealdade contínua, enérgica e séria de Anne Vaux, o padre Garnet jamais teria conseguido realizar seu ministério cristão na Inglaterra durante tantos anos sem ser capturado. Mas certamente não era uma parceria em nenhum sentido físico. Era, ao contrário, uma união espiritual, semelhante às vividas por santos na Igreja Católica como São Francisco e Santa Clara, ou os dois fundadores da Ordem Beneditina, São Bento e outra Santa Clara.

Lamentavelmente, como escreveu o padre Garnet depois, neste contexto: "O homem sensual não percebe essas coisas que são do espírito de Deus [*Animalis Homo non percepit ea quae Dei sunt*]." Seus inimigos, ao perceberem uma aparente fraqueza, avaliavam os outros por "seus próprios desejos, não sentindo qualquer centelha do fervor que motivou tantas Marias a seguir Cristo e seus Apóstolos". (O próprio padre Garnet, em anos passados, comparara às vezes em seus pensamentos Eleanor Brooksby e Anne Vaux, a viúva e a virgem, às duas mulheres "que costumavam alojar nosso Senhor".)[28]

É claro que ninguém que conhecia na verdade Anne Vaux acreditava na história. Seu comportamento "sóbrio e modesto" impressionava até os inquisidores do governo. Anne Vaux era tão manifestamente aquele tipo de mulher bondosa, espinha dorsal de muitas fés, e não apenas da católica, que "entregava de bom grado sua vida" ao serviço de Deus.

Ela jamais mostrou o menor interesse em casar-se, e suas antigas lutas para obter o controle de sua fortuna das mãos de *sir* Thomas Tresham haviam sido com a intenção de usá-la para ajudar o sacerdócio. Ali estava alguém que certamente teria sido uma poderosa abadessa ou reverenda madre nos dias anteriores à Reforma. Na verdade, muitas das contemporâneas igualmente religiosas de Anne Vaux haviam fugido do país para ingressar nas ordens religiosas fundadas para católicas expatriadas de todo o continente. Anne Vaux, estimulada pelo padre Garnet, descobrira uma vocação diferente: seria mais uma Marta prática e corajosa na Inglaterra do que uma contemplativa Maria num convento em Flandres.

De modo bastante estranho, em vista de a indiciação do governo a Garnet colocá-lo no topo da lista dos conspiradores, os primeiros interrogatórios continham muito poucas denúncias sobre a própria conspiração. A tentativa de difamação referente a Anne Vaux podia ser desagradável, mas não uma prova de traição. Em geral, as admissões de Garnet ao Conselho se referiam a coisas das quais pelo menos ele não se envergonhava: que estivera em Coughton no dia 1° de novembro e recebera a carta explicativa de Catesby, de 6 de novembro. Mas negou categórico qualquer cumplicidade na própria conspiração; nem revelou qualquer nome dos conspiradores.

O que na verdade ocorreu na entrevista de Garnet quando ainda estava na prisão de Gatehouse foi um prolongado questionamento sobre assuntos teológicos, entre eles a doutrina da ambigüidade. Salisbury disse-lhe que esta era "a grande questão" sobre a qual o padre tinha de satisfazer o rei, para provar-se digno de confiança como um súdito leal; em outras palavras, que o coração de Garnet não era o de um traidor. Deu-se à discussão uma ênfase especial pelo fato de estar aberto e exposto na Mesa do Conselho o manuscrito de um tratado sobre ambigüidade.[29]

Nesse momento, Garnet, convencido de que o interrogatório era sobre detalhes da Traição da Pólvora, da qual podia inocentar-se, não tinha noção de quanto peso se daria a essa questão. Nem imaginava na verdade como a malévola imagem do jesuíta ambíguo fomentada por Coke se apoderaria da imaginação popular.

O tratado estava entre os vários livros "hereges, traiçoeiros e condenáveis" que pertenciam a Francis Tresham e aos quais Coke se referira no julgamento dos conspiradores. O promotor-geral mencionara então o juramento — "ambíguo" — dos conspiradores por coisas que eles sabiam ser falsas; isso, disse, fora incentivado e justificado pelos jesuítas.[30] Mas o padre Garnet, claro, não tinha a menor idéia do desenrolar do julgamento: os únicos conspiradores que poderiam tê-lo avisado — os réus — já estavam mortos na época em que ele chegou a Londres.

Como o livro assumiria uma enorme importância para o governo, a descoberta dele por Coke ou fora uma oportunidade afortunada ou um tributo à sua penetrante inteligência. Isso ocorreu da seguinte forma: no início do último dezembro, Coke, catedrático da Inner Temple, teve a idéia de ali procurar uma determinada sala que *sir* Thomas adquirira para uso de dois de seus filhos mais jovens, Lewis e William, e onde o próprio *sir* Thomas às vezes ficava. Coke foi recompensado. Acharam-se duas versões do mesmo livro, um exemplar em formato *in-quarto* e outro *in-folio*, no que revelou ser a caligrafia do empregado de Francis, William Vavasour. O que Coke não percebeu, por algum motivo, foi que fora o próprio Garnet quem escrevera o tratado. Imaginou que ele só fizera as correções. Trata-se de um estranho lapso, pois o *in-quarto* tinha na verdade a anotação: "Recém-supervisionado pelo Autor e publicado para a defesa da inocência e para a Instituição de Ensino dos Ignorantes".* Mas perguntaram a Garnet apenas "quando e onde ele examinou e corrigiu" o tratado, e deste modo conseguiu-se — sem qualquer necessidade — preservar seu anonimato.[31]

A versão *in-quarto* intitulava-se originalmente *A Treatise of Equivocation* [Tratado sobre o equívoco], mas o título na verdade fora riscado, como observou Garnet a Salisbury, e substituído por *A Treatise against Lying and Fraudulent Dissimulation* [Tratado contra a mentira e dissimulação fraudulenta], embora ainda desse para ler o título anterior. Para Garnet, a alteração era um importante esclarecimento. Na verdade, entre a natureza de sua correção e a continuação do uso do título original pelo governo está toda a questão da disputa entre eles. Para o padre Garnet, a ambigüidade era uma doutrina precisa, que nada tinha a ver com a mentira, prática que ele condenava com toda severidade. Para o governo, ao contrário, a ambigüidade era não apenas a mentira, mas também a hipocrisia, pois encobria as mentiras com um manto de santidade.

O que Coke descobrira, e agora se achava estampado diante dos Conselheiros, fora na verdade escrito pelo jesuíta alguns anos antes. A motivação para escrever o tratado se deveu a uma inquietação geral sobre a questão da ambigüidade, em conseqüência do julgamento do padre Robert Southwell, em 1595. Este julgamento provavelmente introduziu na Inglaterra o conhecimento da doutrina entre as autoridades e a opinião pública.

É verdade que havia trechos nas obras dos padres da Igreja que se referiam à legitimidade de dissimular em certas circunstâncias específicas. Além disso, inúmeros súditos na Europa de fins do século XVI, que divergiam de seus soberanos na religião, enfrentavam o problema do que se descreveu como "adesão secreta", que inevitavelmente acarretava uma boa dose de dissimulação ao longo do processo. De qualquer modo, era impossível alguém professar sua religião verdadeira em público sem penalidades perversas, ou até massacre — isso se aplicava tanto aos protestantes ocultos em países católicos quanto aos católicos ocultos em países protestantes. Essa adesão secreta foi batizada por Calvino com o nome de nicodemismo, em memória do fariseu Nicodemos, crente em Cristo que por medo só O visitava à noite. Era uma forma de comportamento que recebeu aceitação tácita.[32]

* Esta versão *in-quarto* encontra-se hoje na Biblioteca Bodleian, com as correções de Garnet (e as próprias observações de Coke) claramente visíveis (Bodleian, Laud Ms., misc. 655). O exemplar no formato *in-folio* na caligrafia de Vavasour desapareceu.

A ambigüidade como um determinado método de procedimento era, contudo, uma novidade.* Mais que o simples fato da ocultação, foi esse procedimento que parece ter causado a generalizada inquietação, em conseqüência do julgamento de Southwell. Deve-se enfatizar que essa inquietação era não apenas partilhada pelos católicos como por aqueles que o padre Garnet chamava de hereges; entre os primeiros, a prática "estranha" causava "muito assombro".[33]

No julgamento de Southwell, Anne Bellamy, uma católica que era a exceção à honrosa ficha de seu sexo durante esse período, testemunhara que o padre lhe ensinara a negar a verdade em resposta à pergunta: "Há algum padre na casa?" A reação de Francis Tresham foi mandar Vavasour fazer uma cópia do tratado de Garnet, para "que possamos ver o que dizem sobre essa questão". Fora exatamente para essa finalidade que Garnet escreveu o livro.[34]

A ambigüidade era, em essência, uma maneira escrupulosa de comportamento, empregada pelos católicos que se recusavam a dizer mentiras puras e simples. "Aquele que não tolera dizer mentiras jamais precisa usar expressões ambíguas": esta observação feita pelo jesuíta Robert Persons é o âmago da doutrina da ambigüidade e fundamental à sua compreensão. O padre Garnet definiu-a em termos até mais duros: os mentirosos se aproveitaram disso "de uma forma mais expedita para servir a seu intento, por meio de puras inverdades e evidentes perjúrios".[35] Em tempos de perigo, uma mentira inequívoca para proteger a verdade (como a negação por Thomas Habington da presença dos sacerdotes em Hindlip) seria o instinto da maioria das pessoas. Do mesmo modo, se poderia esperar que os padres católicos, diante das autoridades inglesas, negassem prontamente as verdades que os teriam condenado à morte — antes de mais nada, o fato de seu próprio sacerdócio. Mas eles não faziam isso. Heroicamente, em vez da mentira evidente, tentavam equilibrar as necessidades de sua difícil situação com a proibição da Igreja. Mas as mentiras que com tanto esforço evitavam, ou acreditavam evitar, eram da natureza que os conspiradores de todos os tipos — sem falar nos governos para a proteção da segurança nacional — proferem sem a menor hesitação.

O princípio por trás da ambigüidade era a possibilidade de que as palavras de quem fala tinham para ser interpretadas de dois modos, dos quais apenas um era verdadeiro. Um exemplo típico que causou imensa indignação protestante ocorrera em fevereiro, quando um certo padre Ward primeiro jurou ao deão de Durham que "não era sacerdote" — querendo dizer, soube-se, que não era

*O *Oxford English Dictionary* data de 1599 o uso da palavra nesse sentido doutrinal.

"sacerdote de Apolo em Delfos". Segundo, o padre Ward jurou que jamais estivera no além-mar: "É verdade, disse ele, pois jamais estive além do mar Índico." Pode-se ver o absurdo disso: ao mesmo tempo, pode-se admirar a seriedade da consciência que julgava necessário justificar essas mentiras salva-vidas.

Obviamente, a autoridade do inquisidor era um ponto em tudo importantíssimo na ambigüidade, assim como a seriedade do problema em questão. O padre Robert Persons citou o caso de um homem que negou ser um sacerdote a um inquisidor injusto, acrescentando a reserva mental de que não era sacerdote "como sou obrigado a dizer isso ao senhor". Como escreveu o padre John Gerard, a intenção não era enganar, "mas simplesmente omitir a verdade, em casos em que a parte interrogada não era obrigada a revelá-la".*[36] Além disso, pode-se argumentar que algumas respostas ambíguas na verdade se referiam à verdadeira pergunta em questão. Por exemplo, à pergunta feita de maneira ostensiva: "Você é um traidor?" Nesse caso, um padre podia legitimamente responder: "Não" ao interrogador, pois, apesar de seu sacerdócio, ele sabia que não era um traidor.

O tratado do padre Garnet, por ter sido motivado pelo julgamento de Southwell, tomava como ponto de partida a questão de Bellamy.[37] Ele justificava a negativa dizendo que um católico podia responder "Não, seguro com sua consciência" quando interrogado sobre a presença de um padre escondido numa casa, porque tinha "um sentido secreto no pensamento". Do mesmo modo, podia-se responder com uma negativa à pergunta: "Você assistiu à missa hoje?", porque a pessoa interrogada "não assistiu a ela na Catedral de São Paulo ou equivalente". Os precedentes bíblicos eram meticulosamente citados a fim de justificar a ambigüidade, entre eles as palavras do próprio Jesus Cristo. Quando disse aos discípulos que "a menina não está morta, mas adormecida", antes de ressuscitar a filha de Jaíra, foi uma forma de ambigüidade. Assim como sua declaração de que não sabia quando ia ser o dia do Juízo Final: como Deus Filho, sabia exatamente quando ia ser.**

Infelizmente havia sérias desvantagens no uso de ambigüidade. Uma das principais autoridades católicas sobre a Conspiração da Pólvora chegou mesmo a descrever o uso da doutrina como "a melhor arma do arsenal de Coke e, reconhecidamente, o tendão de Aquiles de seus adversários". Primeiro, a prática causava uma impressão de insinceridade, para não dizer desonestidade, mesmo dos

*O verdadeiro paralelo era com a declaração de "Inocente" de um prisioneiro, como observou o próprio padre Gerard (Morris, *Gerard's Narrative*, p. ccxii).

**Ver Marcos 13:32, onde Cristo observa: "Quanto ao dia e hora ninguém sabe, nem os anjos no céu, nem o Filho, mas somente o Pai." Mateus 24:36 é virtualmente idêntico.

próprios recusantes. Os padres apelantes, por exemplo, inimigos dos jesuítas, ridicularizavam-na: "Em inglês claro", isso era mentir. Era uma coisa sobre a qual qualquer governo competente em propaganda poderia explorar com facilidade. Segundo, e quase tão perniciosamente, podia-se apresentar a doutrina da ambigüidade como alienígena, não-inglesa, e por isso empregá-la para reforçar a idéia de que os jesuítas eram espiões romanos sem nenhuma lealdade com a Bretanha. Os sermões de aniversário de 5 de novembro denunciariam regularmente a ambigüidade em linguagem veemente de inequívoca aversão.[38] No julgamento, Coke, ao perguntar-se em voz alta o que os "abençoados" mártires protestantes, Cranmer e Ridley, teriam feito de tais "subterfúgios", afirmou que eles jamais os teriam usado para salvar a vida.[39] Terceiro, a doutrina da ambigüidade era passível de menosprezo e escárnio.

A preocupação do padre Garnet em seu tratado era enfatizar que eram "muito restritas" as ocasiões em que se podia legitimamente usar a ambigüidade; todo aquele que fez solenemente seu juramento a uma falsidade, "nos casos em que devia agir sinceramente", cometeu um pecado. Mas é claro que na questão de quais casos exigiam total sinceridade dos padres católicos, e quais não, está o cerne da disputa entre Garnet e seus perseguidores. Ele podia encarar-se como um coração leal ao rei, mas como um homem preso por uma acusação gravíssima tinha de convencer os poderosos membros do Conselho de Jaime. Era improvável, contudo, que Salisbury, Coke e Popham quisessem ser convencidos.

Ao chegar à Torre, no dia seguinte, o padre Garnet foi alojado com bastante conforto. Levou algum tempo para providenciar alguns artigos como roupa de cama e carvão para a lareira, mas descreveu seu alojamento como "uma câmara excelente". Serviam-lhe vinho tinto para acompanhar as refeições, assim como lhe permitiram comprar com seu próprio dinheiro algum vinho branco para si e seus vizinhos.* Garnet chegou a declarar com moderação que o temível *sir* William Waad era um governador bastante civilizado, a não ser quando entrava em assuntos de religião, o que o fazia entregar-se a discursos "violentos e impotentes [descontrolados]".[40]

O padre Garnet foi afortunado — pelo menos por enquanto. Outros não tiveram tanta sorte. Em 19 de fevereiro, o Conselho Privado emitiu ordens permitindo que se pusesse sob tortura "o grupo inferior" de prisioneiros ligados à Traição

*Ninguém jamais bebia água com as refeições nesse período — o que era outra forma de sentença de morte —, por isso tratava-se de que tipo de bebida alcoólica servir, a cerveja sendo a mais comum. Valores pessoais disponíveis também eram um componente essencial mesmo ao regime mais espartano na prisão.

da Pólvora.[41] Os chamados inferiores incluíam João Pequeno e Ralph Ashley, assim como o padre Strange, capturado no outono, e o empregado de White Webbs, James Johnson. Essas ordens, ampliadas três dias depois, estipulavam que se pusessem nos grilhões os prisioneiros já na Torre, enquanto outros prisioneiros podiam ser apanhados lá para isso. Os horrores não haviam terminado de modo algum.

XVI

A traição dos jesuítas

Eu a chamarei de traição dos jesuítas, como pertencente a eles...

Sir Edward Coke
Março de 1606

NA TORRE DE LONDRES prosseguia sem piedade a tortura dos prisioneiros "inferiores". Acredita-se que James Johnson tenha sido posto no cavalete de suplícios por quatro ou cinco dias e, numa das ocasiões, durante três horas seguidas. Seu crime foi trabalhar para o padre Garnet, este com o nome de "Sr. Meaze", em White Webbs. Em conseqüência da tortura, Johnson identificou Garnet como Meaze quando foi confrontado com ele. Ralph Ashley, suspeito de ter ajudado João Pequeno em seu trabalho, estava entre os outros empregados torturados. O padre Garnet pediu a Anne Vaux que tentasse obter algum dinheiro da Sociedade de Jesus e providenciasse camas para os sofredores (a alternativa para esses corpos quebrados era o chão de um calabouço e palha).[1]

Tampouco foram poupados os padres, entre eles o padre Oldcorne. O padre Strange, o "sacerdote com jeito de cavalheiro" que gostava de tênis e música, foi vítima devido à sua amizade com Catesby, embora Strange jamais tivesse se envolvido na traição. Como Johnson, que foi solto em agosto, o padre Strange viveu o resto da vida mutilado e "totalmente incapacitado para qualquer emprego", em conseqüência de sua permanência na Torre.[2]

O mais brutal de todos foi o tratamento dispensado a Nicholas Owen, mais conhecido como João Pequeno pelos recusantes. Tendo já uma hérnia causada pelo esforço de seu trabalho, além de uma perna estropiada, ele não devia, antes de mais nada, ser fisicamente supliciado: como escreveu Gerard em sua *Narrative*: "O direito civil proíbe a tortura a qualquer homem aleijado." Mas João Pequeno, ao contrário de muitos dos interrogados, tinha informação valiosa sobre os esconderijos que construíra: se falasse, inúmeros padres teriam caído na armadilha "como perdizes numa rede". Por essa boa causa, o governo estava disposto a ignorar os ditames da lei e as exigências de simples humanidade. Dizem que um dos principais membros do Conselho, ao ouvir o nome de Owen, exclamou: "É esse prisioneiro que conhece todos os lugares secretos? Isso muito me alegra. Temos um jeito especial para ele."[3]

O jeito especial foi o uso prolongado dos grilhões, uma tortura de horrível requinte para alguém no estado mutilado de Owen. Mantiveram-no encarcerado a princípio na prisão mais branda do Marechalado, onde se esperava que outros padres tentassem entrar em contato com ele, mas João Pequeno era "demasiado sábio para dar qualquer vantagem" e passou o tempo em segura e silenciosa prece. Na Torre, levaram-no para fazer duas confissões em 26 de fevereiro e 1º de março. Na primeira, ele negou mais ou menos tudo — conhecer Oldcorne (ou Hall), conhecer Garnet, sob este nome ou qualquer de suas alcunhas, e muito menos ter trabalhado para ele. Manteve-se vago mesmo sobre seu próprio apelido; o relatório diz que "ele nem sequer sabe que é chamado de João Pequeno".[4]

Na época da segunda confissão, as longas e insuportáveis sessões nos grilhões produziram algum resultado (pode-se julgar o estado físico do prisioneiro pelo fato de que se teve de manter seu estômago inteiro com uma placa de ferro e mesmo isso não funcionou por muito tempo). João Pequeno confessou que ajudara o padre Garnet em White Webbs e em outros lugares, que estivera em Coughton durante toda a visita do Dia de Todos os Santos e outros detalhes de seu ofício e o itinerário deles. Contudo já se sabia de tudo isso. João Pequeno jamais revelou um único detalhe dos esconderijos que passara a vida adulta construindo para a segurança de seus correligionários.

O irmão leigo morreu cedo na manhã de 2 de março. Morreu em conseqüência direta de sua provação e em circunstâncias horríveis, prolongadas. Pelos padrões populares da época, foi um estágio de crueldade excessivo. O governo reconheceu o fato à sua maneira característica, divulgando uma história de que o próprio Owen rasgara as vísceras com uma faca que lhe fora dada para comer a refeição — enquanto o guardião desviava convenientemente os olhos — para não ter de enfrentar novas sessões de tortura. Mas o carcereiro de Owen dissera a um parente, que pedira que o prisioneiro fizesse uma lista de suas necessidades, que as mãos dele estavam tão inutilizadas que nem podia alimentar-se sozinho, quanto mais escrever.[5]

A história do suicídio era tão inverossímil que nem os inimigos de Owen nem os amigos, "tão bem familiarizados" com sua personalidade ao longo de tantos anos, acreditaram nela. O suicídio era um pecado mortal na Igreja Católica, que implicava danação, e era impensável que um católico convicto como Nicholas Owen colocasse em perigo sua alma imortal dessa maneira. Essa "aviltante difamação" referente à sua morte foi comparada depois pelos católicos com a conduta calma e firme de João Pequeno na prisão do Marechalado, quando ele certamente sabia o que o aguardava em breve, mas não mostrou medo algum. O padre Gerard descreveu o fim de Nicholas Owen como um glorioso martírio.* As palavras de seu carcereiro foram diferentes, mas do mesmo modo evocativas; disse: "O homem está morto: morreu em nossas mãos."[6]

Contudo o tratamento amaciante ao amo de João Pequeno, Garnet, não cessou de pronto. Com exceção dos delírios enfurecidos de *sir* William Waad sobre a questão do catolicismo — que de qualquer modo o sacerdote tentava agüentar pacientemente —, Garnet se considerava bem-tratado. Mesmo seu carcereiro pessoal (seu "guardião") parecia desmanchar-se em delicadezas com ele. Pode-se imaginar o prazer do jesuíta quando esse sujeito, Carey, confessou que a conduta paciente de Garnet lhe causara tamanha impressão que ele "chegara mesmo a imaginar uma tendência à religião católica".[7]

Como uma delicadeza — que tinha de ser mantida, claro, em absoluto sigilo — Carey ofereceu-se para levar as cartas do padre Garnet para fora da prisão. O jesuíta aproveitou a oportunidade para escrever ao sobrinho Thomas, o padre preso na Gatehouse. Depois, como o último favor, Carey colocou o padre Garnet numa cela na Torre que tinha um pequeno orifício especial, através do qual ele podia conversar com o prisioneiro na cela contígua. Este era o padre Hall — em outras palavras, o jesuíta Edward Oldcorne.

Talvez o padre Garnet devesse ter desconfiado de um arranjo tão profícuo. Não soubera, claro, da atitude semelhante do governo em relação a Robert Wintour e Guy Fawkes. Ao contrário de Gerard e João Pequeno, ambos prisioneiros veteranos, Garnet jamais passara qualquer tempo em cativeiro, graças em grande parte às inspiradas atividades de Anne Vaux. O jesuíta, portanto, longe de ser o astuto manipulador segundo a descrição do governo, era, como o resumiria depois o padre Tesimond, um "homem caridoso (...) disposto a acreditar

*A Igreja Católica reconheceu Nicholas Owen como mártir; ele foi canonizado em 1970.

em tudo, e a esperar tudo".[8] Não era uma pessoa do grande mundo, e como tal não temia os presentes ao estilo dos gregos.

Em conseqüência, desde 23 de fevereiro, John Locherson e Edward Fawcett, dois observadores do governo, puderam ouvir às escondidas uma série de conversas "num lugar construído para esse exato propósito". (Fora Locherson quem espionara Wintour e Fawkes.) A primeira conversa que relataram introduzia o nome de Anne Vaux. Garnet acabara de saber que ela estava em Londres e propunha enviar-lhe um bilhete via Carey, que se oferecera para "levar qualquer coisa para ela". Anne Vaux, disse Garnet, é "quem nos permitirá ter notícias de todos os nossos amigos". Havia um risco óbvio para Anne Vaux ao entrar ele em contato com ela, mas Anne — na esperança da proteção da famosa "fragilidade" de seu sexo — podia desempenhar uma função vital transmitindo notícias dos recusantes. Também podia fornecer ao padre Garnet as coisas necessárias e essenciais ao mínimo de conforto na prisão. O jesuíta em seguida falava entusiasmado a Oldcorne do seu bom relacionamento com Carey, que já o recompensara financeiramente e se oferecera para continuar fazendo, o que era bastante diferente de dar-lhe "um cálice de vinho branco" e outro para sua mulher. Garnet recomendava a Oldcorne adotar a mesma atitude, incluindo "alguma coisa" para a sra. Carey.[9]

A tarefa dos bisbilhoteiros era de vez em quando dificultada pelos aspectos da vida diária na Torre. Por exemplo, um galo cantou e uma galinha cacarejou exatamente no mesmo instante diante da janela da cela, abafando os murmúrios dos padres, e, como os nomes de vários lordes, como Northampton e Rutland, acabavam de ser mencionados, temeu-se haver perdido confidências vitais. Grande parte do que os homens do governo ouviam por acaso era mais inocente e comovente que prejudicial, embora a admissão do padre Garnet de uma falha humana — de que bebera vinho demais numa ocasião — fosse depois apresentada contra ele. Soube-se posteriormente em segunda ou terceira mão, por uma carta escrita por John Chamberlain, que ele ouvira dizer que o jesuíta bebia vinho branco na prisão em quantidades "muito liberais, como se pretendesse afogar suas mágoas". Os dois padres também aproveitaram a oportunidade para confessar-se um ao outro (como haviam feito da última vez em Hindlip).[10]

Mas havia trechos promissores no relatório dos espiões. Garnet preocupava-se em comunicar a Oldcorne sobre o conteúdo de seus interrogatórios perante o Conselho, para informação dele (o que fora e não fora admitido). Disse ao companheiro que esperava ser ainda mais interrogado sobre algumas orações que fizera por ocasião da última assembléia do Parlamento, "para o bom êxito daquele negócio". Acrescentou a Oldcorne: "*O que é realmente verdade.*" O grifo da última frase no relatório foi feito depois por Coke, que obviamente pretendia dar a entender que o padre rezara pelo êxito da Traição da Pólvora. Na verdade ele rezara pelo alívio da perseguição aos católicos, mas a frase foi inteira e facilmente distorcida.[11]

Não apenas se monitoravam as conversas íntimas de Garnet, mas também sua correspondência clandestina com o sobrinho Thomas, na prisão de Gatehouse, e com Anne Vaux estavam sendo censuradas. Para Carey, era simples levar ao governador as cartas que prometera "entregar". Algumas dessas eram copiadas e depois encaminhadas aos destinatários; outras talvez fossem alteradas; ainda outras podem até ser inteiramente forjadas. Mesmo os trechos em que o padre Garnet usava suco de laranja para escrever as informações mais secretas não eram seguros. Waad podia aquecer a carta e ler o conteúdo, pois fora avisado de antemão por Carey, ou então, como se afirmaria depois, por desconfiar do tamanho excessivo do papel empregado — grande parte aparentemente em branco — e o conteúdo insignificante das cartas. Contudo as palavras escritas com suco de laranja ficam definitivamente visíveis assim que as cartas são expostas ao calor (ao contrário do suco de limão, que se torna mais uma vez invisível quando esfria). Foram essas algumas das cartas provavelmente impedidas de chegar aos destinatários.*[12]

A correspondência do padre Garnet girava em torno de muitos artigos domésticos essenciais ao ciclo diário de um prisioneiro de meia-idade. Para Thomas Garnet, o jesuíta enviou seus óculos embrulhados num longo pedaço de papel aparentemente vazio. Mandou-os acompanhados de um bilhete pedindo que fizessem a armação dos óculos em couro — "e que a dobra se encaixe no nariz" — e munido de um estojo de couro. Foi Anne Vaux quem lhe devolveu prestimosamente os óculos. A carta em que os embrulhou continha a frase otimista: "Se estes chegarem com segurança a você, escreverei, assim como mais amigos que se alegrarão por receberem orientação." Pedia-lhe orientação espiritual para si mesma — Garnet fora seu protegido, mas também seu confessor, por mais de vinte anos, e ela precisava de um substituto (fica claro pelas cartas dos dois que nem o padre nem a mulher tinham quaisquer ilusões sobre qual seria o fim do aprisionamento dele). Anne concluía não com uma assinatura — perigoso demais —, mas com as simples palavras: "Oh, quisera eu poder vê-lo."[13]

*As cartas do padre Garnet a Anne Vaux com trechos originalmente escritos com suco de laranja ainda se encontram no Departamento de Registro Público; podem, portanto, jamais ter chegado ao seu destino dessa forma (S.P. 14/216).

Isso, decidiram as autoridades que leram a carta, podia-se arranjar facilmente. Nesse meio tempo, o padre Garnet respondeu com uma série de cartas, entre 26 de fevereiro e 1º de março, à "sua carinhosa irmã Alice". Com tinta, agradecia seus presentes de roupas de cama e lenços, e pedia meias, uma touca de dormir preta e uma Bíblia. Com suco de laranja, advertia-a contra a captura de outros padres que poderiam comprometer os prisioneiros existentes, assim como a eles mesmos. "Cuide para que mais nenhum de nossos amigos fique em perigo. Isso engendrará mais interrogatórios." Dava-lhe instruções práticas para a reordenação da organização jesuítica na Inglaterra: o padre Anthony Hoskins devia ser o Superior temporário até eleger-se um novo pelo procedimento correto.

Quanto à obrigação de Anne com ele como seu padre confessor, liberava-a disso. Garnet sugeria que compreenderia se ela agora decidisse partir para Flandres e para a plácida vida devota de um convento ali, uma tranqüilidade que Anne Vaux com toda certeza merecia. Mas se ela conseguisse ficar na Inglaterra, tendo ainda de algum modo a missa e a comunhão, "acho que é absolutamente o melhor". Neste caso, Anne, sua irmã Eleanor Brooksby, seu sobrinho William (e presumivelmente a jovem mãe Dorothy Brooksby) deviam esconder-se por algum tempo.

No fim de fevereiro, o padre Garnet disse a Anne Vaux que o Conselho não conseguira descobrir nada contra ele, "além de suposições". Estas não bastavam para um julgamento oficial, pois o próprio Parlamento exigia prova adequada. Era necessário estabelecer alguma coisa melhor, alguma coisa mais consistente. A probabilidade é de que o próprio padre Garnet tenha sido torturado cinco dias após a morte de João Pequeno, em 7 de março. Em conseqüência, fez uma "Declaração" ou confissão no dia seguinte.[14]

A verdade é que a tortura pode adotar muitas formas, e não se sabe com absoluta certeza qual delas se usou com o padre Garnet, só que, nas palavras do padre Tesimond, "suspeita-se de maus-tratos em algum momento". Tesimond (que a essa altura já estava de volta ao continente) acreditava que Garnet fora drogado, o que era fácil, em vista das grandes doses de vinho branco que ele vinha bebendo, e o que pode explicar a facilidade com que conseguia abastecer-se de vinho. Além disso, havia o problema da privação de sono, uma técnica antiquíssima de opressão que não deixa qualquer marca física: dizia-se que Garnet estava confuso, "caindo de sono, mal podendo manter a cabeça erguida ou os olhos abertos" diante dos membros da Comissão. No início de abril, os "partidários" do jesuíta em Bruxelas espalhavam a notícia de que ele só confessara depois de grandes "tormentos", entre eles fome e falta de sono, o que causava grande aborrecimento ao embaixador inglês ali.[15]

É possível que tenham apenas mostrado o cavalete de suplícios e os grilhões ao padre Garnet e que a imaginação — o simples horror que pairava há tanto tempo sobre ele — fizesse o resto. Esta opinião não explica, contudo, várias referências à sugestão de uma *segunda* sessão de tortura, o que pressupõe já ter ocorrido uma primeira. Em 24 de março, o próprio Garnet protestou, dizendo que era "contra a lei comum" torturar alguém repetidas vezes pela mesma informação, mas os membros do Conselho responderam: "Não, não em casos de traição", pois isso dependia de uma prerrogativa real. Numa carta a Anne Vaux de 11 de abril, Garnet lamentou a possibilidade de ser torturado "pela segunda vez". Decidira contar toda a verdade em vez de enfrentar tamanha provação, aceitando que morreria "não como um mártir vitorioso" (como João Pequeno), mas como um ladrão arrependido. Outra carta ao padre Tesimond também mencionava "uma segunda vez".[16]

Não se deve dar muita atenção ao fato de o padre Garnet, em seu julgamento, ter concordado para Salisbury que fora bem-tratado. O diálogo (para o qual, claro, contamos apenas com o registro oficial, e não com alguma versão católica) diz o seguinte: Não fora Garnet bem-tratado desde sua prisão? "O senhor foi tão bem assistido em relação à sua saúde e outras coisas quanto uma criança de ama-de-leite" (bebê no seio). Garnet então respondeu: "É a mais pura verdade, meu Lorde, admito."[17] A experiência moderna desses julgamentos de fancaria nos ensina o que entender dessas declarações públicas.

Contudo algum tipo de tortura acabou fazendo o padre Garnet quebrar o sigilo do confessionário que mantivera com tantas agonias de consciência. Sua Declaração de 8 de março foi extremamente dramática.[18] Qualquer que tenha sido o método que a originou, a confissão deu ao governo uma clara prova de que, segundo a lei da Inglaterra, Garnet era culpado de omissão condenável num caso de traição — isto é, soubera com antecedência de uma traição e não a declarara. E isso era verdade, pois em fins de junho de 1605 o jesuíta ficara sabendo pelo padre Tesimond da planejada conspiração de Catesby. Embora o padre Garnet tomasse várias medidas para evitar o que considerava uma catástrofe, na verdade não a informara ao rei nem ao Conselho inglês.

Para inocentar-se da acusação mais grave de traição concreta — de que ele dirigira pessoalmente a Conspiração da Pólvora — Garnet decidiu dizer aos seus inquisidores "o pouco que sabia". Ao contrário das negações anteriores, admitiu que soubera de antemão alguma coisa sobre a conspiração, mas a soubera de tal maneira que, "até aquele momento, jamais lhe teria sido lícito, sem gravíssima ofensa a Deus, comunicar uma única palavra a uma alma viva". Porque o sigilo da confissão era "inviolável".[19] Havia um conflito direto entre a lei da Inglaterra — à qual se submetia o Sr. Henry Garnet, nascido em Lancashire — e a doutrina da Igreja Católica à qual o padre Henry Garnet, sacerdote da Sociedade de Jesus, estava preso. Um conflito de lealdades que fora em teoria possível desde que o padre Tesimond o procurara e fizera aquela confissão num passeio a pé.

Quando um dos conselheiros lhe fez a pergunta óbvia: por que podia ele revelar a conversa agora, para salvar a própria vida, e não pôde fazê-lo antes, "para salvar a vida do rei e os pares do reino", o padre Garnet deu a resposta católica ortodoxa. A quebra do sigilo dependia da vontade do penitente (Catesby neste caso), não da do confessor.

Catesby decretara que, no caso da descoberta da conspiração, não se julgaria mais sagrada a questão da sua confissão. Se algum dia Garnet fosse "convocado a interrogatório por ser cúmplice de uma tão terrível ação", pelo papa, seus superiores ou o Estado inglês, teria "liberdade para dizer tudo que se passara naquela conferência". Mas não há a menor dúvida de que a imagem do jesuíta — de ambíguo, enganoso, malévolo e, em última análise, defendendo sua vida — só afundou mais com essa revelação. Como observou Salisbury em 9 de março, "era uma questão menor" o fato de o próprio Garnet viver ou morrer. O importante era demonstrar as práticas traiçoeiras dos católicos e "provar a todo o mundo" que era por esse motivo, e não por suas crenças religiosas, que eles "deviam ser exterminados".[20]

Alguns detalhes da Declaração talvez tenham sido ditados ou sugeridos pelo governo, sobretudo a referência a Hugh Owen.[21] Garnet declarou que Guy Fawkes lhe dissera que "fora ao exterior [ao continente] na Páscoa para conhecer Owen", acrescentando de maneira um tanto ingênua — ou talvez confusa, em vista de seu estado — que "nunca imaginei, nem pensei antes, qual era a intenção de Fawkes". Mas em geral, embora admitisse a fatal confissão a pé do padre Tesimond, Garnet manteve-se firme em sua tese: o horror da conspiração, as noites insones após a confissão e o desejo intenso de conseguir que o papa proibisse todos aqueles empreendimentos violentos.

Quando mostraram ao rei essa confissão por escrito, ele a considerou "seca demais" e pediu alguma coisa um pouco mais emotiva. Em particular, queria detalhes dos nobres que estavam envolvidos. Garnet, contudo, mais uma vez frustrou-o nessa questão em sua segunda Declaração.[22] Catesby, disse, era íntimo do conde de Rutland, mas não tentou poupá-lo da explosão. Embora tivesse passado pela cabeça de Catesby impedir que o conde de Arundel fosse ao Parlamento, ele evitara a companhia de *lady* Derby e *lady* Strange "embora os amasse acima de todos os outros, porque lhe doía pensar que também eles tinham de morrer".

Embora Salisbury informasse triunfante em cartas ao exterior que Garnet declarara a Traição da Pólvora como absolutamente "justificável", isso foi no mínimo uma ambigüidade do governo. O jesuíta justificara sua atitude em seguida à confissão Catesby/Tesimond, mas jamais justificara a conspiração em si.

Em algum momento antes de 11 de março, Anne Vaux foi posta sob custódia. Conseguiu livrar-se da armadilha preparada pelo governo, só para vir a tornar-se presa de alguma coisa que ela não podia combater — a pura força. O guardião, Carey, usando a própria mãe como mensageira, arranjara à sua maneira prestativa habitual um encontro na Torre para que Anne visse o padre Garnet, embora na verdade não falasse com ele. Ao chegar, contudo, ela achou a situação extremamente suspeita. Havia tantos "sinais e motivos de desconfiança" que Anne logo interrompeu a visita, sem sequer tentar ver de longe o jesuíta. Depois, com a típica prudência que lhe permitira proteger os sacerdotes durante tantos anos, não voltou para a residência onde estava hospedada, percebendo de imediato que seria seguida. Decidiu em vez disso ir para a prisão de Newgate visitar os prisioneiros católicos ali, "onde muita gente, de todo tipo, tinha contínuo acesso".[23]

O estratagema enfureceu as autoridades, que esperavam ser levadas a um ninho de recusantes. Anne Vaux foi presa e "com alguns modos grosseiros" levada de volta à Torre como prisioneira. Isso era altamente incomum, pois raras vezes recolhiam-se mulheres à Torre, e Anne Vaux, uma dama solteira, não era sequer suspeita de ser uma conspiradora ativa. Na Torre interrogaram-na em duas ocasiões, 11 e 24 de março.[24] Como o padre Garnet também vinha sendo submetido a outros interrogatórios na mesma época — incluindo entrevistas com o rei, que se deliciava com discussões sobre assuntos teológicos (e passíveis de traição) como o sigilo do confessionário —, a intenção óbvia era jogar um prisioneiro contra o outro.

Por Anne Vaux, o governo soube de um reduto de não-conformistas em Erith, Kent, que até então desconhecia. Ali, o primo em primeiro grau dela, Francis Tresham, estivera em 1605, no período entre a Páscoa e a semana de Pentecostes, e conversara com o padre Garnet. Anne também confirmou vários movimentos dos conspiradores, incluindo uma visita de Catesby, Tresham e Tom Wintour a White Webbs quando o padre Garnet se achava presente. Contou que fora ao santuário de Santa Winifred com *lady* Digby e outros cujos nomes não ia dar: "Não dirá que Whalley [Garnet] estava lá." Mencionou a reunião na festividade do Dia de Todos os Santos, em Coughton, embora fizesse a solene afirmação de que não tinha o menor conhecimento da oração supostamente instigadora sobre o texto: "Retirai os pérfidos do território dos Fiéis." Lembrou a visita a Rushton logo depois da morte de *sir* Thomas, quando *lady* Tresham continuava de luto em seus aposentos, embora Francis Tresham os recebesse para jantar.

Infelizmente, todos esses movimentos descritos por Anne Vaux mostravam nos últimos anos o padre Garnet em estreito contato com Francis Tresham. Tudo isso era a simples verdade, mas servia aos planos de Coke. O governo divulgara a inconveniente retratação de Francis Tresham, no leito de morte, sobre a questão de Garnet e a Traição Espanhola. Coke, com sua mente hábil e inescrupulosa, pretendia distorcer essa verdade em mais uma denúncia da perniciosa doutrina da ambigüidade.

O governo, contudo, não tinha a menor intenção de levar a sério a prova positiva de Anne Vaux sobre o horror de Garnet pela Traição da Pólvora. Os inquisidores aproveitaram o que queriam das declarações dela e ignoraram o resto. Mas Anne Vaux acrescentou de próprio punho um patético pós-escrito à sua primeira declaração: desolava-a saber que "não se eximia o padre Garnet da culpa dessa ação perversa, como ele mesmo a chamara", pois fizera inúmeros protestos contra isso desde então. Em seu segundo interrogatório, o Conselho desejava ansioso que ela confirmasse que o padre Garnet, em White Webbs, incitara Francis Tresham à revolta. Em vez disso, Anne Vaux lembrou que o jesuíta exortara o tempo todo os amigos a ter paciência: "Lembrou que ele usara estas palavras: 'Meus bons senhores, fiquem calmos. Deus fará tudo para o melhor.'" Quanto à tolerância, Garnet declarara: "Temos de conquistá-la, pela oração, das mãos de Deus, onde estão os corações dos príncipes."

A dignidade e decência de Anne Vaux impressionaram os membros do Conselho, embora isso não inibisse Coke de introduzir gratuitamente o nome dela em seu discurso de acusação no julgamento de Garnet. De qualquer modo, àquela altura, a picante história obscena do relacionamento dos dois já se havia propagado muito além dos limites da Câmara de Justiça.

O julgamento do Sr. Henry Garnet — como o denominou o governo — realizou-se na quinta-feira, 28 de março, na sede da Prefeitura. Era, disse Coke, o último ato "dessa grave e lamentável tragédia" em geral chamada de Traição da Pólvora. Antes das atribulações da Torre, Garnet ficara muito enfraquecido pela longa provação sofrida em Hindlip, e seu estado físico achava-se agora em péssimas condições. Era improvável que conseguisse percorrer a pé a distância da

Torre à Prefeitura. Isso representou um problema que *sir* William Waad resolveu despachando o jesuíta num coche fechado. Houve quem interpretasse essa medida incomum como medo dos católicos entre a multidão — uma medida que não fora concedida, por exemplo, aos conspiradores, muitos deles "de melhor berço e sangue" que Garnet. Mas parece claro, segundo a correspondência de Waad, que foi a fraqueza de Garnet que ocasionou a mudança: ele não era, nas palavras de Waad, "nenhum bom andarilho".[25]

O julgamento começou por volta das nove e meia da manhã, e durou, como em janeiro, o dia todo.[26] Mais uma vez o rei ali se achava "em privado", assim como muitos cortesãos, homens e mulheres, entre elas *lady* Arbella Stuart e a condessa Catherine de Suffolk. Mas não se encontrou nenhuma menção à presença da rainha Anne (que assistira ao julgamento dos conspiradores). O tato, considerando-se suas conhecidas simpatias católicas, manteve-a afastada, ou então a gravidez — o oitavo filho devia nascer em junho — tornou a cerimônia inadequada.

Durante todo o julgamento, o padre Garnet ficou numa coisa "semelhante a um púlpito", o que permitia aos curiosos deleitarem a visão com aquele ser de irredimível maldade que planejara matá-los todos, mas que se apresentava agora diante deles com a aparência de um despretensioso homem de meia-idade, os cabelos ralos, e que precisava de óculos.

A indiciação começou citando as várias alcunhas de Garnet: "Também chamado de Whalley, Darcy, Roberts, Farmer, Philips". Era uma manobra que permitiria a Coke explorar o fato de que "um homem de verdade" jamais teria tantos codinomes. Garnet foi descrito como "clérigo, da profissão dos jesuítas". A data escolhida para sua traição foi 9 de junho de 1605, quando disseram que ele conspirara com o falecido Robert Catesby, não apenas para matar o rei e seu filho, mas também "alterar e subverter o governo do reino e a verdadeira veneração de Deus estabelecida na Inglaterra". Depois disso acusaram-no de conspirar com Tesimond, Thomas Wintour e outros "pérfidos traidores", entre eles Catesby, para explodir e destruir totalmente o rei, o príncipe Henry, os *lords* e os Comuns com pólvora.

Garnet declarou-se "Inocente" e também teve permissão para fazer objeção a um jurado, John Burrell, comerciante como os outros membros do júri. Não se apresentou nenhum motivo para a contestação,* mas presume-se que Burrell era

**Sir* Edward Coke, em seu *Third Part of the Institutes of the Laws of England, concerning High Treason*... [Terceira Parte dos Institutos das Leis da Inglaterra, Relativas à Alta Traição], escreveu apenas que Garnet fez uma objeção "peremptoriamente a Burrell, e foi-lhe dada permissão para isso por todos os juízes" (p. 27).

um anticatólico bastante virulento. Em seguida houve um pronunciamento — relativamente — breve do meirinho-mor. Depois deste, *sir* Edward Coke tomou a palavra. Do começo ao fim, sua principal preocupação foi deixar claro que a recente conspiração havia sido dominada pelos sacerdotes: "Eu a chamaria de a traição dos jesuítas, como pertencendo a eles..." Entregou-se então a um longo levantamento histórico das conspirações do reinado anterior e do atual, em todas as quais, disse Coke, os jesuítas com suas doutrinas de "assassinato do rei" e "assassinato da rainha", haviam sido fundamentais. Quanto a Garnet, estivera "envolvido" em todas as traições desde 1586.

Coke falava com muita eloqüência para encobrir um aspecto ardiloso num processo de acusação: o fato de que Garnet na verdade não se envolvera pessoalmente nas ações que levaram os outros conspiradores à fatídica condenação nos condados do interior do país. Pela lei inglesa, Garnet era sem a menor dúvida culpado de traição, por omissão condenável, como se observou, pois ele próprio confessara ter tido conhecimento antecipado da conspiração; contudo, a acusação maior de traição precisava de um pouco mais de manipulação, se se quisesse fundamentá-la com peso. A solução de Coke foi declarar que Garnet, como o "autor" da conspiração, foi imensamente mais pecador do que os conspiradores que haviam de fato sido os "atores" dela (*Plus peccat author quam actor*). Coke lançou mão do Livro do Gênese para ajudá-lo. Ali a serpente recebeu três punições, "como a conspiradora original", Eva duas, "como a alcoviteira intermediária", e Adão apenas uma, "como a parte seduzida". Garnet era a serpente.

Após apresentar esses princípios, Coke partiu em seguida para consubstanciá-los resumindo longamente o desenrolar da Traição da Pólvora. Sua preocupação era não deixar de fora nenhuma conspiração concebível que se pudesse usar para fomentar o ódio no que ocorrera. Assim, declarou que as conspirações de 1603, dos Principais e dos Secundários, ligavam-se à Conspiração da Pólvora, como raposas ligadas pela cauda "por mais machucadas que estivessem na cabeça".

Disse também que Garnet se envolvera em todos os estágios, em março de 1603, encorajando Catesby com um "mandato" para o seu empreendimento, ou no verão de 1605, quando o acusaram de enviar *sir* Edmund Baynham a Roma para obter a aprovação da traição pelo papa (o exato contrário da verdade). Além disso, em fins de novembro, em Coughton, rezara uma missa claramente "pelo sucesso da grande ação", e segundo Coke a oração foi muito mais que um simples consentimento. Por último acusou o próprio Garnet em termos que se haviam ampliado desde seu discurso no julgamento anterior: onde ele antes se referira aos dois "Ds" da seita jesuíta, agora descrevia Garnet como "um doutor de cinco "Ds", isto é, em inglês, dissimulação, destituição de príncipes, deposição de reinados, intimidação e desorientação de súditos e, por último, destruição".

O promotor-geral concentrou-se em seguida, com alguma minuciosidade, na "dissimulação" representada pelo Tratado da Ambigüidade, "revisto e autorizado [na verdade escrito] por Garnet". A ambigüidade, disse Coke, era uma ofensa contra a castidade, pois a língua (discurso) e o coração (sentido) deviam ser corretamente unidos no casamento; as declarações ambíguas eram "filhos bastardos", concebidos no adultério. Essa sofisticada imagem deu-lhe a oportunidade de referir-se aos votos de castidade do próprio Garnet, que ele violara: "Como atesta a Sra. Vaux a castidade dele."

A ambigüidade foi sem a menor dúvida um dos dois principais espigões do ataque do governo. Contudo foi quando Coke abordou a questão de Francis Tresham e sua carta de agonizante que pôde denunciar a doutrina em termos mais eficazes. Pediu permissão para ler a carta fatal em voz alta. Era o documento que Tresham "assinara debilitado e morrendo". Ao longo deste, o moribundo eximia Garnet de envolvimento na Traição Espanhola, afirmando, segundo Coke, que não o vira no período de "quinze ou dezesseis anos antes". Isso deu ao promotor-geral uma visível oportunidade de tecer mais comentários sobre o contraditório depoimento pessoal de Garnet, assim como o de Anne Vaux, que, "além disso, também era uma mulher muito obstinada". Os dois haviam dado provas de amplos encontros "no espaço de dois anos" e também diversas vezes antes. Segundo Coke, Tresham levara muito a sério as lições do "livro da ambigüidade", que fora encontrado em sua residência, e expressara "manifestas falsidades" mesmo quando jazia agonizante.

Garnet, jamais tendo visto a carta de Tresham — embora as instruções do último fossem de que o jesuíta a lesse —, não se achava em quaisquer condições de contradizer as declarações sentenciosas de Coke. Mas, apesar de toda a indignação do promotor-geral com um homem que fora ambíguo no leito de morte, o pobre Tresham na verdade não fizera isso. Sua carta referia-se de fato ao longo período antes de 1602, não de 1605.[27] Tudo o que restou a Garnet fazer, porém, foi murmurar com pouca convicção: "Talvez, meu lorde, fosse a intenção dele ser ambíguo." Era esta exatamente a admissão prejudicial que Coke queria.

Em vários momentos do julgamento perdeu-se um longo tempo na leitura de declarações em voz alta. A primeira fornada se relacionara com conspirações encorajadas pelos jesuítas para assassinar a rainha Elizabeth; seguiram-se trechos das confissões dos conspiradores — entre elas a confissão original de Francis Tresham, de 13 de novembro, em que implicara Garnet na Traição Espanhola e mencionara Monteagle. Mas os tempos haviam mudado: Monteagle era agora um herói oficial por sua ligação com a carta. Em conseqüência disso omitiu-se seu nome no tribunal (ainda se pode ver a rasura no documento oficial). Por último leram-se em voz alta trechos das confissões do próprio Garnet e de Anne Vaux e uma versão das conversas do jesuíta com Oldcorne.

Contudo Garnet teve permissão para falar. Fez o melhor que pôde nas circunstâncias, embora dificilmente tivesse alguma esperança de extinguir as chamas de ódio — sobretudo quanto à questão da ambigüidade — que Coke inflamara. Seus argumentos em defesa da doutrina foram os do tratado que escrevera. Incluíam as palavras de Cristo sobre o Dia do Juízo Final: "Em sua divindade", Cristo sabia muito bem quando seria o dia do julgamento, mas não sabia "como dizê-lo aos homens". Garnet explicou que negara essa conversa com Oldcorne porque era um segredo. Nas questões da fé, contudo, o jesuíta declarou firmemente que a ambigüidade jamais podia ser legítima.

O poder do papa de excomungar o soberano de um país, liberando assim seus súditos da obediência a ele, foi o ponto fraco do argumento de Garnet, como sempre fora para os católicos, por causa do possível conflito de lealdades. Ele argumentou com bastante valentia, chamando a atenção para o fato de que Jaime jamais fora excomungado. Quando viu o rei "totalmente estabelecido" em seu reinado, Garnet queimara os breves pontifícios do papa que exigiam um sucessor católico para Elizabeth, e negara constantemente que esses breves pontifícios legitimassem qualquer empreendimento violento. Salisbury, contudo, insistiu na questão: se o rei fosse excomungado, continuariam seus súditos católicos sendo obrigados a obedecer-lhe? Garnet "negou-se a responder", a coisa mais prudente nas circunstâncias.

Coke em seguida refutou todos os protestos de Garnet de que tentara arduamente dissuadir Catesby e denunciou mais uma vez a ambigüidade como "mentira e perjúrio claros e amplos". Também fez pouco-caso do chamado sigilo confessional. A refutação desse pretexto — como o governo o considerava — foi a outra questão principal do julgamento. Segundo a lei canônica, disse Coke, Garnet podia ter perfeitamente revelado o problema que Tesimond lhe comunicara, pois era uma "coisa futura a ser feita, e não, portanto, já consumada". Outros se juntaram à polêmica. O conde de Northampton, que tinha uma fama de orador público, deu vazão ao seu talento máximo numa série de frases grandiloqüentes. Do ponto de vista de Garnet, a mais injusta dessas foi o chavão em latim: *Quod non prohibet cum potest, jubet*: quem pode e não proíbe ordena. Garnet afirmou mais uma vez que ele *proibira* a traição.

Mas também esse, como o julgamento anterior dos conspiradores, era um espetáculo teatral. As possibilidades pesavam contra Garnet desde o início. Embora sem a menor dúvida jamais se provasse a traição propriamente dita do padre — a acusação formal da indiciação —, traição por omissão condenável era outra questão. Não era provável que um tribunal inglês reconhecesse o pesado fardo do sigilo do confessionário que se punha nos ombros de um padre católico (isso não fazia parte da lei comum).*

A questão não foi rejeitada sem discussão. Salisbury, com uma típica prestidigitação, negou a existência de tal coisa como sigilo do confessionário e demonstrou em seguida que as observações de Tesimond, de qualquer modo, não haviam sido feitas nessas circunstâncias privilegiadas. Pode-se reconstituir nos documentos oficiais a mente engenhosa do poderoso homem, recorrendo à rede da armadilha em que pretendia pegar o adversário, nos comentários de Salisbury escritos de próprio punho.[28] Num dos interrogatórios que fez a Garnet, ele destacou as necessárias três partes componentes de uma confissão católica. A "satisfação" teria de vir depois da contrição e confissão, e sem total arrependimento não podia haver satisfação alguma. Como Catesby não prometera a Tesimond desistir "desse ato perverso", não tivera um arrependimento total; a confissão original era inválida, e Tesimond (e depois Garnet) estavam portanto livres do sigilo.

Além disso, Salisbury chegou à questão essencial desejada por um meio bastante diferente, ao argumentar que Garnet podia ter revelado a conspiração pelo "conhecimento geral" que tivera por intermédio de Catesby, após a conversa dos dois sobre a morte dos inocentes, que não ocorrera sob o privilégio da confissão. A única resposta de Garnet a isso foi que na época não compreendera o significado da conversa. Desde o início, e em todo o processo, o próprio rei, com sua tendência teológica, demonstrou um agudo interesse por esse tópico. Tivera a oportunidade de entrevistar Garnet em pessoa antes do julgamento sobre a questão e na certa fora ele quem montara as perguntas capciosas posteriormente feitas ao jesuíta no tribunal.[29] A questão-chave era "se um sacerdote é obrigado a revelar uma traição perigosa para o rei e o Estado quando descoberta por ele na confissão, a parte dando a entender sua intenção de persistir". A isso, a resposta de Garnet foi: "A

*Segundo a lei inglesa de hoje, o padre Garnet continuaria sendo obrigado a revelar a informação que recebera na confissão do padre Tesimond sobre a conspiração de Catesby. Na Seção 18 da Prevenção ao Terrorismo (Estatutos Temporários) da Lei de 1989, não revelar informação relacionada com uma ação terrorista premeditada é um delito, condenável a mais de cinco anos de prisão. Isso se aplica a padres (e também, a propósito, a médicos e psiquiatras). Só os advogados podem reivindicar o privilégio de não revelar informação recebida de seus clientes. (*Halsbury's Statutes of England and Wales*, 4ª edição, republicada em 1994, 12, pp. 1339-40).

parte não pode ser absolvida a não ser que venha para submeter-se; mas o confessor é obrigado a encontrar todos os meios legítimos para impedir e revelar a traição." Isso, claro, Garnet defendeu energicamente que fizera. Mas a verdade era que no cadinho da Conspiração da Pólvora, as responsabilidades de um súdito e de um padre eram irreconciliáveis.

Após todo o som e a fúria, o júri de abastados cidadãos londrinos levou apenas quinze minutos para comunicar seu veredicto. O Sr. Henry Garnet, chefe dos jesuítas, foi julgado culpado de traição na conspiração visando a causar a destruição do rei e do governo com a Traição da Pólvora. Perguntou-se ao prisioneiro, segundo a lei, se algum motivo impedia o julgamento. Garnet apenas confiou-se à misericórdia do rei e de Deus Todo-Poderoso. A sentença, devidamente proferida, foi de que ele devia ser enforcado, arrastado e esquartejado.

Fora uma primavera enlameada, chuvosa, o período em que o padre Garnet e seus colegas prisioneiros adoeciam na Torre de Londres. No dia seguinte ao seu julgamento, um vendaval vindo do oeste, com a intensidade de um furacão, varreu a Inglaterra e atingiu o outro lado do mar do Norte, destruindo igrejas nos Países Baixos. Não se vira nada semelhante àquilo desde 1570 — o ano da bula papal que excomungara a rainha Elizabeth, que tanto contribuíra para pôr em perigo os jesuítas da Inglaterra.[30]

Duddley Carleton disse a John Chamberlain que Garnet parecera muitíssimo surpreso quando lhe disseram finalmente que ia morrer: "Ele usa de subterfúgios, tropeça e é ambíguo." Mas Carleton acrescentou em tom jocoso: "Ele será enforcado sem ambigüidade."[31] Não há uma única outra prova da perplexidade de Garnet sobre o que era sem dúvida um destino inevitável, em vista do veredicto do julgamento. O comentário de Carleton simboliza apenas a absoluta obsessão com a questão da ambigüidade na mente do público que se seguiu ao julgamento de Henry Garnet.

Na verdade, foram necessárias algumas semanas para o enforcamento de Garnet, com ou sem ambigüidade. O padre Oldcorne, John Wintour, Humphrey Littleton e Ralph Ashley foram executados da maneira habitual em Redhill, perto de Worcester, em 7 de abril, o padre Oldcorne invocando no último instante o nome de Santa Winifred. Concedeu-se permissão para que John Wintour, mais afortunado que seus dois meios-irmãos, cujos corpos foram pendurados para exibição pública, fosse enterrado em Huddington. Seu corpo ainda continua ali no Convento "debaixo de lajes", junto com o de sua cunhada viúva, Gertrude.

Talvez no final o governo reconsiderasse a alegação de John Wintour de que só se juntara aos conspiradores em Dunchurch "por ignorância e sem malícia". Humphrey Littleton encontrou a morte dizendo que era merecida, "por sua traição a Deus", ao denunciar o paradeiro dos dois padres. Stephen Littleton e Henry Morgan foram executados em Stafford.[32]

Eram, contudo, os meados da Quaresma, a Páscoa fora muito tarde em 1606 (o Domingo de Páscoa só seria em 20 de abril, quase no fim do ciclo possível). Portanto, não se julgou uma temporada conveniente para a grande festividade pública em que se constituiria a execução do principal jesuíta em Londres. Mas o dia que acabou sendo escolhido — 1º de maio — parecia possível, analisando-se melhor, de produzir em tudo grandes festejos, não necessariamente do tipo desejado. O padre Garnet reagiu indignado à notícia imprópria. "O que, eles vão fazer de mim o jogo de Maio?", exclamou. Na verdade, o Primeiro de Maio era uma data de grande antigüidade, remontando ao festival do fogo pagão de Beltane, que assinalava o início do verão. Nesse dia, segundo o costume, as pessoas iam para o campo e juntavam galhos verdes de árvores para passar o dia "em triunfo e passatempos".[33] Talvez não fosse bem o momento mais apropriado e não se podia em absoluto confiar numa multidão fanfarrona para fazer a coisa certa. Assim, o Conselho escolheu 3 de maio, ignorando que na Igreja Católica este era o dia da Festa da Invenção (ou Descoberta — de *invenire*, a palavra em latim para descoberta) da Santa Cruz pela princesa Helena britânica. Era uma festividade pela qual o padre Garnet tinha uma devoção particular.

Apesar da condenação de Garnet, os interrogatórios não haviam terminado, nem a concentração na questão da ambigüidade. No dia seguinte ao julgamento, Garnet fez uma nova declaração, com a qual esperava esclarecer a acusação de Tresham. "Nos casos de traição verdadeira e manifesta, o homem é obrigado a dizer a verdade mesma e de modo nenhum ser ambíguo", a não ser que soubesse da traição por meio da confissão. Neste caso, era obrigado a buscar todos os meios legais para revelar a traição, desde que não violasse o sigilo do confessionário. Alguns dias depois, o jesuíta escreveu uma carta ao rei, afirmando solenemente que sempre "fora da opinião" de que era ilícito tentar qualquer violência contra Sua Majestade, o rei e o Estado, "a partir do momento em que ele foi recebido pelo reino". Quando o governo informou a Garnet — uma mentira bastante inequívoca — que haviam capturado Tesimond, ele aproveitou a oportunidade para escrever ao companheiro padre uma longa carta, desculpando-se pela informação que se sentira obrigado a dar sobre a confissão de Tesimond enquanto caminhavam.[34]

Esta carta, que naturalmente foi lida — embora Garnet desconhecesse o fato —, é a versão mais completa do que realmente aconteceu naquele dia de verão, no jardim "da casa em Essex", no ano anterior. Garnet afirmava energicamente ao sacerdote amigo que tudo lhe fora dito em confissão, incluindo quando caminhavam, "porque era demasiado tedioso [doloroso] ouvir tudo aquilo ajoelhado". Quanto à Traição da Pólvora, "nós dois conspiramos para impedi-la (...) jamais a aprovei, nem, segundo acho, você".

Embora Waad, na Torre, continuasse a insistir em que essa chamada confissão na verdade não fora nada disso, o jesuíta jamais abriu mão de sua crença. "Recebi-a como confissão", disse numa ocasião, "ainda que de maneira errada." Teria sido conveniente, claro, para o livro do governo, a eliminação dessa questão desgastante do juramento de silêncio sacerdotal de Garnet, para concentrar-se apenas na traição dele, pura e simples. O que eles jamais conseguiram fazer. O máximo que Garnet chegou a admitir — meio entorpecido e com a possibilidade de renovação da tortura — foi o seguinte: "Se isso [a notícia da conspiração] não foi em confissão, ele pelo menos o concebeu como sendo comunicado em confissão." Nisso ficou a irreconciliável questão.

A última carta de Garnet a Anne Vaux trazia a data de 21 de abril. Ele já se despedira dela e se preocupara com as várias alternativas para o futuro da amiga numa carta anterior. Essa carta final era cheia de angústia, começando: "Apraz a Deus multiplicar diariamente minhas cruzes." O jesuíta esperava que Deus lhe concedesse paciência e perseverança até o fim, ao relatar os vários desastres que haviam ocorrido — primeiro, sua captura "na casa de um amigo", depois as confissões dos dois padres um ao outro e as conferências secretas ouvidas às escondidas na Torre. Em seguida, a notícia de que Tesimond fora capturado (isto, claro, não era verdade). Por último, "a difamação sobre nós dois" — Garnet e Anne Vaux — fora espalhada ao exterior: tudo isso era verdade. Garnet concluiu com algumas frases em latim que se referiam aos sofrimentos de Jó. Assinou: "Seu *in eternum*, assim espero, H G." Embaixo da assinatura acrescentou um desenho malfeito, uma cruz e as letras "IHS" — correspondentes ao Sagrado Coração de Jesus.[35]

XVII

As despedidas

Adeus, bom amigo Tom, qualquer dia desses eu te pouparei o trabalho de proveres meu jantar.

PADRE HENRY GARNET
3 de maio de 1606

O PADRE HENRY GARNET fez suas despedidas na Torre bem cedo na manhã de sábado, 3 de maio. O rei Jaime já não se achava em Londres. O interesse real na discussão teológica despertado pelo julgamento de Henry Garnet arrefecera, em favor da outra grande paixão monárquica, a caça. Jaime partira para Newmarket, em Suffolk, na sexta-feira, correndo feliz para o norte em busca de seu divertimento. Deixou a *sir* William Waad a responsabilidade de despachar o prisioneiro, do mesmo modo que fora encarregado em janeiro da entrega dos conspiradores.

O jesuíta, que a essa altura já passara quase três meses como prisioneiro na Torre, deu um amável adeus aos que o haviam servido ali. A um dos cozinheiros, que lhe disse em voz alta: "Adeus, meu bom senhor", Garnet esboçou uma pilhéria afetuosa: "Adeus, bom amigo Tom, qualquer dia desses eu te pouparei o trabalho de proveres meu jantar." Mesmo seus captores estavam visivelmente emocionados. *Lady* Waad, sabendo muito bem o que o aguardava, disse-lhe que rezaria por ele, acrescentando: "Deus esteja contigo e te conforte, meu bom Sr. Garnet..."[1]

No último momento, quando Garnet, usando um manto preto sobre as roupas e um chapéu, era amarrado à armação de vime que o levaria para a morte, houve uma comoção no pátio. Uma mulher avançou correndo. Era Anne Vaux.

Foi na verdade um erro administrativo o fato de terem-na deixado sair de sua prisão para presenciar esse angustiante momento. Waad dera instruções para que permitissem à Sra. Vaux assistir à partida do sacerdote de uma janela. Mas seu guardião deixou-a ficar no próprio pátio, onde se via a armação de vime com sua carga. Anne foi contudo arrastada para longe antes que pudesse trocar uma última palavra com seu mentor ou mesmo rezar uma oração junto com o homem que durante vinte anos fora o centro de seu mundo.[2]

É evidente que não se levaram em conta os patrióticos protestos de *sir* Arthur Gorges, que considerava o local do cemitério da Catedral de São Paulo consagrado à memória da rainha Elizabeth, pois fora esse o local escolhido para a execução. Três cavalos puxaram a armação de vime por todo o percurso desde a Torre. O padre Garnet ali ia deitado, de mãos entrelaçadas e olhos fechados; tinha a aparência de "um homem em profunda contemplação".[3] Uma enorme multidão aguardava-o na Catedral de São Paulo. Erguera-se para o prisioneiro um cadafalso no lado oeste e instalaram-se arquibancadas de madeira para os espectadores. As janelas ao redor também estavam apinhadas de assistentes.

Nem todos, claro, eram hostis. Pelo menos um padre disfarçado estava presente, esperando realizar os últimos ritos sobre o corpo moribundo do padre Garnet, como este fizera antes por tantos outros. O sacerdote pagou doze centavos por um assento na arquibancada e, em conseqüência, pôde fornecer depois ao padre Gerard numerosos detalhes para a sua *Narrative*.[4]

Uma versão protestante descreveu o padre Garnet como parecendo culpado e temeroso com a perspectiva de sua provação final, mas na verdade o principal problema de Garnet, assim que saiu da armação de vime, foi encontrar alguma forma de repouso na qual se preparar para a morte.[5] Entre os presentes, viam-se o xerife de Londres, além de *sir* Henry Montague, o amanuense de Londres, o deão de Winchester, Dr. George Abbot e o deão da Catedral de São Paulo, Dr. John Overal. Cada um à sua maneira diferente, todos esses cavalheiros estavam decididos a conseguir o arrependimento de última hora, e mesmo a conversão, do notório jesuíta. Contudo talvez bem pudessem imaginar a improbabilidade de alguém que já sofrera tanto por sua Igreja abandoná-la no fim: mas mesmo assim, nas últimas semanas na Torre, o padre Garnet fora submetido a vários debates doutrinais — e em todos, claro, mantivera-se firme em sua convicção na fé católica.

O jesuíta saiu-se bastante bem com o pedido, feito pelo amanuense em nome do rei, de revelar quaisquer outras conspirações de que tinha conhecimento secreto. Garnet respondeu que nada mais tinha a dizer sobre o assunto. Mas quando os teólogos começaram a discutir com ele os méritos superiores do protestantismo, o padre "cortou-os logo", pedindo-lhes que não se dessem o trabalho — nem a ele: "Vim preparado e estou resolvido." Garnet desejou em seguida um lugar à parte onde pudesse rezar.[6]

Este desejo não seria satisfeito. Montague declarou que suas ordens eram de que Garnet se reconhecesse justamente condenado e depois solicitasse o perdão do rei. Garnet respondeu que não cometera nenhuma traição ou crime contra o rei. Não podiam condená-lo senão por ter omitido os segredos do confessionário: fora essa a única maneira como tomara "conhecimento dessa Traição da Pólvora". Contudo, acrescentou o padre, se tivesse de fato ofendido o rei ou o Estado, pedia perdão do fundo do coração.

Estas últimas palavras encorajaram o amanuense a acreditar que conseguira a admissão vital de que precisava. Pediu em voz alta à multidão que prestasse atenção: o jesuíta acabara de pedir perdão ao rei pela Traição da Pólvora. Mas Garnet recusou-se a aceitar isso e repetiu que era inocente. Em seguida ocorreu em público a mesma discordância sobre a controvertida questão de Catesby, e a confissão de Tesimond a Garnet. Mais uma vez o padre não se deixou intimidar para que desistisse.

— Tudo o que fazes não passa de ambigüidade — exclamou *sir* Henry Montague — e, se negares isto, após tua morte publicaremos tua declaração de própria mão [de próprio punho], para que o mundo possa ver teus falsos tratos.

— Esta não é a hora de discutir sobre ambigüidade — respondeu Garnet. — Tampouco estou sendo ambíguo. Mas — continuou, reiterando em seguida: — *Na verdade*, não encontrarás declaração de minha mão diferente da que eu disse.

Esta solene declaração, feita mais duas vezes, impressionou os espectadores. A reputação do próprio amanuense não cresceu muito quando Garnet pediu para inspecionar o famoso documento de seu próprio punho. Montague teve de responder, um tanto tolamente, que o deixara em casa.[7]

Quando perguntaram a Garnet — segundo o costume — se tinha mais alguma coisa a dizer, ele pediu desculpas por sua debilitação, incluindo a voz que falhava. Mas chamou a atenção para a data apropriada em que ia morrer: "Neste dia assinalou-se a Invenção [Descoberta] da Cruz de Cristo, e neste dia agradeço a Deus, pois descobri minha cruz..." Embora Garnet continuasse a negar sua culpa, aproveitou a oportunidade para mais uma vez expressar seu horror pelo fato de que católicos houvessem planejado tal empreendimento. No futuro instruía a todos os católicos que permanecessem "tranqüilos", com a alma em paz: "E Deus não os esquecerá."

Nesse momento, alguém em pé na multidão gritou, perto:

— Mas, Sr. Garnet, o senhor não era casado com a sra. Anne Vaux?

A acusação feriu Garnet de um modo que nada mais poderia ter feito.

O sacerdote virou-se para as pessoas e respondeu:

— Aquela honrada senhora sofreu uma grande injustiça com essas falsas informações. Pois suspeitaram e disseram que eu era casado com ela, e coisas piores. Mas eu protesto e afirmo o contrário... ela é uma senhora virtuosa e boa, e atribuir-lhe coisa semelhante só pode originar-se de malícia.

Após livrar-se desse injurioso ataque verbal, Garnet recebeu afinal permissão para rezar — ao pé da escada que logo ia subir.[8]

Ele próprio ajudou a despir suas roupas até a camisa; essas eram muito longas, e Garnet mandara costurar as laterais quase até embaixo, por pudor, "para que o vento não as levantasse". Mais um ministro protestante aproximou-se, porém Garnet recusou-se a ouvi-lo ou sequer tomar conhecimento de sua presença. Ainda na própria escada, deu uma parada e fez o sinal-da-cruz, desejando que todos os bons católicos presentes rezassem por ele. Contudo um membro da multidão fora evidentemente assegurado de que haveria uma dramática conversão de última hora do padre ao protestantismo (um rumor espalhado pelo governo). Esta decepcionada pessoa gritou:

— Sr. Garnet, espera-se que o senhor abjure.

— Não queira Deus — respondeu ele. — Jamais tive tal intenção, mas sempre quis morrer como verdadeiro e perfeito católico.

Isso provocou um protesto do Dr. Overal, o deão da Catedral de São Paulo:

— Mas, Sr. Garnet, somos todos católicos.

Contudo, isso o jesuíta não aceitava, pois para ele só havia uma Igreja Católica Romana, e esta estava sob o comando do papa.[9]

Henry Garnet já estava pronto. Rezou pelo bem-estar do rei e da família real. Depois fez o sinal-da-cruz. Suas últimas orações foram em latim, a língua da "única" igreja em que nascera e a cujo serviço levara toda a vida. Estas incluíram: "Em vossas mãos, Ó Senhor, eu entrego meu espírito", proferida várias vezes, e "Ave Maria, cheia de graça, Mãe misericordiosa, protegei-nos do inimigo, e rogai por nós na hora de nossa morte". Esta foi a última oração que fez antes de o avisarem de que o carrasco estava pronto. O padre cruzou os braços sobre o peito — não se julgou necessário amarrar-lhe os braços — e "assim foi empurrado para fora da escada".

Aconteceu então uma coisa estranha. Muitos dos espectadores tinham ido deliberadamente à Catedral de São Paulo para ver um espetáculo que incluía o arrastamento e esquartejamento executados num corpo vivo. Mas o estado de espírito da multidão virou de repente. Um grande número dos presentes — não podiam ser todos católicos — avançou em massa para a frente. Com um grito alto de "Pare", "Pare", impediram o carrasco de cortar o corpo da corda enquanto Garnet continuasse vivo. Outros puxaram as pernas do sacerdote, coisa tradicionalmente feita por parentes para assegurar uma morte mais rápida. Um favor que a multidão decidira não prestar aos conspiradores em janeiro, embora estes fossem "homens bem-nascidos", populares e muito estimados. Em conseqüência, o padre Garnet estava "inteiramente morto" quando afinal o cortaram da forca e levaram-no para o cepo de esquartejamento.[10]

Mesmo as tradicionais palavras — "Eis o coração de um traidor" — não receberam aplausos. Nem ninguém gritou: "Deus salve o rei", como de costume. Em vez disso, ouviu-se entre os espectadores um murmúrio nervoso.

Naquele mesmo dia, o padre John Gerard, citado ele próprio na proclamação de janeiro, conseguiu afinal fugir da Inglaterra para o continente e a segurança. Acreditava que devia sua salvação à intercessão do padre Garnet. Gerard planejara fazer a crucial travessia do canal entre os membros da comitiva de dois enviados, o barão de Hoboken e o marquês de Germain. Hoboken representava os arquiduques e fora convocado para ouvir as queixas a respeito de Hugh Owen e do padre Baldwin em Flandres. O marquês viera, de modo muito irônico, parabenizar o rei Jaime pela sobrevivência à Conspiração da Pólvora. Contudo essas "altas autoridades" estavam atemorizadas com uma presença incriminadora como a do padre entre eles. Mas no último momento, segundo acreditou Gerard, o "Padre Garnet foi recebido no céu e não se esqueceu de mim". As autoridades mudaram de idéia, e o marquês de Germain foi em pessoa ajudar Gerard a vestir a libré que lhe permitiria passar incólume por um dos membros de sua comitiva. "Na minha opinião", escreveu Gerard, "não tenho a menor dúvida de que devo isso [a mudança de decisão] às orações do padre Garnet."[11]

O padre John Gerard viveu mais trinta anos após a morte do amigo e colega jesuíta; morreu em Roma com setenta e poucos anos. Como o padre Tesimond, também citado na proclamação, e que escapara alguns meses antes naquele cargueiro de porcos mortos, o padre Gerard viveu para escrever uma *Narrative* completa dos acontecimentos da Traição da Pólvora, de muitos dos quais participara em primeira mão, enquanto meticulosas pesquisas entre os sobreviventes iam preenchendo as lacunas. Em 1609, quando estava no seminário jesuíta em Louvain, Gerard escreveu uma *Autobiography*, que faz um relato de sua vida missionária na Inglaterra. Seu editor e tradutor (os dois livros foram escritos em latim), o padre Philip Caraman, sugeriu que Gerard, em conversas com os noviços, devia ter contado muitas vezes "casos de padres caçados, de tortura e heroísmo quotidiano de seus amigos entre os leigos ingleses". Alguém então comentou com o superior dos jesuítas que tudo aquilo daria um relato inspirador, embora aflitivo.[12]

Anne Vaux também viveu mais trinta anos, apesar da saúde debilitada e da visão ruim que a perseguiram durante toda a vida. Foi solta da Torre em agosto de 1606, mais ou menos na mesma época que libertaram seu empregado James Johnson (embora a intenção, no caso de Johnson, pareça ter sido deixá-lo agir como chamariz para levar as autoridades a redutos de não-conformistas). Logo após a soltura de Anne Vaux, um padre comentou que ela estava "muito triste" por não a terem deixado morrer com Garnet. Acrescentou discretamente, sobre a questão do trabalho e da saúde dela: "Creio que os de hábito [padres] e ela viverão juntos, mas receio que não por muito tempo." Sua previsão, contudo, foi incorreta, pois Anne Vaux revelou-se uma daquelas pessoas dedicadas nas quais uma forte vocação prevalece sobre o físico debilitado.[13]

A princípio, com a irmã Eleanor Brooksby, Anne permaneceu em Londres, presume-se que para cumprir as últimas instruções do padre Garnet, de permanecer oculta até que os problemas se acalmassem (embora Anne sofresse em 1608 outra temporada na prisão por não-conformismo). As irmãs mudaram-se depois para Leicestershire, onde continuaram a abrigar e proteger padres, com seus nomes aparecendo juntos de vez em quando nas relações de recusantes, até a morte de Eleanor em 1626. O labor de Anne durante décadas foi reconhecido pelo menos em duas dedicatórias, em obras de destacados jesuítas traduzidas para o inglês, uma das quais, por Leonard Lessius, publicada em St Omer, em 1621, tem o título apropriado de *The Treasure of Vowed Chastity in Secular Persons* [O tesouro do voto de castidade de pessoas leigas].[14] Ela jamais abandonou seu trabalho para os "de hábito". Em 1635, ano em que morreu, com a idade de 73 anos, seu nome foi denunciado ao Conselho Privado por abrigar uma escola jesuíta para educação de jovens cavalheiros católicos, em sua mansão, Stanley Grange, perto de Derby.

Foi Anne Vaux, nos primeiros estágios de sua dor pela morte do padre Garnet, a responsável por alimentar a história de uma miraculosa palha de trigo com a imagem martirizada dele. Ela era, escreveu alguém que a conhecia bem, "às vezes muito fervorosa em coisas religiosas" — embora os padres a quem protegera durante tantos anos não tivessem concordado.[15]

A história da palha de trigo começou com a habitual busca desesperada de recordações sagradas entre os católicos clandestinos no país, após a morte do padre Garnet. Um destes foi um jovem chamado John Wilkinson, a quem uma colega recusante, a Sra. Griffin, mulher de um alfaiate, pediu que lhe arranjasse algum tipo de relíquia do jesuíta. Por esse motivo, Wilkinson colocara-se logo à direita do carrasco, quando ele colocava a cabeça cortada de Garnet na cesta trançada de palha de trigo, como de costume. De repente, uma palha manchada com o sangue do jesuíta "saltou (...) de uma maneira estranha" em sua mão. Wilkinson deu a palha à Sra. Griffin, que a pôs num relicário de cristal.[16]

Houve duas versões sobre o momento em que a mancha de sangue revelou ter "as proporções, as características e as feições de um rosto pálido, exangue, de um homem morto", muito semelhante ao padre Garnet, com os olhos fechados, a barba salpicada de sangue e um hematoma circular em redor do pescoço. O padre Gerard soube três dias depois que a sra. Griffin percebera a imagem com um misto de temor e alegria. A outra história ligava a palha de trigo à igualmente miraculosa brancura das feições de Garnet, visível assim que sua cabeça foi pendurada num poste perto da Ponte de Londres. Embora essas cabeças fossem, segundo o costume, encalidas (o que as escurecia), a palidez do padre Garnet era tão impressionante que causava assombro. Também atraía uma multidão de espectadores, a tal ponto que seis semanas depois as autoridades tiveram de ordenar que virassem o rosto para cima, afastando-o da inspeção dos curiosos. De acordo com essa segunda versão (anônima), foi nesse momento que a semelhança surgiu na palha de trigo.

A palha de trigo em seu relicário era um centro nacional de devoção entre os fiéis — incluindo Anne Vaux, que a viu em meados do outono — e de curiosidade entre o resto da população. Como um contraponto ao conforto que proporcionava aos consternados católicos, a palha de trigo causava profunda irritação ao governo inglês e seus representantes no exterior. *Sir* Thomas Edmondes queixou-se da circulação de uma reprodução da imagem em Bruxelas, e o arquiduque Alberto tomou logo providências para proibir a publicação de um livro cujo tema era a palha de trigo. *Sir* Charles Cornwallis, contudo, teve menos sucesso com Filipe III na Espanha. Não conseguiu que se censurassem desenhos e pinturas de "Henry Garnet, um inglês martirizado em Londres", embora se destinassem especificamente a exibir o rei da Inglaterra como um tirano.[17]

Zuñiga, o embaixador espanhol em Londres, estava de fato entre os que inspecionaram a palha de trigo. Fez isso, segundo disse a Filipe III, por "curiosidade", após ouvir de várias fontes comentários sobre a palha de trigo, embora negasse que tenha pago pelo privilégio, pois "jamais fui inimigo de meu dinheiro a ponto de pagar por palhas".[18] O fato verdadeiro é que a palha de trigo na certa foi escondida por algum tempo na embaixada espanhola antes de ser embarcada clandestinamente para o exterior. Ali encontrou um lugar entre as relíquias do acervo da Sociedade de Jesus antes de desaparecer no tumulto generalizado da Revolução Francesa.

Como a cunhada Anne, Eliza Vaux de Harrowden conservou para o resto da vida sua fidelidade à causa recusante. Foi solta da prisão domiciliar em Londres em abril de 1606, após uma série de protestos, feitos com característico vigor, por sua posição social. Livre para viver mais uma vez em Harrowden, continuou a refugiar sacerdotes, e o padre Percy assumiu o lugar do padre Gerard como capelão da casa. Em 1611, porém, Eliza voltou a ser presa e Harrowden novamente revistada, devido a um rumor (inverídico) de que o padre Gerard regressara à Inglaterra. No ano seguinte foi indiciada em Old Bailey por recusar-se a prestar o Juramento de Fidelidade e condenada à prisão perpétua em Newgate. Em julho de 1613 libertaram-na por motivo de saúde debilitada; ela morreu cerca de doze anos depois, sem jamais abandonar a fé que escolhera com orgulho e a que serviu admiravelmente.[19]

Eliza deu o melhor de si à família de seis filhos que passara a ser sua responsabilidade em conseqüência da morte prematura do marido. A mais velha, Mary, casara-se com *sir* George Symeon, de Brightwell Baldwin, em Oxfordshire, em 1604; a caçula, Catherine, tornou-se a segunda mulher de George, *lord* de Abergavenny, dez anos depois. A do meio, Joyce, tornou-se freira no recém-fundado Instituto da Santíssima Virgem Maria e ao morrer, em 1667, sobrevivera a toda a família. Após a suspensão da Ordem pelo papa, "madre Joyce" passou seus últimos anos em Eye, Suffolk, morando com o irmão Henry.[20] Nenhum dos filhos mais moços de Eliza, Henry e William, se casou. Foi a carreira marital de seu primogênito, Edward, *lord* Vaux, que contribuiu com uma estranha nota de rodapé, se poderia dizer romântica, para os acontecimentos de 1605.

O planejado casamento de Edward com *lady* Elizabeth Howard fora frustrado pela descoberta da Traição da Pólvora e logo depois deram-na em matrimônio a *lord* Knolys, futuro conde de Banbury, quarenta anos mais velho que ela. Durante um quarto de século, o próprio Edward continuou solteiro. Em 1632 acabou casando-se com a antiga namorada, Elizabeth, condessa de Banbury, seis semanas após a morte de seu marido idoso.

O amor deles não ficou, é evidente, em estado jacente durante toda essa enormidade de tempo para Elizabeth, que, não tendo tido filhos durante muitos anos com *lord* Banbury, acabou dando-lhe dois meninos em 1628 e 1630, respectivamente. A opinião generalizada era de que esses filhos descendiam de *lord* Vaux e não de *lord* Banbury (na época com mais de oitenta anos). Era uma opinião que o testamento de Edward só veio fortalecer. Teoricamente sem herdeiros, deixou ao morrer Harrowden para a mulher Elizabeth, em resíduos para seu filho mais velho, Nicholas, segundo conde de Banbury. Infelizmente — embora não de todo surpreendente — a herança de Nicholas, do condado de Banbury, foi objeto de um longo processo judicial, que, após a sua morte, o próprio filho e herdeiro, Charles, continuou com entusiasmo.* O resultado foi que a própria Harrowden teve de ser vendida em 1694 para pagar os custos legais no vencimento.[21]

Assim, a casa em que Edmund Campion e John Gerard se escondiam foi substituída pela atual construída pelo novo proprietário, Thomas Watson-Wentworth, no início do século XVIII. É sem a menor dúvida legítimo encarar Edward Vaux e Elizabeth Howard como vítimas indiretas da Traição da Pólvora, pois, em vista de sua duradoura paixão mútua, certamente teriam desfrutado de um longo e feliz casamento se lhes houvessem permitido unir-se em matrimônio em novembro de 1605.

As mães, esposas e filhos dos conspiradores não foram cobertos de ignomínia social, mas, segundo o costume com as famílias de traidores, perseguidos com vinganças financeiras. Guy Fawkes, claro, não deixou descendentes para sofrer, nenhuma viúva nem filhos. Morreu como vivera desde os distantes dias da infância em Yorkshire, um soldado mercenário para os estranhos, mas para si mesmo um cruzado contemporâneo, cuja fidelidade mais forte era à Igreja, por cuja honra planejou empunhar a espada.

Restou à mãe de Robert Catesby, Anne — privada de um adeus ao filho escondido nos campos vizinhos a Ashby St Ledgers —, tentar resgatar alguma coisa dos destroços. Ela concentrou-se em assegurar a posse da propriedade de *sir* William Catesby, que lhe fora legada no casamento, para o neto, também chamado Robert. *Lady* Catesby conseguiu, pois a propriedade acabou não sendo per-

*O atual (décimo) *lord* Vaux de Harrowden descende do lado materno de Mary Vaux, *lady* Symeon, irmã mais velha de Edward, quarto *lord* Vaux.

turbada, apesar dos maiores esforços da coroa. Mas o Robert jovem não deixou descendentes, e, para melhor ou pior, a linha direta do notório conspirador Catesby extinguiu-se.*[22]

A irmã de *lady* Catesby, *lady* Muriel Tresham, que do mesmo modo também procriou um traidor — ou pelo menos alguém a quem o governo tratou como tal na pessoa de Francis Tresham —, enfrentou um problema igual de tentar salvar a propriedade dos Tresham. Ao contrário de Anne Catesby, *lady* Tresham ainda tinha três filhas solteiras que necessitavam de dotes (oito de seus onze filhos haviam sobrevivido à infância, uma proporção espantosamente alta para fins do século XVI). Além disso, ela também precisava sustentar a viúva de Tresham, Anne, e os filhos pequenos do casal. Embora, como se observou, a vinculação de bens de raiz a herdeiros homens tivesse salvo a propriedade de Tresham das piores conseqüências de um decreto de proscrição — Francis Tresham não tinha filhos homens —, todos os bravos esforços de *lady* Tresham foram arruinados pela irresponsabilidade financeira do irmão de Francis, *sir* Lewis Tresham (que adquiriu um baronato em 1611). À sombra do "Moisés católico", como era conhecido *sir* Thomas Tresham, seus filhos cresceram impetuosos e egoístas, herdando a extravagância, mas não a força moral nem a grandeza do pai. Já em dificuldades financeiras antes da herança em 1605, *sir* Lewis conseguiu completar a ruína da família, e com a morte de seu filho, em 1643, o baronato Tresham terminou.[23]

Eliza Tresham, filha de Francis, casou-se com *sir* George Heneage, de Lincolnshire. Mas sua irmã Lucy Tresham realizou o "desejo mais sério" do pai, expresso no leito de morte, de que uma das filhas se tornasse freira. Adotando o nome de madre Winifred — uma alusão, sem dúvida, à Santa Winifred de Holywell, a quem os recusantes tinham tanta devoção —, Lucy Tresham passou a vida no exterior, em Louvain, no recém-fundado convento de Santa Mônica, nos Países Baixos.[24] Embora em certo aspecto estivesse bem afastada dos tumultos do catolicismo inglês, em outro era a única nesses conventos que tinha ligações com a Conspiração da Pólvora.

Já havia 22 freiras inglesas, Canonisas Internas de Latrão, no Convento de Santa Úrsula, em Louvain, em 1606, ano em que se fundou a filial de Santa Mônica. As irmãs do padre Garnet, Margaret e Helen, que se formaram e fizeram os votos no Convento de Santa Úrsula em fins da década de 1590, estavam

*Contudo a família Catesby, parente de Robert mas não descendente dele, hoje viceja. O famoso naturalista do século XVIII, Mark Catesby, autor de *Natural History of Carolina, Florida and the Bahama Islands* (1731), fazia parte dela.

entre as primeiras a mudar-se para o de Santa Mônica. Ao lado delas, Lucy Tresham viu-se desfrutando do que o padre Garnet assim descreveu: "Esse seguríssimo e tranqüilo refúgio de uma vida religiosa", numa carta à irmã Margaret.[25] Dorothea Rookwood, meia-irmã de Ambrose, também se achava lá, e Mary Wintour, filha de Robert e Gertrude, fez os votos e entrou em 1617.

Não se pode deixar de especular se o assunto da Traição da Pólvora foi algum dia discutido no refeitório do convento e, se foi, em que termos. Pode-se ter no mínimo a certeza que as mais fervorosas orações para os mortos eram feitas no dia 3 de maio, aniversário da morte do padre Garnet. Havia outras relações familiares e, supõe-se, rezaram-se mais preces para os mortos. Mary Ward, fundadora do Instituto da Santíssima Virgem Maria, era sobrinha dos irmãos Wright, Jack e Christopher; Joyce Vaux e Susanna Rookwood, outra meia-irmã de Ambrose, eram duas de suas mais antigas e íntimas relações.

A continuada e devota adesão ao catolicismo era uma coisa que as famílias dos conspiradores tinham em comum após o fato. Outra filha de Robert e Gertrude Wintour, Helena, chamava a atenção pelos esplêndidos presentes que dava aos jesuítas,* enquanto um filho, *sir* John Wintour, foi um "conhecido papista" na Guerra Civil inglesa. Não se sabe com absoluta certeza se Kenelm e John Digby, filhos de John Digby, os filhos de *sir* Everard, foram criados como católicos após sua morte, pois as fontes divergem. Mas sem dúvida o deslumbrante *sir* Kenelm Digby — escritor, diplomata, comandante naval, amante e por fim marido de Venetia Stanley — descrevia-se numa memória como católico por volta de seu vigésimo aniversário, quando morava na Espanha. É provável que a devota mãe resguardasse o tempo todo uma forma de instrução e influência, embora proibida por lei de educar os filhos em sua religião.[26]

Mesmo os seis filhos de *lord* Monteagle, que professara sua nova lealdade anglicana ao rei Jaime, seguiram a religião da devota mãe Tresham, que continuou sendo recusante. Seu filho mais velho, *lord* Henry Morley (título que o próprio Monteagle herdou do pai em 1618), era um membro católico da Câmara dos Lordes no reinado de Carlos I. Monteagle a princípio não se mostrou disposto a aceitar que a filha mais velha, Frances Parker, fisicamente deficiente, se tornasse freira. Mas acabou rendendo-se, "em consideração ao fato de ela ser aleijada, e portanto não capacitada para o mundo". Deu-lhe um belo dote de mil libras esterlinas.[27]

*Os paramentos bordados por ela, entre eles um conjunto de vestimentas litúrgicas para missa solene, cuja casula, a vestimenta que se põe sobre a alva e a estola, tem bordadas as palavras "*Ora pro me Helena Wintour*", ainda estão à exposição no Stonyhurst College, Clitheroe, dirigido pelos jesuítas, em Lancashire.

Embora a cepa católica persistisse, a cepa de dissidência e bravura parecia desaparecer — com uma exceção. Ambrose Rookwood, neto do conspirador, foi batizado em sua homenagem — um nome malfadado, seria de achar, e assim se revelou. Após a Restauração, Ambrose, por destacar-se no exército Stuart foi promovido a brigadeiro sob o reinado de Jaime II. Infelizmente, conservou suas simpatias jacobitas mesmo após a deposição do católico Jaime II do trono, em favor do genro e filha protestantes, Guilherme e Mary.

Em 1696, o brigadeiro Rookwood envolveu-se numa conspiração para assassinar o rei Guilherme. Quando um de seus co-conspiradores virou testemunha do rei, ele foi capturado (numa conhecida cervejaria jacobita) e levado para a prisão de Newgate. Após ser julgado por alta traição, Ambrose Rookwood foi condenado à morte e executado em Tyburn, no dia 29 de abril de 1696 — o segundo do mesmo nome no século a morrer pelo crime máximo. Mas o jovem Ambrose Rookwood não exibiu no fim exatamente o espírito nobre de seu antecessor; num documento que entregou no cadafalso, declarou que só obedecera a ordens de um oficial superior.[28]

Os lordes membros da Câmara que haviam sido presos na época da descoberta da conspiração foram submetidos, como as famílias dos conspiradores, a um processo de perdão político — desde que pagassem. O experiente *lord* Montague, que de certo modo não devia quinze anos antes ter empregado como lacaio um jovem nascido em Yorkshire chamado Guy Fawkes, era um que sempre falara destemido em defesa "da antiga fé". No momento da descoberta da conspiração, seu sogro, o poderoso e venerável *lord* Alto Tesoureiro, o conde de Dorset, interrogou-o sobre a questão. Montague expressou seu absoluto repúdio a tal empreendimento, e um choque ainda maior com a idéia de que ele, Montague, pudesse estar envolvido. "Eu nunca soube o que era o sofrimento até hoje", disse a Dorset. Montague também pediu ao sogro que lhe aconselhasse como retornar às boas graças do rei sem violar a integridade de seus princípios religiosos. A resposta curta foi, claro, dinheiro. Montague pagou uma multa, mas também sofreu uma temporada na prisão. Contudo, graças à influência de Dorset, escapou ao julgamento.[29]

Sua avó Magdalen, viscondessa Montague, já no crepúsculo da vida, certamente não deixou que nada — incluindo as buscas freqüentes em suas propriedades, por volta da época de festividades litúrgicas como a Páscoa — violasse a integridade de sua fé: uma fé que abraçara desde a juventude, quando era a dama de honra da rainha Maria Tudor. Esse antiquíssimo baluarte do catolicismo de inabalável lealdade, cujas orações foram pedidas pela rainha Elizabeth, morreu em 1608, em sua casa perto de Battle. Havia no mínimo cinco padres na casa para rezar a missa no dia anterior, e William Byrd compôs uma elegia para assinalar a morte da viscondessa Montague.[30]

Os lordes Mordaunt e Stourton não foram tão afortunados quanto Montague. Ambos membros católicos da Câmara — um ligado a Robert Keyes, o outro cunhado de Francis Tresham — enfrentaram julgamento na Câmara Estrelada e foram condenados à prisão na Torre. Em 1608 transferiram-nos para a prisão de Fleet. *Lord* Mordaunt foi multado em dez mil libras esterlinas, embora não esteja claro se o dinheiro algum dia foi pago, pois seu filho recebeu o "perdão" da multa em 1620. *Lord* Stourton foi multado em seis mil libras esterlinas, mas acabou entrando em acordo para pagar apenas mil.[31]

Nesse meio tempo, Monteagle, o outro cunhado de Tresham, desfrutava da pensão que lhe fora concedida por seu heróico papel na descoberta da conspiração e além disso dedicava-se ao seu interesse por empresas coloniais. Contribuiu com donativos para a segunda Companhia da Virgínia, foi eleito membro do conselho da empresa em 1609 e tinha ações das companhias das Índias Orientais e na Passagem Norte-Oeste. Contudo deve-se dizer que seus testamenteiros se queixaram de que sua pensão estava em atraso num montante de quase duas mil libras esterlinas quando ele morreu em 1622.[32]

Pelo menos Monteagle usou sua influência para proteger o cunhado Thomas Habington das últimas conseqüências, por abrigar os padres proibidos em Hindlip, que podiam ser a morte. Embora Habington tivesse sido condenado, as petições de sua mulher ao irmão Monteagle conseguiram a comutação da pena. Assim, ele sobreviveu e dedicou-se com vigor às suas atividades de antiquário até o fim da vida. Thomas Habington morreu em 1647, aos 87 anos, levado à longevidade por seu entusiasmo, como Anne Vaux. O bebê William Habington, que nascera em Hindlip no desalentador dia — do ponto de vista católico — de 5 de novembro de 1605, além de sobreviver a esse traumático aniversário, tornou-se poeta, autor entre outras obras de *Castara*. Ele avaliava sua criação literária como "não tão elevada a ponto de deslumbrar, nem tão inferior para ser condenada". Muitos recusantes da geração anterior teriam ficado satisfeitos por assim ser julgados.[33]

Em termos políticos e pessoais, o visível perdedor do tumulto da Traição da Pólvora foi o conde de Northumberland. Nada jamais ficou provado contra ele: nenhum dos conspiradores, torturado ou tentando salvar-se, confessou o nome dele como o suposto protetor; nem os jesuítas o incriminaram ao longo de sua longa conversa ouvida às escondidas. Salisbury cavalgava nas alturas na época do julgamento de Northumberland na Câmara Estrelada, em junho de 1606, após ter sido feito Cavaleiro da Ordem da Jarreteira em abril.* Chegou até a admitir que Northumberland jamais deixaria aqueles que amava perecerem na explosão: não um homem de "seu berço, lealdade e disposição". Parece, portanto, que fora a desconfiança pessoal do rei que lançara uma influência maléfica sobre o conde.[34]

Que causou essa desconfiança do rei? A indiciação acusava Northumberland de "esforçar-se para ser o líder dos papistas ingleses e obter a tolerância para eles". Citou-se como prova a admissão de Thomas Percy nas fileiras dos guarda-costas do rei, sem obrigá-lo a prestar o Juramento da Supremacia, mesmo sabendo que era um recusante. Foi uma acusação com a qual Coke conseguiu divertir-se, em seu estilo habitual, descrevendo a promoção de Percy a uma posição tão íntima como o mesmo que pôr "um machado em sua mão para degolar a cabeça do rei". Citou-se também o interesse de Northumberland pela questão do horóscopo do rei e por saber quanto tempo ele reinaria.[35] O apadrinhamento de Thomas Percy para um emprego público por Northumberland era um fato inelutável, e ele mesmo reconheceu o traiçoeiro caso do horóscopo (embora, como o mapa previsse — muito corretamente — um longo reinado para Jaime I, seja difícil ver que grande dano se cometera).

Mas foram sem dúvida a questão de tolerância e, acima de tudo, as promessas feitas (ou não) pelo rei de tolerância aos católicos quando ainda na Escócia o elemento chave da desconfiança de Jaime em relação a Northumberland. O próprio Coke resumiu isso quando disse que o monarca dera sua palavra real (*in verbo regio*) de que "jamais prometeu ou ordenou" a concessão de tolerância.[36] Fosse qual fosse a verdade dessas distantes negociações — se Thomas Percy mentira então ou o rei mentia agora —, estava a essa altura encoberta por uma conveniente névoa escocesa, que extinguia todas as lembranças de um período tão diferente. Foi a Northumberland que em 1606 se impôs a penalidade por ser testa-de-ferro dos católicos, uma posição da qual, em 1603, tivera esperança de colher a recompensa.

Em seu julgamento, Northumberland, muito prejudicado pela surdez (não teve, claro, advogado de defesa), foi multado em trinta mil libras esterlinas e sentenciado a uma pena de encarceramento a critério do rei. Continuou tendo uma situação de vida cada vez mais suntuosa durante sua prisão. Na espaçosa Torre

*Embora houvesse rumores de que os altivos reis da França e Dinamarca haviam protestado contra isso, pois consideravam Cecil demasiado comum para tamanha honra, Salisbury foi empossado quinze dias depois da morte de Garnet.

Martin, tinha gabinete, biblioteca, sala de visitas e duas salas de jantar; enquanto seu cozinheiro pessoal (não confiava no "bom amigo Tom" do padre Garnet) morava numa casa alugada no Monte da Torre. Suas anotações mostram não apenas uma considerável despesa com roupas, mas também que usava sempre a faixa azul que simbolizava sua condição de membro da Ordem da Jarreteira, pois esta tinha de ser renovada com freqüência.[37] No entanto Northumberland permaneceu na Torre até 1621, quando seu genro, o favorito do rei, *lord* Hay, pleiteou com sucesso a libertação do sogro. Ele retirou-se para sua propriedade em Petworth, onde morreu em 1632.

O governo conseguiu incriminar Northumberland por sua participação na conspiração, mas os "conspiradores" no exterior, que eram a maldição da existência do governo inglês, continuavam existindo, lépidos e fagueiros, longe do alcance do braço de sua lei. Os arquiduques não mantiveram por muito tempo Hugh Owen em prisão domiciliar, e nenhuma acusação formal se fez contra ele. Quando Owen mudou-se para a Espanha, Salisbury tentou em vão mandar seqüestrá-lo e trazê-lo de volta à Inglaterra. Hugh Owen, porém, retirou-se para Roma com uma pensão e ali viveu até os oitenta anos. O velho soldado — e velho intrigante — *sir* William Stanley também viveu em liberdade até o octogésimo aniversário. Apenas o padre William Baldwin, o sacerdote da Cornualha citado na indiciação de janeiro de 1606 como participante da conspiração, caiu na rede inglesa, mas só alguns anos depois. Os arquiduques recusaram-se a extraditá-lo na época, mas numa viagem a Roma em 1610 Baldwin foi capturado pelo protestante Eleitor do Palatinado, que o despachou para a Inglaterra. Ele permaneceu na Torre até 1618, embora jamais se apresentasse qualquer acusação de traição contra ele, presume-se que por falta de provas. A libertação final do padre Baldwin deveu-se à intervenção do embaixador espanhol. Ele foi então banido e passou onze anos como reitor do seminário inglês em St Omer.[38]

Poupada da destruição pela pólvora, a família real, esse fenômeno doméstico ainda novo para os ingleses em 1603, achava-se sem dúvida em condições de prosperar. No que se referia à religião, Anne da Dinamarca manteve a discreta postura com a qual tratara os difíceis meses seguintes à descoberta da traição. Seu catolicismo mais ou menos público, em que o papa e outros haviam depositado tantas esperanças quando ela ainda estava na Escócia (e que os iludiu sobre as simpatias católicas do próprio Jaime), deu lugar a uma coisa mais elegantemente letárgica. Em 1612, o papa Paulo V chegaria mesmo a referir-se ressentido à "inconstância" da rainha. Em vista das muitas mudanças que ela fizera em questões religiosas, ele se perguntava se era mesmo verdade que ela era católica.

Anne da Dinamarca *era* certamente católica — instalou uma capela em seu palácio em Oatlands e gostava de ter padres católicos celebrando-lhe o culto religioso em Hampton Court.[39] Mas de 5 de novembro de 1605 em diante, viveu sua vida como uma versão real de um papista de igreja. Como os papistas de igreja no reinado de Elizabeth I, queria conforto espiritual em privado, mas nenhum problema em público.

Contudo havia um tom fugaz nessa prosperidade em que se via a família real, e o mês de maio de 1606 — quando o padre Garnet, no cadafalso, rezou pelo seu bem-estar — revelou-se o ponto alto dessa fugacidade. Eram na época quatro filhos vivos, dois príncipes e duas princesas, e a rainha estava prestes a dar mais uma vez à luz. Mas o bebê esperado, que nasceu no dia 22 de junho e foi batizado de Sophia, morreu no dia seguinte.[40] Além disso, a princesa Mary, a filha especial por ter nascido na Inglaterra logo após a ascensão do pai, morreu em setembro de 1607, aos dois anos e meio.*

Nenhum horóscopo traiçoeiro ousaria predizer que o glorioso príncipe Henry seria o próximo a morrer. Ele era a esperança da nação desde que conquistara todos os corações no primeiro desfile real do reinado. Ai dessas expectativas: ele morreu de febre tifóide aos dezoito anos, em novembro de 1612. Restou com isso seu irmão, o príncipe Charles, uma criança tímida e menor que o normal, conhecido pelos conspiradores como o duque de York. Este sucedeu a Jaime em 1625 como o rei Carlos I.

Se a morte do saudável e empertigado príncipe Henry era uma previsão improvável para todos na Inglaterra em 1606, a execução de Carlos I, pelos próprios súditos em 1649, era inimaginável. O atalho da história mudou mais uma vez de rumo. Os esconderijos astuciosamente projetados para proteger os padres católicos do governo de Jaime I permitiram a Carlos II, neto de Jaime, evitar sua captura após a derrota por Cromwell, em Worcester. Posteriormente os Stuart homens perderiam para sempre o trono da Inglaterra. Apesar de toda a visível fecundidade da dinastia Stuart, o século XVII estava destinado a chegar ao fim exatamente como o XVI: com problemas de sucessão e religião agravados pelos reinados de duas irmãs sem filhos — Mary e Anne. Com a morte da rainha Anne em 1714, a sucessão protestante passou, como ocorrera em 1603, para um estrangeiro, o Eleitor de Hanover, George.

O rei Jorge I era bisneto de Jaime I. Seu direito ao trono derivava da avó pelo lado materno. Trata-se de uma sutil ironia o fato de que a avó era ninguém

*Ela foi enterrada, assim como a infanta princesa Sophia, na Abadia de Westminster. Podem-se ver pungentes monumentos às duas na nave norte da Capela de Henrique VIII.

mais que a princesa Elizabeth, a menina que os participantes da Conspiração da Pólvora haviam planejado instalar no trono como sua monarca títere e unir em casamento a um conveniente príncipe católico. Leal protestante toda a vida, mesmo na tenra idade de nove anos, a princesa certa vez encarara com horror a perspectiva de receber a coroa dessa maneira antinatural. Com o amadurecimento do tempo, contudo, a coroa de fato coube à sua posteridade. Na verdade, é a descendente direta dessa mesma princesa Elizabeth, proposta em 1605 como soberana por seus próprios méritos, que hoje se senta no trono da Grã-Bretanha, como a rainha Elizabeth II.

Assim, as *dramatis personae* da Traição da Pólvora e seus descendentes fizeram suas despedidas, morreram, fugiram ou reintegraram-se por seus diferentes meios à vida inglesa. Mas a guerra da propaganda apenas começava.

XVIII

Política de Satanás?

A quintessência da política de Satanás, o maior alcance e mancha da maldade e crueldade humanas, não tem paralelo (...) estou convencido, entre os mais brutais canibais.

FRANCIS HERRING
Devoções Papistas, 1610

QUASE QUATROCENTOS ANOS SE PASSARAM depois daquela sombria noite de novembro em que os investigadores encontraram um "sujeito desesperado" com explosivos no porão abobadado embaixo da Câmara dos Lordes. No tempo transcorrido desde então, a Conspiração da Pólvora significou muitas coisas diferentes para muitas pessoas diferentes — entre elas muitos historiadores diferentes. A guerra de propaganda tem sido longa e vigorosa e não mostra quaisquer sinais de abater-se, considerando-se que as obras mais recentes de estudiosos do assunto adotaram pontos de vista diametralmente opostos.

O padre Francis Edwards, S. J., em *Guy Fawkes: the real story of the Gunpowder Plot?* [Guy Fawkes: a verdadeira história da Conspiração da Pólvora?] (1969), afirma que toda conspiração foi planejada por Robert Cecil, conde de Salisbury, inimigo hereditário dos católicos ingleses moderados, que usou agentes duplos, incluindo o próprio Robert Catesby (deliberadamente assassinado em Holbeach para não falar), Guy Fawkes e Thomas Percy. Mark Nicholls, em *Investigating Gunpowder Plot* [Investigando a Conspiração da Pólvora] (1992), acha que "sem dúvida é mais realístico ver a traição como um dos maiores desafios já enfrentados pela segurança de Estado moderna em seus primórdios...".*[1]

Estas duas posições totalmente inconciliáveis estiveram de fato presentes na historiografia da Conspiração da Pólvora desde o início. Tomando-se primeiro a posição oficial do governo, sua invectiva sobre o assunto (incluindo a linguagem insultuosa de *sir* Edward Coke) baseou-se na premissa de um pavoroso problema por pouco evitado. Sucessivos escritores e panfletários criaram energicamente sobre esses fundamentos o que veio a se tornar um prolífico corpo de literatura. Um trecho de uma obra de 1610, intitulada *Popish Pietie* [Devoções papistas], de um médico chamado Francis Herring, é mais um reflexo característico disso do que uma versão exagerada do gênero. Para Herring, a Traição da Pólvora — "esse monstruoso nascimento da meretriz romana" — era "*a* quintessência da política de Satanás, o maior alcance e mancha da maldade e crueldade humanas, sem paralelo (...) entre os selvagens turcos, os bárbaros índios, nem, estou convencido, entre os mais brutais canibais".[2]

Nessas avaliações havia um *frisson* extra no *status* da vítima em questão. Um rei — o representante escolhido de Deus na terra — fora ameaçado. Isso significava que a conspiração era não apenas perversa, mas na verdade sacrílega. *Macbeth*, apresentada pela primeira vez em 1606 (possivelmente em Hampton Court, em agosto, para assinalar a visita oficial do irmão da rainha Anne, o rei Cristiano da Dinamarca),** é uma obra impregnada de revolta com a monstruosa perturbação da ordem natural, provocada quando súditos assassinam seu soberano legítimo.

> Ó horror! horror! horror!
> Não pode a língua nem o coração conceber-te, tampouco
> um nome dar-te!

O grito de Macbeth ao descobrir — ou melhor, fingindo descobrir — o corpo manchado de sangue de sua vítima real, Duncan, certamente teria naquele verão de 1606 feito os ouvintes lembrarem a recente conspiração contra o seu próprio rei. As palavras de Macbeth ecoavam até mesmo a indiciação do governo contra

*A discussão parece continuar a todo pano, pois o padre Edwards retornou ao ataque em "Still Investigating Gunpowder Plot" ["Ainda investigando a Conspiração da Pólvora"], *Recusant History* (1993), uma crítica do livro de Nicholls, opondo-se aos seus argumentos.

**Embora essa apresentação possa ter sido uma versão reduzida. Divergências de estudiosos sobre a data de *Macbeth* concordam pelo menos numa coisa: que a inspiração da cena do Porteiro deve ter-se seguido ao julgamento e à execução do padre Garnet. Ver *Macbeth* (Muir), pp. xv-xxv, para uma discussão sobre a data da peça.

os conspiradores, julgando a Conspiração da Pólvora uma traição tal que "a língua do homem jamais proferiu, o ouvido do homem jamais ouviu, o coração do homem jamais concebeu..."[3]

Rumores sobre a segurança do rei — o monarca uma vez ameaçado de maneira tão apavorante sempre poderá sê-lo de novo — continuavam a correr nos nervosos meses seguintes à descoberta da conspiração. Em fins de março circulou uma história de que Jaime fora esfaqueado com um punhal envenenado em Okingham, a uns 36 quilômetros de Londres: "Traições, que diziam alguns, foram realizadas por jesuítas ingleses, outros por escoceses vestidos com roupas de mulher, e ainda outros por espanhóis ou franceses" (mostrando uma relação eqüitativa de preconceitos).[4] A história era uma fantasia total, mas demonstrava a continuação da perturbação com a questão da segurança do rei; ele era "a vida do edifício", como Macbeth descreveu Duncan, cuja presença garantia a ordem.

The Papists' Powder Treason [A Traição da Pólvora dos papistas], uma gravura alegórica feita para a comemoração do dia 5 de novembro de 1612, "em memória eterna da generosidade divina na preservação da Inglaterra contra a Diabólica Conspiração da Pólvora", teve o cuidado de glorificar o rei como a figura central do que fora preservado. Uma série de retratos reais, entre eles do príncipe Henry e da princesa Elizabeth, assomam sobre vinhetas muito menores de Monteagle recebendo a carta anônima de um estranho e os conspiradores prestando seu juramento sacramental. Foi desafortunado o malogro da generosidade divina no dia seguinte, quando o príncipe Henry morreu de febre tifóide em 6 de novembro. A gravura teve de ser retirada (embora ressurgisse em 1679, outro período de virulento antipapismo).*[5]

Tamanha perturbação, personalizada e concentrada no rei Jaime, foi proveitosa para o governo em sua campanha contra os traiçoeiros católicos. Primeiro, esses traidores juravam fidelidade ao papa em vez de ao rei; além disso, seus líderes visíveis, os jesuítas, eram verdadeiros "assassinos de reis". Um panfleto rimado de 1606 sobre a Traição da Pólvora, escrito pelo teatrólogo Thomas Dekker, contém "O retrato de um jesuíta":

> O rosto de harpia, a cabeça de raposa ...
> A voz da Mandrágora, cujas melodias são gritos,
> Tão lancinantes que o ouvinte morre,

*Uma versão pintada dessa gravura encontra-se hoje pendurada no New College, em Oxford; foi confiada e doada por um físico chamado Richard Haydocke, que provavelmente participou do desenho, e talvez também da pintura (Weller, *passim*).

A boca igual à do Bugio, sendo sua malvadez inata
Zombar daqueles que não consegue morder...[6]

Como a dissertação de Francis Herring sobre a "política de Satanás", essa violenta caricatura não era atípica da maneira como se passou a retratar os jesuítas daí em diante. Eles não apenas eram "assassinos de reis", mas também adeptos da ambigüidade.

A doutrina da ambigüidade continuava sendo vista, assim como os próprios jesuítas, como alienígena e diabólica. Mesmo Shakespeare começou *Macbeth* divertindo-se em torno do assunto, quando o embriagado Porteiro do castelo de Macbeth, acordado por alguém que bate à porta, imaginou que estava no Portão do Inferno recebendo os recém-chegados. Sua linguagem lembrava os chistes populares sobre a morte de Garnet, incluindo a observação jocosa feita por Dudley Carleton ao seu correspondente John Chamberlain, de que Garnet ia ser enforcado "sem ambigüidade", apesar de todos os subterfúgios e tergiversações.* "Por minha fé, eis aí um sujeito ambíguo", exclamou o Porteiro, "que poderia jurar em qualquer dos dois pratos da balança, e um contra o outro; que cometeu bastantes traições em nome de Deus, mas não pôde enganar o céu: Ó!, entre, língua ambígua."[7]

Próximo ao final da peça, a palavra encontra um emprego mais sério. Macbeth começa a suspeitar que "a ambigüidade do demônio" foi responsável por duas profecias tranqüilizadoras que lhe foram feitas. Uma Aparição, invocada pelas feiticeiras, dissera-lhe: "Nada temas, enquanto a Floresta de Birnam não chega a Dunsinane"; a outra Aparição garantiu-lhe que "ninguém nascido de mulher fará mal a Macbeth". Mas a Floresta de Birnam avançou até Dunsinane — na forma de inimigos de Macbeth disfarçados de galhos — e Macduff tinha o poder de matá-lo, pois "do ventre materno foi rasgado antes do tempo".[8] As duas profecias eram clássicos exemplos de ambigüidade, pois Macbeth as entendera num sentido, embora seu sentido oculto (sinistro) se revelasse muito diferente.

Esse uso da ambigüidade era visto como um processo essencialmente perverso: "Um monstro disforme, com duas cabeças, dois chifres, e também com uma boca dupla, e sobretudo um coração duplo", segundo a descrição de William Gager da ambigüidade em *Pyramis*, um poema em latim de 1608 dedicado ao rei.[9] Era um monstro mitológico disforme, que pouca relação tinha com a ver-

*Outra personagem que bateu no Portão do Inferno — "um camponês [Farmer] que se enforcou na expectativa de abundância" — também pode ser uma referência a Garnet, pois Farmer era uma de suas muitas alcunhas, os "apelidos" relacionados por Coke como prova de má fé.

dadeira doutrina católica da ambigüidade — heróica, embora talvez imprudente — destinada a evitar o pecado da mentira quando em condições de perigo.

Essa propaganda acompanhava as medidas políticas tomadas pelo governo após a descoberta da conspiração e proporcionava o clima correto para a perseguição. Grande parte desta era dirigida à imaculada comunidade católica, exatamente como haviam temido o padre Garnet e outros. Os católicos, como os protestantes, tremiam na esteira da conspiração, temendo um massacre generalizado, inspirado pelo espírito de "vingança e ódio".[10]

Em abril de 1606, Henrique IV da França decidiu fazer ao rei Jaime uma pequena preleção sobre as virtudes da tolerância — e quem melhor para fazer isso do que o homem que mudara de religião para conquistar um reinado? "Seu soberano aprendera com a experiência", disse o embaixador francês em Londres, "o forte domínio que a religião tem no peito humano" (embora talvez não no do próprio Henrique IV); era uma chama que tendia a incandescer-se com fúria cada vez maior na proporção direta da violência empregada para extingui-la. Que o rei Jaime, portanto, punisse os culpados, mas que igualmente poupasse os inocentes.[11] Esses mesmos sentimentos admiráveis foram na verdade expressos pelo próprio monarca inglês, em seu discurso ao Parlamento de 9 de novembro de 1605. Agora ele via as coisas de modo muito diferente.

O rei disse ao embaixador francês que os católicos ingleses "estavam tão contaminados com a doutrina dos jesuítas, quanto à subordinação real à autoridade papal", que ele não podia fazer nada. Deixaria isso para seu Parlamento resolver. Assim, elaborou-se outro Juramento de Fidelidade, com a ajuda de um sacerdote católico apelante, destinado a agravar a rixa entre os padres dispostos a "chegar a um meio-termo" com o Estado, como os apelantes, e os que não podiam, os jesuítas. Foi um juramento que resultou numa longa guerra de propaganda entre o rei Jaime e os defensores da supremacia espiritual do papa.[12] Mas do ponto de vista dos desafortunados recusantes essas guerras doutrinais eram menos importantes que as limitações que passaram a oprimir sua vida quotidiana.

À medida que essas limitações se multiplicavam, os católicos não podiam mais exercer a profissão de advogado, nem servir como oficiais ao exército ou à marinha (sob pena de uma multa de cem libras esterlinas). A nenhum recusante se permitia trabalhar como executor testamenteiro, nem como guardião de menores, nem ter posse de arma, a não ser em casos de defesa pessoal. Os católicos não tinham mais direito à educação universitária, nem podiam votar em eleições locais (até 1797), nem nas parlamentares, até a Emancipação Católica, em 1829.

Tudo isso encabeçava as penalidades espirituais pelas quais os católicos eram obrigados a casar-se na Igreja Anglicana, ali batizarem os filhos e finalmente ser sepultados em seu cemitério.

Em 1613 apresentou-se um projeto de lei na Câmara dos Comuns para obrigar os católicos a usarem um chapéu vermelho (como faziam os judeus em Roma) ou calçar meias de duas cores (como faziam os palhaços) não apenas para poder ser distinguidos facilmente, mas também para que fossem "vaiados" sempre e onde quer que aparecessem. Prevaleceram as resoluções mais sensatas, e esse desagradável bode expiatório não foi aprovado. Contudo um profundo preconceito contra os papistas, com ou sem chapéus vermelhos e meias bicolores, continuou oculto na consciência popular após 1605, pronto a emergir de suas profundezas a qualquer sugestão de abrandamento em favor deles. Para muitos protestantes, uma declaração de fevereiro de 1606, de *sir* Thomas Smith, sobre a questão da conspiração, resumia bem o espírito da época: "Essa marca e mancha de sangue, mesmo lavadas, jamais desaparecerão da religião papista."[13]

Uma mancha que era transmissível às futuras gerações. A natureza supostamente "estrangeira" do catolicismo — governado por um papa alienígena, com sede em Roma — é que tornava a seita eternamente vulnerável ao ataque. Podia-se denunciar uma organização política em que verdadeiras convicções religiosas evocassem simpatias. Em 1651, Milton chamou o catolicismo de não tanto uma religião quanto "um despotismo [estrangeiro] sacerdotal sob o manto da religião coberto com os espólios do poder temporal".[14] Ele se achava no terreno firme que não seria entregue por nenhum protestante até fins do século XX (se então). Nesse meio tempo, como revela o conteúdo dos sermões comemorativos do aniversário de 5 de novembro, a idéia de uma conspiração que era tão assustadora a ponto de ser dirigida pelo próprio Satanás só foi se aprofundando cada vez mais com o passar dos anos.

Foi a conspiração realmente "a política de Satanás", isto é, a obra de Satanás realizada pelos católicos? Ou foi a ação misteriosa de algum outro responsável, um tanto mais próximo do rei? Os primeiros rumores de que o principal mentor fora na verdade Salisbury, e não Satanás, surgiram em novembro de 1605. Já em 17 de novembro o embaixador veneziano, Niccolò Molin, informou: "As pessoas dizem que essa conspiração deve ter suas raízes bem no alto." Outra versão cínica descreveu o fogo que deveria queimar "Nosso rei e o Conselho" como sendo apenas "*ignus fatuus* [fogo-fátuo] ou um lampejo do cérebro de algum sujeito louco".[15]

Essas histórias convinham às potências católicas estrangeiras, pois afastavam a responsabilidade constrangedora pela conspiração para longe de seus próprios correligionários (Filipe III, por exemplo, ao ouvir pela primeira vez a notícia, desejara que se acabasse revelando que os puritanos é que estavam envolvidos). Em 25 de novembro, *sir* Thomas Edmondes, em Bruxelas, disse a Salisbury que se sentia envergonhado de repetir-lhe as "novas invenções que ocorrem diariamente sobre essa corte", com a intenção de exonerar a participação dos católicos no escândalo: uma carta anônima de dezembro afirmava como certo que "houve jogo sujo", que alguns membros do Conselho haviam urdido a rede que envolvera os católicos.[16]

Os rumores de jogo sujo não apenas eram convenientes para as potências católicas, mas também ofereciam (e ainda oferecem) a mais conveniente defesa para os que relutavam a enfrentar o fato de que católicos religiosos e convictos também podiam ser terroristas. A memória do bispo Godfrey Goodman, *The Court of King James the First*, escrita cerca de quarenta anos depois do fato, oferecia material para essa visão, embora de uma natureza meio superficial (todo o livro tem pouca qualidade erudita). Goodman era filho do deão de Westminster e chegou a tornar-se bispo de Gloucester, apesar de ser suspeito de abraçar "opiniões papistas". Seu principal interesse era na verdade pela reconciliação da Igreja Anglicana com Roma, que ele descreveu em seu testamento como a "Madre Igreja".[17]

Goodman fez de Salisbury o claro vilão da história. Começou chamando a atenção para os profundos sentimentos de dor dos católicos após a morte da "velha" (rainha Elizabeth), quando não receberam "a mitigação" que esperavam. Disse que o serviço de informação de Salisbury permitira a ele, Salisbury, saber de tudo isso, e em conseqüência decidira que, para demonstrar serviço ao Estado, "ia planejar e depois descobrir uma traição" — quanto mais odiosa a traição, maior o serviço. Portanto, Thomas Percy era um *agent provocateur*, "muitas vezes visto" saindo da casa de Salisbury às duas da manhã. Enquanto isso, Salisbury dava instruções para a morte conveniente de Catesby e Percy: "Que eu jamais os veja vivos." Mas Goodman não apresenta prova alguma para essas afirmações, além de mexericos de segunda mão.

Mas a simples sedução da história — do ponto de vista católico — impediu que ela se extinguisse de todo. Em 1679, quando a imaginária Conspiração Papista de Titus Oates gerou novas ondas de antipapismo, Thomas Barlow, o ferrenho anticatólico bispo de Lincoln, julgou por bem publicar uma nova obra sobre a Conspiração da Pólvora, que chamou de "essa vilania tão negra e horrenda (...)

que nenhum paralelo tem com qualquer era ou nação". Contudo, no decorrer de sua narrativa, Barlow também achou necessário denunciar os persistentes rumores "maledicentes" sobre o papel de Salisbury. A conspiração, reiterou furiosamente, fora "maquinada no Inferno" pelos jesuítas.[18]

Claro, o próprio Salisbury jamais tentou esconder o fato de que tinha conhecimento de alguma "agitação" iminente. Não apenas a mencionara em sua comunicação oficial aos embaixadores ingleses, mas também a comunicara ao rei Jaime, que a repetiu em sua própria versão da conspiração. A reputação do serviço de informação de Salisbury não podia exigir menos, e teria ficado péssimo o principal ministro do rei alegar total ignorância de uma conspiração tão flagrante debaixo do próprio nariz.

A infiltração de Salisbury na conspiração é uma coisa, mas a deliberada fabricação de toda a trama, com a finalidade de amaldiçoar para sempre os católicos, é outra completamente diferente. Há demasiadas provas de atos católicos de traição no final do período elisabetano para se descartar inteiramente a Conspiração da Pólvora como uma invenção malévola. Foi, ao contrário, uma trama terrorista, incitada pelo ressentimento acumulado com as promessas quebradas do rei. As iniqüidades contra os perseguidos católicos deviam portanto ser corrigidas pelo clássico método terrorista da violência, que abarcava a destruição de inocentes e culpados.

A história aqui contada foi a do conhecimento prévio de Salisbury — num estágio relativamente adiantado — graças às revelações de Francis Tresham feitas a Monteagle e a posterior manipulação do rei por seu principal ministro, com o estratagema da carta anônima. Esse limitado conhecimento prévio explica a extraordinária demora de dez dias para mandar vasculhar a Câmara dos Lordes em busca da pólvora — fora isso bastante incompreensível, em se tratando de um ministro responsável e preocupado com segurança. Em sua guerra fria contra as forças do catolicismo, Salisbury farejou a oportunidade de um golpe, sobretudo quando ficou claro que se podia muito provavelmente envolver os jesuítas na mesma rede.

Mas conhecimento prévio não é fabricação, mesmo que Salisbury, ou talvez Coke, tenha depois enfeitado a verdade com alguns detalhes fortes, como o célebre — e infame — túnel que de algum modo desapareceu sem deixar vestígios. Do mesmo modo, o conhecimento prévio muito diferente, obtido pelo padre Garnet no confessionário, não significava que ele fora, como tentou sugerir Coke, o principal "autor" da Traição da Pólvora. O autor da Conspiração da Pólvora não foi nem Salisbury nem o padre Garnet, embora os dois tivessem sido acusados disso. Há, contudo, uma verdadeira diferença entre Salisbury e Garnet, considerando-se o que o ministro ganhou com a conspiração e o que o jesuíta sofreu por causa dela.

Poderia a Conspiração da Pólvora ser bem-sucedida? É sem a menor dúvida verdade que por toda a história regimes foram triunfalmente derrubados por meios violentos. Se aceitamos o conhecimento prévio, embora limitado, de Salisbury, devemos também aceitar que esses conspiradores jamais tiveram realmente uma chance quando a conspiração entrou nos últimos estágios. A traição de Tresham e o tino de Monteagle para a preservação do rei (e a sua própria) cuidaram disso, inteiramente à parte do industrioso sistema de informação de Salisbury.

Mas as leais atividades de Salisbury, como as decisões de Tresham e Monteagle, eram sintomas de um malogro muito mais amplo, que se introduziu no plano da trama muito antes de chegar-se aos últimos estágios. Pois, para que a Conspiração da Pólvora fosse bem-sucedida, os conspiradores precisavam contar com forte apoio interno e ainda maior no exterior. O rei Jaime compreendeu o primeiro ponto muitíssimo bem e expressou-o com eloqüência quando disse que os traidores vinham "sonhando que tinham as virtudes de uma bola de neve", que, começando com uma forma pequena, mas "rolando por uma grande colina abaixo", acabaria ficando de um tamanho enorme, com a neve acumulada em toda a descida.[19]

Na verdade, a bola de neve, longe de avolumar-se na descida, derreteu-se na luz da descoberta da conspiração. A comunidade católica, independente da resistência que pudesse oferecer na época de Elizabeth, fora enganada e levada a acreditar que Jaime, filho da rainha Maria dos Escoceses, agiria em favor de sua libertação assim que ascendesse ao trono. Na época em que se descobriu a verdade — o monarca não pretendia cumprir as promessas que eles achavam lhes haviam sido feitas — já era tarde demais. Dois tipos de líderes católicos — os padres e os lordes membros da Câmara — jamais encorajaram a violência da Traição da Pólvora.

Qualquer ajuda exterior desaparecera como possibilidade concreta mesmo antes da morte de Elizabeth. Desaparecera quando o rei da Espanha, apesar de todo o seu coquetismo diplomático, se recusara a apoiar um candidato específico ao trono inglês (como sua irmã Isabel — ela mesma, de qualquer modo, uma candidata relutante). Depois, o Tratado Anglo-espanhol confirmou o lúgubre fato de que não viria qualquer ajuda daquele lado. Mais uma vez a crença habsburguense e papal — a crença no iminente catolicismo do rei Jaime — foi importante. O rei enganou e levou dois grupos de católicos a aquiescerem com o trato escorregadio de suas próprias convicções religiosas: os recusantes ingleses e os potentados estrangeiros, incluindo o papa.

Bastante diferente da contínua guerra entre pró-conspiradores e não-conspiradores, a conspiração desenvolveu uma rica vida historiográfica própria. Uma característica disso foi a concentração na figura de Guy Fawkes. Foi esse conspirador que teve de arcar com o ódio de ser o arquivilão da história. William Hazlitt, num ensaio de 1821 para comemorar o 5 de novembro, descreveu-o como "esse pálido mineiro das regiões infernais, recuando sorrateiro com sua capa e a lanterna apagada, movendo-se com cautela em meio a seus barris de pólvora, carregados de morte..."[20] É Guy Fawkes que, apesar de conhecido por todos em sua própria época, incluindo o governo, como Guido Johnson, empresta até hoje seu nome aos bonecos estofados e maltrapilhos nas calçadas, cujos cartazes com sua efígie pedem "um tostão para o sujeito" antes de serem ritualmente queimados em 5 de novembro. Com toda a justiça, o nome execrado devia na verdade ser o de Robert Catesby, como o líder da conspiração. Mas talvez haja um certo consolo para o espírito de Guido, se ainda continua vagando em algum lugar nos subterrâneos da Câmara dos Lordes, o de que Guy Fawkes também é o herói de algumas eternas piadas subversivas, como "o único homem a entrar no Parlamento com boas intenções".

Em memória do malogrado empreendimento de Guy Fawkes, os porões da Câmara dos Lordes ainda são inspecionados na véspera da abertura do Parlamento. A prática tornou-se um dos muitos rituais que acompanham e realçam os procedimentos políticos britânicos, relacionando-os com um vívido passado. Mas a busca tem suas origens no verdadeiro pânico em relação à ameaça católica. Cerca de 36 anos após a descoberta da Conspiração da Pólvora, os supostos massacres de protestantes por católicos irlandeses intensificaram esses temores. Em 18 de agosto de 1641, o Parlamento, que se agitava com essas alegadas atrocidades, acreditava que a ameaça poderia ter-se mudado para mais perto de casa. Deram-se ordens para vasculhar a "Rosebie's House, a Taberna, e as outras Câmaras, Porões e Celeiros próximos à Câmara Alta do Parlamento", em busca de pólvora, explosivos, armas ou munição.[21]

Um pânico semelhante assinalou o período que cerca as revelações de Titus Oates sobre uma conspiração papista em 1678. Em fins de outubro, o Cavalheiro Batedor de Black Rod informou que carvões e toras de madeira haviam sido colocados nos porões adjacentes à Câmara dos Lordes e que, ainda pior, tinham-se "ouvido ali muitas marteladas e escavação de terra". Setenta anos depois da Conspiração da Pólvora, com os católicos ainda sendo de longe os primeiros suspeitos, isso bastou para disparar o alarme. A Câmara dos Lordes instituiu um comitê, que devia mandar retirar toda a lenha para aquecimento dos celeiros, para que os sentinelas, sob o comando de oficiais de confiança, pudessem patrulhar dia e noite essas áreas perigosas. Uma certa Sra. Dehaure, que morava no pátio do antigo Palácio de Westminster, recebeu ordens de sair de sua casa, para que fosse ocupada por guardas.[22]

Mais uma vez, em 1690, após a ascensão de Guilherme III, surgiram temores de insurreição jacobita em nome dos Stuart exilados. O marquês de Carmarthen informou à Câmara dos Lordes que havia fortes motivos para acreditar que se tratava de "uma segunda Conspiração da Pólvora, ou alguma grande Maldade assim", pois notórios "desejosos do mal" andavam freqüentando a casa de um certo Hutchinson no Velho Palácio, Westminster.[23] Esses temores tampouco eram inteiramente imaginários. A conspiração de assassinato que levou à execução do segundo Ambrose Rookwood ocorreu apenas seis anos depois.

Na atmosfera mais calma do século XVIII, a busca foi-se tornando cada vez mais ritualística. Em 1760 introduziu-se uma agradável nova parte à cerimônia, como demonstram os relatos de um velho comerciante de vinho chamado Old Bellamy, a quem se deu permissão para alugar os porões da Câmara dos Lordes. Os inspetores terminavam a busca bebendo e brindando à leal saúde com o porto que ele fornecia. Em 1807 tornara-se prática regular, apoiada pelo costume, do "Lorde Camareiro da Inglaterra" fazer uma busca de "combustíveis" embaixo ou próximo às duas Câmaras do Parlamento, antes de sua Abertura. Após o incêndio que demoliu grande parte do Palácio de Westminster, o estabelecimento de vinho de Bellamy mudou-se para a vizinha Parliament Street — mas felizmente o costume de beber porto continuou.[24]

Desde o início do século XX, um destacamento de dez homens da Guarda Pessoal da rainha, dos membros da Guarda Real, passou a realizar habitualmente a busca logo antes da abertura do Parlamento pelo soberano e continua fazendo isso até hoje. Os membros da Guarda Real, em seus esplêndidos uniformes escarlates e chapéus pretos Tudor, serpeiam com lanternas por entre os grandes e modernos canos que aquecem o Palácio de Westminster. Continua-se bebendo o porto ao final da busca (após uma interrupção, o costume entrou de novo em voga em 1976, mas sem o brinde à leal saúde).[25] Até onde se sabe, porém, a única busca bem-sucedida já realizada — no sentido de que substâncias perigosas e uma pessoa perigosa apareceram de fato — foi na noite de 5 de novembro de 1605.

Uma segunda característica da historiografia da Conspiração da Pólvora foi a atenção conferida à própria data, também conhecida por suas variações Dia de

Guy Fawkes e Noite da Fogueira.* Ao contrário de muitas celebrações inglesas, o 5 de novembro não foi inventado pelos vitorianos, com seu talento para conjurar tradições instantâneas, ricas e imemoriais. Suas origens, aliás, tampouco se perdem na antigüidade, ligadas através dos séculos ao festival do fogo celta, no início do inverno (que mais tarde se fundiu com a Festividade Católica do Dia de Todos os Santos, também em 1° de novembro). Como escreveu David Cressy, em seu estudo sobre o assunto, "muito absurdos especulativos" têm surgido nesse sentido: mas a Noite da Fogueira inglesa origina-se diretamente da data da abertura do Parlamento em 1605, e a proximidade de 1° de novembro não passa de total coincidência.**[26]

No entanto, essa ênfase no próprio dia, como os argumentos contrários, está presente desde os primórdios. As primeiras fogueiras foram acesas no próprio dia 5 de novembro de 1605, o primeiro sermão feito logo depois. Uma análise dos sermões da Conspiração da Pólvora (os pregados no aniversário) mostra uma concentração no dia, quase mística em seu fervor. Em 1606, o bispo Lancelot Andrewes iniciou o sermão com o texto: "Este é o dia em que o Senhor fez o ódio; regozijemo-nos e sejamos felizes nele." Em seguida disse: "O dia (que todos conhecemos) devia ser o da morte de nós todos (...) É a nossa Páscoa." E fez uma comparação ainda mais solene com o Dia da Ressurreição. Ao todo, Andrewes, um fervoroso pregador do rei Jaime, faria dez sermões da Pólvora. Em 1618 resumiu o sentimento nacional de patriotismo misturado com religião: "Aqui temos a instituição de um novo dia santo (além e acima daqueles das leis de Deus)."[27]

Com bastante previsibilidade, as celebrações aumentavam e diminuíam segundo as ondas de anticatolicismo que periodicamente sacudiam a Inglaterra. Qualquer apoio dado àquela religião com sede no estrangeiro, qualquer renovada ameaça de seus seguidores bastavam para as fogueiras anuais brilharem com mais intensidade. O casamento do príncipe Charles I com uma princesa católica

*Foi o dia, não o ano, que se revelou "*total* e mesmo loucamente MEMORÁVEL", nas palavras de W. C. Sellar e R. C. Yeatman, em *1066 and All That* (1930, pp. 62-3). Seria justo dizer que muitos na certa murmuram:

> Favor lembrar a Traição e Conspiração da Pólvora
> De Cinco de Novembro
> Não sabemos de motivo algum pelo qual
> Se deva jamais esquecer a Conspiração da Pólvora

(em uma de suas muitas variações), se interrogados, não seriam capazes de dizer o ano de fato em que ocorreram esses memoráveis acontecimentos.

**Será lembrado que essa data mudou duas vezes: o último adiamento foi de 3 de outubro. Segundo o argumento de Cressy, seria muito melhor cantarmos: "Favor lembrar o Três de Outubro."

francesa, a chamada conspiração papista de 1679, o catolicismo de Jaime II — como foi conveniente o fato de seu sucessor Guilherme III chegar à Inglaterra em 5 de novembro! —, todos esses fatos eram recebidos com explosões de conflagração.[28]

Mas um dos elementos presentes nas comemorações do aniversário precisaria de trato diplomático com o passar dos anos. O 5 de novembro original era uma data de libertação monárquica: em essência, de um monarca que fora salvo da destruição. Mas em 1647 — dois anos antes da execução de Carlos I — o Parlamento aboliu todas as festividades, com exceção do 5 de novembro, alegando que o dia representava o repúdio aos padres, independentemente das outras implicações. O 5 de novembro continuou a ser celebrado sob a Commonwealth, a única comemoração nacional a sobreviver. Isso se deu, apesar de certa falta de lógica na comemoração da salvação de um monarca da destruição por um povo que recentemente condenara seu próprio rei à morte.[29]

Ainda mais estranho, em certo sentido, foi a transmutação da Noite da Fogueira depois que atravessou para o outro lado do Atlântico. Eram homens e mulheres que tinham ido para lá, muitos deles, a fim de romper os grilhões do absolutismo monárquico: se poderia perguntar se a lembrança anual da libertação de um rei inglês era de fato uma ocasião própria para regozijo. Se a celebração de um aniversário real era demasiado negativa, a resposta foi enfatizar a positiva: isto é, queimar um papa de Roma, ainda empossado no cargo, em vez de Guy Fawkes, há muito desaparecido. Por isso, o Dia do Papa, uma cerimônia turbulenta de folia e rivalidades do populacho, passou a ser celebrada, sobretudo na Nova Inglaterra, em 5 de novembro. Tornou-se uma característica especial da vida de Boston, entre os "elementos da classe inferior", mas também muito disseminada até o sul, como Charleston.[30]

Foi havendo cada vez mais alguma coisa de anárquico na cerimônia, com fortes matizes antigovernamentais, sobretudo desde que o governo fosse britânico. Nas batalhas pela Independência americana, aproveitou-se a flexibilidade inerente ao Dia do Papa (ou Noite da Fogueira), quando a efígie de qualquer pessoa podia ser queimada, desde que a do Papa também fosse junto. Nem todos se juntavam à folia: o costume foi condenado por George Washington como "ridículo e infantil". Apesar disso, *lord* Bute, o primeiro-ministro de Jorge III, começou a ser uma das personagens. Em 1774, em Charleston, o pretendente ao trono (o bonito príncipe Charlie), o próprio papa e o Diabo partilharam todos de uma fogueira feita com chá inglês. Em outra fogueira contemporânea queimaram *lord* North, usando sua insígnia da Ordem da Jarreteira, além do governador Hutchinson, mais uma vez acompanhado do Papa e do Diabo. Quando, em 1780, se queimou a efígie do general vira-casaca Benedict Arnold, que passou para o lado inglês, a cerimônia já representava um protesto simbólico que quase nenhuma relação tinha com a comemoração original do 5 de novembro.[31]

Assim, as fogueiras do Dia do Papa se extinguiram, subsistindo a celebração no século XIX apenas em lugares como Newburyport, Massachusetts, e Portsmouth e New Castle, em New Hampshire, principalmente como uma ocasião para uma tumultuosa saída de crianças, pedindo dinheiro. Os que em Newburyport cantavam: "Eis o papa que trazemos aqui em nossa mão/É ele todo o promotor da conspiração", tinham um conhecimento muito limitado, se é que tinham, da importância histórica do que estavam dizendo. Nos Estados Unidos, a proximidade coincidente do 5 de novembro com o Halloween (Dia das Bruxas) — 31 de outubro — e a véspera do Dia de Todos os Santos (para não falar da grande festividade do Dia de Ação de Graças, cerca de três semanas depois) significava que para muito pouca gente sobrevivera a lembrança da conspiração, quanto mais das comemorações, a não ser talvez entre os de descendência britânica recente ou com ligações especiais com os britânicos.*

No Velho Mundo, em contraposição ao Novo, o Dia de Guy Fawkes estava longe de desaparecer. Um estudo de gravuras populares sobre a religião, de 1600 até 1832, mostra o anticatolicismo e as conotações políticas do papismo como um tema que se estende por todo o período estudado. O pregador da ação de graças em 5 de novembro continuou no Livro Anglicano de Orações até 1859.** Os pastores protestantes lembravam o hediondo destino planejado para o rei e a família real, "marcados pela traição papista como ovelhas para o assassinato". Enquanto entoavam: "Dessa desnaturada conspiração, não nosso mérito, mas Tua misericórdia, não nossa previdência, mas Tua providência, nos livrou", ficava claro que a desnaturada conspiração fora obra *dos* católicos, não de apenas um pequeno grupo deles.[32]

*Pedidos de informação feitos numa pesquisa da autora em 1993-4 e divulgados em muitas partes não resultaram em qualquer informação sobre alguma comemoração nativa de 5 de novembro nos Estados Unidos — isto é, alguma festividade continuada desde o século XVII e o Dia do Papa. Todos os que realmente se referiram a Guy Fawkes de uma ou de outra forma tiveram o cuidado de enfatizar que seus rituais eram puramente divertimentos e que não tinham em absoluto nenhuma conotação anticatólica; como escreveu um correspondente: "É muito mais dionisíaco que antipapal."

**Isso foi interrompido junto com a comemoração oficial de dois outros dias de importância monárquica, 30 de janeiro (execução de Carlos I, 1649) e 29 de maio (restauração de Carlos II, 1660).

Essa obstinada sensação de ameaça católica significou, contudo, que o próprio Dia de Guy Fawkes se dissociou, como nos Estados Unidos, da idéia da libertação real. Por um lado, deslocou-se para demonstrações populares mais arruaceiras, e por outro para o antipapismo. Típico do aspecto arruaceiro era a realização da corrida em Exeter, que se estendeu por mais de quarenta anos, entre uma força popular conhecida como "Jovem Exeter" e as autoridades. Ao longo dela, um alto eclesiástico e tóri, conservador de direita, era queimado em efígie por sua oposição à Lei da Reforma em 1832.[33]

Quanto ao antipapismo, a restauração da hierarquia católica em 1850 foi assinalada pela queima da efígie do arcebispo católico de Westminster, cardeal Wiseman, junto com a do papa e de alguns jesuítas, em 5 de novembro. O cardeal Wiseman, por seu lado, protestou contra o fato de pessoas serem convidadas a "deleitar os olhos com a execução simulada de seres humanos" (expressando a aversão que muitos sempre sentiram por essas práticas).* Pelo menos os católicos na Inglaterra podiam agradecer a Deus por "suas efígies, e não suas pessoas", estarem nas mãos daqueles que fabricavam as efígies e acendiam as fogueiras.[34]

Não foi uma reação exagerada, em vista das explosões de cisma anticatólico que continuavam a aflorar publicamente em lugares onde se poderia esperar mais juízo. A publicação, em 1857, de *A Narrative of the Gunpowder Plot* [Uma história da Conspiração da Pólvora], de David Jardine, apenas exacerbou ainda mais a polêmica. Pois Jardine atribuiu culpa total aos jesuítas, mostrando Garnet como "um confederado voluntário, autorizador e aprovador". Também fez uma acusação tenuemente velada de que alguns documentos condenando os jesuítas haviam sido suprimidos.[35]

Assim, William Turnbull, um arquivista escocês católico que trabalhava no Escritório de Registro Público, viu-se enredado na controvérsia como o suposto autor dessa supressão. Protestantes extremistas — liderados por Charles Newdegate, anticatólico fanático e membro tóri do Parlamento, como representante de Warwickshire, — uivaram pela renúncia do arquivista. Em vão: um dos juízes da Corte de Apelação e meirinho-mor, *lord* Romilly, distribuiu uma declaração pública que eximia totalmente de culpa Turnbull. Newdegate, que também publicara violentas acusações de traição contra o cardeal Manning, acabou vencendo. Turnbull renunciou em 1861 e morreu, destruído pela experiência, não muito depois. Sem a

*Um mestre-escola católico, o dominicano Antony Sutch, da Ordem de São Bento (O.S.B.) de Downside, comemorava o 6 de novembro como o oposto ao dia 5, como um protesto contra essas práticas: nesse dia, ele lembrava aos alunos os sofrimentos dos mártires elisabetanos e jacobitas católicos (informação fornecida à autora).

menor dúvida, a Conspiração da Pólvora deixou um longo rastro.[36] Uma das outras motivações de Newdegate em sua campanha de inimizade foi aviltar publicamente a reputação de seus adversários políticos liberais em Warwickshire, que por acaso também eram católicos: os Throckmorton de Coughton Court.

A imolação de figuras contemporâneas odiadas — em efígie — foi a maneira como o Dia de Guy Fawkes prosseguiria do século XVIII em diante. Afinal, era um campo fértil, e continua sendo. Aos treze anos, Joan Courthope, filha de um fidalgo rural, registrou em seu diário um furioso sentimento britânico pelo líder bôer "Oom Paul" Kruger, no início da Guerra dos Bôeres. Em 5 de novembro de 1899, em Ticehurst, após fazerem uma efígie adequada, tocaram a marcha *A queda de Kruger* e acenderam uma fogueira. No fim, Joan observou laconicamente: "Kruger foi jogado nela."[37]

Quase cem anos depois, as mais famosas celebrações da Noite da Fogueira na Inglaterra, as de Lewes em East Sussex, também se concentram, de modo bastante alegre, na queima dos infames — ou apenas os célebres. As efígies de 1994 incluíram a Sra. Thatcher, John Major num dinossauro inspirado no filme *Parque dos dinossauros*, e o secretário interno Michael Howard na semana da publicação da Lei de Justiça Criminal, além do próprio Guy Fawkes. Estimou-se que participaram das comemorações oitenta mil pessoas, com duas mil desfilando.[38]

O festival da cidade tem uma longa história — o anticatolicismo foi encorajado pelo fato de dezessete mártires protestantes terem sido queimados ali sob o reinado da rainha Maria Tudor — e em 1785 o Decreto de Motim teve de ser lido, devido à conspícua violência da multidão. Hoje há cinco Sociedades da Fogueira rurais, cujos membros adotam várias formas de trajes históricos para os seus torneios. Só uma delas, contudo, a Cliffe, ainda queima uma efígie do papa. (Mas a Cliffe tem o cuidado de esclarecer que é um papa do século XVII que está sendo queimado, não o atual ocupante do cargo.) Uma comparação pertinente pode ser feita com o Palio em Siena, com suas semelhantes lealdades e rivalidades. Em suma, Lewes hoje proporciona mais "uma noite de loucuras e diversão" do que alguma coisa mais sinistra, embora sempre haja aqueles que se sentirão pouco à vontade com a visão das palavras "Abaixo o papismo" numa bandeira suspensa de um lado ao outro de uma rua inglesa, sem falar na queima do papa — qualquer papa — em efígie.* Talvez aqueles, entre eles esta autora,

*O sacerdote da paróquia católica de St Pancras, Lewes, desde meados da década de 1980, por cuja igreja passam as procissões da fogueira, enfatiza que não achou Lewes de modo algum uma cidade anticatólica.

que recuam diante dessas visões, devessem buscar conforto nas sensatas palavras de um almanaque colonial americano de 1746:

> A Conspiração da Pólvora não foi esquecida
> Será observada por muitos trôpegos de bebida.[39]

Todas essas festividades exaltadas e em geral despreocupadas pouca ligação têm com os homens sérios que tramaram a queda do governo em 1605. A coragem dos participantes da conspiração é inegável, e mesmo os mais ardorosos em condenar seu empreendimento prestaram tributo a essa coragem. Um exemplo notável disso é oferecido pelo historiador S. R. Gardiner, que travou durante muitos anos no século XIX uma controvérsia pró-Conspiração *versus* não-Conspiração. Ele chegou a expressar certa satisfação pelo fato de muitos conspiradores originais terem ludibriado o cadafalso com a última parada fatídica para descanso em Holbeach. "Por mais atroz que fosse todo o empreendimento", escreveu, "por maior que fosse a obliqüidade moral de suas mentes para conceberem um projeto como esse, pelo menos não houve nada mesquinho ou egoísta neles. Arriscaram com bravura suas vidas pelo que honestamente acreditavam ser a causa de Deus e de seu país."[40]

No próprio tempo deles, era esse o julgamento unânime, mesmo daqueles — católicos — que desaprovavam em princípio qualquer aventura baseada na destruição de inocentes. O padre John Gerard, em sua *Narrative*, comparou os conspiradores (seus amigos íntimos) aos macabeus, os guerreiros judeus que libertaram seu povo dos sírios no século II. "Vendo membros de sua irmandade sofrerem pacientemente a injusta opressão de seus adversários", os macabeus decidiram que se todos fossem igualmente passivos, "eles logo nos extirparão da terra".* A comparação era pertinente, considerando-se que era em essência o exemplo expresso pelo conspirador Robert Keyes em seu julgamento, quando falou pouco mas "mostrou riqueza de espírito". Keyes achava o menor dos males "morrer a viver em meio a tamanha tirania".[41]

Não é uma posição que o mundo pode esperar que venha a ser abandonada na medida em que a perseguição de minorias — e aliás de maiorias — sobrevive. O terrorismo afinal não existe num vácuo. "Não nego, contudo, que planejei sabotagem. Mas não a planejei num estado de espírito de agitação imprudente, ou

*Os macabeus decidiram (ao contrário de seus irmãos) lutar no dia de sabá: "Que nem todos entre nós morramos como nossos irmãos morreram em seus esconderijos" (1 Macabeus 2:40-1).

porque gosto de violência. Planejei-a em conseqüência de uma avaliação calma e sóbria da situação política que gerara anos de tirania, exploração e opressão do meu povo..." Estas não são as palavras de Robert Catesby, mas, *mutatis mutandis*, poderiam na verdade ter sido proferidas por ele, se tivesse vivido para defender suas ações para o mundo. Trata-se, na verdade, do discurso feito, 350 anos depois, por Nelson Mandela, sentado no banco dos réus por liderar o Congresso Nacional Africano, no Julgamento de Rivoni de 1964: ele selecionou-as para citar em sua autobiografia *The Long Road to Freedom* [*A longa estrada para a liberdade*] como uma explicação, mas não uma desculpa.[42]

Mandela foi condenado à prisão perpétua (e cumpriu 25 anos da sentença), antes de ser eleito presidente da África do Sul em 1991. No fim, o presidente Mandela não viria a ser, por isso, um das miríades de seres humanos "derrotados" para quem a "História", na frase de W. H. Auden sobre a Guerra Civil Espanhola: "Pode dizer, Que pena! mas não pode ajudar nem perdoar..." Mas esse trecho de sua autobiografia faz-nos lembrar um dos motivos pelos quais o terrorismo, bem-sucedido ou não, provavelmente sempre continuará sendo o comportamento de último recurso para alguns: "Os duros fatos foram que cinqüenta anos de não-violência não trouxeram ao [meu] povo nada além de mais legislação repressiva e menos direitos."

Os sabotadores da Conspiração da Pólvora eram terroristas e foram derrotados. Não eram mocinhos — nenhum esforço de imaginação pode descrevê-los assim. A bondade nesse trágico episódio pertence aos sacerdotes e irmãos leigos, como Nicholas Owen (João Pequeno) e as heróicas mulheres. Mas, em diferentes circunstâncias, talvez fossem encarados de maneira bastante diferente. Pode-se ir ao extremo oposto e apresentar os conspiradores como bravos bandidos: mas talvez homens bravos e desorientados seja um veredicto mais bondoso que é possível permitir-se a essa distância de tempo.[43]

O estudo da história pode pelo menos despertar o respeito por aqueles cujas motivações, embora não as ações, eram nobres e idealistas. Foi de fato uma "grave e lamentável tragédia" o fato de que homens de tamanho calibre tivessem sido impelidos pela contínua perseguição religiosa à Conspiração, Traição e Trama da Pólvora.

NOTAS

Os detalhes de livros, documentos etc., aqui dados em forma abreviada, se encontram na relação dos Livros de Referência.

Prólogo: Primórdios venturosos

1 Weston, p. 222.
2 Hurstfield, "Succession", p. 370; Caraman, *Garnet*, p. 299; Harrison, *Elizabethan*, p. 70; Byrne, p. 244.
3 Chamberlain, I, p. 188.
4 H. M. C. Salisbury, XIII, p. 668.
5 *Henry IV, Pt 2*, Introdução.
6 *Carey*, pp. 57-8 e nota.
7 *Carey*, p. 59.
8 *Carey*, p. 60; Williams, *Elizabeth*, p. 352. Somerset, *Elizabeth*, p. 568; C. S. P., Domésticos, VIII, p.1; Chamberlain, I, p. 188; Bruce, p. li; Neale, "Sayings", p. 229 e nota 1.
9 Handover, *Arbella*, pp. 158-60.
10 *Manningham*, p. 159; Birch, pp. 206-7; *Carey*, pp. 61ss.
11 Nichols, I, pp. 25ss.;Weston, p. 222.
12 Haigh, *Elizabeth*, p. 25; Clark, p. 212; Nichols, I, p. 30.
13 Caraman, *Garnet*, pp. 305-6 e nota 1.
14 Anstruther, *Vaux*, pp. 258, 221.
15 Byrne, p. 190.
16 Nichols, I, p. 40; Smith, *James*, p. 4; Wormald, "James", p. 188; Wilson, p. 167.
17 Tierney, p. lxxii.
18 Edwards, *Tesimond*, p. 21.
19 Cuvelier, pp. 289-90.
20 Loomie, "Toleration", p. 50.
21 Dekker, *Works*, I, p. 99.
22 Nichols, I, pp. 62ss.

23 Mathew, *James*, pp. 117, 122.
24 Nichols, I, p. 70.
25 Loomie, "Toleration", pp. 14ss.; H. M. C. Salisbury, XV, p. 232.
26 H. M. C. Salisbury, XIV, p. 162.
27 Peck, *Mental World*, p. 4.
28 Chamberlain, I, p. 192; Nichols, I, p. 154.
29 Caraman, *Garnet*, p. 305.
30 Caraman, *Garnet*, p. 315; Weston, pp. 222-4.

Capítulo um: Qual cabeça para a coroa?

1 Hale, pp. 124-5.
2 Lee, p. 420.
3 Mackie, pp. 267ss.
4 Wormald, "James", p. 189.
5 Pode-se argumentar que o jovem Suffolk tinha maior direito à legitimidade que o mais velho, pois este descendia de *lady* Eleanor Brandon, que (ao contrário da irmã mais velha Frances) nascera após a morte da primeira mulher de Suffolk.
6 Clancy, *Pamphleteers*, p. 79.
7 Clancy, "Catholics", p. 115.
8 Publicado sob o título de *A Conference about the Next Succession to the Crowne of Ingland*, de R. Doleman; Hicks, "Persons and *Succession*", p. 111.
9 Loomie, "Philip", p. 509.
10 Klingenstein, pp. 8ss.
11 Klingenstein, pp. 85ss, 296; Chambers, I, p. 270; Harrison, *Elizabethan*, p. 530.
12 Parker, *Europe*, p. 137.
13 C. S. P. Venezianos, X, p. 136; C. S. P. Domésticos, VII, p. 725.
14 Parker, *Revolt*, p. 261; Dodd, p. 631 e nota 5.
15 C. S. P. Espanhol, IV, p. 726.
16 Doleman, p. 102; C. S. P. Espanhol, pp. 735, 660-2.
17 Holmes, *Resistance*, pp. 179-80.
18 Hurstfield, *Freedom*, p.61.
19 Hicks, "Cecil", pp.99ss.; Clancy, "Catholics", p. 132.
20 Bruce, p. xvi; MacCaffrey, p. 415.
21 Bruce, p. 276, 280.
22 Bruce, p. xxv.
23 Mackie, pp. 267, 268.
24 Bruce, p. 52.
25 Williams, *Anne*, p. 51; Wilson, p. 94; Nichols, I, p. 190.
26 Não se sabe ao certo qual a identidade dessa "grande princesa"; pode ter sido a prima católica de Anne, Christina da Dinamarca ou Cecilia da Suécia; ver Stevenson, pp. 256ss.; Stafford, p. 238.
27 Stevenson, p. 260.
28 Loomie, "Catholic Consort", p. 305; Warner, pp. 124-7.
29 Hicks, "Cecil", p. 164; Stafford, p. 233; Loomie, "Philip", pp. 502ss.

30 Loomie, "Philip", p. 512; Wilson, pp. 143ss.
31 C. S. P. Domésticos, VIII, p. 60; Loomie, "Philip", p. 508.
32 Rodríguez-Villa, pp. 82-4; Stafford, p. 288.

Capítulo dois: Os papistas honestos

1 Weston, p. 31.
2 Vaux, pp. 48-9.
3 Rowse, *Cornwall*, p. 366.
4 Edwards, *Jesuits*, p. 30; Rose, p. 12.
5 Anstruther, *Vaux*, p. 321; Rowse, *Cornwall*, p. 360.
6 Wilson, p. 122.
7 H. M. C. Salisbury, XIV, p. 178.
8 Trimble, p. 170.
9 Southern, pp. 39-43.
10 Southern, p. 63.
11 H. M. C. Salisbury, XII, p. 32.
12 Rowse, *Cornwall*, p. 353.
13 Holmes, *Resistance*, p. 202; Rose, p. 99
14 Peck, *Northampton*, pp. 6ss; Bossy, "Character", pp. 241-2; Robinson, pp. 85-6.
15 Peck, *Northampton*, p. 70; Walsham, p. 83; *Manningham*, pp. 170-1.
16 Weston, p. 71; Bossy, *Bruno*, p. 121; Kerman, pp. 42ss., 189ss.
17 H. M. C. Salisbury, XVII, pp. 611-12.
18 Walsham, p. 1.
19 Hanlon, pp. 373ss.
20 Aveling, *Handle*, p. 66; Dickens, "First Stages", p. 157.
21 Haigh, *Reformations*, p. 266.
22 *Lawes Resolutions*, p. 60.
23 Caraman, *Years*, p. 67; Walsham, p. 79; Hanlon, p. 394.
24 Rose, p. 113; Walsham, p. 79; Caraman, *Garnet*, p. 167.
25 Warnicke, p. 170; Neale, *Parliaments*, II, p. 294.
26 Rowlands, p. 157.
27 Clancy, *Pamphleteers*, p. 39; Holmes, *Resistance*, pp. 109ss.
28 Bruce, p. 37.
29 Rowlands, p. 158.
30 Anstruther, *Vaux*, pp. 205ss.
31 Gerard, *Autobiography*, p. 148.
32 Anstruther, *Vaux*, p. 224.
33 Gerard, *Autobiography*, p. 147; Anstruther, *Vaux*, p. 243.
34 Hamilton, II, pp. 151ss.
35 Caraman, *Garnet*, pp. 1ss; Edwards, *Tesimond*, p. 174.
36 Anstruther, *Vaux*, p. 118; Caraman, *Garnet*, p. 132; Edwards, *Tesimond*, p. 185.
37 Anstruther, *Vaux*, pp. 191, 221ss.
38 Southwell, pp. 98-9.

Capítulo três: Diversidade de opiniões

1 Bruce, pp. 31-2.
2 Bruce, pp. 33-4, 37.
3 Bruce, p. 36.
4 Nicholls, I, pp. 85ss.; Shirley, pp. 206-7.
5 Nicholls, pp. 102, 224.
6 Nicholls, p. 118; Bruce, p. 47.
7 Chamberlain, I, p. 212; Edwards, *Tesimond*, pp. 60-1; Edwards, *Fawkes*, p. 74.
8 Edwards, *Tesimond*, pp. 58ss.; Goodman, I, p. 102.
9 H. M. C. Salisbury, XVII, p. 550; Goodman, I, p. 102; embora Nicholls, p. 109, nota 47, ache que essa bigamia não prova que "*parece* como se as duas [esposas] estivessem vivas em novembro de 1605".
10 Peters, p. 17; Aveling, *East Yorkshire*, p. 36.
11 Goodman, I, p. 102.
12 Nicholls, p. 98.
13 Nicholls, p. 98; Edwards, *Tesimond*, pp. 58-9.
14 Wilson, pp. 148ss.; Nicholls, p. 98; Collinson, p. 447; Bruce, p. 56.
15 Bruce, pp. 53ss.
16 Aveling, *Handle*, p. 111; Hurstfield, "Succession", pp. 382ss.; Bossy, "English Catholic", pp. 92 ss.; H. M. C. Salisbury, p. 44; Basset, pp. 85ss.
17 Basset, p. 61.
18 Bellamy, p. 108.
19 Pollen, *Archpriest*, p. 99; Caraman, *Garnet*, p. 289; Holmes, *Resistance*, pp. 187ss.; Basset, p. 87.
20 Basset, p. 87.
21 Bossy, "Henri", p. 87.
22 Edwards, *Tesimond*, pp. 63-4, 83-4; Gerard, *Autobiography*, p. 59.
23 Peters, p. 34; Edwards, *Tesimond*, p. 63.
24 Edwards, *Tesimond*, pp. 55, 61, 69.
25 Caraman, *Garnet*, p. 283; Loomie, *Fawkes*, p. 2, nota 3.
26 Gerard, *Plot and Plotters*, p. 21; Humphreys, "Wintours", pp. 55ss.
27 V. C. H. Worcestershire, III, pp. 123-7.
28 Nash, "Littleton", p. 136; Edwards, *Tesimond*, pp. 55, 62.
29 Loomie, *Fawkes*, pp. 2ss.
30 S. T., I, pp. 169ss.
31 Loomie, *Fawkes*, pp. 43-4, nota 4; Caraman, *Garnet*, p. 411, nota 2.
32 Pollen, "Accession", pp. 578ss.; Loomie, *Fawkes*, pp. 11-12.
33 Caraman, *Garnet*, p. 169; H. M. C. Salisbury, XV, p. 216.
34 Bruce, pp. 31-2.
35 Peck, *Northampton*, p. 23.
36 Kerman, p. 317.

Capítulo quatro: Um rei e suas crias

1 Wilson, p. 165.
2 Nichols, I, p. 22.

3. Barroll, pp. 191ss.; H. M. C. Salisbury, XV, pp. vii, 348.
4 Nichols, I, pp. 161, 124.
5 Rowse, *Forman*, p. 106.
6 Nichols, I, pp. 176ss.
7 Strong, p. 10; Nichols, I, p. 188; Harrison, *Jacobean*, p. 43.
8 S. T., II, p. 130.
9 Nichols, I, p. 128.
10 Edwards, *Tesimond*, pp. 28, 93; Morris, *Gerard's Narrative*, p. 11.
11 Gibbon, I, p. 167.
12 Barlow, p. 47.
13 Leatherbarrow, p. 150; H. M. C. Salisbury, XV, p. 119.
14 Loomie, *Fawkes*, p. 27; Stevenson, p. 265; Loomie, *Elizabethans*, p. 124.
15 C. S. P. Venezianos, X, pp. 43, 40.
16 Stafford, p. 284; Nicholls, "Treason's Reward", pp. 821-42.
17 Pesquisa recente estabeleceu de maneira nova o envolvimento de Ralegh; ver Nicholls, "Ralegh's Treason"; Loomie, "Toleration", pp. 15ss.; C. S. P. Venezianos, X, p. 82.
18 Loomie, "Toleration", p. 20 e nota 63; Caraman, *Garnet*, p. 310; Dodd, p. 364.
19 H. M. C. Salisbury, XV, pp. 277-8; Morris, *Gerard's Narrative*, pp. 74-5.
20 Loomie, "Toleration", p. 14.
21 Anstruther, *Vaux*, p. 278.
22 Wilson, pp.127-8.
23 Wilson pp. 28ss.
24 Loomie, "Toleration", p. 23; *The Kings Majesties Speech*, 19 de março de 1603.

Capítulo cinco: Caridade espanhola

1 Loomie, *Fawkes*, pp. 22ss.; Edwards, *Tesimond*, p. 69; H. M. C. Salisbury, XVII, pp. 479ss.
2 Longley, pp. 1-3; Spink, p. 30, Supplementum, I, p. 239; D. N. B. Fawkes; Aveling, "Recusants", pp. 191ss.
3 Edwards, *Tesimond*, p. 69.
4 Goodman, II, pp. 121-2.
5 *Hyde Park Family History Centre*, The Church of Jesus Christ of Latter-Day Saints, Exhibition Road, Londres S.W. 7; North Yorkshire County Council.
6 Loomie, "Toleration", pp. 22ss.; Loomie, *Elizabethans*, pp. 178ss.
7 Loomie, *Elizabethans*, pp. 130ss.
8 Edwards, *Fawkes*, p. 89; Loomie, "Toleration", p. 82.
9 Em 1606, Christopher Wright seria excluído com a acusação de juntar-se a Guy Fawkes na Espanha nessa época (quando não tinha mais condições de negar), pois Dutton, convenientemente, desaparecera. Ver Loomie, *Fawkes*, *passim*.
10 Loomie, *Fawkes*, p. 21.
11 Loomie, *Fawkes*, App., pp. 61-2.
12 Loomie, *Fawkes*, p. 26.
13 Loomie, "Toleration", p. 20.
14 Loomie, *Spain and Jacobean*, I, pp. 11ss.
15 Cuvelier, pp. 289-90; Loomie, "Toleration", p. 10.

16 H. M. C. Salisbury, XV, pp. 245-6.
17 Loomie, *Spain and Jacobean*, p. 11; Loomie, "Toleration", p. 170.
18 H. M. C. Salisbury, XV, pp. 245-6.
19 Loomie, *Spain and Jacobean*, pp. 14ss.
20 Loomie, "Toleration", p. 25.
21 Loomie, "Toleration", p. 27.
22 Loomie, *Fawkes*, p. 35.
23 Loomie, "Toleration", p. 21.
24 Peck, *Court Patronage*, pp. 68-74; *Clifford*, p. 87 e nota.
25 Loomie, *Spain and Jacobean*, pp. 71-2; Loomie, "Toleration", p. 25; Croft, "Reputation", p. 58.
26 Aveling, *Handle*, p. 131; Edwards, *Fawkes*, p. 75; Caraman, *Garnet*, pp. 308-9; Morris, *Gerard's Narrative*, pp. 23-4.
27 Caraman. *Years*, p. 82; Webb, p. 330; Bossy, "English Catholic", pp. 98 ss.; Magee, App. III, pp. 214-15.
28 Caraman, *Garnet*, p. 309.
29 H. M. C. Salisbury, XV, pp. 282-3, 278.

Capítulo seis: Catesby como Faetonte

1 Ashton, p. 63; Akrigg, pp. 30-1; Salgãdo, p. 185.
2 Harrison, *Jacobean*, p. 110. Strong, p. 96.
3 Akrigg, p. 30; Strong, p. 10.
4 Edwards, *Tesimond*, p. 43; S. T., II, p. 77.
5 McIlwaine, pp. 269-80; Munden, p. 63.
6 C. J., pp. 176ss.
7 Peck, *Mental World*, p. 4; C. J., p. 177.
8 C. J., pp. 187-8.
9 Wormald, "Gunpowder", pp. 158ss.; Peck, *Mental World*, p. 4
10 *Eastward Ho!*, pp. xxiiiss., 61; De Luna, p. 115.
11 *Clifford*, p. 6; Cuddy, p. 163.
12 Haynes, *Cecil*, pp. 129ss.
13 C. S. P. Venezianos, X, p. 230.
14 Edwards, *Tesimond*, p. 43.
15 Trad. para o inglês de Gavin Maxwell, *The Ten Pains of Death*, 1959.
16 Edwards, *Tesimond*, p. 43; Morris, *Gerard's Narrative*, p. 30.
17 H. M. C. Salisbury, XVI, pp. 44-5; Dickens, "First Stages", pp. 24ss; H. M. C. Salisbury, XVIII, p. 75.
18 Morris, *Gerard's Narrative*, p. 54.
19 S. T., II, p. 190; *Romeu e Julieta*, Ato III, cena ii.
20 B. L., Cotton MSS, Titus B II, fol. 294.
21 Edwards, *Tesimond*, p. 61.
22 Wake, p. 39.
23 D. N. B. Robert Catesby.
24 Jones, pp. 1ss.; Chastleton, Oxon, Batismos.

26 Williamson, p. 73.
26 Anstruther, *Vaux*, p. 305; B. L., MSS Royal, 12.E.X.

Capítulo sete: Um remédio muito lancinante

1 Confissão de Thomas Wintour, Gardiner, *Plot*, pp. 57-69, emendada H. M. C. Salisbury, XVII, pp. 509-13.
2 Gardiner, *Plot*, p. 61.
3 Gardiner, *Plot*, p. 61.
4 Thomas Wintour foi muito claro na ordem da progressão e, embora haja alguns problemas sobre sua prova, ele não tinha o menor motivo para mentir sobre o envolvimento ligeiramente posterior de Percy; Haynes, *Plot*, p. 45; Loomie, "Toleration", p. 53.
5 Porter, p. 42; H. M. C. Salisbury, XVIII, p. 25; Hale, p. 456.
6 Andrewes, p. 94; C. S. P. Domésticos, VIII, p. 279; Gardiner, *Plot*, p. 50; H. M. C. Salisbury, XVII, p. 479; Edwards, *Tesimond*, pp. 208-9 e nota.
7 Edwards, *Tesimond*, p. 153; Carswell, p. 40; S. P. 14/216/145; S. T., II, p. 230; H. M. C. Salisbury, XVII, p. 540; Morris, *Gerard's Narrative*, pp. ccxxxi-ccxxxii.
8 Morris, *Gerard's Narrative*, p. 140.
9 Edwards, *Tesimond*, pp. 87-8.
10 Caraman, *Garnet*, pp. 316-17.
11 Larkin e Hughes, I, p. 123, nota 1.
12 Camm, p. 319.
13 Finch, App. VI, pp. 179-81.
14 Gearty, citando W. Laqueur, p. 10; Wilkinson, p. xii.
15 Wilkinson, pp. 5ss.; Clancy, "Catholics", pp. 212ss.; Edwards, *Jesuits*, p. 22.
16 Scarisbrick, p. 18; Skinner, pp. 345ss.
17 Hale, p. 40.
18 Carswell, p. 159; Rose, p. 98.
19 Edwards, *Tesimond*, p. 80; Bossy, "English Catholic", p. 95.
20 Edwards, *Tesimond*, p. 107; Edwards, *Fawkes*, p. 126.
21 Andrewes, p. 89.
22 Gardiner, "Garnet's Declarations", p. 515; Magee, p. 39; Jordan, II, p. 64.
23 H. M. C. Salisbury, XI, pp. 156, 296; Gerard, *What Plot?*, App. H, pp. 256-7.
24 Dures, p. 42.
25 Edwards, *Tesimond*, p. 46, nota.
26 Gardiner, *Plot*, p. 63, nota 2.
27 Edwards, *Fawkes*, p. 124.
28 H. M. C. Salisbury, XVII, p. 528; XVI, pp. 208, 210, 220.
29 S.P. 14/216/145; Hales, p. 30; Edwards, *Tesimond*, p. 99, nota.
30 S. T., II, pp. 175, 230.
31 Edwards, "Still Investigating", p. 331; Williamson, p. 121; Gerard, *What Plot?*, pp. 122ss.; Edwards, *Fawkes*, p. 175; Edwards, *Tesimond*, p. 72.
32 Gerard, *What Plot?*, pp. 85-6; Williamson, p. 121.
33 S. T., II, p. 179; C. J., p. 260; Williamson, p. 72; Dekker, *Double P P.*
34 Seton, p. 373.
35 Nichols, I, pp. 472ss.

Capítulo oito: Perniciosa pólvora

1 Edwards, *Tesimond*, pp. 100-1; H. M. C. Salisbury, XVIII, p. 52.
2 H. M. C. Salisbury, XVII, pp. 500-1.
3 Peters, p. 57.
4 Paul, p. 226; Hales, pp. 26ss.; Milward, p. 21.
5 Hotson, pp. 188, 143ss.: Eleanor Bushell (irmã de Ned) e Judith Shakespeare casaram-se com dois irmãos chamados Quincy: portanto, tornaram-se irmãs segundo o uso contemporâneo.
6 Nichols, I, p. 429; Oman, p. 26.
7 C. S. P. Domésticos, 1603-1610, pp. 246, 280.
8 C. S. P. Domésticos, 1603-1610, p. 246; Gerard, *What Plot?*, p. 81; Wormald, "Gunpowder", p. 162.
9 Morris, *Troubles*, 1º, p. 197.
10 Edwards, *Tesimond*, pp. 80-1; H. M. C. Salisbury, XVII, pp. 527-8; C. S. P., Domésticos, VIII, p. 246.
11 Nicholls, p. 23.
12 C. S. P. Venezianos, X, p. 301.
13 Nicholls, p. 23; mas Nicholls, p. 205, salienta que existia "um forte caso circunstancial" contra Northumberland.
14 H. M. C. Salisbury, XVIII, p. 96; S. T., II, p. 230.
15 Chamberlain, I, p. 204; C. S. P. Venezianos, X, p. 236.
16 Wilson, p. 221; Wormald, "Gunpowder", p. 157, nota 43; Loomie, "Toleration", p. 410.
17 Williamson, p. 118.
18 Vetusta Monumenta, V, pp. 3ss.; Smith, *Westminster*, pp. 39-41.
19 Edwards, *Fawkes*, pp. 111-12.
20 Williamson, p. 251; Gerard, *What Plot?*, p. 74; Garswell, p. 29 e nota.
21 Dr. Constam, do Arsenal Real, à autora; H. M. C. Salisbury, XVI, p. 341; Bull, "Furie of the Ordnance"; Cruickshank, p. 125.
22 Southern, p. 288; C. S. P. Domésticos, 1603-1610, p. 256.
23 Constam, S. T., II, p. 183.
24 Hale, p. 136; Stow, p. 819.
25 Handover, *Cecil*, p. 265; Gerard, *What Plot?*, p. 99.
26 H. M. C. Salisbury, XVII, pp. 549-50.
27 Anstruther, *Vaux*, pp. 267ss; Anstruther, "Treason", pp. 452ss.
28 Anstruther, "Treason", p. 454.
29 Anstruther, "Treason", p. 456.
30 Anstruther, *Vaux*, p. 287.
31 H. M. C. Salisbury, XVII, p. 538; Gerard, *Autobiography*, p. 169.
32 H. M. C. Salisbury, XVII, pp. 538, 569-70; Anstruther, *Vaux*, p. 287.
33 Edwards, *Tesimond*, p. 90.
34 Duffy, p. 3; Caraman, *Garnet*, p. 320 e nota 1.
35 Gardiner, "Garnet's Declarations", pp. 510-11.
36 Edwards, *Tesimond*, p. 90.

Capítulo nove: Há um risco...

1 S. T., II, p. 256.
2 Edwards, *Tesimond*, p. 81.
3 Caranan, *Garnet*, pp. 322ss.
4 Caraman, *Garnet*, p. 322; S. T., II, pp. 107-11.
5 H. M. C. Salisbury, XVIII, p. 97.
6 Anstruther, *Vaux*, pp. 364ss.; S. T., II, p. 107; H. M. C. Salisbury, XVIII, pp. 96-7.
7 S. T., II, p. 255.
8 Caraman, *Garnet*, p. 91; Williamson, p. 143.
9 H. M. C. Salisbury, XVIII, pp. 75-7; S. T., II, p.231.
10 Loomie, *Fawkes*, pp. 52-3 e nota 3.
11 C. J., pp. 256-7.
12 Wiener, p. 109.
13 Chamberlain, I, p. 201; S. T., II, p. 195.
14 Edwards, *Tesimond*, p. 45.
15 Nichols, I, pp. 530ss.; Chamberlain, I, pp. 208-9
16 Paul, pp. 20ss.; *King Lear* (Muir), p. xxiii.
17 Anstruther, *Vaux*, p. 276; Caraman, *Garnet*, p. 325.
18 Caraman, *Garnet*, p. 412; S. T., II, p. 231.
19 Waugh, pp. 3ss.
20 Waugh, p. 23.
21 Waugh, p. 13.
22 Morris, *Gerard's Narrative*, pp. 182-3.
23 Mathew, *Catholicism*, p. 50; Squiers, p. 25; Edwards, *Tesimond*, p. 194.
24 Gerard, *Autobiography*, p. 46; App. C, pp. 265-6.
25 Charles-Edwards, pp. 1-24; Duffy, p. 44; Gerard, *Autobiography*, p. 46.
26 David, p. 70.
27 Anstruther, *Vaux*, p. 277.
28 Finch, pp. 80ss.
29 Edwards, *Tesimond*, p. 108 e nota; H. M. C. Salisbury, XVII, p. 513.
30 Anstruther, *Vaux*, p. 246.
31 Morris, *Gerard's Narrative*, pp. 164ss.; Sumner, p. 11.
32 Anstruther, *Vaux*, p. 278.
33 Williamson, p. 142.

Capítulo dez: Uma sombria e duvidosa carta

1 *Rei Lear*, Ato I, cena ii; *King Lear* (Muir), pp. xviii-xix; S. T., II, p. 182.
2 Nicholls, p. 175.
3 Gerard, *Autobiography*, p. 33.
4 H. M. C. Salisbury, XVII, pp. 511-12.
5 Fundação Shakespeare, ER 27/14; Hamilton, I, p. 214; Waugh, p. 80.
6 C. S. P. Domésticos, VIII, p. 254.
7 Foley, I, p. 75; Anstruther, *Vaux*, p. 280.

8 Interrogatório de Digby, S. P. 14/216/94.
9 Lingard, VII, p. 57 e nota 1.
10 Edwards, *Tesimond*, pp. 105-7.
11 S. P. 14/19/40; Anstruther, *Vaux*, p. 279.
12 Goodman, I, pp. 120-2; C. S. P. Domésticos, 1603-1610, p. 251.
13 Edwards, *Tesimond*, pp. 102-3.
14 De Luna, pp. 115ss.
15 S. P. 14/216/2.
16 Entre os conspiradores: Tresham (M. S. Giuseppi, org., H. M. C. Salisbury, XVII, p. xvii; Hurstfield, *Freedom*, p. 329; Toyne, p. 21; Wilson, p. 224); Percy (uma possibilidade: Nicholls, p. 175); Christopher Wright (com Thomas Ward e o dr. Oldcorne como "ajudantes e cúmplices", Spink, p. 36); Thomas Wintour (Simons, p. 127). Outros: Mary Habington (Nash, *Worcestershire*, I, p. 595; S. T., II, p. 197, nota.); Anne Vaux (Jardine, *Narrative*, pp. 83-6). Também: como um conchavo para mostrar serviço, o próprio Salisbury numa atuação disfarçada (Edwards, *Fawkes*, p. 131); "planejaram" assustar Catesby para ele abandonar a conspiração, Rose, p. 105.
17 S. T., II, pp. 195-202.
18 Spink, p. 67.
19 Edwards, *Tesimond*, pp. 117ss.
20 Ver Elton, *Practice of History*, p. 77: "Há uma única pergunta que o pesquisador deve fazer a si mesmo na avaliação de sua prova: como e por que isso passou a existir?"
21 Nash, *Worcestershire*, I, p. 585; Spink, p. 112-19.
22 Nicholls, p. 175; H. M. C. Salisbury, XVII, p. 550.
23 Spink, p. 232; D. N. B. Monteagle (Parker).
24 Goodman, II, p. 106.
25 Wiener, p. 109.
26 Williamson, p. 69 e nota 13, p. 260; mas ver Jardine, "Remarks", p. 92, que questiona a data de setembro de 1605.
27 Gerard, *What Plot?*, p.117; Edwards, *Fawkes*, p. 131.
28 S. T., II, p. 209.

Capítulo onze: O Sr. Fawkes é preso

1 S. T., II, pp. 197ss.
2 *Coughton Court and the Throckmortons, passim.*
3 Anstruther, *Vaux*, p. 281; S. T., II, pp. 232, 241; Tierney, IV, p. cii.
4 Morris, *Gerard's Narrative*, p. ccxxxvi.
5 *King's History*, S. T., II, p. 199.
6 Gardiner, *Plot*, p. 68.
7 C. S. P. Domésticos, VIII, p. 246; Gardiner, *Plot*, p. 67.
8 Gerard, *What Plot?*, App. N, p. 276; Barlow, pp. 200ss.
9 Barlow, pp. 201-2; os Littleton são às vezes erroneamente descritos como irmãos; mas ver Nash, *Worcestershire*, I, p. 493; Edwards, *Tesimond*, pp. 132-3, nota; Dures, pp. 42ss.
10 C. S. P. Domésticos, VIII, p. 282; S. P. 14/216/ 178; Humphreys, "Wintours", p. 74.
11 Gardiner, *Plot*, p. 68; mas ver H. M. C. Salisbury, XVII, pp. 509-10 para as frases omitidas.
12 Nicholls, pp. 163ss.

13 Nicholls, p. 158, nota 70.
14 Batho, *Northumberland*, pp. 5-6; Nicholls, p. 153; H. M. C. Salisbury, XVII, pp. 529-30.
15 S. T., II, p. 199; H. M. C. Salisbury, XVII, pp. 481-2; Gardiner, *Plot*, p. 131.
16 Surgiu uma hipótese de que Whynniard *morreu* em 5 de novembro: possivelmente eliminado pelo governo que desejava encobrir sua própria conspiração. Recentemente, mostrou-se que isso está incorreto, pois ele assinou seu último testamento três semanas depois; ver Nicholls, p. 216.
17 Larkin, p. 123.
18 Gardiner, *Plot*, p. 68.
19 Anstruther, *Vaux*, p. 307
20 Gardincer, *Plot*, p. 68.
21 S. P. 14/216/22.
22 Nicholls, p. 43; Williamson, pp. 174ss.; Interrogatório de Digby, C. S. P. Domésticos, VIII, p. 260; S. P. 14/216/94.
23 Stow, p. 879; Nicholls, p. 13.
24 Stow, p. 881.
25 Nicholls, p. 10.
26 Bodleian, Ashmole MS., 363, fol. 241; Thomas, p. 312; Larkin, p. 123.
27 C. J., p. 257.
28 S. T., II, p. 201.

Capítulo doze: As torturas mais leves

1 Edwards, *Tesimond*, p. 33; Fundação Shakespeare, ER 27/14.
2 Nicholls, p. 11.
3 S. P. 14/216/18.
4 Coke, *Third*, p. 35; Jardine, *Torture*, p. 35; Edwards, *Tesimond*, p. 49, nota.
5 Bellamy, pp. 120ss.
6 Cooper, p. 119; Jardine, *Torture*, pp. 23ss.
7 Bellamy, p. 119; Read, p. 37.
8 Cooper, pp. 105-19.
9 S. P. 14/216/37.
10 Bellamy, p. 113.
11 Bellamy, p. 112; Lingard, VII, pp. 261-2 e nota 135.
12 Goodman, II, p. 106; Morris, *Gerard's Narrative*, p. 105; S. T., II, p. 218; C. S. P. Domésticos, VIII, p. 292; Edwards, *Tesimond*, p. 129.
13 H. M. C. Salisbury, XVII, p. 479; Goodman, II, p. 106.
14 H. M. C. Salisbury, XVII, p. 479.
15 H. M. C. Salisbury, XVII, p. 479.
16 Jardine, *Torture*, pp. 2-5.
17 Larkin, pp. 124-6; S. P. 14/216/22.
18 C. S. P. Domésticos, p. 288; Edwards, *Tesimond*, p. 153.
19 Caraman, *Garnet*, p. 330.
20 Anstruther, *Vaux*, p. 310.
21 Anstruther, *Vaux*, pp. 300-1.

22 Caraman, *Garnet*, p. 330.
23 Hamilton, I, pp. 182-3; S. P. 14/216/178; C. S. P. Domésticos, p. 282.
24 Tierney, IV, pp. cxi-cxii.
25 Gardiner, *Plot*, p. 69; S. P. 14/216/135; C. S. P. Domésticos, VIII, p. 265.
26 Humphreys, "Wintours", pp. 65ss.
27 S. T., II, pp. 186-7.
28 Gardiner, *Plot*, p. 69.
29 Williamson, p. 182.
30 Gardiner, *Plot*, p. 69; H. M. C. Salisbury, XVII, p. 531.
31 H. M. C. Salisbury, XVII, p. 486; Bodleian, Ashmole MS. 363, fol. 241.
32 H. M. C. Salisbury, XVII, p. 486.
33 Edwards, *Tesimond*, pp. 134-5; H. M. C. Salisbury, XVII, p. 486.
34 Formando uma quantidade de uns 800 kg, pois o Conselho de Ordenança usava uma medida de cerca de 45 kg; P. R. O., W. O. 49/31/101; Rodger, pp. 124-5. Os não-conspiradores costumavam sugerir que os registros foram retirados por algum motivo, mas isso demonstrou ser inverdade.
35 Anstruther, *Vaux*, pp. 290-1.
36 C. S. P. Venezianos, X, p. 325; Magee, p. 38; De Luna, p. 138; H. M. C. Salisbury, XVII, p. 480; Goodman, I, pp. 120-2.
37 S. P. 14/216/49; S. T., II, pp. 202-3; Gerard, *What Plot?*, App. N, p. 268.
38 S. P. 14/216/54.

Capítulo treze: Fogo e enxofre

1 *King's Book*; McIlwaine, pp. 281ss.
2 C. J., p. 257; *King's Book*; McIlwaine, p. 289.
3 Larkin, p. 125.
4 Edwards, *Fawkes*, pp. 190-1.
5 Hurstfield, *Freedom*, p. 327; Edwards, *Fawkes*, p. 191.
6 Ver Nowak, *passim*; D. N. B. Barlow.
7 Nowak, p. 48.
8 Loomie, "Catholic Consort", pp. 306ss.
9 Nichols, I, p. 592.
10 H. M. C. Salisbury, XVIII, p. 68; Nichols, I, p. 591.
11 Edwards, *Tesimond*, p. 136.
12 H. M. C. Salisbury, XVII, p. 490.
13 C. S. P. Domésticos, VIII, p. 250; Anstruther, *Vaux*, pp. 283-5.
14 Gerard, *Autobiography*, pp. 197-8; H. M. C. Salisbury, XVII, pp. 490-1.
15 S. P. 14/216/156; S. P. 14/216/226; C. S. P. Domésticos, VIII, p. 249; Anstruther, *Vaux*, pp. 295-6; G. E. C. Teynham.
16 Gerard, *Autobiography*, p. 208.
17 Anstruther, *Vaux*, p. 327.
18 Edwards, *Fawkes*, p. 181.
19 H. M. C. Salisbury, XVII, p. 534.
20 H. M. C. Salisbury, XVIII, pp. 38-40; H. M. C. Salisbury, XVII, p. 534.

21 S. T., II, p. 170; Nicholls, p. 38.
22 D. N. B. Waad; Caraman, *Garnet*, pp. 348-9.
23 O conveniente título abreviado pelo qual a versão oficial passou a ser conhecida. O título completo era *Discurso de Sua Majestade na Última Sessão do Parlamento (...) Junto com um discurso sobre a maneira da descoberta da última Traição planejada e com uma Investigação em anexo de alguns dos prisioneiros.*
24 H. M. C. Salisbury, XVII, p. 541.
25 S. T., II, p. 22.
26 Anstruther, *Vaux*, p. 308.
27 C. S. P. Domésticos, VIII, p. 254.
28 H. M. C. Salisbury, XVII, p. 534.
29 Hatfield MS 113/54; S. P. 14/216/114; "Aparentemente alterado por Coke para 25", H. M. C. Salisbury, XVII, pp. xvi, 509-10, 512-13; Gardiner, *Plot*, pp. 57-69; Nicholls, p. 28 e notas 50-3; Williamson, App. I, pp. 247-500; Devlin, *Hamlet*, p. 148.
30 Williamson, App. I, p. 248 e Ilustrações II e IV; H. M .C. Salisbury, XVII, pp. 512-13.
31 H. M. C. Salisbury, XVII, p. 502.
32 H. M. C. Salisbury, XVII, pp. 509-10.
33 Shirley, pp. 336-40; C. S. P. Domésticos, VIII, 1603-1610, p. 257.
34 H. M. C. Salisbury, XVII, p. 535.
35 Batho, "Wizard Earl", pp. 344ss.
36 S. P. 14/216/136; C. S. P. Domésticos, VIII, p. 266.
37 Edwards, *Tesimond*, p. 137.
38 Barlov, p. 200.
39 S. P. 14/216/145; C. S. P. Domésticos, VIII, p. 267.
40 S. P. 14/216/166; C. S. P. Domésticos, VIII, p. 279.
41 A presença de Foster torna absurda a teoria de que o governo envenenou Tresham por saber demais sobre as maquinações oficiais; Wake, pp. 31ss.
42 Wake, pp. 33-4; H. M. C. Salisbury, XVII, pp. 528, 553.
43 H. M. C. Salisbury, XVII, p. 558; Wake, p. 34.
44 S. P. 14/216/211; Wake, p. 40.
45 Wake, p. 34.
46 Wake, p. 40.
47 Finch, p. 92; Williamson, p. 196.

Capítulo quatorze: Esses desgraçados

1 Em nome de "S. M.", Harrison, *Jacobean*, p. 261.
2 C. S. P. Venezianos, X, pp. 308-9.
3 Caraman, *Garnet*, p. 316.
4 Anstruther, *Vaux*, p. 200; Edwards, *Tesimond*, p. 163.
5 Larkin, p. 128; Humphreys, "Wintours", pp. 71ss; H. M. C. Salisbury, XVIII, pp. 11-12.
6 H. M. C. Salisbury, XVIII, p. 34; Edwards, *Tesimond*, pp. 164-5.
7 Waugy, p. 18.
8 Anstruther, *Vaux*, pp. 333-5; Humphreys, "Wintours", p. 52.
9 Comentário de uma testemunha ocular, Anstruther, *Vaux*, p. 334.

10 Anstruther, *Vaux*, p. 334.
11 Morris, *Gerard's Narrative*, p. 153.
12 Anstruther, *Vaux*, p. 335.
13 Anstruther, *Vaux*, p. 190.
14 H. M. C. Salisbury, XVIII, pp. 35-6.
15 H. M. C. Salisbury, XVIII, pp. 34-5; S. P. 14/216/202; C. S. P. Domésticos, VIII, p. 299.
16 Caraman, *Garnet*, pp. 339-40.
17 Caraman, *Garnet*, p. 339.
18 Edwards, *Tesimond*, p. 172; Anstruther, *Vaux*, p. 340.
19 C. J., pp. 257, 260; H. M. C. Montagu, pp. 47-9; D. N. B. Edward Montague.
20 Nichols, I, p. 590.
21 Anstruther, *Vaux*, pp. 132-3; Bellamy, pp. 9ss; Carswell, p. 42.
22 Nichols, I, p. 35.
23 Somers, *Tracts*, XI, p. 113; Willson, p. 301.
24 S. T., II, pp. 159-64, 187.
25 S. T., II, pp. 164-6.
26 S. T., II, pp. 166-84.
27 Jardine, *Trials*, II, pp. 120-1 e nota 2, 139 e nota 2.
28 Jardine, *Trials*, II, p. 159 e nota 1; Lingard, X, p. 44 e e nota 1.
29 S. T., II, pp. 185-7.
30 S. T., II, pp. 186-7.
31 S. T., II, p. 186.
32 S. T., II, pp. 187-8.
33 S. T., II, pp. 188-9.
34 S. T., II, pp. 189-94.

Capítulo quinze: O coração de um traidor

1 H. M. C. Salisbury, XVIII, pp. 36-7.
2 Anstruther, *Vaux*, p. 339. Tem-se sugerido que o governo apressou as execuções para evitar o confronto com o padre Garnet (ainda mantido preso no interior). Mas na verdade as execuções nesse período seguiam-se logo depois das condenações; ver Bellamy, p. 182.
3 S. T., II, p. 182.
4 Barlow, pp. 197ff.
5 S. T., II, pp. 215-16.
6 Edwards, *Tesimond*, p. 226.
7 Wood, II, p. 241.
8 H. M. C. Salisbury, XVIII, p. 52; Edwards, *Tesimond*, p. 227.
9 Morris, *Gerard's Narrative*, p. 219; S. T., II, p. 182.
10 Morris, *Gerard's Narrative*, pp. 219-20.
11 S. T., II, p. 216.
12 S. T., II, p. 217.
13 S. T., II, p. 218; Morris, *Gerard's Narrative*, p. 221.
14 S. T., II, p. 218.
15 Humphreys, "Habingtons", p. 57.

16 Morris, *Gerard's Narrative*, pp. 157-8.
17 Edwards, *Tesimond*, p. 175.
18 Hurstfield, "Succession", p. 380; Gerard, *Autobiography*, p. 86; Anstruther, *Vaux*, p. 353.
19 Morris, Gerard, *Autobiography*, p. cixxxix.
20 C. J., p. 264.
21 C. J., p. 265; C. S. P. Venezianos, X, p. 321.
22 Caraman, *Garnet*, pp. 348ss.
23 Caraman, *Garnet*, pp. 350, 371, 422.
24 Gerard, *Autobiography*, p. 96.
25 Anstruther, *Vaux*, pp. 256, 347.
26 Anstruther, *Vaux*, p. 183.
27 C. S. P. Domésticos, VIII, p. 263.
28 Morris, *Gerard's Narrative*, p. 172. Anstruther, *Vaux*, p. 186.
29 Caraman, *Garnet*, p. 351.
30 S. T., II, pp. 166-7.
31 Jardine, *Equivocation*, p. vii; Garnet, "Equivocation", Bodleian, Laud MS., misc. 655, p. 1; Malloch, "Garnet", p. 391; Allison, pp. 14-15.
32 Allison, p. 14; Malloch, "Garnet", p. 387; Devlin, *Southwell*, App. C., pp. 333-5; Zagorin, pp. 12ss.; Holmes, *Resistance*, pp. 1ss.
33 Jardine, *Equivocation*, p. 3; Foley, VII, p. 1358.
34 Jardine, *Equivocation*, p. vii.
35 Basset, p. 135; Zagorin, p. 195.
36 Rose, pp. 80ss. Zagorin, p. 210; Gerard, *Autobiography*, p. 125.
37 Jardine, *Equivocation*, p. 16.
38 Edwards, *Fawkes*, p. 215; Holmes, *Resistance*, p. 198; ver Nowak, *passim*.
39 S. T., II, p. 180.
40 Caraman, *Garnet*, p. 354.
41 Anstruther, *Vaux*, p. 341.

Capítulo dezesseis: A traição dos jesuítas

1 Anstruther, *Vaux*, p. 345; C. S. P. Domésticos, VIII, p. 292.
2 Edwards, *Tesimond*, p. 159, nota.
3 Morris, *Gerard's Narrative*, p. 186.
4 Morris, *Gerard's Narrative*, p. 186; Waugh, pp. 21-2.
5 Anstruther, *Vaux*, p. 345; H. M. C. Salisbury, XVIII, p. 98; Waugh, p. 23.
6 Morris, *Gerard's Narrative*, pp. 188-90.
7 Edwards, *Tesimond*, p. 184.
8 Edwards, *Tesimond*, p. 184.
9 Caraman, *Garnet*, pp. 360-2
10 Chamberlain, I, p. 219.
11 Caraman, *Garnet*, pp. 362-3.
12 C. S. P. Domésticos, VIII, p. 291, nota.
13 S. P. 14/216/241; Anstruther, *Vaux*, p. 344.

14 Anstruther, *Vaux*, pp. 345ss; Caraman, *Garnet*, p. 367; ver Gardiner, "Garnet's Declarations", pp. 510-19.
15 Edwards, *Tesimond*, p. 191; H. M. C. Salisbury, XVIII, p. 98.
16 Caraman, *Garnet*, p. 386; Anstruther, *Vaux*, pp. 341, 357; H. M. C. Salisbury, XVIII, p. 108.
17 S. T., II, p. 243.
18 Gardiner, "Garnet's Declarations", pp. 510-17.
19 Edwards, *Tesimond*, pp. 191-2.
20 Gardiner, "Garnet's Declarations", p. 515; Holmes, "Casuistry", p. 37; Caraman, *Garnet*, p. 376.
21 Gardiner, "Garnet's Declarations", p. 514; mas o frei Caraman aceitou que a caligrafia era do próprio Garnet, *Garnet*, p. 376, nota 4.
22 Gardiner, "Garnet's Declarations", pp. 517-19.
23 Morris, *Gerard's Narrative*, p. 171.
24 S. P. 14/216/200, 201; Anstruther, *Vaux*, pp. 353-6.
25 Morris, *Gerard's Narrative*, p. 225.
26 S. T., II, pp. 217-355; Morris, *Gerard's Narrative*, pp. 226-64.
27 Anstruther, *Vaux*, p. 360; Wake, p. 40.
28 Caraman, *Garnet*, p. 391.
29 Caraman, *Garnet*, p. 390-1.
30 Paul, pp. 248-50.
31 *Macbeth* (Muir), p. xxi;
32 Habington, p. 119; Humphreys, "Wintours", p. 74; Morris, *Gerard's Narrative*, p. 269.
33 Morris, *Gerard's Narrative*, p. 288.
34 Caraman, *Garnet*, p. 424; H. M. C. Salisbury, XVIII, pp. 95-6.
35 Caraman, *Garnet*, p. 429.

Capítulo dezessete: As despedidas

1 Morris, *Gerard's Narrative*, p. 289.
2 Anstruther, *Vaux*, p. 368.
3 Morris, *Gerard's Narrative*, p. 290.
4 Morris, *Gerard's Narrative*, p. 290.
5 S. T., II, p. 355.
6 S. T., II, pp. 355-6.
7 Morris, *Gerard's Narrative*, pp. 292-3.
8 S. T., II, p. 356; Morris, *Gerard's Narrative*, p. 293.
9 Morris, *Gerard's Narrative*, pp. 293-4.
10 Morris, *Gerard's Narrative*, p. 295; S. T., II, p. 358.
11 Loomie, "Toleration", p. 48; Gerard, *Autobiography*, p. 209.
12 Gerard, *Autobiography*, p. xvii.
13 Warnicke, pp. 170 e nota 20, 182.
14 Anstruther, *Vaux*, p. 183.
15 Anstruther, *Vaux*, p. 184.
16 Morris, *Gerard's Narrative*, pp. 300-1; Caraman, *Garnet*, App. D, pp. 442-3 e nota 1.
17 Caraman, *Years*, p. 12.

18 Anstruther, *Vaux*, p. 385.
19 Anstruther, *Vaux*, pp. 396, 453.
20 Peters, p. 385; Anstruther, *Vaux*, p. 476.
21 Gotch, *Old Halls*, p. 62; G. E. C. Banbury.
22 Baker, I, p. 245.
23 Finch, pp. 92-9.
24 Wake, p. 39, nota 6.
25 Foley, IV, p. 136.
26 D. N. B. Kenelm Digby.
27 G. E. C. Monteagle; Hamilton, II, p. 37.
28 D. N. B. Ambrose Rookwood, 1664-96.
29 Goodman, I, pp. 118-22.
30 Southern, pp. 46, 83, nota 3; Kerman, p. 49.
31 Nicholls, p. 77.
32 G. E. C. Monteagle.
33 Morris, *Gerard's Narrative*, pp. 27-8, 271; D. N. B. William Habington.
34 G. E. C. Salisbury; Croft, "Cecil and Court", p. 140; H. M. C. Salisbury, XVIII, p. 535.
35 Nicholls, pp. 185, 165-6; Shirley, pp. 353, 340.
36 Shirley, p. 354.
37 Batho, "Wizard Earl", pp. 344-7.
38 Rowse, *Cornwall*, p. 371; Peters, p. 74.
39 Bliss, p. 110; Loomie, "Catholic Consort", p. 308.
40 H. M. C. Salisbury, XVIII, p. 178.

Capítulo dezoito: Política de Satanás?

1 Nicholls, p. 218.
2 Cressy, "Novembro", p. 72.
3 Milward, p. 62; *Macbeth*, Ato II, cena iii; S.T., II, p. 164.
4 Nichols, I, pp. 38-9.
5 Haynes, *Plot*, App. I, p. 138.
6 Dekker, *Double P P*, prelúdio.
7 *Macbeth*, Ato II, cena iii; *Macbeth* (Muir), pp. xvss.
8 *Macbeth*, Ato V, cena v.
9 *Gagor's Pyramis*, pp. 250ss.
10 Edwards, *Tesimond*, p. 139.
11 Lingard, VII, pp. 86-7 e nota 1.
12 Clancy, "Deposing Power", pp. 209ss.
13 Caraman, *Years*, p. 14; Anstruther, *Vaux*, p. 373.
14 Milton, IV, pp. 320-1.
15 C. S. P. Venezianos, X, pp. 291-2; Edwards, *Fawkes*, p. 138.
16 H. M. C. Salisbury, XVIII, p. 508; Gerard, *What Plot?*, p. 430.
17 Goodman, I, pp. ix, 102.
18 Barlow, Prefácio.
19 S. T., II, p. 211.

20 Hazlitt, XI, p. 319.
21 L. J., IV, p. 369a; referência fornecida pelo sr. D. L. Jones, bibliotecário, Câmara dos Lordes.
22 C. J., XXX, p. 530; L. J., XIII, pp. 305b-306a; Cressy, "Novembro", p. 87, que contudo data a busca apenas para a década de 1690; mas ver nota 21 acima.
23 L. J., XIV, pp. 570a, 571b-572a.
24 Smith, *Westminster*, p. 44.
25 Paget, pp. 73-4; informação à autora.
26 Cressy, "November", p. 69.
27 Ver Nowak, *passim*; Andrewes, pp. 889-90.
28 Cressy, "November", pp. 73ss.; Cressy, *Bonfires*, pp. 162ss.
29 Hutton, p. 212.
30 Shaw, pp. 15-18; Whitehill, p. 29; *Folklore*, p. 386.
31 Shaw, pp. 15-18; Billington, pp. 18-19; *Folklore*, p. 386.
32 Miller, p. 15; Blunt, pp. 730-1; Cressy, "November", pp. 71-2; Keeling, p. 398; Colley, p. 21.
33 Swift, "Fawkes in Exeter", p. 61.
34 Norman, p. 61.
35 Jardine, *Narrative*, p. 155.
36 Ver Quinault, "Proprietários rurais de Warwickshire".
37 "Diário de Joan Courthope", inédito.
38 Noite Especial de Fogueira de Lewes, *Sussex Express*, 11 de novembro de 1994.
39 *The Night of the Fires*, 11 de novembro de 1994; informação local à autora; *Folklore*, p. 386.
40 Gardiner, *England*, I, pp. 263-4.
41 Morris, *Gerard's Narrative*, p. 10 e nota 4; Edwards, *Tesimond*, p. 214.
42 Nelson Mandela, *Long Walk to Freedom*, 1994, pp. 350-1.
43 Lembrando o julgamento final de Clarendon sobre Oliver Cromwell: "Um bravo homem mau"; Clarendon, Edward, Conde de, *History of the Rebellion...*, p. 97, Oxford, 1969.

LIVROS DE REFERÊNCIA

Detalhes só dos livros, documentos etc. citados em forma abreviada nas Notas; uma bibliografia completa é impraticável por motivos de espaço. O lugar de publicação é Londres, a não ser quando de outro modo especificado.

Akrigg, G. P. V., *Jacobean Pageant,* 1962.

Allen, Kenneth, *The Story of Gunpowder*, 1973.

Allison, A. F., "The Writings of Fr Henry Garnet, S. J. (1555-1606)", *Biographical Studies*, I, 1951.

Andrewes, Lancelot, *XCVI Sermons*, 3ª ed., 1635.

Anstruther, Godfrey, O. P., "Powder Treason", *Blackfriars*, 33, 1952.

Anstruther, Godfrey, O. P., *Vaux of Harrowden: a recusant family*, Newport, Mon., 1953.

Ashton, Robert, org. *James I by his Contemporaries*, 1969.

Aveling, J. C. H., O. S. B., "The Catholic Recusants of the West Riding of Yorkshire, 1558-1790", *Proceedings of the Philosophical & Literary Society, Leeds*, X, 1963.

Aveling, Dom. Hugh, O. S. B., "The Marriages of Catholic Recusants", *Journal of Ecclesiastical History*, 14, 1963.

Aveling, Dom. Hugh, O. S. B., *Post Reformation Catholicism in East Yorkshire 1558-1790*, York, 1960.

Aveling, Dom. Hugh, O. S. B., *The Handle and the Axe: the Catholic recusants in England from Reformation to Emancipation*, 1976.

Baker, George, *History of Antiquities in the County of Northampton*, I, 1822.

Barlow, Thomas, *The Gunpowder Treason (...) with Appendix of Several Papers written by sir Everard Digby during his confinement*, 1679, reeditado em 1850.

Barroll, Leeds, "The Court of the First Stuart Queen", em *The Mental World of the Jacobean Court*, org. Linda L. Peck, Cambridge, 1991.

Basset, Bernard, S. J., *The English Jesuits from Campion to Martindale*, 1967.

Batho, G. R., "The Wizard Earl in the Tower 1605-1621", *History Today*, 6, 1956.

Batho, G. R., *The Household Papers of Henry Percy, Ninth Earl of Northumberland (1564-1632)*, Camden Society, 3ª série, XCIII, 1962.

Bellamy, John, *The Tudor Law of Treason: an introduction*, 1979.

Billington, Ray Allen, *The Protestant Crusade, 1800-1860: a study of the origins of American nativism*, Nova York, 1938.

Birch, Thomas, *An Historical View of Negotiations between the Courts of England, France and Brussels, 1592-1617*, 1749.

(B. L.) British Library MSS.

Bliss, W., "Note on the Religious Belief of Anne of Denmark", *English Historical Review*, 4, 1889.

Blunt, J. H., *The Annotated Book of Common Prayer*, nova edição, 1888.

Bodleian Library, Oxford

Bossy, John, "Henri IV, the Appellants and the Jesuits", *Recusant History*, 8, 1965.

Bossy, John, "The Character of English Catholicism", em *Crisis in Europe 1560-1660*, org. Trevor Aston, 1970.

Bossy, John, "The English Catholic Community. 1603-1605", em *The Reign of King James VI and I*, de. A. G. R. Smith, 1973.

Bossy, John, *Giordano Bruno and the Embassy Affair*, brochura, 1992.

Boyle, Conall, *In the Footsteps of the Gunpowder Plotters: a journey through history in Middle England*, Meridian Books, Oldbury, West Midlands, 1994.

Bridges, John, *History of Northamptonshire*, 2 vols., Oxford, 1791.

Bruce, John, org., *Correspondence of James* IV *with Sir Robert Cecil and others in England*, Camden Society, 1861.

Bull, S., "Furie of the Ordnance", tese inédita, University of Wales, 1988.

Byrne, M. St Clare, *Elizabethan Life in Town and Country*, 8ª ed. revisada, 1961.

Camm, Dom. Bede, O. S. B., *Forgotten Shrines*, 1910.

Caraman, Philip,org., *The Other Face. Catholic life under Elizabeth I*, 1960.

Caraman, Philip, *Henry Garnet 1555-1606 and the Gunpowder Plot*, 1964.

Caraman, Philip, org., *The Years of Siege: Catholic life from James I to Cromwell*, 1966.

The Memoirs of Robert Carey, org. F. H. Mares, Oxford, 1972.

Carswell, Donald, org., *Trial of Guy Fawkes and Others (The Gunpowder Plot)*, 1934.

The Letters of John Chamberlain, ee. N. E. McClure, 2 vols., Filadélfia, 1939.

Chambers, M. C. E., *The Life of Mary Ward, 1585-1645*, 2 vols., 1885.

Charles-Edwards, T., *Saint Winefride and her Well: the historical background*, sem data.

(C. J.) *Journals of the House of Commons, 1547-1628*, 1803.

Clancy, T. H., S. J., "English Catholics and the Papal Disposing Power, 1570-1640", *Recusant History*, 6, 1961.

Clancy, T. H., S. J., *Papist Pamphleteers*, Chicago, 1964.

Clark, *sir* George, "Jacobean Northamptonshire, 1603-1625", *Northamptonshire Past and Present*, 2, 1958.

The Diary of Lady Anne Clifford, com uma Nota Introdutória de V. Sackville-West, 1923.

Coke, Edward, *The Third and Fourth Parts of the Institutes of Laws of England...*, 1654.

Colley, Linda, *Britons: Forging the nation, 1707-1837*, 1992.

Collinson, Patrick, *The Elizabethan Puritan Movement*, 1967.

Cooper, W. D., "Further Particulars of Thomas Norton, and of State Proceedings in Matters of Religion in the Years 1581 and 1582", *Archaeologia*, 36, 1855.

Coughton Court and the Throckmortons, National Trust, Norwich, 1993.

"Diary of Joan Courthope 1886-1974", inédito, org. Richard Rose.

Cressy, David, *Bonfires and Bells: national memory and the Protestant calendar in Elizabethan and Stuart England*, 1989.

Cressy, David, "The Fifth November Remembered", em *Myths of the English*, org. Roy Porter, Oxford, 1992.

Croft, Pauline, "The Reputation of Robert Cecil: libels, political opinion and popular awareness in the early seventeenth century", *Transactions of the Royal Historical Society*, 6ª série, I, 1990.

Croft, Pauline, "Robert Cecil and the Early Jacobean Court", em *The Mental World of the Jacobean Court*, org. Linda L. Peck, Cambridge, 1991.

Cruickshank, *Elizabeth's Army*, 2ª ed., Oxford, 1966.

(C. S. P.) Calendar of State Papers, Domestic, in the reign of Elizabeth, 1601-1603, 1870.

(C. S. P.) Calendar of State Papers, Domestic, 1603-1610, VIII, 1857.

(C. S. P.) Calendar of State Papers, Spanish, IV, 1899.

(C. S. P.) Calendar of State Papers, Venetian, X, 1900.

Cuddy, Neil, "The Revival of the Entourage: the bedchamber of James I, 1603-1625", em *The English Court: from the Wars of the Roses to the Civil War*, org. David Starkey, 1987.

Cuvelier, Joseph, "Les Préliminaires du traité de Londres (29 août 1604)", *Revue Belge de Philologie et d'Histoire*, 2, 1923, Bruxelas.

David, Rev. Christopher, *St Winefride's Well: a history and guide. An illustrated description*, reeditado, 1993.

Dekker, Thomas, *The Double P P. A Papist in Armes. Bearing Ten severall Sheilds Encountred by the Protestant. At Ten severall Weapons. A Jesuit Marching before them*, 1606.

Dekker, Thomas, *The Non-Dramatic Works*, org. A. B. Crosart, 4 vols., 1884.

Devlin, Christopher, *Hamlet's Divinity*, 1963.

Devlin, Christopher, *The Life of Robert Southwell: poet and martyr*, 1967.

Dickens, A. G., "The First Stages of Romanist Recusancy in Yorkshire, 1560-1590", *Yorkshire Archaeological Journal*, 35, 1943.

Dickens, A. G., "The Extent and Character of Recusancy in Yorkshire, 1604", *Yorkshire Archaeological Journal*, 37, 1945.

(D. N. B.) Dictionary of National Biography.

Dodd, A. H., "The Spanish Treason, the Gunpowder Plot, and the Catholic Refugees", *English Historical Review*, 53, 1938.

Doleman, R., *A Conference about the Next Succession to the Crowne of Ingland 1594*, org. D. M. Rogers, Menston, Yorks., 1972.

Duffy, Eamon, *The Stripping of the Altars: traditional religion in England c. 1400-c. 1580*, 1992.

Dures, Alan, *English Catholicism 1558-1642: community and change*, 1983.

Eastward Ho!, de Ben Jonson, George Chapman e John Marston, org. C. G. Peter, 1973.

Edwards, Francis, S. J., *Guy Fawkes: the real story of Gunpowder Plot?*, 1969.

Edwards, Francis, S. J., *The Gunpowder Plot: the narrative of Oswald Tesimond alias Greenway*, trad. do italiano do Manuscrito de Stonyhurst, editado e anotado, 1973.

Edwards, Francis, S. J., *The Jesuits in England: from 1580 to the present day*, 1985.

Edwards, Francis, S. J., "Still Investigating Gunpowder Plot", *Recusant History*, 21, 1993.

Elliott, J. H., *Imperial Spain, 1469-1716*, 1969.

Elton, G. R., *The Practice of History*, Sydney, 1967.

Fea, Allan, *Secret Chambers and Hiding-Places*, 3ª ed. & nova edição revisada, 1908.

Finch, Mary E., *The Wealth of Five Northamptonshire Families 1540-1640*, Oxford, 1956.

Fisher, H. A. L., *Frederick William Maitland: a biographical sketch*, Cambridge, 1910.

Foley, Henry, S. J., *Records of the English Province of theSociety of Jesus*, 7 vols., 1ª série, 1877-83.

The Folklore of American Holidays, ed. Hennig Cohen e Tristram Potter Coffin, 2ª ed., Detroit, sem data.

Francis, Rev. P. H., *The Origins and Developments of Fire Arms and Gunpowder*, Bradford, 1961.

William Gager's Pyramis, org. C. F. Tucker Brooke, *Transactions of the Connecticut Academy of Arts and Sciences*, 32, 1936, New Haven, Conn.

Gardiner, S. R., *History of England, 1603-1607*, I, 1883.

Gardiner, S. R., "Two Declarations of Garnet relating to the Gunpowder Plot", *English Historical Review*, III, 1888.

Gardiner, S. R., *What Gunpowder Plot Was*, 1897.

[Garnet, Henry], "Treatise of Equivocation", MS. Laud Misc. 655, Biblioteca Bodleian.

Gearty, Conor, *Terror*, 1991.

(G. E. C.) *The Complete Peerage (...) Extant Extinct or Dormant*, de G. E. C., 6 vols., reeditado, Gloucester, 1982.

Gerard, John, *The Autobiography of an Elizabethan*, trad. do latim de Philip Caraman, com uma introdução de Graham Greene, 1951.

Gerard, John, "Traditional History and the Spanish Treason of 1601-1603", *The Month*, 87, 1896.

Gerard, John, *The Gunpowder Plot and the Gunpowder Plotters, in reply to Professor Gardiner*, 1897.

Gerard, John, *What Was the Gunpowder Plot? The traditional story tested by original evidence*, 1897.

Gibbon, Edward, *The History of the Decline and Fall of the Roman Empire*, org. J. B. Bury, 7 Vols., 8ª ed., 1923.

Goodman, Dr. Godfrey, *The Court of King James the First*, 2 vols., 1839.

Gotch, J. Alfred, *A complete account of the buildings erected in Northamptonshire by sir Thomas Tresham*, 1883.

Gotch, J. Alfred, *Old Halls and Manor Houses of Northamptonshire*, 1936.

Grosvenor, Ian D., "Catholics and Politics: the Worcester election of 1604", *Recusant History*, 14, 1977-80.

Habington, Thomas, *A Survey of Worcestershire*, Sociedade Histórica de Worcestershire, org. John Amphlet of Cleat, vol. II, Parte I, Oxford, 1896.

Haigh, Christopher, org., *The Reign of Elizabeth I*, 1984.

Haigh, Christopher, *English Reformations*, Oxford, 1993.

Hale, John, *The Civilization of Europe in the Renaissance*, 1993.

Hales, J. W., "Round about Stratford em 1605", *Notes and Essays*, 1884.

Hamilton, Dom. Adam, O. S. B., org., *The Chronicle of English Augustinian Canonesses Regular of the Lateran, at St Monica's in Louvain*, 2 vols. 1904-6.

Handover, P. M., *Arbella Stuart: royal lady of Hardwick and cousin to King James*, 1957.

Handover, P. M., *The Second Cecil: the rise to power 1563-1604 of sir Robert Cecil, later first Earl of Salisbury*, 1959.

Hanlon, Sr. Joseph Damian, "These Be But Women", em *From the Renaissance to the Counter Reformation: essays in honour of Garrett Mattingly*, org. C. H. Carter, 1966.

Harrison, G. B., *A Last Elizabethan Journal: being a record of those things most talked of during the years 1599-1603*, 1933.

Harrison, G. B., *A Jacobean Journal: being a record of those things most talked of during the years 1603-1606*, 1941.

Hatfield MSS, Hatfield House, Herts.

Haynes, Alan, *Robert Cecil, Earl of Salisbury, 1563-1612: servant of two sovereigns*, 1989.

Haynes, Alan, *The Gunpowder Plot*, Stroud, Glos., 1994.

The Collected Works of William Hazlitt, orgs. A. R. Walter e A. Glover, 11, 1904.

Hicks, L., S. J., "*sir* Robert Cecil, Father Persons and the Succession. 1600-1601", *Archivum Historicum Societatis Iesu*, 24, 1955.

Hicks, L., S. J., "Father Robert Persons S. J. and *The Book of Succession*, *Recusant History*, 4, 1957.

Hicks, L., S. J., "The Embassy of *sir* Anthony Standen in 1603", *Recusant History*, 5, 1959.

(H. M. C.) Historical Manuscripts Comission, Report on the Manuscripts of Lord Montagu of Beaulieu, 1900.

(H. M. C.) Historical Manuscripts Comission, Calendar of the Manuscripts of the Most Honourable the Marquess of Salisbury, vols. XI-XVIII, 1906-40.

Hogrefe, Pearl, *Tudor Women: commoners and queens*, Ames, Iowa, 1975

Holmes, P., "Elizabethan Casuistry", *Catholic Record Society*, 67, 1981.

Holmes, Peter, *Resistance and Compromise: the political thought of Elizabethan Catholics*, Cambridge, 1982.

Gerard Manley Hopkins, org. Catherine Phillips, Oxford, 1986.

Hotson, Leslie, *I, William Shakespeare*, 1937.

Humphreys, John, "The Wyntours of Huddington and the Gunpowder Plot", *Transactions of the Birmingham and Midlands Institute*, 30, 1904.

Humphreys, John, "The Habingtons of Hindlip and the Gunpowder Plot", *Transactions of the Birmingham and Midlands Institute*, 31, 1905.

Hurstfield, Joel, "Robert Cecil Earl of Salisbury: minister of Elizabeth and James I", *History Today*, 7, 1957.

Hurstfield, Joel, "The Succession Struggle in late Elizabethan England", em *Elizabethan Government and Society: Essays presented to sir John Neale*, orgs. S. T. Bindoff, J. Hurstfield e C. H. Williams, 1961.

Hurstfield, Joel, *Freedom, Corruption and Government in Elizabethan England*, 1973.

Hutton, Ronald, *The Rise and Fall of Merry England 1400-1700*, Oxford, 1994.

Jardine, David, org., *Criminal Trials, II: The Gunpowder Plot*, 1835.

Jardine, David, *A Reading on the Use of Torture in the Criminal Law of England previously to the Commonwealth*, 1837.

Jardine, David, "Observations on the historical evidence supporting the Implication of Lord Mounteagle as a Conspirator in the Gunpowder Treason", *Archaeologia*, XXIX, 1844.

Jardine, David, "Remarks upon Letters of Thomas Winter and Lord Mounteagle, lately discovered by John Bruce, Esq., F. S. A.", *Archaeologia*, XXIX, 1844.

Jardine, David, org., *A Treatise of Equivocation*, 1851.

Jardine, David, *A Narrative of theThe Gunpowder Plot*, 1857.

Johnson, Paul, *Elizabeth I: a study in power and intellect*, brochura, 1988.

Jones, Mary Whitmore, *The Gunpowder Plot and Life of Robert Catesby also an account of Chastleton House*, 1909.

Jordan, W. K., *The Development of Religious Toleration in England: from the accession of James I to the convention of the Long Parliament (1603-1640)*, II, 1936.

Keeling, William D. D., *Liturgicae Britannicae*, 1842.

Kerman, Joseph, *The Masses and Motets of William Byrds*, 1981.

King James' History of the Gunpowder Plot, Julgamentos do Estado, II, 1809.

King Lear, The Arden Shakespeare, org. Kenneth Muir, reeditada com correções, 1972.

(King's Book) His Majesties Speach in this Last Session of Parliament (...) Together with a discourse of the maner of the discouery of the late intended Treason, ioyned with an Examination of some of the prisoners, 1605.

The King Majesties Speach (...) to the Lords (...) On Munday the 19 day of March 1603, 1604.

Klingenstein, L., *The Great Infanta: Isabel, Sovereign of the Netherlands*, 1910.

Laffleur De Kermaingant, P., *Mission de Christophe de Harlay Comte de Beaumont (1602-1605)*, Paris, 2 vols., 1895.

Larkin, James F., e Hughes, Paul L., org., *Stuart Royal Proclamations*, 2 vols., Oxford, 1973-80.

The Lawes Resolutions of Woman's Rights, or the Lawes Provisions for Women, 1632.

Leatherbarrow, J. S., *The Lancashire Elizabethan Recusants*, Chetham Society, Nova Série, 110, Manchester, 1947.

Lee, Maurice, Jr., *James I and Henri VI: an essay in English foreign policy, 1603-1610*, Urbana, ilust., 1970.

Lewalski, Barbara K., "Lucy, Countess of Bedford: images of a Jacobean courtier and patroness", em *Politics of Discourse*, orgs. Kevin Sharpe e Steven N. Zwicker, Berkeley, Califórnia, 1987.

Lingard, John, *The History of England*, VII, 5ª ed, 1849.

(L. J.) *Journal of the House of Lords*, IV, XIV.

Longley, Katharine M., "Three Sites in the City of York", *Recusant History*, 12, 1973.

Longueville, Thomas, *The Life of a Conspirator*, 1895.

Loomie, Albert J., S. J., *The Spanish Elizabethans: exiles at the Court of Philip II*, 1963.

Loomie, Albert J., S. J., "Toleration and Diplomacy: the religious issue in Anglo-Spanish relations, 1603-1605", *Transactions of the American Philosophical Society*, Filadélfia, Nova Série, 53, Parte 6, 1963.

Loomie, Albert J., S. J., "Philip III and the Stuart Sucvession in England, 1600-1603", *Revue Belge de Philologie et d' Histoire*, 43, 1965, Bruxelas.

Loomie, Albert J., S. J., *Guy Fawkes in Spain: the "Spanish Treason" in Spanish documents, Bulletin of the Institute of Historical Research*, Suplemento Especial nº 9, novembro de 1971.

Loomie, Albert J., S. J., "King's James I's Catholic Consort", *Huntington Library Quarterly*, 34, 1971.

Loomie, Albert J., S. J., *Spain and the Jacobean Catholics*, I: *1603-1612*, Catholic Record Society, 1973.

Luna, B. N. De, *Jonson's Romish Plot: a study of Catiline and its historical context*, Oxford, 1967.

Macbeth, The Arden Shakespeare, org. Kenneth Muir, reeditada com nova introdução, 1992.

MacCaffrey, Wallace, *Elizabeth I*, 1993.

McIlwain, C. H., org., *The Political Works of James I*, Cambridge, Mass., 1918.

Mackie, J. D., " The Secret Diplomacy of King James VI in Italy prior to his Accession to the English Throne", *Scottish Historical Review*, 21, 1923-4.

Magee, Brian, *The English Recusants: a study of the post-Reformation Catholic survival and the operation of the recusancy laws*, com uma introdução de Hilaire Belloc, 1938.

Malloch, A. E., "Father Henry Garnet's Treatise of Equivocation", *Recusant History*, 15, 1981.

Diary of John Manningham, org. John Bruce, Camden Society, 1868.

Mathew, David, *Catholicism in England: the portrait of a minority: its culture and tradition*, 2ª ed. revisada, 1948.

Mathew, David, *James I*, 1967.

Miller, John, *Religion in the Popular Prints, 1600-1832*, Cambridge, 1986.

Complete Prose Works of John Milton, IV, 1650-1655, Parte 1, New Haven, Conn., 1966.

Milward, Peter, *Shakespeare's Religious Background*, 1973.

Morris, John, S. J., *The Condition of Catholics under James I: Father Gerard's Narrative of the Gunpowder Plot*, 2ª ed., 1872.

Morris, John, S. J., *The troubles of our Catholic forefathers*, Primeira série, 1872.

Munden, R. C., "James I and 'the Growth of Mutual Distrust': King, Commons and reform, 1603-1604", em *Faction and Parliament: essays in early Stuart History*, ed. Kevin Sharpe, Oxford, 1978.

Nash, T. R., "Copy of the original Death-Warrant of Humphrey Littleton", *Archaeologia*, 15, 1803.

Nash, Thomas, *The History and Antiquities of Worcestershire*, 2 vols., 1781.

Neale, J. E., "The Sayings of Queen Elizabeth", *History*, Nova Série, 10, 1925.

Neale, J. E., *Elizabeth I and her Parliaments 1559-1581*, I, 1953.

Neale, J. E., *Elizabeth I and her Parliaments 1584-1601*, II, 1957.

(Nicholls) Nicholls, Mark, *Investigating Gunpowder Plot*, 1991.

Nicholls, Mark, "*sir* Walter Ralegh's Treason: a prosecution document", *English Historical Review*, CX, 1995.

Nicholls, Mark, "Treason's Reward: the punishment of conspirators in the Bye Plot of 1603", *Historical Journal*, 38, 1995.

Nichols, John, *The Progresses (...) of King James the First*, 4 vols., 1828.

The Night of the Fires, compilado e produzido por David Perry, Perryscope Productions, Rádio BBC 3, 11 de novembro de 1994.

Norman, E. R., *Anti-Catholicism in Victorian England*, 1968.

Nowak, T. S., "'Remember, Remember the Fifth of November': Anglocentrism and anti-Catholicism in the English Gunpowder sermons, 1605-1651", tese de doutorado, Universidade Estadual de Nova York em Stony Brook, 1992.

O'Halloran, Simon, *Bonfires in Lewes: a history of the celebrations on November the Fifth*, edição privada, 1967.

Oman, Carola, *Elizabeth of Bohemia*, ed. revisada, 1964.

Paget, Julian, *The Yeomen of the Guard: five hundred years of service. 1485-1985*, Poole, Dorset, 1984.

Parker, Geoffrey, *The Dutch Revolt*, 1979.

Parker, Geoffrey, *Europe in Crisis, 1598-1648*, Brighton, Sussex, 1980.

Parnell, Geoffrey, *Book of the Tower of London*, English Heritage, 1993.

Paul, H. N., *The Royal Play of Macbeth*, Nova York, 1950.

Peck, Linda Levy, *Northampton: patronage and policy at the court of James I*, 1982.

Peck, Linda Levy, *Court Patronage and Corruption in Early Stuart England*, Boston, Mass., 1990.

Peck, Linda Levy, org., *The Mental World of the Jacobean Court*, Cambridge, 1991.

Peters, Henriette, *Mary Ward: a world in contemplation*, trad. de Helen Butterworth, Leominster, Herefordshire, 1994.

Pollen, J. H., S. J., "The Accession of King James I", *The Month*, 101, 1903.

Pollen, J. H., S. J., *The Institution of the Archpriest Blackwell*, 1916.

Porter, Roy, *London. A social history*, 1994.

(P. R. O.) Public Record Office, Londres.

Quinault, Roland, "Warwickshire Landowners and Parliamentary Politics 1841-1923", tese de doutorado inédita, Oxford University, 1975.

(R. H. H.) Royal Comission on Historical Monuments (Inglaterra), Londres, V (East London), 1930.

Read, Conyers, "William Cecil and Elizabethan Public Relations", em *Elizabethan Government and Society: essays presented to sir John Neale*, orgs. S. T. Bindoff, J. Hurstfield e C. H. Williams, 1961.

Ridley, Jasper, *Elizabeth I*, 1987.

Robinson, John Martin, *The Dukes of Norfolk, A Quincentenniel History*, Oxford, 1982.

Rodger, N. A. M., "Ordnance Records and the Gunpowder Plot", *Bulletin of the Institute of Historical Research*, 53, 1980.

Rodríguez-Villa, Antonio, org., *Correspondencia de la Infanta Arquiduquesa Doña Isabel Clara Eugenia de Austria con el Duque de Lerma y otros personajes*, Madri, 1906.

Rose, Elliot, *Cases of Conscience: alternatives open to recusants and Puritans under Elizabeth I and James I*, Cambridge, 1975.

Rowlands, Marie B., "Recusant Women 1560-1640", em *Women in English Society 1500-1800*, org Mary Prior, 1985.

Rowse, A. L., *Tudor Cornwall: portrait of a society*, 1941.

Rowse, A. L., *Raleigh and the Throckmortons*, 1962.

Rowse, A. L., *Simon Forman: sex and society in Shakespeare's age*, 1974.
Salgãdo, Carmini, *The Elizabethan Underworld*, Stroud, Glos., 1992.
Scarisbrick, J. J., *The Jesuits and the Catholic Reformation*, 1988.
Seton, Walter W., "The Early Years of Henry Frederick, Prince of Wales, and Charles, Duke of Albany (Charles I)", *Scottish Historical Review*, 13, 1915-16.
Shakespeare Birthplace Trust, Shakespeare Centre, Stratford-upon-Avon.
Shaw, Peter, *American Patriots and the Rituals of Revolution*, Cambridge, Mass., 1981.
Shirley, John W., *Thomas Harriot: a biography*, Oxford, 1983.
Simons, Eric N., *The Devil of the Vault*, 1963.
Skinner, Quentin, *The Foundations of Modern Political Thought: The Age of Reformation*, Cambridge, 1978.
Smith, Alan G. R., org., *The Reign of James VI and I*, 1973.
Smith, John Thomas, *Antiquities of Westminster; the Old Palace; St. Stephen's Chapel, (hoje Câmara dos Comuns) etc. etc.*, 1807.
Somers, John, Baron, *A collection of scarce and valuable Tracts...*, 2ª ed., 13 vols., 1809-15.
Somerset, Anne, *Elizabeth I*, 1991.
Southern A. C., org., *The Elizabethan Recusant House, comprising The Life of the Lady Magdalen Viscountess Montague (1538-1608)*, 1954.
The Poetical Works of the Rev. Robert Southwell, org. William B. Turnbull, 1856.
(S. P.) State Papers, Escritório de Registro Público, Londres.
Spink, H. H., *The Gunpowder Plot and Lord Mounteagle's Letter*, 1902.
Squiers, Granville, *Secret Hiding Places*, 1993.
(S. T.) *State Trials, Cobbett's Complete Collection of (...) From the Earliest Period to the Present Time*, II, 1603-1627, 1809.
Stafford, H. G., *James VI of Scotland and the Throne of England*, Nova York, 1940.
Stevenson, Joseph, S. J., "Anne of Denmark, Queen of Great Britain", *The Month*, 37, 1879.
Stow, John, *Annales, or, A Generall Chronicle of England, Begun by John Stow. Continued by Edmund Howes*, 1631.
Strong, Roy, *Henry, Prince of Wales and England's Lost Renaissance*, 1986.
Sumner, Ann, org., *Death, Passion and Politics*, Dulwich Picture Gallery, 1995.
Swift, Roger, "Guy Fawkes Celebrations in Victorian Exeter", *History Today*, 31, 1981.
Tierney, Rev. M. A., org., *Dodd's Church History of England with Notes, Additions and a continuation*, 3 & 4, 1840-1.
Torture and Punishment (Treasures of the Tower), H. M. S. O., 1973.
Toyne, S. M., "Guy Fawkes and the Gunpowder Plot", *History Today*, I, 1951.
Trimble, W. R., *The Catholic Laity in Elizabethan England*, Cambridge, Mass., 1964.
Vaux, Laurence, *A Catechisme or Christian Doctrine*, com memória de T. Law, Chetham Society, Nova Série, 4, 1885.
(V. C. H.) Victoria Country History, Worcestershire, III, 1913.
Vetusta Monumenta, V, 1835.
Wake, Joan, "The Death of Francis Tresham", *Northamptonshire Past and Present*, 2, 1954.
Walsham, Alexandra, *Church Papists: Catholicism, conformity and confessional polemic in early modern England*, Woodbridge, Suffolk, 1993.
Ward, A. W., "Review of W. Plenkers" 'Was Frederick II's daughter Anne, Queen of Great Britain, a convert to Catholicism?'", *English Historical Review*, 2, 1888.
Warner, G. F., "James VI and Rome", *English Historical Review*, XX, 1905.
Warnicke, Retha M., *Women of the English Renaissance and Reformation*, 1983.

Waugh, Margaret, *Blessed Nicholas Owen: Jesuit Brother and maker of hiding holes*, 1959.
Webb, William K. L., "The Phantom Conspiracy", manuscrito inédito, Jesuit (Farm Street) Archives, Londres.
Weller, Ralph B., "Some Aspects of the Life of Richard Haydocke, Physician, Engraver, Painter and Translator (1569-?1642)", *The Hatcher Review*, 2, 1985.
Weston, William, *Autobiography of an Elizabethan*, trad. do latim de Philip Caraman. Com uma introdução de Evelyn Waugh, 1955.
Wharam, Alan, *Treason: famous English treason trials*, Stroud, Glos., 1995.
Whitehill, W. M., *Boston: a topographical history*, Cambridge, Mass., 1959.
Wiener, Carol Z., "The Beleaguered Isle: a study of an Elizabethan and early Jacobean anti-Catholicism, *Past and Present*, 51, 1971.
The Journal of sir Roger Wilbraham, org. H. S. Scott, Camden Society, 10, 1902.
Wilkinson, Paul, *Terrorism and the Liberal State*, Nova York, 1979.
Williams, E. C., *Anne of Denmark*, 1970.
Williams, Neville, *Elizabeth Queen of England*, 1967.
Williamson, Hugh Ross, *The Gunpowder Plot*, 1951.
Wills, Gary, *Witches and Jesuits: Shakespeare's Macbeth*, Nova York, 1995.
Willson, D. H., *King James IV and I*, ed. de 1962.
Wood, Anthony à, *Athenae Oxonienses*, 1691.
Wormald, Jenny, "James VI and I: two Kings or one?, *History, LXVIII*, 1983.
Wormald, Jenny, "Gunpowder, Treason and Scots", *Journal of British Studies*, XXIV, Chicago, 1985.
Zagorin, Perez, *Ways of Lying: dissimulation, persecution, and conformity in early modern Europe*, Cambridge, Mass., 1990.

ÍNDICE

Este livro foi composto na tipologia Caslon Old
Face em corpo 11/14 e impresso em papel
Chamois Fine 80g/m² no Sistema Cameron da
Divisão Gráfica da Distribuidora Record.